新时期煤炭企业供应管理与营销策略研究

李红艳　田余忠　陈艳艳 ◎ 著

吉林科学技术出版社

图书在版编目（CIP）数据

新时期煤炭企业供应管理与营销策略研究 / 李红艳，田余忠，陈艳艳著． -- 长春 ： 吉林科学技术出版社，2021.6

ISBN 978-7-5578-8058-3

Ⅰ．①新… Ⅱ．①李… ②田… ③陈… Ⅲ．①煤矿企业－物资供应－物资管理－研究－中国②煤矿企业－营销策略－研究－中国 Ⅳ．① F426.21

中国版木图书馆 CIP 数据核字（2021）第 099132 号

新时期煤炭企业供应管理与营销策略研究

著　李红艳　田余忠　陈艳艳
出 版 人　宛　霞
责 任 编 辑　丁　硕
封 面 设 计　舒小波
制　　版　舒小波
幅 面 尺 寸　185 mm×260 mm
开　　本　16
印　　张　22
字　　数　480 千字
页　　数　352
印　　数　1-1500 册
版　　次　2021 年 6 月第 1 版
印　　次　2022 年 1 月第 2 次印刷

出　　版　吉林科学技术出版社
发　　行　吉林科学技术出版社
地　　址　长春市福祉大路 5788 号
邮　　编　130118
发行部电话 / 传真　0431-81629529　81629530　81629531
　　　　　　　　　　81629532　81629533　81629534
储运部电话　0431-86059116
编辑部电话　0431-81629518
印　　刷　保定市铭泰达印刷有限公司
书　　号　ISBN 978-7-5578-8058-3
定　　价　90.00 元

　　煤炭，是我国的主要能源和重要的战略物资，具有不可替代性，煤炭产业在国民经济中的占有基础地位，而煤炭集团企业就是煤炭产业的支柱。随着经济的发展，市场经济竞争格局也因此发生了深刻变化，煤炭产业要应对跨国矿业集团的挑战，加快产业化的集团化建设进程，提高产业的核心竞争力和国际竞争力，是煤炭产业发展的必然趋势。物流管理的落后将直接导致企业在经济全球化竞争大环境中缺乏竞争力，从长远利益考虑，越来越多的企业意识到物流管理的重要性，逐渐向现代物流与供应链管理方向发展，为了在将来的竞争中立于不败之地。按照煤炭企业集团发展战略的要求，依据现代物流与供应链理论的发展方向，选择适合本企业产业特征的物流管理组织架构、管理模式和管理流程，运用先进的信息技术与科学的管理思想，改造整合煤炭企业集团的物流资源，挖掘企业"第三利润源"，使物流管理成为煤炭企业集团降低企业生产成本，增加企业综合经济效益，提升企业市场竞争力的主要手段。

　　随着我国经济实力的稳固以及社会制度的不断完善和加强，我们国家的煤炭企业处于突飞猛进的发展当中，煤炭企业的发展应该确保其供应管理的稳定性，并且能够满足现阶段我国煤炭企业对于煤矿开采的要求，这样才能在市场的激烈竞争当中使煤炭企业立于不败之地；煤炭作为我国经济社会发展和稳定的主要能源之一，其本身对于我们国家的经济发展起到了积极的推动作用，《新时期煤炭企业供应管理与营销策略研究》一书根据我国煤炭企业的现状结合市场要求，为我国的煤炭企业物资供应管理提出了粗浅的策略意见和分析。通过研究煤炭企业目前所处的环境，企业所具有的优势，劣势，提出全面设计煤炭业营销策略，促使企业面对市场，走向市场。本文也探讨了煤炭企业制定新的发展战略的可能性和建议。

　　本书由开滦（集团）有限责任公司物资分公司李红艳、开滦（集团）有限责任公司运销分公司田余忠、开滦（集团）有限责任公司物资分公司陈艳艳共同编写完成。具体编写分工如下：李红艳编写了第三章、第四章、第六章和第七章（共计约16万字）；余忠编写了第五章、第九章和第十章（共计约16万字）；陈艳艳编写了第一章、第二章和第八章（共计约16万字）。

编者

2021.5

目录
CONTENTS

第一章　煤矿企业物资管理的发展综述

第一节　物资供应管理现状

一、物资供应管理相关理论

1. 采购管理理论

物资供应管理的核心就是采购管理。采购管理，是指企业在一定的条件下从供应市场获取产品或服务作为企业资源，以保证企业生产及经营活动正常开展的一项企业经营活动。物资供应管理中的采购管理涵盖计划、购买、仓储、配送、结算环节，指的是集团或企业为了维持企业生产的正常运行而寻求从企业外部或者企业内部单位采购生产物资的过程，分为战略采购和日常采购两个部分。采购管理包含下达计划、生成采购单、执行采购单、采购到货、到货验收、送货发票的收集到采购结算、二级配送、购后评价等环节，通过对采购物流的各个环节状态进行严密的跟踪、监督，实现对企业采购活动执行过程的科学管理，是企业产品增值的起点。

（1）采购管理过程

采购管理的过程主要以划分为计划管理、组织与实施采购、采购监督三个过程。计划过程包括用料需求计划的预测、库存信息、市场供需等辅助采购决策信息的收集，以及经过多级平衡利库与采购汇总，并考虑安全库存、最大库存、物资供货期之后，决策形成最终的物料采购计划的过程。计划过程是采购管理的源头。组织采购与实施采购过程涵盖从供应商选择与评判、供应商战略关系管理、协商谈判、签订合同、下达送货指令、经物流配送过程后，到达采购方仓库并验收入库的全过程。组织采购与实施采购是采购管理的核心。监督过程涵盖采购过程审核、发票验收、结算付款、合同监督、购后评价和回馈调整采购的过程。监督过程通过反馈与评价促进和更新整个采购服务水平。是采购管理的保障。

（2）采购管理五个发展阶段

哈克特采购管理五阶段模型，把采购分为：供料、价格、总成本、需求管理和全面增值五个发展阶段。采购的五个阶段目标、采购的职责、主要绩效指标如下表 1-1 所示：

表 1-1　采购五阶段对照表

	供应管理			需求管理	
	第一阶段供料	第二阶段供料	第三阶段供料	第四阶段供料	第五阶段供料
目标	按时供料与服务，价格合适	合适的价格、合适的产品与服务	1.采购价差、成本节支。 2.与市场价对比绩效	正面影响、管理需求、减少需求变动和复杂度	增加价值，而不只是降低
采购角色	采购员与规划员	谈判者	开支或预算顾问、采购关系经理	开支或预算顾问、采购关系经理	受信任的业务顾问和变革者
主要绩效指标	按时交货	1.采购价差、成本节支。 2.与市场价对比绩效	1.质量成本 2.资金成本 3.运费、仓储费、关税等 4.过期库存、注销 5.机会成本	1.采购早期影响到开支 2.无计划采购的百分比（例如采购自非优选供应商） 3.内部客户的满意度	1.净利润、投资回报率等 2.公司的市值、股价 3.内部客户的运营指标

从表中可以看出：供料阶段，就是确保原材料供应。采购以保证供应为主，涵盖计划与采购过程。企业处于采购较为弱势的一方，不具备议价、谈价的余地。价格阶段，采购的角色转为谈判员，与供料阶段相比，处于价格阶段的企业比较系统地跟踪、比较价格，统计采购节支。总成本阶段的企业，采购的角色转换为供应链管理，兼顾运输、仓储、配送、使用和回收等，采购上开始融入 EOQ（经济订货批量）等模型。

上述三阶段侧重于供应方面。即需求确定后，采购以最经济的方式满足供应需求，但对需求的确定和需求的决策过程影响有限。该种采购管理是一种事后管理，就工业企业而言，70%-80% 的成本是设计阶段即事前决定的。第四阶段，需求管理阶段，将采购管理延伸到事前决策阶段，即需求计划的设计、规划与决策过程。采用适当的需求管理工具和需求预测方法，控制牛鞭效应，减少需求变动，从根本上降低供应链的总成本。阳煤集团当前处于供应管理的第二与第三阶段之间，通过理论、方法、技术、实际应用相结合的方式让阳煤集团的物资供应采购管理向成熟的第四阶段模型发展，是本论文的核心目标之一。

（3）采购价格估算模型

采购价格估算管理的目的是通过价格估算合理地控制需求，为成本定额管控提供基础。采购价格估算分为两种方式，一种是基于市场供求关系和供应商的成本费用，进行估算。另一种方式是基于历史的采购数据，采用经验和统计分析法，对采购价格进行预测。

定性预测是一种较为主观的判断，依托于人员的历史经验，通过估计和评价的方式对需求进行预测，主要包括德尔菲法、小组共识法等。时间序列分析力求基于过去时间的历史数据通过一定的分析方法和分析手段来预测未来的需求，主要包括线性回归分析、简单移动平均法、加权移动平均法、指数平滑等方法。因果关系预测使用除时间以外的独立变量来预测未来的变化包含因果关系和多元回归分析等方法。时间序列分析模型中不同的方法可以应用于不同的物资属性和物资分类，时间序列分析预测模型的选择主要依赖于：预测的时间长短与周期、历史数据的积累程度与可用性、预测预算的数据规模、是否有经验的预测职员。煤炭企业对于不同的物资，拥有不同的历史价格数据时效性，例如采煤机、刮板机等大型设备，供应商一般采用订单生产的方式，价格的变化与具体的设备参数相关，对于该类物资就只能采用经验分析法进行估算。而像钢材、坑木、水泥等常规性物资，价格变动较为平稳，采购需求较为稳定，则可以采用简单移动加权法进行估算分析。

2. 供应物资分类理论

煤炭企业通常采用的物资分类方法有 ABC 分类管理法、关键因素分析法和 Kraljic 矩阵分类法、基于 Kraljic 改进的三维物资分类法四种，因 ABC 分类法较为简单常见，故不对该方法进行理论阐述。

（1）关键因素分析法

关键因素分析法根据采购的物资在企业生产经营中所起关键性的大小，把它们划分为四个级别，分别是最高优先级、较高优先级、中等优先级、较低优先级。不同的级别采用不同的管理方法。

最高优先级物资不允许缺货，因为它是生产中的关键因素，偶尔的缺货都会导致生产不能正常进行。为了保证供应，一般和此类物资供应商签订长期合同，结为战略合作伙伴。较高优先级物资允许偶尔缺货，因为基础性的物资在市场上有较多的供应商，可以很快地做出选择。中等优先级的物资，在生产中比较重要，但不是关键因素，因此它的缺货不会对生产带来决定性的影响，可以在合理范围内缺货，其需求可根据生产进度计划进行计算，这也是降低库存管理成本的一种方式。

关键因素分析法相对较适用于生产性的企业。ABC 物资分类法和关键因素分析法都是用一个因素来对供应物资进行划分。事实上，只用一个因素并不能完全客观地反映出物资在生产或在价值方面的作用。如有的 C 类物资，尽管它的价格较低，但是，如果这种物资的缺货风险大，市场上不容易采购，仍进行一般的管理控制，那么，可能会造成误判而不能及时供应，对生产经营带来影响。因此，如果能用两个指标对物资进行划分，并在此基础上进行管理，可以取得更好的效果，例如 kraljic 矩阵分类法。

（2）Kraljic 矩阵分类法

Kraljic 矩阵分类法，采用两个因素（类似于矩阵的两条边）对供应物资进行分类。①成本／价值，作为横坐标；②风险和不确定性，也就是在市场上获得这种材料的难易程度，作为纵坐标，把供应物资划分为四类：

价值比较低，在市场上很容易购买，市场风险比较小的物资划为策略型物资。策略型物资的管理重点主要放在对物资采购过程中的管理成本控制上，重点关注采购过程的管理，通过采购过程的精细化管理和控制实现整体采购过程成本的下降。

价值比较大，在市场上较容易购买，市场风险比较小的物资划为杠杆型物资。杠杆型物资价值高，采购成本大，但市场供应充足，较容易购买，因此，杠杆型物资的管理重点主要放在对采购交易成本的本身控制上，在不影响供应的基础上，适当地采用各种谈判手段和方法降低采购交易价格、降低直接采购成本，和供应商签订短期的采购合同，随时选择质量更优、成本更低的供货商资源，降低采购成本。

价值较低，在市场上不容易购买，市场风险比较高的物资划为关键性或瓶颈型物资。瓶颈型物资价值较低，但由于生产技术、工艺或个性化的需求，导致物资在市场上难以采购。此类物资的合格供应商较少或供应距离遥远等。因此，关键性或瓶颈型物资的管理重点应首先考虑如何通过工艺改进或技术改造方式，减少或消除该类物资的使用，或采用类似的替代物资。其次在采购与库存策略上，此类物资应适当的提前采购和储备，准备一定的安全库存，防止缺货风险。对垄断性的生产商或供应商要通过适当的供应商关系管理策略与之建立稳定的长期合作关系。

物资价值和风险这两个指标都比较高的物资，属于战略性物资。战略性物资能保障公司在市场上拥有一定竞争力和竞争优势；但这种物资或服务也同时可能会给公司带来一定的风险，而且成本较大，是物资供应管理的重点。此类物资的供应管理策略是与信誉好、综合能力强的供应商通过代储代销等方式，建立长期的战略合作伙伴关系，实施战略采购管理，在保障供应的基础上降低缺货风险和成本。

另外，企业需要根据自身的生产进度计划，合理制定物资需求计划和供货提前期，依据库存消耗平均阈值，设置一定量的安全储备，实施严格的库存控制策略，降低库存成本和风险。

（3）基于 Kraljic 分类法

改进的三维物资分类法 Kraljic 矩阵分类法弥补了 ABC 分类管理法和关键因素分析法的缺陷，但忽略了企业的生产波动，后期在煤炭企业中逐渐产生了一种基于 Kraljic 分类法改进的三维物资分类法，以采购金额、市场缺货风险、生产波动分别为三维对物资进行分类，该分类方法综合了 ABC、关键因素、KralJic 各种方法的优点，将物资分为战略稳定型、瓶颈稳定型、普通稳定型、杠杆稳定型、战略波动型、瓶颈波动型、普通波动型和杠杆波动型 8 类，8 类物资分类的划分特点如下表 1-2 所示。通过细分物资的方式能够对物资采购、供应商、库存进行更有效地管理。

表 1-2　三维物资分类方法各分类特点表

分类	特点
战略稳定型	物资价值高，采购量大，质量好坏对企业会产生重大影响，市场风险较高；生产过程中对物资消耗的影响无明显波动
战略波动型	物资价值高，采购量大，质量好坏对企业会产生重大影响，市场风险较高；生产过程中对物资消耗的影响有明显波动

分类	特点
瓶颈稳定型	物资价值不高，采购量较小，但因工艺或技术特点，市场上获取有一定难度，市场风险较高；生产过程对物资消耗的影响无明显波动
瓶颈波动型	物资价值不高，采购量较小，但因工艺或技术特点，市场上获取有一定难度，市场风险较高；生产过程对物资消耗的影响有明显波动
普通稳定型	物资价值不高，市场上也容易获得，市场风险不高。但这类物资种类繁多，占企业采购种类的一半以上；生产过程中对物资消耗的影响无明显波动
普通波动型	物资价值不高，市场上也容易获得，市场风险不高。但这类物资种类繁多，能够占企业采购种类的一半以上；生产过程中对物资消耗的影响有明显波动
杠杆稳定型	市场供应充足，市场风险不高，但物资本身价值昂贵，库存占用资金大；生产过程中对物资消耗的影响无明显波动
杠杆波动型	市场供应充足，市场风险不高，但物资本身价值昂贵，库存占用资金大；生产过程中对物资消耗的影响有明显波动

这种基于 Kraljic 矩阵分类方法改进的三维物资分类管理方法考虑到了煤炭企业的实际生产和真实的市场环境，更贴近于企业的实际应用，便于企业在各种供应市场和环境中综合运用所需的战略和战术，在煤炭企业有很好的实用价值。

3.库存管理理论

库存管理作为物资供应管理的重要环节，其方法对企业物资供应成本有较大影响。合理的库存能够防止生产中断，节省采购费用，降低企业运营成本，提升企业经济效益。随着企业物资供应体系中的物料数量品种的扩大，特别是煤炭企业动辄上万种物资品种的管理给库存管理带来了很大的管理难度。选择一种符合企业自身物资供应实际情况的库存管理模式，企业物资供应管理改进的核心。煤炭企业当前采用的库存管理理论主要有 VMI（供应商管理库存）、JMI（联合库存管理）和 JIT（准时采购）三种库存管理模式。

（1）供应商管理库存（VMI）

供应商管理库存（VMI）是一种用户与供应商之间合作性的库存管理策略。通过对双方来说都是最低的成本来优化产品的可获性，在共同制定的协议下由供应商管理库存，供需双方随时对协议进行监督并依据实际情况进行修改，以产生一种连续改进的环境。VMI是一种集成化的运作模式，它把用户的库存决策权转交给供应商，由供应商行使库存决策的权力。这种库存管理策略打破了传统的各自为政的库存管理模式，形成了物流、资金流、信息流的集成应用，体现了供应链的集成化管理思想，强调信息共享、利益共享，是一种全新的、具有代表性的库存管理思想。

VMI 将传统的拉动式订单模式转变成了以实际需求量为主的推动式补货模式。以契约为基础，由供应链的上游企业管理下游企业库存，将多级供应链库存管理改变成了供应商单级管理库存的方式。在供应商与客户建立长期合作的基础上，供应商能够随时根据实际消耗量进行需求预测及补货决策，由此增加库存周转率，减少库存量，提升整个供应链的物流绩效及客户服务满意度。

VMI 对整个供应链的效益贡献主要有：

1）降低下游企业库存成本，在减轻资金负担、减少库存积压和避免缺货风险的同时，可以专注于自己产品的开发，提高产品质量、客户响应能力和服务质量。

2）可以做到信息共享，使得供需双方随时掌握库存变动情况，供应商帮助客户有效做出计划，准确预测生产量，增强整条供应链柔性，减少"牛鞭效应"，提高货物周转率。

3）供应双方可以形成长期的战略合作伙伴关系，在基于互信的基础上，客户将库存决策权交给供应商，从而减少了大量的协商工作，提高了办事效率，节约了交易费用，并且有利于长期利润的实现，真正实现双赢。

（2）联合库存管理（JMI）

联合库存管理（JMI），是一种在 VMI 的基础上发展起来的上游企业和下游企业权利责任平衡和风险共担的库存管理模式。联合库存管理强调供应链中各个节点同时参与，共同制定库存计划，使供应链过程中的每个库存管理者都从相互之间的协调性考虑，保持供应链各个节点之间的库存管理者对需求的预期保持一致，从而消除了需求变异放大现象。

联合库存管理的优点如下：

1）联合库存管理通过将传统的多层级、分布式、分散管理的库存管理模式转化成对战略关键供应企业的针对性库存管理，由供应链的下游需求迅速回溯至上游的生产与库存管理决策，辅助生产企业对各种原材料和产成品实施有序、有效的管理和控制，从而达到对整个供应链库存的优化管理，简化了供应链库存管理运作程序。

2）联合库存管理源于 VMI 管理模式，可以有效地减少降低物流成本，同时，由于生产与库存环节，上游与下游企业共同参与，风险共担，可以有效地提高供应链的整体工作效率，简化供应链库存层次，并让物流、运输路线得到适当的优化。传统的库存管理模式下，供应链上各企业节点均存在库存，随着配送范围的增加，库存物资的运输路线将呈几何级数增加，而且重复交错，使物资的运输、配送物流成本大大增加。

3）联合库存管理系统通过上游和下游两个生产、物流、库存协调中心，通过双方的共同协调，可以有效消除了供应链环节之间的需求牛鞭效应导致的库存波动。通过协调中心，供需双方共享真实的物资需求信息，保证了需求计划的准确性。

二、物资供应管理的现状分析

物资供应管理，是指为保障企业物资供应而对企业采购、仓储活动进行的管理，是对企业采购、仓储活动的计划、组织、协调、控制等活动。其职能是供应、管理、服务、经营。目标是以最低的成本最优的服务为企业提供物资和服务。

传统物资供应管理存在五大缺陷：追求最低交易价格；基于库存水平的订货方式；各组织分散采购，自给自足；库存结构不合理；信息系统不健全。传统采购模式中，供需之间的合作关系多不稳定，竞争多于合作。供需双方都只片面追求各自利益，使得信息流、物流扭曲与失真，难以形成产、供、销的有机协调链。这不仅增加了交易成本，还带来了不必要的交易风险。库存管理的薄弱也致使成本增加，资源浪费，增加了生产管理的难度。由于信息系统与技术手段的落后，在传统采购模式中，对质量和交货期主要是事后控制，且不能对供应链的不确定变化和用户需求进行有效的跟踪管理。

1. 组织机构分析

传统煤矿物资供应是多级多头管理。煤炭企业煤业集团供应公司（处）是煤矿物资的主管部门，主要负责按照各煤矿的需求采购材料，并负责将物料组织入库或直接送料至作业现场。供应公司（处）按材料类别不同一般分设材料科、设备科等专业科室，按照材料类别的不同设置不同的一级仓库。各煤矿的物料管理部门即煤矿供应科设二级库，负责保证本煤矿各采区的维修及工程材料的需求。其主要职能有：收集各区队提供的需求信息，制定本煤矿的需求计划，上报子公司、再报集团供应公司（处）。负责从一级、二级库领取物料、送料至作业现场；负责三级库存材料的收、发、存；负责本矿辅助材料的核算。各个区队、工作面设有材料单元，一般设有四级、五级库，以增强物料供应的保险性。材料单元与生产直接接触，与煤矿供应科共同负责本区的供应管理。可见，这种物料供应是由煤矿物料主管部门与物料需用部门共同管理完成的。该系统组织机构设置如图1-1所示。

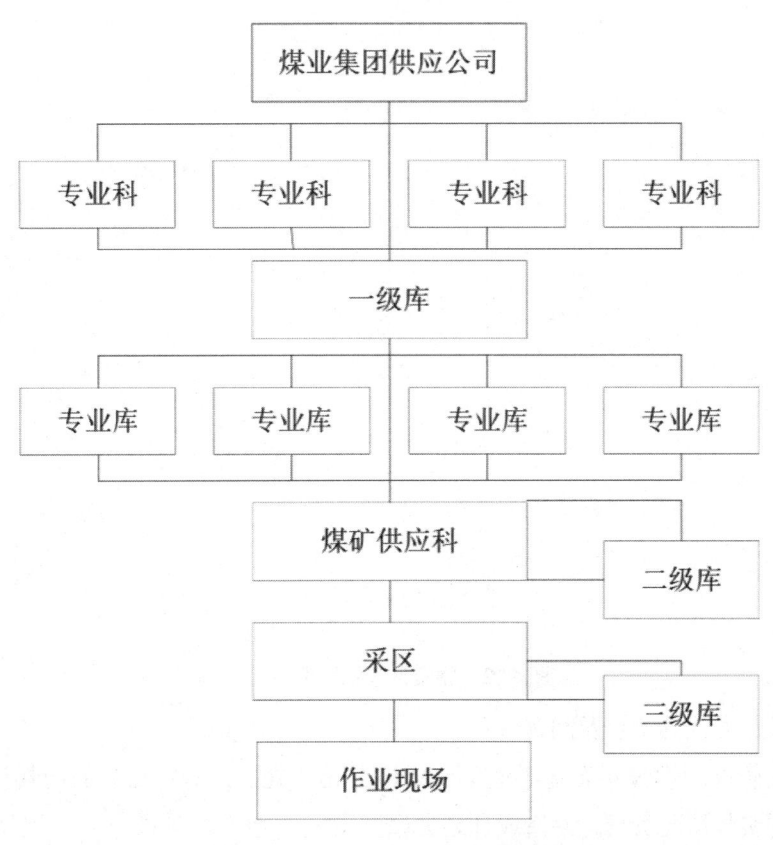

图 1-1 物料供应组织机构

2. 物资计划管理分析

传统煤矿物资需求计划从生产现场产生，先由采区材料员向煤矿供应科提供本采区的需求信息，其中与采掘现场联系较紧密的材料需求信息主要根据近期开采情况及材料员实际工作经验提报；与采掘现场不密切的材料（主要是维修用料、抢险用料及工程用料），这部分材料需求信息一般随用随报。煤矿供应科收集汇总煤矿各采区需求信息后，平衡本煤矿二级库存资源，编制本厂材料需求计划，上报煤炭企业煤业集团供应公司〔处〕。物资需求计划按编制时间不同，分为年度需求计划、月份需求计划和紧急零星物资需求计划。年度需求计划主要用于提供宏观需求信息，一般每年由各个煤矿的供应科编制，上报煤炭企业煤业集团供应公司（处），为供应公司（处）制定下一年的招标采购计划，组织采购订货合同提供依据。月份需求计划一般每月由煤矿供应科向煤炭企业煤业集团供应公司（处）提报，作为下月各煤矿的进货领料计划，供应公司（处）专业可根据各个煤矿月份需求计划通知一级库发料或通知承包方送货至现场，同时根据一级库资源情况确定下月入库材料进货计划。紧急零星物资需求计划指各个煤矿采掘维修或工程突发性紧急用料计划，须由专业科组织紧急采购进货，以确保煤炭所需物资供应。物资计划流程图如图1-2所示。

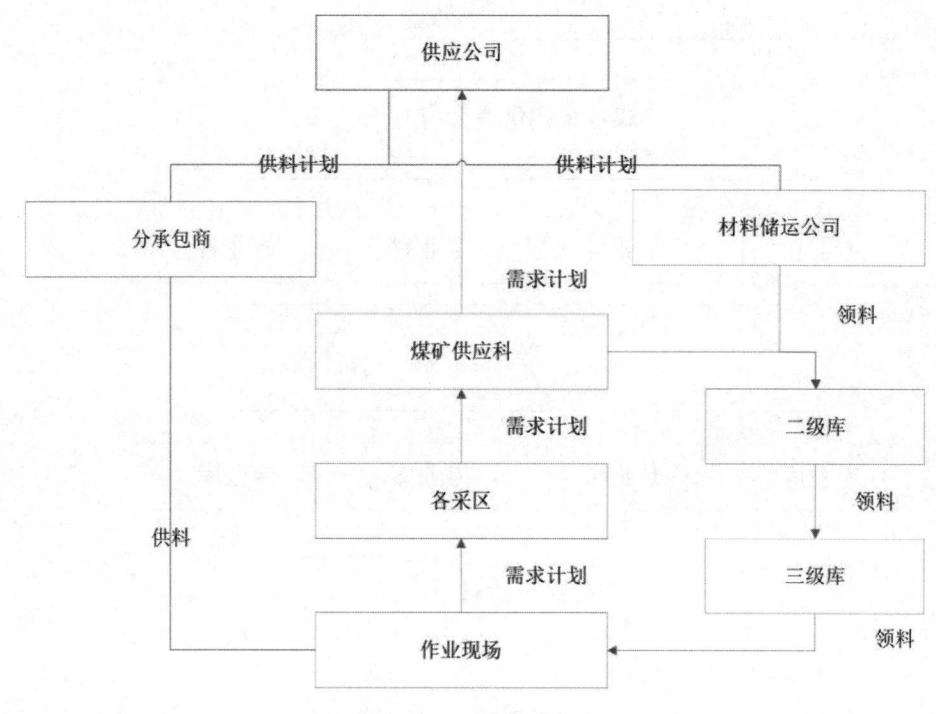

图1-2 物资计划流程图

这种计划运行方式的特点及问题有：

（1）物资主管部门即煤炭企业煤业集团供应公司（处）只对各煤矿的用料计划负责，不对采掘现场的实际情况负责，易造成计划失误。

（2）计划通过人工层层上报，时间长，次数多，造成信息不畅。同时，各级计划均是由人工汇总编制，效率低，不利于各级库存对计划做出及时的调整，容易造成物资积压现象。

（3）计划编制依据不科学。采掘维修需求计划编制一般由采区或供应科根据前期实际消耗凭以往经验进行编制，人为因素多，准确性较差，对备料期的时间准确性要求不够严谨，不利于物资部门按需要数量和需求时间组织采购，以致造成紧急零星采购增加，物资等待滞留时间长，影响工作效率和经济效益。

3. 物资采购管理分析

物资采购管理分析主要包括两方面：采购计划分析和采购方式分析。

（1）采购计划分析

对于常用煤矿的物资采购进货计划，目前大部分矿区采购主管部门主要依据往年统计结果、库存情况以及各生产单位上报材料，在年初进行编制计划，根据计划招标、签技术合同、定供应协议，期间对计划不做大的调整。由此制订的采购计划存在的主要问题：计划周期长、准确性低、灵活性差。而煤炭生产实际状况是在不断变化的，如果物资采购计划没有作及时调整，必然造成物资库存积压。正是由于采购计划编制时间过长，在采购实施过程中，煤炭生产企业往往采用少次大批量的订货方式，致使占用的采购资金增多，资金的流动性较差，降低了资金的利用效果。

（2）采购方式分析

由于物资市场不完善，市场法规不健全，使市场复杂多变，物资采购困难重重，给煤炭企业物资供应造成一系列问题，如保证煤矿安全生产的主要物资没有稳定可靠的来源；采购员满天飞，盲目采购、多头采购现象严重；质次价高产品充斥市场，并流入生产环节；层层设库，库存量上升，流动资金流失严重，采购环节开支大增，并使运输、库存等物流环节的费用增加。

4. 物资的配送管理分析

（1）我国煤矿多层次牵引领料式供应系统的物资管理方式实行分级层层领料、层层设库、层层储备，经过 4 个层次、3 个环节周转。流程为：

1）煤炭企业煤业集团供应公司（处）根据煤矿需求计划，平衡一级库存资源后，确定进货计划，将物资组织入库，开始占用一级库存存货资金。

2）煤矿供应科凭煤业集团供应公司（处）专业科批准的领料通知单，到一级库领料入煤矿二级库，物资转为占用矿二级库存存货资金。

3）采区材料员凭煤矿批准的耗料单到供应科二级库领料，采取三级库，物资转为占用采区生产资金。

4）区队各工作面从采区材料员处领取物资，入区队四级库，或转为工作面生产备料，该部分物资投入当月消耗，计入当月成本，未耗物资成为账外物资。

（2）这种物资管理方式的特点及弊端

1）物资需求计划由生产的基层部门制定，通过层层提报传送到物资主管部门进行订货采购入库，物资主管部门不直接掌握需求信息，供应工作由主管采掘的部门和供应公司（处）共同完成，供应公司（处）的配送工作是在煤矿牵制下被动进行的，所以经常出现物资在发生需求后若干月后信息才传至煤炭企业煤业集团供应公司（处）。这样会影响煤矿生产进度，另外，紧急采购会出现采购物资质量不达标，造成重大损失。

2）多中心管理导致权力分割，难以形成整体优势。由于物资由供应公司和煤矿共同管理，分段负责，上下层互相牵制，责任不明确，物资主管部门只对下一级需求计划和一级库存负责，各煤矿重复备料，物资利用率低，供应公司（处）不能决定二级库存的品种和数量，也无法统筹平衡各种物资，所以会产生物资积压，增加采购成本。

3）层层设库、层层供应使物流环节增加，因而影响到物资的周转速度，增加了物资的周转费用，以致影响了整体的经济效益。

4）物资流动不合理，经济效益差。物资的流转是通过多层次领料的方式完成的，每一级物资需用单位都均需到上一级供应仓库领取物资，没有形成按网络合理配置运输路线、运输工具，重复无效作业多，造成人力、物力资源的浪费。

5）机构臃肿，工作效率低。各煤矿的供应科一般均设有计划员、领料员、保管员、核算员，同时还备有专门的车队，用于物资领取、保管、储存、发放及收发存核算。同时供应科都有一定规模的库房和料场，必要的仓库和装卸设施。这种物资层层周转，重复纪录，重复领料，重复核算的运行体制，不仅造成人力、物力、财力浪费，还降低了总体的工作效率。

6）管理手段落后，信息不畅，影响了工作质量的提高。目前大部分煤炭企业集团供应公司（处）、一级库、煤矿供应科及相关财务科的管理信息和管理数据主要靠人工编制、汇总及分析，效率低，准确性差，无法准确、快捷地处理大量数据和信息。同时，信息传递也主要靠手工完成，流通层次较多，致使整个供应系统工作效率较为低下，各层管理人员不能及时、准确地掌握信息，不能高效快捷地保证煤矿供应系统的正常运转。

5. 物资管理成本分析

（1）物资成本管理现状

1）物资成本意识不强

长期以来，煤炭企业考虑的主要是降低材料的实物消耗量，而对材料在物资流通过程中的费用和物资供应管理的整体经济效益却研究很少，缺乏物流成本意识，看不到物流成本的"冰山"，认识不到降低物流成本对减少材料费和成本的"第三利润源"的作用。

2）物资成本信息失真

由于煤炭企业没有单独的物资成本核算体系，表达物资成本形态的数据不能客观地反映物流活动过程中的各种耗费，造成物资成本信息失真，很难进行物流成本的考核、分析与控制。这一方面表现在价值核算的不正确性上；另一方面表现在成本内容的不合理性上。如企业外部的运输费用以事先确定的运费率含于企业的材料价格之中，掩盖了同一种材料由于运输地点、方式、环节等不同所产生的费用差异，而企业内部的汽车运输费用则更为混杂：司机和装卸工的工资、奖金计入吨煤包干工资中，耗用的燃料油计入材料费中，汽车的折旧费、大修理费提成则列入了原煤生产成本中，运输补助费又列入企业管理费核算。特别是企业物资供应部门，吃"管理费"不仅使一些不合理、不合法的开支"名正言顺"地计入成本，而且也使企业供应物流系统诸环节被隔离分解。一些物流活动无计量、无手续制度、无定额标准、无完整记录，使物流成本核算缺乏准确真实的原始数据。

3）物资成本行为失控

在煤炭企业，物流成本行为失控的主要表现是效率低下，这也是煤炭企业物资活动的顽疾之一。如人满为患、人浮于事使全员效率逐年下降，库房、设备大量闲置，使其利用率很低。近些年来，虽然煤炭企业注意加强了吨煤材料费的控制和储备资金的管理，但物资活动过程中的浪费仍很严重。如仓库布局不合理，库房摆设不科学，装卸搬运各环节不配套，造成重复搬运、多次作业，不仅效率低，而且浪费严重。此外，盲目采购，多头采购，行行设库，层层设库，造成的超储积压仍普遍存在：不正当的市场竞争手段，使质次价高、危及煤矿安全生产的物资流入生产领域，不仅给煤矿生产带来相当大的危害，而且使企业蒙受很大的经济损失。

（2）物资成本分析

在由过去长期的计划经济转变为现在的市场经济条件下，煤炭企业供应物流成本上升的因素归纳起来可以分为四个方面：

1）自然因素的影响

如矿井环境、生产条件变化等。大多数煤矿地理位置偏僻，矿井分散，从而使物流环节越来越多，消耗呈自然增长趋势。

2）政策性因素的影响

如运价提高，运杂费增多，设备、材料涨价，工资、津贴上调等。

3）投入因素的影响

如增加新的物流设施、设备、人员等。对投入的增加应进行具体分析。有些投入是合理的，有些投入可能是不合理的。而具体的投入又应遵循适度、有效的原则。

4）组织管理因素的影响

如因采购决策不当，造成的超储积压；因组织计划不周造成的多次倒运、迂回运输；因人员控制失控造成的费用增加、效率下降，因管理不善造成的浪费等。

第二节　物资供应管理存在问题

目前，国内煤矿企业的在计划、采购和库存等方面主要采用的是传统的管理模式，这种传统的管理模式在物资供应方面在主要以下几个方面对管理造成了困扰：

一、物资供应管理制度不健全

在我国，大多数企业对物资供应管理的重视程度不够，总体制度尚未明确建立。现阶段我国大部分企业采用的是多级管理的制度，它给了各个使用部门采购的权利，企业不统一进行大规模采购，这就导致了人员配备不合理，并且储备耗资大的现状。然而对于一个企业而言，要想取得更好更大的效益，必须对供应链上的环节制度进行明确和完善，使预算、采购、贮存和支出均有制度可依。而这些问题的正是由于企业对物资供应管理的不重视造成的。大多企业并未意识到物资供应管理对一个企业的重要程度，而如今人力物力成本逐年上升，若没有物资供应管理制度的支撑，则企业内部必定没有条理可言。拥有好的物资供应管理制度，对企业竞争力的提高会有极大的帮助。

煤矿企业物资管理现状主要从物资管理的规模、现行的物资管理体制和当前物资管理存在的主要问题三方面来分析。

1. 物资管理规模

企业的生产过程，也是物资消耗的过程。煤矿企业生产消耗的材料费占吨煤成本的1/3以上，物资管理的难度很大。管理工作的好坏，直接影响经济效益。因此，加强物资管理工作，在保证生产的前提下，对于节约物资消耗，降低产品成本，加速资金周转有着十分重要的意义。

2. 现行物资管理体制

从物资处的角度看，现行物资管理的程序为：用户报送计划→物资处调度部门→各采购业务组→询价挑选厂家→签订合同→催交物资→入库验收→物资发放→售后服务

其具体运作过程包括物资采购、物资验收入库、物资的保管、物资的发放、帐外料管理、物资清查和物资管理的考核等方面。

（1）物资采购的基本程序和要求

1）用户采购计划的报送程序

若属日常用料，则不由使用单位报送计划，而直接由器材部门计划员确定采购计划。

2）物资采购合同的签订

采购业务组、合同及使用单位共同参与，合同谈判价格由合同、财务、经营领导

审批。

3）物资采购

由业务组根据合同进行采购。

（2）物资验收入库

物资的验收通常由保管、质检站、使用单位共同参加。保管负责数量验收，质检站和使用单位负责质量验收，若属专用物资设备，则需相关技术人员一起参与验收，必要时邀请上级有关技术人员或聘请专家验收，对于进口物资，还须商检局参加。

（3）物资的保管

物资保管的基本要求是：物资分大类进行保管，应按不同类别物资的物理特性进行保养，务必降低储耗，保证物资原有价值不受损失，按"四懂、三会"的要求管理保管员，按在属物资的"十不"评价物资的保管工作质量。

（4）物资的发放

物资发放的基本程序是：用户凭材料员印鉴到物资处领料，物资处凭移拨单收款，如果用户为股份公司单位，则按照关联交易协议进行结算。

（5）帐外料管理

1）物资回收

现场使用过的废旧物资和已在器材部门出帐但未使用完的物资视为账外料。其中，使用单位不再使用的由器材部门统一组织回收。

2）帐外料管理

帐外料由器材部门统一派人管理，设立收、发、存明细账。其中，能够使用的部分由器材部门组织进行修复，然后发给有关使用单位；无法修复使用的材料，交物资处处理或经上级同意后变卖；使用单位未使用完的部分，由使用单位建立收、发、存流水账。

（6）物资清查

物资清查分为定期清查和不定期清查，定期清查每半月清查一次，定期清查根据实际需要进行，如消产核资、岗位交接时都必须进行。

（7）物资管理考核指标

物资管理考核的主要指标包括；内部利润或亏损；流动资金周转天数：盈亏率；储备资金占用等。

3. 物资管理机制存在的主要问题

目前物资管理存在的问题较多，突出地表现在以下九方面。

（1）物资管理和核算全都由手工处理，效率低、准确性差

物资管理和核算全部由手工处理，造成资料处理不及时，特别是单据传递不及时，形成虚假在途材料和虚假暂估材料，同时也无法应用现代管理方法进行管理，无法建立相应的统计分析指标体系，无法搜集有关物资管理的有用信息，结果导致物资管理效率低，准

确性差。

（2）物资管理计划性差

这主要表现在以下两个方面：

1）计划准确性差

现行管理体制中物资由使用单位和项目管理人员报送计划，而这些单位和项目管理人员报送的计划没有经过详细的论证，其他部门和领导虽然也进行审查，但很大程度上流于形式，经常出现库存积压和物资组织不到位而影响生产和建设的情况。

2）整体计划性差

由于器材部门没有较为详细的全年采购和使用计划，也没有季度和月度采购和使用计划。缺乏具体计划，平时基本上是使用单位需要什么，就采购什么，从而给财务部门运作资金造成了较大的困难。

（3）物资发放管理制度不健全

除劳保按照指挥部规定发放之外。其他物资的发放基本上是使用单位需要领什么，器材部门就发什么，要领多少，器材部门就发放多少，缺乏相应的制约机制，在物资发放环节控制不力。

（4）材料稽核制度不落实

按照规定，材料稽核应由财务部门进行，检查采购是否按规定进行，器材入库和出库是否按规定办理了相关手续，有无超储积压。储备不足或保管不善的情况。所收物资是否合理，所发材料是否符合定额或计划，凭证的签证是否符合规定等。器材部门设立了稽核员，但无法真正起到稽核监督的作用。

（5）物资管理定额和统计指标体系不完善

现代企业物资管理，一般都要建立如下定额和统计指标体系：存货周转天数、各类物资的最高储备量、平均储备量、最低储备量以及经常储备额、保险储备额、订货成本、储存成本、缺货成本、经济定货批量、订货周期、订货提前期、再订货点、材料消耗定额、损耗率等指标，便于考核和分析。但目前事业部大多数指标都没有建立，无法进行考核和分析，更不利于加强物资的周转和利用，造成资金上的巨大浪费。

（6）物资采购的集中和分散问题没有得到很好地解决

一般来说，物资采购应以集中管理为好，因为这样可以充分发挥物资管理部门的优势，避免多头采购带来的漏洞。但是对于一些分布比较分散的煤炭，由于距离较远，小批量物资集中采购成本反而较高，同时，全部物资都由物资处采购，一方面会挫伤基层单位的积极性，另一方面还容易造成物资处垄断局面，对加强采购管理也造成小利。多年来，煤炭物资采购的集中和分散的尺度问题一直没有得到较好地解决。

二、煤矿企业物资采购成本问题

1. 物资的采购价格问题

在整个物资供应链中，物资的采购价格是关键，对此公司应该建立健全的制度规范，严格按照规范进行物资采购，在公司内部设立专门的物资采购监督机构，对物资的质量、价格等进行严格的控制，并将考察的结果与采购人员的绩效考核成绩挂钩。对企业外部而言，在采购方面要选择合适的供应商，通过对供应商综合素质的评比，选择产品、信誉等方面较好的供应商优先采购。

2. 物资采购分包问题

在物资采购方面，面临的主要问题时物资在采购分包方面存在着不合理的现象，采购人员无法进行集中大量采购，而且采购的价格比较难以掌控，造成这些问题的主要原因就是公司的信息缺乏，没有建立公司内部的信息平台，使各层管理人员无法及时得到有效的信息对物资采购进行管理，采购人员也无法对往期市场价格做到清晰地了解，因此采购地成本会比较高。

（1）主观上不愿招标

1）使用部门习惯于"随用随领"，供应部门习惯于"没有就购"，采购计划性不强，零星采购多，牺牲了规模效益。

2）怕麻烦，特别是小额采购，嫌招标耗时长，程序多，工作量大，不愿组织。

3）接受监督意识不强，认为招标采购是领导不放心，组织不信任，有抵触情绪。

4）利益驱动，或为单位、部门小团体利益，或为个人私利，不愿招标采购。

（2）规避招标

1）化整为零，有的直接将招标项目划分为几个小项目，每个小项目均在规定限额以下；有的先招标签订一个规定限额以上的合同，待履行完毕后再续签若干个规定限额以下的小额合同；有的采取一次性送货，分批签合同、分期付款。

2）虚假招标，以种种不合理、不必要的条件或标准排斥潜在投标人。

3）与投标人串通，邀请陪标人陪标。

（3）投标主体不均衡

1）投标人资质不对等，竞标实力悬殊，国营大厂与私营小厂鱼龙混杂，有的投标人甚至不具备投标资格。

2）投标人待遇不平等，一些招标项目实为意向标、内定标，人为设置不公正的标准、条件排斥其他投标人。

3）中间商多，直供户少，流失了招标效益，有的中间商代理多家产品，与其他直供厂家竞标，机会不均等。

（4）招标方式单一，操作失当

1）邀请标几乎成为被无原则选择、使用的唯一方式。由于企业普遍没有建立合格供方资源库，造成被邀请的投标人多为项目主管部门推荐的几个"老关系户"，有时被邀请的投标人甚至全部集中在一个城市或地区，以串标哄抬标价。

2）实际操作中大部分企业多采取邀请标、分段标、议价标相结合的招标方式，邀请几名投标人，多轮报价、分段评标，这在理论和实践上有积极意义，但目前法律依据不充分，操作不当会导致恶意竞标，以适用设标底标为宜。

（5）评、定标不科学、不严谨

1）评标委员会的构成不合理，行政领导、有关部门管理人员多，有的甚至按部门分名额，面面俱到，不能保证技术、经济等方面的专家不少于2/3的比例要求，评标变成行政决策，权威性降低。

2）随着国企改革改制的深入，招标主管部门人员精简，力量有限，不得不较多采用无标底招标，有的即便编制有标底，因没有建立价格信息库，多为"纸上谈兵"，对评标参考价值不大。评标办法概括、笼统，缺乏定性定量结合、操作性强的评标细则，评标多依据投标报价而非评标综合价，感性因素多，随意性大。

3）诱导性评标，评标时，常先由评委会主任根据招标人意图发表"指导性"意见，评委再进行打分或投票，评标缺乏公正。

4）评标与定标相脱节，招标投标法及有关部门规章对评标、定标间隔期限未进行明确界定，实践中许多企业常常将评标、定标割裂开分阶段进行，很少当场授标，招标透明度低，有舞弊之嫌。

（6）招标结果履行度低

1）招标方不对中标人签订项目合同或不按招标书内容签订合同，有的以中标人的名义签订合同后指令中标人将部分项目分包给指定关系户，有的搞平衡将中标后的项目分段授给不同投标人。

2）高资质中标人中标后违规转、分包给低资质供货商或委托低资质供货商配套、供货。

3）招标方资金兑付不及时的现象较为普遍，制约了合同履行，有的造成合同纠纷，严重地影响企业供应网络的良性运转，抬高了采购成本。

三、库存成本高

煤矿企业物资库存主要是为保证煤炭能够在各个阶段都进行正常的开采，但目前由于信息不完善和管理层次不合理，对物资造成了很大的浪费，例如，在企业内部物资管理部门较多，且各个部门之间缺少必要的联系，使物资管理呈现多头的现象，最终汇集到公司的物资总需求量已被异常放大。库存系统优化级较多，每一级库存系统在进行物资储备时，由于计划提报的不准确，在各级物资库存系统中对物资都会造成重复储备。公司内部物资管理部门缺乏沟通合作的意识，缺少物资横向调配的流程，使得公司在同样的成本投入上，特种储备无法发挥其最大的作用，从整体上表现出特种储备不足，企业的生产乏力。库存成本居高不下，这也就造成了公司的储备资金规模相当大，严重制约了公司的发展，如果公司对于物资库存系统不进行改变，储备资金将会随着生产的扩大而不断增加。

1. 公司经营管理层对存货存在认识上的缺陷

由于煤矿企业的管理层对存货缺乏基本认识，导致煤矿企业内部存货大量的积压。煤矿企业的管理人员在工作中大力地强调煤炭生产、产量、社会市场情况、煤炭的销售情况，对煤炭即将带来的经济效益能够有效地控制，而且能够在这方面取得非常良好的成效，降低煤矿企业的生产成本，提高煤矿企业的生产利润。但是大多数煤矿企业管理人员缺乏对企业存货的认识，煤矿企业内部的存货大量积压，使得煤矿企业在管理的时候需要加强对存货的管理，严重影响煤矿企业的资金流转存在错误，导致企业的报表收支不平衡。主管会计还要对煤矿企业的各项事务进行严密检查，如果会计人员没有足够的水平就会导致煤矿企业的财务出现问题。

2. 成本管理空间狭窄

当前很多的煤矿企业在进行成本管理工作中，往往注重在企业的生产经营中以及企业的运行等环节上。但是却容易忽略其他环节的管理，这样的情况严重导致煤矿企业无法对企业内部的存货进行控制，在安全与技术管理等方面的成本管理相对薄弱。由于煤矿企业在社会企业中属于较为特殊的企业，对存货的计量非常重要。但是煤矿企业忽略了对成本的控制与管理，造成企业的成本信息无法返还给管理者，导致煤矿企业对成本控制管理的力度不够，仍然停留在事后的控制上，煤矿企业不能够对成本进行控制，无法形成准确的财务报表。

3. 对价值链和成本的分析不够

煤矿企业的成本管理应当将预算作为管理的基础，通过将企业的各个部分进行分开，然而，很多煤矿企业成本管理与其他管理环节发生严重的脱节，缺乏系统性的管理机制，导致煤矿企业的整个管理不到位，同时不能够为煤矿企业管理层的决策提供参考，这样的情况就会导致煤矿企业对存货以及生产难以进行准确的动态分析。

四、物资的运输配送服务的方式单一

煤矿企业的物资在运输和配送中，配送的功能和方式太过单一，功能较少，主要是依靠送货和中转站的方式，没有有效地利用好库存对于物资配送的功能，这样就使得配送的地点较为分散，配送的耗时较长，外加配送设备陈旧落后，这些都无形地增加了运输配送的成本。

1. 煤炭物流配送行业的现状及发展问题

煤炭是我国重要的基础能源，在一次商品能源消费中约占70％，并在我国一次能源结构中将长期占据不可替代的地位。一方面我国煤炭主要商品化产区集中在以山西为中心的北方产区，以山东、两淮为中心的华东产区，以贵州为中心的西南产区以及东北产区和西北产区，而煤炭的消费地大都集中在经济较为发达的东部沿海和南方地区，除了东北产区的煤炭自给自足外，其他产区的煤炭都要进行外运；另一方面进行煤炭生产所需的原材料、零部件、燃料等辅助材料的供应量十分庞大，几乎任何一个煤炭集团企业每年的物资采购都要超过亿元，甚至几十亿元。据统计仅我国煤炭的运输就占全国铁路和水路年货运总量的40％左右，因此煤炭物流在我国流通领域中已占据重要位置。

煤炭物流系统主要包括供应物流、生产物流和销售物流。其重点是煤炭产品在煤矿企业和用户之间的实体流动，即煤炭销售物流。销售物流是由煤炭的外部运输和煤炭利用两个重要的部分组成。在市场经济条件下，应该着力改变对传统的外部运输方式以及路线的思路，加大对建立区域性煤炭物流配送中心的重视。建立区域性煤炭配送中心，一方面可以转移煤矿企业用于销售、运输的精力到煤炭生产上来，提高产品质量，降低生产成本；另一方面可以改变从煤矿企业→用户的传统运输方式，实现煤矿企业→配送中心→用户的科学运输方式的转变；再一方面就是使用户的需求可以更加快捷、更加便利地得到响应，体现了物流以服务为中心的宗旨。

目前，我国煤矿企业对配送物流的研究和关注较少，煤炭物流配送系统尚未完全建立。随着市场经济的进一步发展，特别是物流理论和电子商务的普遍应用，传统的物流配送运作模式的弊端日益显现，具体表现在以下几个方面：

（1）流通成本高

煤炭供应的安全性和及时性，是煤炭用户最为关心的问题，煤炭的产销衔接是煤矿的关心问题，产销各有自己的网络，且相互之间的链接不紧密，双方都需要投入大量的人力和财力，这样就加大了煤炭配送行业的流通成本。

（2）资金占用量大

因煤炭运输多有公路、铁路、港口和航运企业按区段承担，企业衔接过程中易显现问题。又因煤质等方面的问题，煤炭客户和企业之间难以调剂一时之余缺，煤炭客户将增加各自的煤炭储存量，这就大大占用了企业的流动资金，影响企业在配送领域的发展。

（3）配送系统不健全

在我国，煤矿企业大部分都采用自营物流的经营模式，专业做第三方煤炭配送的企业很少，配送市场发展不健全，煤矿企业的体制结构不合理。在我国能源产业中，煤炭行业集中度低，石油行业由四大公司主导，电力行业以五大公司为主。中国石油企业物流体系在一些方面已经占据市场主导地位，如油品营销网络、管道系统、油品运输车队及相关设施等，我国石油企业物流至少在中国市场上拥有相当大的优势。而目前作为国家大力扶持的煤矿企业、煤炭运输体系改革较晚、市场化程度较低，理想的寡头格局还未完全形成，市场体系还不够成熟、规范，客观上增加了提升物流水平的难度。据了解，山西每年通过铁路、公路运输出省的煤炭量可达 5 亿吨左右。据业内人士向记者透露，"随着煤炭产业进入深度整合，山西省煤炭物流业的潜力庞大，但仍面临物流服务体系刚刚起步、物流节点资源掌控不力等诸多挑战。"

业内有一种说法是，煤炭供需紧张的罪魁祸首主要是由于过去煤炭市场的零散和纷乱所致。而这些零散的个体经营户、运输户逐步成为山西煤炭销售的主力军，不利于统一和集约化发展。但是若煤炭整合后提高集中度，可以缓解供需紧张状况，达到市场平稳。

所以，煤矿企业除了整合产权和资源外，还需要从供应链层面上，整合物流资源，积极推动物流社会化和物流一体化发展，从物流环节促进我国煤炭产、供、销等各个环节的有效衔接。

此外，业内还有一种说法是我国煤炭储备不足，没有建立起合理有效的煤炭储备机制，煤炭没有像石油那样被列入国家储备行列。这在一定程度上凸显我国煤炭物流的短板。

因此，有专家建议，中国煤炭物流企业的发展战略方向应该是培养核心能力、发展煤炭特色物流，在成为具有一定市场竞争力的专业化企业物流的基础上，向第三方物流企业转型是大势所趋。

随着我国经济的发展，铁路建设的不断开展，我国铁路运输呈现出一片繁荣。铁路技术的不断进步，加之我国不断加大对于铁路建设的投资，我国铁路营运路程不断增长。2014 年，我国铁路运营路程达 11.18 万公里，2018 年，我国铁路运营路程增长至 13.1 万公里。尽管我国在铁路运输的生产效率指标上处于领先地位，但在路网规模、技术装备水平、运输服务质量等方面还存在较大差距。由于缺乏及时的沟通交流和明确的统筹规划，缺乏相应的投入与建设。所以煤炭运输体系存在的主要问题是铁路运输通道建设严重滞后，铁路通道建设没有与煤炭生产基地西移同步。为此，要加强煤炭产销规划与铁路建设、公路建设、港口建设规划的同步性。

随着现代化煤炭大生产格局的逐步形成，众多专家开始呼吁建立与之相适应的现代化大煤炭物流体系。特别对于新打造的亿吨级煤炭大集团、煤炭航母，发展现代化煤炭物流是关键，但这急需要获得政策上的支持与政府的适当引导。

2. 煤炭配送行业的共性关键技术

煤炭的配送技术主要有配送中心内部技术和配送中心外部的运输技术以及与之配套的信息技术。

第一，煤炭配送中心内部的技术包括运输设备如矿车、胶带运输机、罐车、汽车、机车、车辆等。装卸设备如给煤机、卸煤机、漏斗等。仓储设备以及洗选设备。

其次，由于煤炭属于散装货物、体积大，污染环境等特性，以及我国煤炭的分布与消费的地理差距的制约，所以煤炭的配送主要技术在运输方面。煤炭的运输可分为铁路运输、公路运输、水路运输三个主要运输方式。

据了解，华中地区的湖南、湖北、江西三省的每年需要通过铁路运送的煤炭就达 6000 万吨。虽然铁路运输占据煤炭运输的大部分长距离的运输，但公路运输有机动灵活的特点，对煤炭运输也很重要。

主要地煤炭生产基地和煤炭中转港腹地，一直有部分中、短距离的公路直达运输或公路集港运输。跨地区公路煤炭运输主要集结在山西、内蒙古等地区。大规模的长距离煤炭运输并不是公路运输方式的优势所在，然而近几年来，随着经济发展对煤炭需求日趋增加。然而对于水运（内河运输），运量大，成本低，内河煤炭运输分布较广、运输距离较长，主要集中在长江水系、淮河水系、京杭水系、珠江水系、黑龙江和松花江。长江水系、淮河水系、京杭运河煤炭运输主要由四部分组成：①由长江干线"三口一枝"（浦口、裕溪口、武汉和枝城），铁水转运港以及主要支流煤炭产地运往长江中下游沿线以及长江三角洲水网地区；②长江干线海进江煤炭运输；③山东、河南、安徽等地煤炭通过京杭运河、淮河水系主要航道运往长江三角洲地区；④上海港经长江三角洲水网为浙江北部地区转运的海运煤炭。珠江水系煤炭运输主要为贵州等省经珠江水系上游主要航道逐步向东运往珠江三角洲地区，广州港经珠江三角洲水网的海进江煤炭。黑龙江、松花江煤炭运输主要由沙河子、佳木斯及黑河等地运往哈尔滨、同江等城市。

再次，目前，大型的煤矿企业已经开始关注配送治理信息系统，通过运算机实现路径规划，最优库存控制，物流成本控制。配送的即时信息强调以同步化，集成化的计划为指导。特别是利用运算机技术，信息技术，以及网络技术等实现对数据收集，加工和应用。例如，煤炭配送的信息化充分利用 RFID，GPS，GIS 技术，对运输工具的跟踪和调度。另外，实现信息配送信息化的关键一步，是建立煤炭配送中心的信息化平台。加快企业间的信息沟通和传递，实现企业间的高效协同。信息化平台将为企业的战略决策和治理决策，业务决策提供及时，准确，全面的信息化支持。提升中国煤炭物流企业整体竞争力，实现物流，资金流，数据流和信息流的统一。

3. 煤炭配送行业的发展瓶颈

（1）煤炭配送成本高

煤炭配送成本高。以山西为例。山西焦炭的出口主要以铁路为主，目前铁路运力已趋于饱和，铁路运输无法满足需求，而增量部分需采用公路等其他运输方式。由于限制超载、过路费、燃油价格上涨以及煤炭自身污染环境等因素造成的成本增加造成了煤炭运输的成本上升。

（2）配送企业的信息化程度较低

目前煤炭配送企业之间信息独立、分散，没有有效的信息分享网络，建立统一的信息共享有效平台，以实现资源的优化配置。

（3）煤炭配送企业体制结构不合理，机制不健全、不灵活、大锅饭现象比较严重

配送及运输部门的积极性、效益、速度明显不如社会上的流通运输单位。提送一次货物的周期长、费用高、效率低。

（4）地区化差

煤炭的生产地和消费地存在严重的差距，且由于铁路等基础设施的有限，限制了煤炭配送的效率提高与成本地节省，从而成为其发展的瓶颈之一。

（5）煤矿企业服务意识不强

物流理念及认识落后，对物流重视不够，各级单位领导往往是重生产、轻治理，对现代物流在新经济时代中企业生产运营的支撑作用和第三利润源泉的潜在能力缺乏应有的认识，墨守成规，缺乏物流配送的创新精神。

（6）物流配送行业专业技术人才少

作为煤矿企业治理及配送人员，既要有思想素养高、责任心强，又必须同时懂得财务治理、煤炭生产、设备性能、材料质量、技术要求及综合信息技术治理知识。

五、物资供应管理问题案例

1. 阳煤集团物资供应管理中存在的问题

阳煤集团物资供应管理自实施"三集中"、"三分离"改革以来，物资供应管理采购组织分工明确，职责分明，管理制度相对规范，物资供应的业务流程如：需求用料到采购计划审批、合同审批、送货验收、二级配送等比较流畅，为阳煤集团的日常生产提供了良好的保障。采购成本、库存、储备资金等得到了有效地控制和大幅降低。但是随着各联营兼并矿完成重组和生产改造逐步投产以来，集团的物资供应采购总额几乎增加了一倍，随着保供单位的数量的增加、业务人员素质的层次不一、配送范围的急剧扩大，给阳煤集团物资供应管理带来了一定的影响。问题主要表现在：

（1）阳煤集团物资计划管理方面的问题

物资的计划管理和采购管理一直是物资供应管理工作的重要组成部分。计划管理作为物资供应管理的源头，计划的准确性、及时性直接影响到整个物资供应管理工作的好坏。阳煤集团的物资计划管理采用三级汇总、二级上报、二级平衡利库、集中决策模式进行管理。从管理流程和业务过程来分析，物资供应计划管理的流程比较合理，用料计划经过基层队组、矿、集团三级汇总和矿、集团二级利库之后，生成正式的采购计划。在由用料需求计划生成采购计划的过程中，经过了多级的审批，同时也考虑了矿级库存、集团层面各矿之间的物资调拨利库，以及在集团层面的经济订货批量化采购等要素，切合煤炭企业自身的业务特点，为了保证计划的严肃性，在审批流程中设计了三级审批机制。但是随着大量联营并购矿完成重组和技术改造正式投产后，集团物资供应由原来的9家主体矿迅速扩展到45家主体和联营矿，由于各联营矿的材料员、计划员水平不一，计划管理环节出现

了一些问题，其情况主要表现在：

1）需求计划不准

作为源头的物料需求计划就出现大幅失真，计划准确性下降，表现的情况是作废、退回计划增加，部分执行的计划数量增加。从 2016 年的情况来看，各矿上报的用料计划中，2016 年平均每个月作废约 4000 份，退回 2500 多份，用料计划准确率由 2015 年初的 95% 下滑至 78.2%，严重影响了后续的采购计划生成和采购组织实施工作，同时也导致部分物资采购回来后，无单位领用，造成库存积压。假设 5% 的误报用料计划生成采购计划后，被正常采购后，无单位领用，按照阳煤集团 2016 年 44 亿的采购总额计算，44 亿×21%×5%=4600 万元，将造成 4600 万元的库存积压，阳煤集团的库存储备资金计划才 9000 万元，需求计划的准确性下降给库存储备和周转率带来了极大的压力。

2）临时计划过多

煤矿因为业务的特殊性，在煤矿井下日常生产过程中，经常会突然出现地质构造等变化，所以每个月都会有一定量的临时追加的应急计划。阳煤集团为保证物资供应的及时性，要求各矿从上月的 25 日至当月初的 5 日之间，约定为当月正常计划的上报时间段，在此期间，各矿集中上报当月的用料计划，以便提前安排采购。临时计划的增加，因其时间紧迫性和不可预测性，给正常的采购和计划的响应率、及时率均带来了相当大的影响。

3）计划响应不及时

阳煤集团在 2007 年的供应模式改革中，成功实施了阳煤集团物资供应管理系统，实现了从计划、合同、入库、调拨、移库、领料、结算、配送全过程物资供应管理信息化管理，实现了 9 家集团主体矿联网物资供应管理。2015 年，并入 36 家联营并购矿以后，由于各联营矿的分布在山西全省 13 个县市，各矿的实际网络环境、情况各异，部分矿根本就不具备网络接入的条件，需求与采购部门无法进行高效的沟通，导致物资的供应周期大为延长，采购计划的响应及时率下降，从 2016 年供应处物资供应管理系统对计划管理环节的统计数据来看，采购计划响应及时率仅为 86%，同比 2015 年下降 12%，采购平均延误周期为 4.5 天，同比 2011 年，延长 3.5 天，采购滞后现象比较严重，对部分矿的日常生产和安全生产带来了一些影响。

（2）阳煤集团物资供应商管理方面的问题

阳煤集团自实施集中采购管理改革以来，供应商实现了由阳煤集团供应处统一管理，采用了规范的供应商资质与准入审批流程。供应商准入审批流程，涵盖了供应商建档、供应商各项资格证书的预审、审批的全过程。供应商经建档、资质预审、分管科长审核、分管处长审批通过后，成为合格的供应商。从流程上而言，阳煤集团供应商准备审批流程，基本满足企业的供应商审批需求，但在近期的物资供应管理业务中，供应商管理的各种问题仍不断浮现，具体表现为：

1）供应商供货不及时

2016年，因供货周期过长或供货能力不足，难以满足阳煤集团物资供应需求而被清退的供应商多达50家，占当年清退供应商的10%。此类供应商响应迟缓，有一部分供应商可能因自身的能力的问题，无法快速响应阳煤集团的物资供应需求，客观上而言，此部分供应商应在前期的资质与能力审核阶段被剔除，而不是造成一定的供货延迟后果或损失后，进行事后控制。

2）供应商后续服务无保障

2015年末，阳煤集团供应处总计供应商1209家，2016年末，总计供应商3137家，供应商的数量约200%增长，2011年，清退供应商120家，占当年供应商的10%，2016年清退供应商625家，约占当年供应商的20%，供应商的新增与更换频率明显过快。如此快速的供应商增长频率和更换速度，在供应商资质与档案审核人员有限的情况下，对供应商的资质、供货能力、诚信度、技术能力、售后服务能力、采购兑现能力等方面的考察与评价工作完成得比较粗糙，部分准入的供应商因自身能力问题，缺乏对后期的售后服务、供货质量、供货周期与供货稳定性的保障。

3）物资采购成本上升

剔除市场价格波动等因素，近年来，部分钢材、型材等物资采购成本在市场价格下跌，采购物资规格型号、数量均不变的情况下，反而有微幅的上涨，给各矿带来了一定的成本压力。

4）物资采购质量下降

阳煤集团供应处与供应商双方临时和短期的合作关系造成了竞争多于合作，利益高于协作，采购过程之中抱怨和扯皮的事情比较多，互相之间不信任，信息私有不共享。为了获得较低的采购价格，阳煤集团供应处作为采购方只能尽量保留私有信息，同时供应商在参加竞争的过程之中也尽量隐瞒自己的信息，这样采购供应双方都不能有效地进行信息交流和共享，形成了信息壁垒。同时为了以较低的采购价格中标，部分供应商只能降低产品的质量标准，给各矿的生产安全带来了一定隐患。

（3）阳煤集团物资库存管理方面的问题

阳煤集团2016年采购的物资小类多达6970余类，物资编码46476万余种，品种繁多，数量庞大，给库存管理方面带来了很大的压力。2016年，阳煤集团二年内无动态物资为3000万元，约占储备资金的30%，严重影响了阳煤物资供应管理资金流转率和库存周转率，导致储备资金大幅上升。库存管理问题主要表现在：

1）库存量大，资金占用量大

阳煤集团供应处自2011年实施代储代销库存管模式以来，库存储备资金由原来5.4亿元迅速下降为5600万元。供应商管理库存模式的引入，在保证物资供应的同时，大大降低了阳煤集团供应处的库存储备资金占用。但2015年随着联营矿完成技改后投产，2015

年和 2016 年，供应处年平均库存占用资金分别是 7200 万元和 9800 万元，库存资金周转率分别为 5.21 次和 5.64 次，两年平均为 5.43 次，比 2016 年全国工业企业平均库存周转率相对较低，库存水平明显过高，库存储备资金明显大幅上升。2016 年，阳煤集团二年内无动态物资为 3000 万元，约占储备资金的 30%，很多二级库房中积压了三年以上未用的备件和材料，带来巨大的资源与资金浪费。阳煤集团目前物资储备仍停留在"高消耗、高投入"支撑阶段，仍存在着对现有库存结构调整幅度不大，长线物资仍有较大库存，积压、待报废物资所占比重较高等不良现象。造成的后果是：占有大量流动资金，需要大量的行政管理和库存费用，长期保管的材料还会变质、失效，造成经济损失，使企业大量的资金沉淀。一方面资金匮乏，制约了阳煤集团的发展；另一方面资金沉淀，影响资金周转和资金的时间价值和机会收益。

2）库存信息滞后，影响决策

阳煤集团通过物资供应管理信息系统实现了对物资出、入库业务的信息化管理。但由于各矿保管业务员层次不一，以及部分物料验收、检测的滞后性，信息系统里的物资出入库数据与实际的库存操作记录，有一定的滞后性，无法围绕物资库存情况进行各项精确的统计分析工作，导致采购与库存品种数量难以把握，影响到计划阶段的二级利库平衡效果。

2. 阳煤集团物资供应管理中存在问题的成因分析

阳煤集团物资供应管理中表面上存在需求计划不准、临时计划过多、计划响应不及时、物资采购成本上升、采购质量、采购供货周期无法保障、库存储备资金较高、库存周转率较低、库存信息滞后影响管理决策等问题。各问题的成因有管理体制上的原因、有利益目标上的原因、有流程和方法上的原因，经过细化归纳后，整理成以下五大成因：

（1）物资分类不合理

长期以来，阳煤集团一直使用以采购金额属性为权重的 ABC 分类法来分类物资，并选择与之相应的采购管理和库存管理策略。但是在长期运营中，我们发现 ABC 分类法划分过于片面，部分金额和数量较少重要的核心生产材料可能因其金额较少，被划分为 C 类物资，但这类物资却可能是生产过程中不可缺少、采购比较困难的重要材料的现象，一旦发生缺货则会对整个生产造成重大影响。因此对库存物资的分类仅靠金额一个分类指标，不能满足目前阳煤集团物资采购管理的实际需要，对采购物资的分类还必须考虑物资的市场供应状况等。

支护用品中的锚杆、采掘设备、木材中的坑木、带式输送机中的输送带、杂品等物资按照年度平均采购金额属于 A 类重点物资，对于相应的采购计划、供货供应商、库存均进行重点监控和管理。阳煤集团各矿应用中易耗的三角带等橡胶配件材料、以及井下矿工使用的矿灯等设备由于采购金额较小，被划入 C 类物资，但三角带等橡胶作为采掘和部分煤炭生产设备中的常用配件、矿灯作为下井生产人员的必备随身用品，该部分物资的缺货或供货风险将直接影响到集团的日常煤炭生产，不适合采用C类物资的管理方式来进行管理。而对于划入A类物资的杂品，虽然采购金额重大，但因为在市场上较易获得，供货商家众多，可替代品较多，没必要作为核心物资进行重点监控。物资分类的不合理，直接影响到物资计划、供应商、库存管理环节的准确性和策略合理性，产生采购计划编制不合理、供应商关系管理不到位、关键物资缺少储备或一般物资过渡储备的情况。

（2）计划环节缺少预测和管控

从阳煤集团当前涉及计划管理的各个部门的组织层级来看，计划需求单位与采购部门之间为典型的多头管理，双方的利益侧重点不同，自然产生编制和审核计划上的差异。物料需求单位特别是阳煤集团各联营矿，因为采取的联营方式，阳煤集团占51%的股份，联营方占49%的股份，由于所有权模式的不同，需求单位与采购部门之间的利益侧重点很难统一：在采购需求方面，需求单位更关注需要的材料、设备的数量、质量、采购的到货日期是否能满足煤矿正常生产运营的要求，对于采购的价格、采购过程的经济合理性、采购的难度等因素考虑较少；而物资采购部门更关注产品采购的价格、质量、性能、售后服务、经济订货批量等因素；双方的关注点明显不同。因而在编制需求计划的过程中，各下级单位特别是联营矿从自身成本、利益出发，越级储备一些市场紧缺型和市场波动较大的风险型物资，追求储备收益和虚报用料计划；而物资采购部门随着供应单位范围的扩大，采购工作量加大，采购部门对各矿的实际生产情况、库存情况、安全储备需求、真实物料需求无法深入地了解和掌控，从而导致二级平衡利库环节起不到应有的作用，采购部门基本按照各矿上报的用料计划数直接编制采购计划并进行采购，因采购与需求单位双方的原因导致最终过度采购现象日益严重。

以上差异和现象归根结底由以下两个方面的问题所产生：

1）编制计划缺乏理论依据

各直属矿和联营矿的基层用料计划员在申报用料需求计划时，大部分依赖于历史经验进行主观判断，由于各基层矿材料人员素质不一，不排除存在拍脑袋编制用料计划的情况。从各矿2016年的历史实际用料情况和各矿用料计划申请情况中可以看出，大量的用料计划数据不严肃，有些物资的计划数超出实际用料数数倍。

2）审核计划缺乏管控依据

供应处管理人员审核计划环节并未对X矿的采购计划依据上个月的失真情况或库存情况作出适度的调整。通过调研中得到的信息反馈，随着供应处保供单位的逐倍增加，各采购人员负责的采购业务量急速增加。各采购人员对各保供单位的实际生产情况、生产环境等因素了解得不够充分，没有参考的依据或者控制点来确认用料计划的真实性和合理性，只能被动地严格按照二级单位上报的用料计划简单平衡库存后，形成采购计划，安排采购，以防止错误审核或错误调整，带来延误生产的影响。审核计划环节缺乏管控依据，导致该环节形同虚设。

（3）供应商管理方式不合理

缺乏量化指标阳煤集团对于供应商的管理一直采用较为落后的"猎人"管理方式，忽略与供应商之间的关系管理。这种完全依赖于市场，注重短期效应和短期合同，缺少长期保障和相互信任的供应商管理模式的弊端再加上管理体系中缺乏供应商准入的具体定量指标、供应商后期绩效评议指标的现状，在物资供应采购业务量激增，供应单位和供应物资范围激增的情况下，容易产生采购成本上升、采购质量下降、供应商更换频繁等问题。

供应商管理方式不合理主要体现以下几个细节方面：

1）没有建立科学的供应商分级管理体系

阳煤集团当前在供应商关系管理方面的意识仍然比较淡薄，供采之间的关系仍停留在合约阶段。供应商的管理与企业物资采购管理中的物资分类没有能够有机地结合起来，不便于细化管理，做不到有的放矢。大部分采购业务人员将重点放在如何与供应商进行业务交易活动上，只侧重于从多个供应商中选择一个价格最低的供应商签订合同，对供应商的关系基本上缺乏管理，导致供应商的供货质量、价格、供货周期方面都缺乏保障。缺乏对主要战略供应商的管理能力，未能与关键供应商形成深度的合作，当战略供应商流失或变更时，不能主动应变，容易导致物资采购成本上升、供货周期延长等波动，给二级矿的正常生产带来影响。

2）缺乏可量化的供应商准入标准

阳煤集团供应商准入有一套规范的审批流程和定性方式，但是缺乏一套可量化的供应商准入考核指标体系。对供应商的准入评价指标中，原则性的指标比较多，过于普遍，无法筛选出真正可靠的供应商。缺少对供应商的产品质量、供货提前期能力、综合企业素质、后期维护能力调研和评价指标，没有建立基于事实和数据的供应市场分析方法，获取潜在可靠的供应商信息的渠道较少，没有形成一套成体系的供应商准入（预审）评估标准。对于供应商的准入更多地依赖于领导对供应商的流程化主观审批，缺乏可量化的客观依据和评估指标，造成供应商准入的门槛降低和供应商更换现象的频繁。

（4）库存管理方式单一

阳煤集团供应处年采购物资品类繁多，物资需求量大、物资单品数量将近5万种、配送范围分布在山西省13个县市，二级库房较多、分布范围较广等特点，阳煤集团供应处当前仅采用单一的代储代销模式对库存进行规划和管理，缺乏针对性。不能根据物资在集团日常生产中的重要程度、物资采购的难易程度及物资价值进行分类管理，造成了纯进口件、冷门备件的经常缺货和一些备件积压的问题，影响库存储备资金和库存资金周转率。阳煤集团库存管理方式单一落后，主要体现在：

1）大库存保供观念

由于受传统管理思想的影响，各二级单位普遍存在着大库存保供应的思想，忽视库存成本。一方面物资需求、审批、采购等部门在计划制定、执行过程中，存在分别加大保险系数现象，导致牛鞭效应产生；另一方面人为增大提前期，导致了到货物滞库时间延长，增大库存规模。

2）过度强调实物库存

各二级单位仍机械地停留在对实物库存的简单占有，认为物资必须存放在自己仓库里，才是控制了资源，对供应商管理库存（VMI），供应商联合管理库存（JMI），JIT 库存模式缺乏布局与研究。

3）物资分类方法落后

阳煤集团目前仅对原材料进行了简单的 ABC 分类管理，前面已述，ABC 分类方法是一种比较传统的分类方法，这种基于采购金额的方法的最大局限性在于只以采购成本为基础进行分类，无法反映物资对企业生产的紧要程度、供应波动的风险性等情况。

4）阳煤集团保供单位延展到联营并购的 36 家矿之后，总库的配送范围由原来的阳泉市及其周边县市迅速扩展到山西省内 13 家县市。由于采用单一的库存管理模式，缺乏辅助的第三方物流与 JIT 库存相结合、JMI 联合库存管理方法，各矿为了保证正常生产，只能对一些周转率较高的物料加大矿和坑口超市的物资库存储备量，增加了库存的管理成本和储备资金占用率，同时也降低了库存周转率。

（5）绩效考评体系不完善

从阳煤集团物资供应管理当前所存在的计划、供应商、库存管理等环节出现的计划与响应脱节、采购与供货脱节、库存信息与决策脱节的问题中可以看出，阳煤集团物资供应管理中缺少完善的各环节绩效考评体系。由于计划考评体系的缺失，导致基层计划员可以随意拍脑袋的方式申报用料计划，不用顾及虚报后多采造成库存积压的严重后果；采购人员可以听之任之，不按时响应采购计划，造成过度采购或采购到货不及时延误生产的情况。绩效考评体系的不完善主要体现在以下四个方面：

1）计划环节缺少基层绩效考评体系

各矿基层用料需求计划是编制采购计划的基础，各矿实际业务情况复杂，材料、计划人员水平不一，各矿计划员上报用料计划，存在拍脑袋报数的情况，用料计划缺乏真实的依据，编制不够合理，缺乏准确性、时效性和严肃性。各基层队组材料和计划人员经常性用料计划报了又改、改了又报、报完后作废、需求数量明显不合理等情况经常出现，从而造成供货提前期不准，采购量不准，误采导致物资积压或者影响正常生产等现象。但是由于缺少对作废计划、误报计划、退回计划的考核体系，缺少事后的跟踪、反馈、评价、奖惩过程，导致部分基层业务人员对用料需求计划过度轻视，导致计划失真现象日益严重。

2）采购业务人员缺乏绩效考评体系

供应处采购业务人员基本上按照物资小类进行职责划分，负责相应物资小类的采购业务人员应该熟悉该类物资供应的市场、价格、需求、供应商、经济批量、供货周期、各类采购附加成本因素以及各矿对该小类物料的需求、消耗、储备情况。随着阳煤集团 36 家联营兼并矿的投产，集中采购的范围迅速扩大，导致部分采购业务人员对各矿的实际物料需求、消耗情况、储备情况和供货紧迫性缺乏了解，导致采购计划不合理或供货响应不及时，虽然有物资供应管理系统中严格的计划管理流程为控制，但是由于缺少对采购业务人员的绩效考核体系，采购业务人员责任心不强，采购过程中容易出现响应不及时、采购质量把关不严、过度采购等情况。

3）缺乏供应商考核评价体系

缺乏对准入的供应商合作期内的供货质量、价格、供货周期、技术能力、维护质保能力的考核评价流程和指标。部分供应商以低价等各种手段进入合格供应商名单后，由于缺乏对供应商供货能力与供货范围的考核与评定，部分供应商唯利是图，盲目的参与供应处的各类业务招标，不管自己是否具备该项材料或设备的供应优势或能力，中标后，再将标的转包出去，容易产生采购成本上升、采购物资质量合格率下降、供货周期延长等问题，同时严重影响到设备或配件类物资的后期维护、保养。

另一方面，由于缺乏与供应商合作期内的考核评价反馈信息，无法对参与招标或供货的供应商进行评估或提前发现供应商的各类问题，对差的供应商缺乏淘汰依据，对好的供应商缺乏激励依据，从而无法建立供需双方之间长期合作关系。供应商方面，由于无法建立长期的合作关系，也会忽略与采购方之间的信息沟通，以及对采购方后续物资需求的跟踪和关注，自然难以对采购方的需求快速响应。当物资市场出现供不应求时，供应处无法依赖历史的采购订单和合作记录获得购买上的优势，采购时和其他采购方站在同一起跑线上，容易增加谈判的投入、采购的成本，同时供货周期也难以获得有效地保障。

第三节　物资供应管理发展趋势

一、交易管理的普遍适用

交易管理是初级的采购管理，煤矿企业与供应商之间为简单地单买、单卖的关系，供应商充当贩卖商的角色，煤矿企业则充当一般的客户。其表面特征为：围绕着采购订单与供应商进行较容易的讨价还价；在此过程中，双方仅重视如价格、付款条件、具体交货日期等一般商务条件；被动地执行采购和技术标准。其核心思想为订单管理。

煤矿企业的采购是通过采购员进行的，煤矿企业与供应商之间的联系纽带就是采购员；首先由采购员组织供应商的认证工作，通过上门调查、产品认证、试生产、供货跟踪等手段，在供应商资料库中确认能供应产品的供应商；之后，在某一约定的时间段内，通过电话询问或招投标的方式，得到供应商的报价并挑选其中报价最低的作为中标者，与之进行后续的合约工作。这就是普遍适用于各大煤矿企业的"采购交易管理",该采购过程较长、重复工作很多,一般适用低值、常用物品的采购,并已经形成了一套标准的采购流程控制。该阶段煤矿企业应该重视对供应商的合约履行及准时付款,达到获得供应商提供最佳配合的一个目的。不过该模式在面临新兴技术和产品快速更新的时候,它不适应于价格变化快的产品,往往会使煤矿企业遭受亏损。例如快速消费品和高端电子产品,每一个快速消费产品都有其产品保质期,单一的买卖过程导致其在产品市场饱和的情况下会出现库存积压,过段时间就出现变质等问题;对于高端电子产品,由于它的技术更新快,产品更新换代导致其价值越来越低,单一的买卖过程则会让煤矿企业出现亏损情况,使煤矿企业在经济上受到损失;所以,怎么样运用好交易管理是一个很值得研究的课题,毕竟社会需求离不开它。

二、竞争管理的快速普及

竞争管理是中级的采购管理,煤矿企业与供应商之间为传统的竞争合作关系,供应商充当合格供货商的角色。随着对前期大量订单的经验总结以及管理技能的提高,管理人员意识到供应商管理的重要性和集中采购的必要性。其特征表现为以下几点,其中包括围绕着一定时间段的采购合同、试图与供应商建立长久的关系、加强对供应商其他条件的重视、重视供应商的成本分析以及开始采用投标等手段、加强了风险防范意识和成本控制管理等等,其中供应商的条件则包含订单采购周期、送货、经济批量、最小订单量和订单完成率等因素;其核心思想为以团队运作为主的区域集中采购。

煤矿企业的采购是把采购需求汇总起来,由各个采购团队负责特定领域内的物料采购,寻找合适的供应商,达到节约成本的目标,确保材料的充足供应。一是引入竞争机制发挥批量采购优势,实行以招标、议标、电子商务采购的方式。二是对不符合招标条件的物料实行会签制的自行采购,使采购业务公平、公正、公开。三是建立健全采购决策、采购权限、采购审批等程序,指定专门部门对采购计划和采购机会执行的全过程的审核和监督,更好地规范了采购行为,降低了采购成本。该阶段煤矿企业应该重视集中化采购,达到节约采购成本的目的。

该模式在面临世界经济的网络化和全球化的时候,各大煤矿企业之间的竞争变成供应链之间竞争的时候,该模式下的煤矿企业都在思考同样的问题,怎样在供应商不断增多的同时有条不紊地管理供应商?怎样在压低供应商提出的产品价格的同时和供应商保持良好关系?怎样在降低物料采购成本的同时保持产品的优异质量?怎样在统一供应商标准的同时不失采购的灵活性?面临这样的问题,须得整合供应链,引进先进的采购管理理念优化采购管理,加强采购团队建设,只有这样才能全面提升煤矿企业自身竞争力。

三、供应链管理的高速发展

供应链管理是中高级的采购管理，煤矿企业与供应商之间为伙伴型合作关系，供应商充当合作伙伴的角色。其特征表现为以下几点，其中包括与供应商建立策略性伙伴关系、更加重视整个供应链的成本和效率管理、与供应商共同研发产品及其对消费者的影响、寻求新的技术和材料替代物、OEM方式的操作、更为复杂和广泛的应用投标手段等等。其核心思想为与供应商建立战略合作伙伴关系，让供应商早期参与采购需求的分析和开发。

煤矿企业的采购流程划分为战略采购和订单协调两个环节，战略采购包括供应商的开发和管理，订单协调则主要负责材料采购计划、重复订单以及交货付款等方面的事务，各单位各司其职，环环相扣，供应链各个环节整合成一线。战略采购就是合理选择供应商，并与之建立战略合作伙伴关系，要求供应商进入制造商的生产过程；也就是说小批量采购、实现零库存或少库存、交货准时、包装标准、信息共享、重视教育与培训、严格的质量控制，产品国际认证等等环节都需要靠供、需双方来共同维护。该阶段煤矿企业应该重视供货商的需求，并参与运用供货商的专业知识以及经验来共同设计开发新产品，达到降低成本和加速产品上市时间的目的。随着煤矿企业全球化采购的深入，供应商早已不是以前的小供货商，而是煤矿企业的战略联盟者。对于这些不再俯首帖耳、有时甚至还会高高在上的"伙伴"们，如何才能让它们为公司的业务做更大的贡献呢？"合作""共同发展"已经成为战略联盟者之间沟通的主要名词，所以，如何更大地激发出供应商的潜力，则成为煤矿企业发展道路上必须研究的课题。

四、物资管理的现代化发展

物资管理现代化，是现代化大生产的要求，是实现我国社会主义四化的迫切需要，也是我国经济管理现代化的重要组成部分。物资管理现代化，就是指在物资经营管理中，运用现代科学技术的理论、方法和手段，合理有效地组织、指挥、控制、监督和调节物资流通过程中的一切经济活动，以最少的劳动消耗获取最大的经济效果，从而促进国民经济持续稳定、高速度的发展。物资管理现代化，结合我国的实际情况，包括以下内容：

1. 管理体制现代化

管理体制现代化，是物资管理现代化的关键，而管理体制改革，又是管理体制现代化的首要问题。管理体制改革，必须改变现有物资管理中机构重叠臃肿、人浮于事、职责不清、情况不明、效率不高、奖惩不明的落后状况；克服依靠行政命令、长官意志办事的官僚主义作风；冲破条块分割、地区闭锁的物资供求界限。根据物资流通规律，按照市场调节的原则，确定现代化的物资管理体制。把作风正派、通晓业务、有管理才能、有创新精神的干部选拔到领导岗位上去，并建立一套健全、精干、职责分明、配合密切、效率高的职能机构。

2. 物资管理人员专业化

随着科学技术的进步，物资管理水平的提高，物资管理人员必须具备相应的文化水平和专业技术知识。否则就无法掌握现代化的管理方法和手段。因此，要使各级物资管理人员，逐步达到专业化和专家化的水平，就必须重视和加强对物资管理人员的培养和提高，鼓励管理人员钻研业务，增长知识，掌握现代物资管理的理论和方法，从而促进物资管理现代化的实现。

3. 物资管理方法现代化

物资管理方法现代化，即物资管理科学化，就是采用最新的科学技术成就，结合我国物资管理的实际情况，搞好物资管理。如合理运用运筹学、统计学、系统论、信息论、控制论和管理学等理论方法，通过实践和总结经验，逐步建立符合物资流通规律的现代科学管理方法。

4. 物资管理手段现代化

物资管理手段现代化，就是逐步将电子计算机应用到物资管理中去。当代，电子计算机应用在管理工作的程度，已经成为衡量一个国家管理手段是否先进的重要标志。把电子计算机应用到物资管理工作中代替人的计算和控制，不仅使人从繁琐的计算工作中解放出来，更重要的是它计算快速、准确、及时，能千百倍地提高工作效益，而且有储存数据、逻辑判断等功能，在储存、销售、市场预测、优选运输路线、安排物资流转等方面，都可广泛地应用。利用电子计算机来管理物资，是物资管理现代化必须具备的手段。

5. 物资管理民主化

物资管理民主化是指科学的管理必须建立在民主管理的基础上，才能充分发挥其作用。民主管理和科学管理是物资现代化管理不可分割的两个方面，也是社会生产力发展的客观要求。只有实行民主管理，才能发挥广大物资管理人员的积极性，才能实现物资管理现代化的目标。社会主义物资管理是一项复杂多变、综合性强的工作。当前我国正处在社会主义初级阶段和经济体制深入改革的新时期，物资管理工作必将有所发展和创新，产生新的经验和理论，进一步推动物资管理工作的开展。

五、战略采购的深入探讨

战略采购是高级的采购管理，又称为双赢采购，是一种新兴的在合作关系与竞争性关系之间寻求平衡的采购模式，煤矿企业与供应商之间为策略联盟合作关系，供应商充当联盟者的角色。其特征表现为以下几点，其中包括集成采购战略、加强供应链管理、优化解决方案、高效的项目管理、深层次的战略管理等等；针对公司和客户需要，对自身关键性材料或服务的需求进行战备部署，与认证的供应商结成战略联盟，在研究开发阶段进行合作，以减少制造中的意想不到的问题，共同面对市场的竞争与挑战，取得市场上的购买优势。其核心思想为增强煤矿企业核心业务，对自身没有能力做或虽有但成本高于业界水平的业务进行外包管理。

1. 战略采购的地位

从进入电子商务的时代，采购的操作都是通过网络来实现，从此便奠定了战略采购在煤矿企业竞争优势上的地位，让其在煤矿企业竞争优势的实现上发挥出应有的作用，从根本上重新构架煤矿企业的采购模式，彻底改变煤矿企业的供应链，在煤矿企业与供应商之间形成无缝的订单履行信息流，从而优化采购流程、提高工作效率、缩短采购周期、减少过量库存、降低采购管理成本、降低采购产品价格、增进煤矿企业间的合作，使交易双方均能获得长期的收益。而且，战略采购的过程是与煤矿企业其他系统优化整合的过程，从而使成本节约的幅度及改进过程的效益更加凸显。该阶段煤矿企业应该重视对供应商的培训，视供应商为在外工厂的延伸，与供应商拥有共同的语言，达到煤矿企业和供应商联合的持续性改善的目的。

2. 重视战略采购的意义

提起采购，人们总会将其与部门职能联系起来。但是，当煤矿企业进入电子商务时代开始电子采购活动时，采购便被赋予了新的意义，成了煤矿企业总体电子商务战略的一部分。

战略采购指的是采购部门不是单纯地负责购买货物，还必须能够为煤矿企业持续创造价值并推动煤矿企业经营战略的实施。高绩效的采购活动将成为煤矿企业构建核心竞争优势的关键因素。要想在全球一体化的经济环境中生存、制胜，煤矿企业必须系统全面地考察自身的采购策略，并围绕煤矿企业的整体战略不断完善自己的采购系统。然而，对于很多煤矿企业来说，采购策略依然是零散的、短期的、本能反应式的，缺乏系统性和整体性，未能将采购管理上升到战略性角度考虑，因而很难在成本控制和煤矿企业竞争优势的实现上发挥出应有的作用。所以在这样的电子商务热潮中，战略采购越来越受到煤矿企业的重视，战略采购的具体形式是煤矿企业和具有"战略联盟伙伴"地位的供应商确立相对长期稳定的供需关系，而不是每一次采购均实施招标操作程序，以此降低双方乃至整个供应链的营运成本，达到"双赢"目的。应该说，"战略采购"是"竞争采购"的深化，是一种更高层面的、煤矿企业之间形成供应链关系的、双方"双赢"的采购模式。

3. 战略采购的制定

（1）采购战略制定的基础

采购战略的制定基础限定，取决于煤矿企业；煤矿企业的生存与发展关键在于选择合适的供应商（Right Supplier），在确保合适的品质下（Right Quality），与合适的时间（Right Time），以合适的价格（Right Price），购入合适数量的商品（Right Quantity），以煤矿企业最低成本生产最想要的产品。一个煤矿企业能否持续发展，很大程度上取决于其采用何种采购管理方式。煤矿企业要在竞争激烈的国际市场上站稳脚跟，就必须依据煤矿企业自身的发展现状和信息技术的更新状况，适时调整煤矿企业采购管理策略，最大限度地合理利用社会资源，并且最大限度地利用煤矿企业自身的、包括无形的和有形的资源，适时、适地、适量地进行采购。

（2）从采购管理向外部资源管理转变

采购管理作为煤矿企业提高经济效益和市场竞争能力的重要手段之一，它在煤矿企业管理中的战略性地位日益受到国内煤矿企业的关注。但是煤矿企业采购管理总是伴随着煤矿企业的全球化发展和信息技术的更新而发展。由于现代煤矿企业朝着集团化和专业化两个方向发展和大量新兴信息技术的出现，以致新产品、新材料、新技术、新市场的快速出现，使得采购管理未知数多、未定数大；技术发展变化快、市场价格变化大、产品研发时限短、产品生命周期短，使得采购管理的反应时限短；信息传播和市场变化迅速、全球性竞争、全方位经营，使得采购管理的不易掌握和质量成本要求高。为了避免这样的麻烦，要由原先的采购管理向外部资源管理进行转变，外部资源管理主要是对供应商的管理，增加和供应商的信息联系和相互之间的合作，建立新的合作模式。通过提供信息反馈和教育培训，参与协调供应商的计划，建立一种新的、有不同层次的供应商网络，并通过逐步减少供应商的数量，致力于与供应商建立长期良好的合作伙伴关系。在这样的信息同化情形下，能更好地把握采购管理这条线，更好的实行战略采购。

第二章　物资采购计划管理

第一节　物资采购计划管理特点

一、物资采购计划的概念

物资采购计划是指企业根据市场变化的需要，通过各种渠道和方式，向工业生产部门及其他物资企业购进生产资料以保证计划期内生产正常进行的一种经营业务计划。正确地编制企业物资采购计划，对于加强物资管理，保证生产所需，促进物资节约，降低产品成本，加速资金周转，都有着重要的作用。实现以最少的劳动消耗取得最好的经济效果。因此，企业在制订物资采购计划的时候，必须遵守一定的原则。

二、企业物资采购计划的原则

1. 市场导向原则

企业物资采购计划一定要以市场需要为依据，按照实际需要和资源供给的可能和"以销定购"的原则来编制采购计划，这样才有利于实现产销结合。在衔接产销计划的时候，应该在生产数量和收购数量之间，统筹安排。采取不同的方法，分别对待。对于生产和收购计划都由国家统一管理的物资，不论是生产还是收购，都必须严格按照国家计划办事。对于地方管理的物资和其他三类物资，则应根据市场需要和生产发展条件，区别不同情况，合理地安排采购计划。对于供不应求的物资，应该促进生产企业努力增产，扩大采购；对于供过于求的物资，如果是适合市场需要而又易保管的，采购中也可适当增补一些库存，以发挥物资企业的"蓄水池"作用，如果是库存过大的物资，经过积极扩大推销后，确实不适合市场需要的，则应通过供需双方协商调整生产，减少采购，压缩库存，待存销基本平衡后，再转入正常采购；而对那些不符合标准和社会需要的物资，要向有关主管部门或生产单位提出限产、转产，甚至停产的建议，并积极帮助解决，以改变那种社会需要的产品生产不足，而社会不需要的产品却又在大量生产和积压的不合理状况。

2. 系统性原则

企业采购计划制定必须贯彻统筹安排、瞻前顾后的系统性原则。首先，要做到生产和节约并重。一手促进生产，一手推动节约，从节约中求增产，从规范中求效益。其次，要在相关的各种物资及其品种规格之间保持合理的比例关系，以最合理的资源利用率达到效用的最大化。再次，要做到既着眼当前的需要，又考虑今后的发展趋势，不能在库存暂时多一些就"砍"，缺了一些就"赶"，防止物资库存一会儿脱档，一会儿积压。在进货时尤其要注意品种齐全，合理配套，比例恰当。

3. 质量适宜性原则

企业在设计采购计划的时候，既要按时完成数量，又要品种规格齐全，更要保证产品质量，坚持数量、质量、品种、规格同时并重。当然，这个质量并不一定非是社会最优的，但它必须是符合行业标准的，最适宜于市场需要的产品质量。

物资质量直接关系到企业的产品质量，也影响到产品的成本和整个社会的经济效益。提高产品质量，从某种意义上来说，就是保证产品的使用性能和期限，提升了产品的价值和企业的效益。因此，企业制订采购计划的时候，必须坚持质量第一的原则。从采购产品的品种、规格、尺寸、耐寒耐热度、使用期限、性能等各个方面都有严格的标准，同时计划中应确立对购进的物资建立严密的物资进货检验制度，严格按标准检验，防止劣质产品进入本企业，对不符合质量标准的产品，应该拒绝收购，或退回原厂返工，或按质论价，降价处理。最好能确立本厂采购员会同质量检验人员深入被采购方企业的生产作业车间了解物资产品质量情况，监督其生产过程，从而促进企业提高产品质量。这样既有利于开展竞争，又有利于物资企业提高服务质量和经济效益。同时，最适宜化原则又保证了产品质量与市场需求之间的相互平衡，既不会造成一种潜在需求，也不会造成一种潜伏需求，在现实的需求中达到企业效益的最大化。

4. 价格适宜性原则

一般地说，企业的采购价格就是生产企业（供应商）的出厂价格。采购价格的合理与否不仅关系到采购商与供应商之间的利润分配，且直接影响供应价格的合理与否，涉及用户的经济利益，还关系到企业的市场竞争力。因此，物资进价的确立，一方面应按照国家的价格政策和价值规律的要求，另一方面要遵循有利于生产、流通、消费的原则，做到双方互利，使生产企业乐意采购，物资企业也愿意生产。此外，采购价格还必须根据按质论价的政策，做到优质优价，次质次价，合理比价，提高产品质量，更好地满足社会需求。

5. 严格经济核算、实行择优选购原则

物资采购要有经济核算观点，讲求经济效益。企业的采购除国家分配的资源外，还要打破行政层次和地区界限，挑选质量好、价格低、进货环节少、费用省的生产企业和地区，择优进货，企业在制订采购计划的时候要充分考虑到这一点。在物资质量价格相同的

情况下，一般应选择就近地区进货，以发挥节省运输费用，到货时间快和业务联系方便等优点，还可以使物资快进快出，勤进勤销，少占用流动资金，加快库存周转，提高企业的经济效益。

此外，在制订采购计划时还要注意如下问题：与企业各职能部门间的协调一致性原则、时间效应性原则、完备性原则等，以便企业确立的采购计划能更好地为企业整体效益服务。

第二节　需求市场调研及计划搜集

一、认识市场信息收集与分析

1. 市场信息收集与分析的概念

市场信息收集与分析是指运用科学的方法和合适的手段，有目的有计划地收集、整理、分析和报告有关市场信息，以帮助煤矿企业。政府和其他机构及时、准确地了解市场机遇，发现存在的问题，正确制定、实施和评估物资供应策略和计划的活动。

煤炭市场信息收集与分析过程中要采用科学的方法和合适的手段来进行。各种调查方法，各适用于收集不同的信息；在整理分析收集来的信息时，采用不同的方法进行筛选、统计与分析。它要求信息收集人员从调查设计、抽样设计到资料收集、数据分析和统计处理等过程都必须严格遵循科学的程序。信息收集并非对物资供应的所有问题盲目地进行调研，而是指为了某项物资供应决策所进行的调查，它的过程是一个系统，包括对有关资料进行系统的计划、收集、记录、分析、解释和报告的过程，企业、政府管理部门、社会团体组织和个人等是市场信息收集与分析的主体。

2. 市场信息收集与分析的作用和意义

（1）煤炭市场信息收集与分析的作用

1）有利于煤矿企业发现物资供应机会

物资供应机会与物资供应环境的变化密切相关。通过信息收集，可以使企业随时掌握物资供应环境的变化，并从中寻找到企业的物资供应机会，为企业带来新的发展机遇。

2）有利于煤矿企业制定正确的物资供应策略

煤矿企业物资供应是建立在特定的物资供应环境基础上。并与物资供应环境达成相互协调的关系。因此，要制定出正确的物资供应策略，就必须全面掌握市场环境与顾客需求变化的信息，而这些信息必须通过信息收集才能获得。

3）有利于提高煤矿企业的市场竞争能力

现代市场的竞争实质上是信息的竞争，谁先获得了重要的信息，谁将会在市场竞争中立于不败之地。对于信息这一重要资源，其流动性远不如其他生产要素强，一般只能通过煤矿企业自行调研，才能随时掌握竞争者的各种信息和其他相关信息，使企业制定出具有竞争力的物资供应策略。

4）有利于煤矿企业对其物资供应策略进行有效控制

煤矿企业面对的物资供应环境是变化的，并且是企业自身不能控制的。企业在制定物资供应计划时，即使已经进行了深入的信息收集，也很难完全把握物资供应环境的变化。因此，在煤矿企业的物资供应计划制定中，必须通过信息收集，充分预料环境条件的变化，研究环境条件的变化对企业物资供应策略的影响，并根据这些影响对企业的物资供应策略进行调整，以有效地控制企业的物资供应活动。

（2）煤炭市场信息收集与分析的意义

1）信息收集既是营销管理的开始，又贯穿于物资供应管理过程。

2）信息收集是物资供应运营的四大支柱之一。

值得注意的是，市场信息收集与分析虽然在物资供应过程中地位重要，但还是有限制的。正确市场信息收集与分析过程，方能产生正确有效调查结论及行销建议；信息分析报告仅代表调查结果，并不能替代经营决策，最后决策仍然操于决策者手中；信息收集数据为估算值，仅只代表市场状况可能情况，且由于信息收集方法不同，将有不同结论。

3.市场信息收集的适用范围及内容

信息收集内容是很广泛的，但不同企业和不同行业、相同企业在不同时期内对信息收集的内容会因需要的不同而有所侧重和选择。以下所涉及的是企业在信息收集过程中应广泛收集的各方面的资料和信息，企业可根据确定的信息收集目标进行相应的取舍。企业物资供应活动的成功，主要受三大方面的影响即消费需求、产品设计和物资供应活动的适用程度。而这三方面内容都是在一定的社会环境下存在的，因此信息收集的内容主要涉及社会环境、消费需求、产品设计和物资供应活动这四大方面。

（1）社会环境调查

消费者的任何活动脱离不开所处的社会环境，企业消费者的任何活动脱离不开所处的社会环境，企业的经营活动也一样。一个地区的社会环境是由政治、经济、文化、气候、地理等因素所组成的，而这些因素往往是企业身难以驾驭和影响的，只有在了解的基础上去适应它，并将其为我所用。才能取得经营的成功。对社会环境的调查包括以下几个方面。

1）政治环境

①政府的经济政策

一般说来，政府的经济政策（包括外经济政策）是为了适应本国经济条件和利益而制定的。我国，由于各地区生产力水平、经济发展程度的不同，政府对各地区的经济政策也不同。有些地区的经济政策宽松些，有的严格些。对行业也采取倾斜的政策，对不同的行业采取不同的优惠、扶持或限制政策，这些都会对企业的经营活动产生影响。进入国际市场的企业，还需了解当地政府的对外经济政策。

当地政府对于外国投资是鼓励还是限制；对产品优惠保护、减税或限制、加税的政策如何，对投资方或供应方都会产生有利或不利的影响。此外，在不同时期国家的经济政策也会做出相应的改变或调整，它会波及各个地区各个行业，因此，对企业的经营也会产生影响。

②政治体制

这方面的调查，是进入国际市场的企业需要认真考虑的问题。外国的体制是否与本国相同，是资本主义还是社会主义，是民主制还是专制，其政党是多党制还是一党制，还是两党轮流制，各派的政见不同，地位不同等等，对国家经济政策、法规的制定和实施都会产生影响，尤其是当地政府对外国产品和投资所采取的积极或消极的态度，是调查中需要考虑的重点。

③政策的连续性和政府的稳定性

政策的连续性对于企业有一个良好的外部经营环境具有重要作用。政策随着时间和条件的改变会有所变化，但相对稳定性则是必需的。企业应对政府有关经济政策和法规目前的状况、未来一段时间内将作何调整、会在什么时候什么条件下做出调整有一定的了解，当地政府的稳定性直接影响对外经济政策的连续性，由于政府的不断更迭所引起的政策多变、换届政府不继续履行上届政府的诺言或政策、对外国投资采取没收或国有化的政策，会直接影响外国投资的回收和利益。

2）经济环境

①经济发展水平

它主要影响市场容量和市场需求结构，经济发展水平增长快，就业人口就会相应增加。而失业率低，企业开工率高以及经济形势的宽松，必然引起消费需求的增加和消费结构的改变；反之，需求量就会减少。

②经济特征

它包括某一地区或国家的人口、收入、自然资源及经济基础结构等，这些因素都在不同程度上影响市场，如每一地区或国家由于资源条件的不同，总是对缺乏的资源或产品产生需求；此外，重工业区、轻工业区、农业区等某种行业比较集中的地区，因其市场需求也有自己的特点，因此，某种产品的适用程度也会有所不同。

③贸易政策和法规

解国外市场的贸易政策和法规是进入国际市场的企业必须了解的情况。有关贸易的政策和法规包括该国的关税情况、配额分配情况、国内税、货币管制措施以及卫生与安全规定等。在贸易保护主义日益加重的情况下，各国的非关税壁垒也日益严重，如果不全面了解当地的有关法规，必然会导致经营的失败。

3）文化环境

每一个地区或国家都有自己传统的思想意识、风俗习惯思维方式、艺术创造、价值观等，它构成了该地区或国家的文化并直接影响人们的生活方式和消费习惯。对于市场经营人员来说，经营活动必须适合当地的文化和传统习惯，才能得到当地人的认可，产品才能被人们所接受。在构成文化的诸因素中，知识水平影响人的需求构成及对产品的评判能力。知识水平高的地区或国家。科技先进、性能复杂的产品会有很好的销路，而性能简单、易于操作。价格便宜的产品则在知识水平低的国家能找到很好的销路。在文化因素中，还有一个不容忽视的方面，即宗教信仰及传统的风俗习惯，物资供应活动应尊重当地的宗教信仰，否则会引起当地人的极大反感，导致销售活动的失败。

4）气候、地理环境

气候会影响消费者的饮食习惯、衣着、住房及住房设施。某种气候条件下，消费者的商品选择会带有一定针对性，这种情况并不是人为因素所造成的，所以同样的产品在不同气候条件下，会有截然相反的需求状况，销售方面当然也会有很大差别。地理因素也就是各地区的地理环境，如山区、平原、高原、江河湖海流经地区或远离水资源地区等等。地理环境决定了地区之间资源状态分布、消费习惯、结构及其消费方式的不同，因而产品在不同的地理环境下的适用程度和需求程度会有很大差别，由此引起销售量、销售结构及其销售方式的不同。以上所述社会环境的各个因素并不以企业的意志为转移，因此信息收集首先要就对企业所处的外部环境进行调查，以便对这些不可控制因素的特征有充分的了解，从而避免在经营中出现与周围环境相冲突的情况，并尽量去利用环境中有利于企业发展的方面，保证经营活动的顺利进行。

（2）市场需求调查

对煤矿企业来说，市场就是具有一定支付能力的需求。平时所说的产品市场好坏、容量大小等实际上是针对消费者而言的。市场容量大小制约着企业生产、经营的规模。没有需求也就谈不上具有市场容量。当然就无法进行生产；需求变化、生产也会随之发生变化。所以针对消费者所进行的调查是信息收集内容中最基本的部分。

1）消费需求量调查

消费需求量直接决定市场规模的大小，影响需求量的因素还有以下几方面。

①货币收入

消费者需求数量的大小要取决于其货币收入得多少。在拥有一定货币收入的条件下，消费者才可能选和购买自己所需的商品，货币收入主要来自以下几个方面劳动收入如职工的工资收入、奖金；农民出售农产品所获得的收入；从事兼职工作所获得的工资以外的收入；有偿转让或出售自己的发明专利所获得的收入等等。这部分收入是消费者货币收入来源中最基本、最主要的部分，随着国家经济水平的发展、劳动生产率的进一步提高，这部分收入呈不断增长的趋势。从财政信贷系统获得的收入如助学金、奖学金、救济金和储蓄利息等等；其他方面的来源如股息收入，亲属的赠予、接收的遗产等等。需要注意的是，不同的收入阶层，货币收入的多少是有很大差别的。不同的收入阶层会根据自己的收入水平选择适合本人身份及收入的商品。

②人口数量

人口数量是计算需求量时必须考虑的因素。因为人口数量多，对商品的需求量就大，尤其是日常食品和日用工业品这类的商品，其需求量随着人口的增加必然增加。但在考察某一产品的市场销量可能有多大时，还要将人口因素与货币收入联系在一起，人口数量大并不意味着对所有产品的需求潜力大。在低工资、低收入或货币收入增长缓慢的情况下，尽管人口数量大，但对某种产品并不一定就形成现实的购买力，它可能要在一段时间或很长时期以后才能体现出来，真正形成购买力。如果只考虑某地区人口数量多，就认为产品肯定好销，很有可能出现事与愿违的情况。此外，在考虑人口数量时，也要把流动人口考虑进去，有些地区是人口流入大于流出量，有些地区则相反。流动人口的比例大，需求量也就大，需求增长量也越多，所以这一因素是不能忽视的。

2）消费结构调查

消费结构是消费者将其货币收入用于不同商品的比例，它决定了消费者的消费倾向，对消费结构的调查包括以下几个方面的内容。

①人口构成

由于人口的性别、年龄、职业、文化程度、民族等的不同，其消费倾向会有很大的差异。就消费者的性别而言，女性消费者在美容、服装、零食方面的开销较大；而男性消费者则在烟酒、社交方面的开销较大，就年龄来讲，儿童在食品、玩具方面的支出占很大比重；青年则崇尚时髦和新奇的商品；对新产品的认可过程很快；老年人则更注意商品的实用性和营养、保健方面的功能。就职业而言，不同的职业收入水平的差异及职业特点的需要，使消费倾向的特点也很明显。

②家庭规模和构成

家庭规模也就是家庭的人口数。家庭的人口数多，对商品的需求量就大。但购买力的大小则要视就业人口在家庭总人口中的比重而定。

③收入增长状况

经济增长，收入水平也会随之相应增加。根据恩格尔系数所测算的、消费结构的比重变化，当人们收入增加时，用于吃、穿方面的支出比重会逐渐下降，而用于住、用方面的开支则会呈上升趋势。

④商品供应状况以及价格变化

商品供应状况指市场上商品的供应是否充足。当商品由于某种原因供应不足或限量供应时，消费者会将其消费倾向转移到哪种产品上去？当商品价格提高或提高到一定幅度以后，消费又会转到哪种产品？这种调查一方面使企业了解由于供应和价格的变动，会引起什么样的需求变动；另一方面，也为那些生产替代产品的厂家提供了有用的参考依据。

（3）产品调查

对任何一家企业来说，产品必须要适合消费者的需要，才能促使消费者进行购买。然而这样还不够，还要使产品能够得到越来越多消费者的认可，才称得上成功的产品。推出一种成功的商品，既可以在原产品的基础上进行某种改良，也可以另创一种崭新的产品，究竟应该采用哪种方法，这就需要对有关产品的许多方面进行调查。

1）产品生产能力调查

①原材料来源。是否能保证按时供应，充分供应。

②生产设施的现代化程度，机器设备的先进程度。

③技术水平情况。采用的是否先进技术，在同行业中技术处于什么样地位。

④资金状况生产成本与利润，贷款与自有资金的比例，负债情况，资金周转等。

⑤人员素质。包括管理人员、设计人员及实际操作人在以上的调查项目中值得重视的是，生产该类商品的生产技术水平达到了什么样的层次、在企业中高水平技术的利用程度如何，是增强生产能力的最有力的潜在因素。

2）产品实体调查

产品实体调查是对产品本身各种性能的好坏程度所做的调查，它包括以下几个方面：

①产品的规格。产品规格大小，会在不同的消费者中不同的反应，对于一个特定的市场，产品规格必须适合当地人们的习惯或爱好。比如有些市场需要产品的所有规格，越齐全越好，而有些市场可能只青睐某种或某几种规格。

②产品的颜色及图案。颜色在不同地区会有不同的象征意义，人们对颜色的偏好也会因地而异。而消费者对颜色的偏好会直接影响产品的销售。图案也存在着类似的情况。某些地区受人欢迎的图案，在其他地区可能是忌讳或不祥地表示。

③味道

不同消费者对产品味道的反应是多种多样，既在不同的地区，消费者会偏好不同的特殊味道。所以人与人之间、地区之间普遍存在着对各种味道或口味的不同偏好，如果在这个方面不能符合消费者的需求，产品就可能出现滞销。

④原料

产品的原料构成会因地区、国家的不同而存在不同的需求。如有些国家喜爱用纯天然原料制成的衣服；有的则习惯于用混纺原料；有些地区或国家则喜欢用化纤作为原料，不同的需求和习惯会对某种商品产生出不同的市场容量。

⑤产品的性能

产品性能是消费者最为关注的问题之一。产品的耐用性、功率的大小、发热量、防水功能、能源损耗和方便保养等都是消费者在购买商品时会考虑的问题，但不同的消费者对产品的某个或某几个性能的关注程度会有很大差别。有些消费者注重产品的耐用性，有些消费者关心的是，维修是否方便。而有些消费者则关心功率及能源损耗方面的性能如何。

4.煤炭市场信息收集与处理的流程

市场调查是一项复杂、细致的工作，涉及面很广，为了使整个调查工作有节奏、高效率地进行，使调查取得良好的预期效果，必须在市场调查中建立一套科学的程序。不同类型的市场调查的步骤都要按照其调查内容的繁简、精确程度、调查的时间、地点、预算、手段以及调查人员的素质等条件具体确定。但一般来说，大致都要经过市场调查准备阶段、正式市场调查阶段和结果处理阶段。

（1）调查准备阶段

调查准备阶段是市场调查工作的开始，准备工作是否充分，将对以后的调查工作的开展和调查的质量起到很大的影响作用。

1）确定调查问题

确定调查问题，即明确调查目的，主要应明确：调查什么？为什么调查？调查结果的用途、用什么方式、材料说明。这是市场调查首先要解决的问题。因为这一问题明确了，整个调查工作才能"有的放矢。在企业生产经营活动中不断出现新情况、新问题，如发生销售变化、利润下降等现象，为了扭转局势，就必须查找原因。是商品货源不足，还是购买力投向转移？是服务质量下降，还是顾客购买地点发生变化，或者是企业资金不足，周转缓慢？等等。要考虑这些问题"，涉及面较宽，问题也比较笼统，宜先通过初步调查，明确产生问题的原因，选定调查问题的核心。

2）初步分析情况

在确定调查问题以后，就要对有关市场情况进行初步分析，即市场调查人员对所掌握的有关内外部信息资料，如企业业务活动记录、统计报表、会计报表、产品质量、消费者的消费习惯、流通渠道及新产品情况和竞争对手或市场环境资料等进行分析研究，掌握影响市场变化的原因。如果资料不全，一时难以确定目标，也可以先组织进行非正式的探测性调查类的一般性初步调查，以判断问题的症结所在。也可以邀请有关管理者和专业人员，请他们分析有关问题，拓展思路。在确定调查目的基础上，进一步研究调查应采用哪种方式，调查的具体内容、范围及对象等，为下一步调查工作的顺利进行奠定基础。

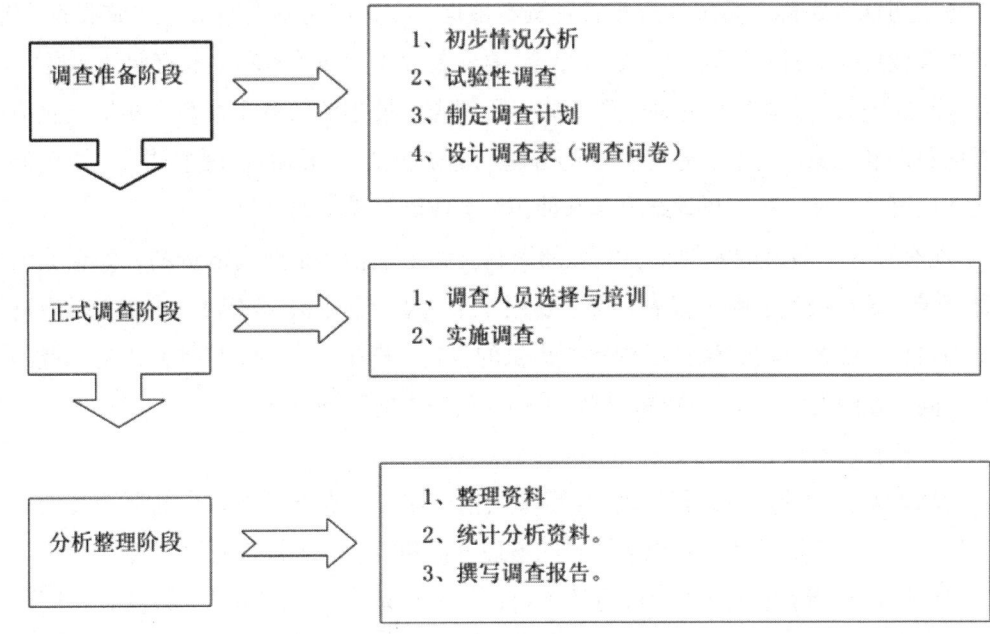

图 2-1　市场调查的流程

3）制订调查计划

确定调查目标后，就要制订调查计划。调查计划是对市场调查本身的具体设计，主要包括调查的目的要求、调查项目，调查方法、组织领导、调查人员配备及日程安排、经费估计等内容。

4）调查组织准备

调查计划确定以后，就要根据计划进行人、财、物等的一系列组织准备工作。组织准备工作的好坏，在很大程度上影响着整个调查工作的成败。

①组织机构和调查人员配备。根据调查的目的和规模，建立相应的组织机构，进行合理的分工，明确各自的责任。根据调查计划配备相应的调查人员，并且注意对调查人员的培训，保证调查结果的质量。培训工作的内容主要包括三个部分：首先是本次调查的意义，使调查人员认识它的重要性；其次是介绍本次调查的工作过程、工作内容、调查项目含义、统一口径等问题，使整个调查工作纳入统一的管理轨道；第三是相应的调查工作技能的培训。

②资金准备。即所需资金及时到位，能够保证调查人员培训、设备购置等准备工作和调查工作的需要。

③物资准备。它包括计算机等设备的购置，调查、汇总等表格的设计和印刷，及其他所需物资的准备工作。

（2）正式调查阶段

准备工作完成后，要按计划进入调查资料的搜集实施阶段。这一阶段的主要任务就是组织调查人员深入实际，系统地搜集各种资料数据，它是市场调查的主体和成败的关键。因此，调查搜集的资料必须满足完整、系统、真实的要求。搜集资料一般有两种类型：

1）原始资料，即调查人员通过现场的实际调查所搜集的第一手资料。实地调查应根据调查的目的和现象的特点，选择恰当的方法，主要包括访问调查、观察调查、实验调查等方法，也可将多种方法有机地结合起来使用，会收到更满意的结果。

2）现有资料，即由他人搜集、整理的资料。其中包括：企业内部资料，如企业内部的各种记录、统计报表、财务报表、报告、用户来函等；企业外部资料，主要包括政府机关、金融机构、统计部门、咨询机构等所提供的资料、图书、文献、报纸杂志上刊登的有关资料，同行业间的情报交流资料，推销采购人员提供的市场情况等。

（3）分析整理阶段

对市场调查获得的资料进行处理阶段。是整个调查工作的最后一环，也是市场调查能否充分发挥作用的关键一环。它包括资料的整理分析和市场调查报告的编写。

1）整理分析资料市场调查所获得的资料，大多数是分散、零星的，某些资料还可能是片面的、不准确的，必须系统地加以整理分析，以便取得真实的、能反映问题本质的资料。整理分析工作主要包括：

①资料的审核、订正。即对调查所得的资料，要审查其是否全面，根据是否充分，是否存在误差。是否有遗漏或重复之处，数据和情况是否相互矛盾，是否有可比性，是否有不完整的答案，以及是否有调查人员自己加入的见解等。一经发现问题，应及时复查核实，予以订正、删改和补充，力求材料的真实可靠。

②分类汇总。凡经核实订正的资料，应按照调查提纲的要求，进行分类汇总。对资料的分类，要注意研究不同类别资料的差异性和同一类别资料的相同性。为了便于归档查找和使用，还应编制有关的统计表或统计图。使用微机处理数据，要增加卡片打孔过程，把数据信息变换为代码打在卡片上。

③综合分析。对大量资料进行综合分析，研究市场活动的情况及其发展变化规律，找出客观事物的矛盾及其内在联系，从中得出合乎实际的结论。对资料的分析，可以运用多种统计方法，以便能有效地进行对比，使人们对调查结果概念清楚。

2）编写调查报告

调查报告是对调查结果所作的书面报告，是市场调查的最终总结。编写一份有分析、有说服力的调查报告，是市场调查最后阶段最主要的工作。市场调查报告的内容主要包括：调查单位的基本情况；本次调查的原因和目的；调查资料的来源和调查方法及抽样形式；资料的分析及调查研究的结论；根据判断性的结论，提出相应的建设性意见。还可以包括调查方法和步骤的说明。调查时所应用的有关图表，可以作为报告的附件。调查报告的结构大体由导言、正文、结束语三个部分组成。

二、煤炭市场信息收集及分析中存在的几个误区

1. 对价格信息的分析不尽科学

我们平时通过各种渠道收集的价格信息林林总总、差别很大，但如果不进行分析就会让人眼花缭乱，如果分析的不科学同样让人一头雾水。下面以永煤公司为例，列举三种常见的对价格信息分析不科学的做法：

（1）直接比较价格

例如山西等地煤炭的到站价与永煤公司煤炭到站价，同等质量的煤炭，在华东价格永煤公司总比山西高出 20~50 元 / 吨，有时会高出更多，仅通过价格的直接对比就判定永煤公司的价格过高。这种分析法忽略了永煤公司运输的巨大优势：①永煤公司发运快捷。从用户汇款到收到煤炭一般在 10 日之内，而在山西至少需要 1~2 个月，在永煤公司购煤用户的资金周转效率是在山西购煤的 3 倍以上。②永煤公司发运稳定。永煤公司煤炭到达华东市场很少受铁路限制，可以稳定供应，保证用户正常生产，而山西等地的铁路运力没有保障。③永煤公司运输简洁高效。永煤公司铁路运力十分宽松，用户不需要运输代理等中间环节，没有票外费用，而山西等地其他收费名目繁多。因此，在华东市场永煤公司煤价高于山西等地完全正常，用户在永煤公司购煤获得的顾客让渡价值不会小于在山西购煤获得的顾客让渡价值。

（2）拿用户的成本承受能力作为测算价格的依据

我们往往专心去收集钢铁、化肥、水泥等商品的销售价格，再用煤价测算用户的利润空间，然后分析煤炭还有没有涨价空间。这种分析法错在没有完全理解"价格围绕价值受供求关系影响上下波动"这一规律。短期内煤炭价格的波动是由煤炭供求关系决定的，与下游用户的成本承受能力关系不大。只要煤炭供不应求，只要国家不控制煤价，煤价就必然上涨，即便是下游行业亏损。不要担心下游行业长期亏损，价值规律告诉我们那是不可能的。

（3）直接用替代品价格测算煤炭价格

无烟洗精煤的直接替代品主要是焦炭和烟精煤。有时候我们拿焦炭和无烟精煤的置换比，以焦炭的价格为基础来测算无烟精煤的价格。例如焦炭和无烟精煤的置换比为 1：0.8，焦炭价格为 1000 元 / 吨，无烟精煤价格理论上应为 800 元 / 吨。事实上，2008 年 8 焦炭高达 3000 元 / 吨时，无烟精煤价格才 1200/ 吨，从冶金焦和高炉喷吹煤的相关性及替代关系来看，替代物品价格变动应该呈正相关关系，但实践中往往出现很大的反差。究其原因，供求关系使然。焦炭价格再高，只要无烟精煤供大于求价格就不会上涨，反之亦然。

2. 只注重信息的收集，忽视信息的整理、对比与分析

我们往往只注重信息的收集，把收集的信息进行罗列，一股脑向上司汇报，把后面的

工作交给上司，上司面对丛林般的信息往往也无所适从。信息的收集固然重要，但如果不对收集来的信息进行整理、对比与分析，收集到的信息就没有多大意义，甚至有可能误导上司决策。

对信息整理、对比与分析应做到以下几点：首先，要甄别信息的真伪，同一时空的信息有些是相互矛盾的，其中就必然有不真实的，不真实的信息对营销决策极其有害，这就需要认真考证，去伪存真。要特别注意看似真实、实质错误的信息，如没有代表性的煤炭交易个案。其次，要对同一时间段不同销售区域、不同时间段同一销售区域的信息进行对比，通过对比分析市场的差异及市场变化的过程和原因。这要求我们做好信息资料的整理、分类和保存。再次，要分析信息背后的信息，即对信息进行深层次分析，不能只看信息的表面。例如，得知苏南地区中块煤价格在上涨，就要分析什么原因引发的价格上涨，如进一步调查得知是化肥企业生产形势好加大存煤引发的，还应该分析化肥企业的这种形势能维持多长时间，至此为止，不需要再向下分析，不需要"打破砂锅问到底"。

3. 盲从媒体和专家的分析，缺少自己的观点

影响煤炭市场的因素很多，我国的煤炭市场又比较脆弱，一场矿难、一次寒流就使市场逆转，可以说几乎没有人能准确预测中国煤炭市场。

媒体和专家的观点都是宏观的，并且也根本预测不到很多不可控因素，仅可作为我们分析市场的参考，决不可盲从。我们要分析的应是微观的煤炭市场，自己公司产品销售区域的市场，这也只有靠我们自己去分析预测。对市场的预测一个人很难考虑全面，可以定期开展市场分析研讨会，集众人之智慧，研市场之变化，判价格之走势。

第三节　采购需求分析及采购批量确定

一、煤矿企业采购需求分析

采购需求是指对采购标的的特征描述。煤矿企业要实施采购就一定要搞清楚采购需求，好的采购需求能够合理、客观地反映采购标的的主要特征以及要求供应商响应的条件，符合适用原则、非歧视原则，并能够切合市场实际。

显而易见，煤矿企业组织要进行采购，首先要通过分析弄清自己究竟需要什么、需要多少、什么时候需要的问题，从而明确应当采购什么、采购多少、什么时候采购以及怎样采购的问题，得到一份确实可靠、科学合理的采购任务清单。这个环节的工作，就叫做采购需求分析。

1. 采购需求分析的作用

（1）采购市场需求分析是企业采购决策的前提

决策是煤矿企业采购活动的核心，没有对未来发展趋势的分析，决策只能是盲目的。只有在科学分析的基础上作出的决策，才能靠得住、行得通。

（2）采购市场需求分析是企业编制采购计划的依据

企业采购计划是对未来行动的部署，采购市场分析是对企业采购市场未来发展趋势的陈述，有了预测，才能更好地进行计划、部署行动，使计划适应采购市场环境的变化。

（3）采购市场需求分析是企业增强竞争能力和提高经营管理水平的重要手段。

2. 煤矿企业采购需求分析的分类

对不同的采购市场需求情况进行分析时，分析结果的准确性和可靠性与分析期限有关。按照分析期限的长短，采购需求分析可以分为以下四类。

（1）长期分析

分析期限一般为5年或5年以上，主要是根据企业的长远发展战略和市场的需求发展趋势进行预测和分析。长期分析由于预测期较长，不确定的因素较多，因而分析结果和实际情况之间的误差也较大。一般来讲，它只能对分析对象作一个大概的、粗略地描述，例如经济发展形势的分析、图形准时化方式所带来的后果等。

（2）中期分析

分析期限一般为1年至5年，主要是围绕企业的经营战略、新产品的研究与开发等方面进行预测。中期分析由于分析期不长，不确定的因素较少，相关数据资料也比较完整，因而分析的结果比较准确，能够避免长期分析所带来的某些局限性。例如，分析新产品的市场需求、企业所需原材料的可得性等。

（3）短期分析

分析期限一般以月为时间单位，大致为三个月至一年左右，主要是确定某种产品季度或年度的市场需求量，从而调节企业自身的生产能力。例如，编制生产计划表、组织短期货源等。

（4）近期分析

分析期限一般以周、旬作为时间单位，主要是对企业内部的各个环节进行分析，确定物料或零部件的需求量，以保持生产过程的连续性和稳定性，例如分析某段时间内生产某种产品所需的零部件数量、确定生产批量的大小和批次等。近期分析的目标一般比较明确，不确定的因素较少，因而可预见性较强，分析的结果一般也比较准确。

对于企业的决策者来说，究竟采用哪一种类型的分析，应当根据企业经营决策的需要和分析目标的内容、性质、特点和具体要求而定。

3.煤矿企业采购需求分析的方法

煤矿企业进行采购需求分析有多种方法，一般情况下，可以提出以下问题进行审核分析：

（1）是不是非要采购这个品种。考虑资源市场的产品变革，有没有其他更好的替代品。

（2）是不是非要采购这么多的数量。考虑采购价值、成本和库存控制的需要，能不能少一点或多一点。

（3）这个品种的需求时间是不是可靠。考虑采购价值、成本和库存控制的需要，可不可以推后或提前。

（4）这个品种采购有没有什么特别要求。考虑采购价值、成本和库存控制的需要，这些要求是不是必要，有没有实现的可能性。

根据如上这些问题的答案进行分析考虑，如果有什么需要变更采购申请项目的，则应当和采购申请单位进行商榷，进行适当的修正。这样做是非常必要的，它可以把好最后一道关，使得每一项采购申请都真正合理和必要。

除了以上通过采购申请进行需求分析之外，还可以通过物料需求计划、物资消耗定额、需求预测等途径进行需求分析。

4.采购需求分析对人员素质的要求

采购需求分析是制订采购计划的基础和前提。在极简单的采购情况下，需求分析是很简单的。例如，在单次、单一品种需求的情况下，需要什么、需要多少、什么时候需要的问题非常明确，不需要进行复杂的需求分析。通常的采购活动有很多是属于这样的情况，以至于使很多人产生不必要进行需求分析的错觉。但在较复杂的采购情况下，人们就会对需求分析的必要性产生深刻体会。例如，一个汽车制造企业，有上万个零部件，有很多的车间，很多的工序，每个车间、每个工序生产这些零部件，都需要各式各样的原材料、工具、设备、用品，而且在各个不同的时间需要各个不同的品种。这么多的零部件，什么时候需要什么、需要多少，哪些品种要单独采购，哪些品种要联合采购，哪些品种先采购、哪些品种后采购，采购多少……不对这些问题进行认真地分析研究，就不可能进行科学的采购工作。因此需求分析不但非常必要，而且是一项技术性很强的工作。

总之，采购需求分析涉及企业各个部门、各个生产环节、各道工序、各种材料、设备、工具以及办公用品等，因此采购人员要有比较全面的知识。对于生产型企业的采购人员来说，首先要有生产技术方面的知识，要知道生产产品和加工工艺的知识，会看图样，会根据生产计划以及生产加工图样推算出物料需求量；其次要有数理、统计方面的知识，会进行科学的统计分析；再次要有预测方面和管理方面的知识，会发现需求规律，并根据需求规律进行预测。此外，采购需求分析还需要依靠企业各个部门，特别是管理部门的大力支持。

二、煤矿企业物资需求确定

煤矿企业采购环境、发现采购需求，评估和认证需求。

1. 进行采购认证

采购认证是煤矿企业采购人员对采购环境进行考察并建立采购环境的过程。

对于采购期限较长，并且分批量采购的物料认证过程比较严格，通常来说有几个步骤：

①认证准备

②出现供应商

③试制认证

④中试认证

⑤批量认证

⑥认证供应评估。

认证过程在很大程度上面是一个发现需求，确定需求和初选供应商的过程，最重要的步骤是认证准备。

与需求确定并行的认证准备有 5 个方面：

（1）熟悉采购物料项目

熟悉采购认证项目，包括物料项目所在专业知识范围，认证难度的经验需求以及目前国内外供应商状况。

（2）价格预算

采购员要对所采购物料的项目成本价格进行市场调查和行业比较，以便得出合理的成本价格。

采购成本包括：物料成本采购管理成本储存成本三部分

$$采购成本 = 物料成本 + 采购管理成本 + 存储成本$$

$$物料成本 = 单位价格 \times 数量 + 运费 + 通关手续费$$

$$采购管理成本 = 人力成本 + 办公费用 + 差旅费用 + 其他费用$$

（3）研究项目的质量需求标准

煤矿企业采购人员需要根据特定的质量标准，清楚了解所采购的物料所需要达到的质量标准。

（4）了解项目需求量

选择适宜容量的供应商依据。

（5）制定认证说明书

制定认证说明书就是准备好物料认证所需的资料（项目名称、价格预算、关键质量条款、需求预测、售后服务要求、项目难度等，并附有图样、技术规范、检验标准等）。

2. 监控库存水平

（1）选择库存管理模式

拉动式库存管理法：每个存储点（仓库）都独立于渠道中其他的仓库，预测需求和补货量都只考虑本地。

推动式库存管理法：根据每个存储点的预测需求、可用空间或者其他一些标准来分配补货量，库存水平设定是根据整个仓库系统的情况统一决定。

推动式库存管理步骤：

1）确定当前及下个生产周期到下次采购之间的市场需求量

2）查明每个存储点目前库存数量

3）现货供应水平

4）计算市场总需求量（一般为预测需求量与需求预测中用来弥补不确定性的安全库存之和）

5）确定净需求（总需求量与目前库存之差）

6）根据预测需求，将超过净需求的剩余量分配各个存储点，或供给不足的情况下，将不足的供给量分配各个存储点。

7）净需求与剩余的分配数量相加（或者与不足的分配量相减），得出实际分配给各个存储点的量。

（2）定量订购控制法

预先设定一个订货点和订货批量，名义高库存 Qmax，实际不会超过最高库存。这个要根据库存量的大小以及满足率来设定。核心是确定订货点、订货批量和如何实施。

1）确定订货点

在定量订货法中，发出订货时仓库里面该品种保有的实际库存量叫做订货点。

订货点高低取决于需求速率和订货提前期

①需求速率，需求速率越高，订货点应该越高。

②订货提前期指从发出订货到所订货物所到达所需求的时间，时间越长，订货点越高。

2）确定订货批量

订货批量就是一个订货的数量，需求速率越高，说明用户的需求量越大，订货批量就越大，经营费用的高低对于订货批量有影响。

3）经济订货批量 Q*（EOQ）

在经济批量（EOQ）模型中，只考虑两种最基本类型的成本，即存货持有成本以及订货成本

4）实施

当库存下降到订货点时发出订货，订货量取经济订货批量适用条件：

①订货不受到限制，随时随地都能订到货，市场必须具备物资供应充足和自由流通的条件。

②只适用于单一品种。

③适用于确定性需求和随机性需求。

④一般多用于 C 类物资，品种多而价格低廉。

（3）定期订货法

1）确定订货周期

订货周期就是订货间隔期。

2）确定最高库存量

3）确定订货量

定期订货法的订货量不是固定的，是每个周期订货量为最高库存量与实际库存的差值。

4）实施

适用于：品种少，价格高，比较重要的物资，既适用于随机需求还适用于确定型需求

3.分析物料需求计划（MRP）文件

（1）了解使用 MRP 的目的

MRP= 物料需求计划

MRP 可以应用于企业的生产计划以及采购管理。

MPR 运行结果可以生成生产计划以及采购计划。

MRP 应用的目的：除了可以进行库存控制和管理，还可以进行主要产品所需原材料和零部件的需求量和需求时间确定。按照需求的类型可将库存分为两种（独立型，相关型）。

独立性需求：是指将要被消费或者使用的制成品库存。（比如：自行车厂中成品自行车的库存）。

相关性需求：是指被用来制作最终产品的材料和零部件的库存（比如：生产自行车需要的零部件库存，这些物料需求之间具有一定相互关系）。

MRP 基本思想原理：由主生产计划和主产品的层次结构逐层逐个的求出主产品生产所有零部件的出产时间和数量。这个计划叫作物料需求计划。如果主要零部件是自产，需要根据各自的生产时间长短来提前安排投产时间形成零部件投产计划；如果零部件外购，则根据订货提前期发出各自订货的时间、数量形成采购计划。

物料需求计划（MRP）= 主生产进度计划（MPS）+ 主产品的结果文件（BOM）+ 库存文件

（2）MRP 输入文件

MRP 输入有 3 个文件。

1）主生产计划（MPS）

主生产进度计划一般是主产品的一个产出时间进度表。

主产品一般是独立需求物品，靠市场的订货合同、订货单或者市场预测来确定未来一段时间的总需求量、包括需求数量和需求时间。

主生产进度计划在 MRP 中用 52 周来表示。

2）主产品结构文件（BOM）

主产品结构文件不简单地是一个物料清单，它还提供了主产品的结构层次、所有各层零部件的品种数量和装配关系。一般用一个自上而下的结构树表示。

①组成零部件名称。

②组成零部件的数量－指构成相连上层单位产品需要的本零部件数量。

③相应的提前期－订货提前期或者生产提前期。

（3）库存文件

库存文件也叫库存状态文件

由于库存量的变化是与系统的需求量、到货量、订货量等各种资料变化相联系的，所以库存文件实际上提供可记录各种物料的各种参数随时间变化。

这些参数有

①库存量

库存量指每周库存物资的数量，包括现有库存量和未来各种的计划库存量两种。在 MRP 运行前，仓库中可能还有库存量、叫作现有库存量，也就本期期初库存量。

由于一周，随着到货和物资供应的进行，库存量是变化的，所以周初库存量和周末库存量不同。因为规定记录的库存量都是周末库存量。

库存量＝本周周初库存量＋本周到货量－本周需求量＝上周周末库存量＋本周计划到货量－本周需求量

②计划到货量

计划到货量是指在本期 MRP 计划之前已经购进在途或者生产在产、预计要在本次 MRP 计划期的某个时间到达的货物数量。

它们会在给定时间点实际到货入库，并且可以用来满足本次 MRP 计划期内的生产的装配需求。

他们可以是临时订货、计划外到货或者物资调剂等得到的货物但是不包括根据这次 MRP 运行结果产生的生产任务单生产的产品或者根据采购订单采购回来的外购品。

③总需要量

总需要量是指主产品及其零部件在每一周的需要量。

主产品的总需求量与主生产进度计划一致，而主产品的零部件的总需求量是根据主产品的生产进度计划和主产品的结构文件推算出来。

在总需要量中，除了以上生产装配需要用品以外，还可以包括一些维护用品，如润滑油、油漆等。既可以是相关需求，也可以是独立需求，合起来记录在总需求量中。

（3）MRP输出文件

主产品及零部件在各周的净需求量、计划接受订货量、计划发出订货量。

1）净需求量

净需求量：系统需求外界在给定时间提供的给定物料的数量。

2）计划接受订货量

计划接受订货量是指为满足净需求量的需求，应该计划从外界接受订货的数量和时间。

$$计划接受订货量 = 净需求量$$

3）计划发出订货量

计划发出订货量是指：发出采购订单进行采购或者发出生产任务单进行生产的数量和时间。

计划发出订货量时间＝计划接受订货时间－生产（采购）提前期＝净需求量时间－生产（采购）提前期

（4）分析运算逻辑过程

1）准备

①确定单位时间，确定计划期的长短。一般计划期可为1年，时间单位为周，计划期就是52周。

②确定物料编码－包括主产品和零部件的编码。

③确认主产品出产进度计划MPS，它被表示成主产品各周的出产量。

④确认出产品的结构文件BOM。

⑤准备好主产品及其所有零配件的库存文件，特别是各自的期初库存量、计划到货量。

2）逐级处理

4.分析制造资源计划

MRP Ⅱ即制作资源计划该系统在MRP系统的基础上，增加对企业生产中心，加工工时，生产能力等方面的管理，同时将财务功能也囊括进来，在企业中形成了以计算机为核心的闭环管理系统可以动态监察到产、供、销全部生产过程

（1）实施MRP Ⅱ

1）实现基本MRP

这一个阶段完成任务包括：生产规则和主生产计划的编制，客户订单录入和预测支持功能，物料需求计划展开功能，库存记录准确性，物料清单的构造和准确性以及来自车间的采购部门的预测预报。

2）实现闭环 MRP

这一阶段应完成的任务：车间作业管理，能力需求计划，投入 / 产出控制，工艺路线的准确性，对供应商实现采购计划法。

闭环式 MRP 与 MRP 系统的区别：在生成物料需求计划后，根据生产工艺，推算出生产这些物料所需要的生产力。然后与现有生产力对比，如果不行，返回修改主生产计划或者物料计划，直到满意为止。随后进入车间作业控制系统，监控计划实施情况。

①能力需求计划子系统

它的计算流程：由物料需求计划取得物料的任务的数量和需求时间，按照制作物料的工艺线路，来计算各个工艺加工周期，推算出初始的工序进度计划，再分别按照工作中心汇总每个时间周期内所需要的台时数量，即可得到生产能力需求计划。

然后将各个工作中心的生产能力与生产能力需求计划进行对比，如果生产力不足，需要赶回修改，直至修改出最合适的。最后输出工序进度计划。

②车间作业控制子系统

该系统两个功能：

a. 作业分派。

b. 作业统计。

作业分派：根据工作中心当期的能力情况和在制任务的实际进度，确定下达任务量，根据优先规则确定出任务投入顺序和应完工的时限。

作业统计：监控计划实施情况，并且采集数据，以供查询和制作生产报告，同时提供给生产能力需求计划子系统与作业分派模块用于下一期计划的制定。

（2）MRP Ⅱ 环境下采购需求确定管理的转变

1）注重企业的产出

2）强调协同工作能力 – 学会相应的分析方法和培养采购人员系统工作能力，与设计、工艺部门一起参与比如说零件设计的价值分析，以最低成本满足功能需求。

3）与财务部门工作相协调

4）完善控制工作程序

5）库存管理科学合理

6）应变能力增强

7）增强供应的协调性

8）降低采购成本

5.煤矿企业物资需求量确定

（1）根据物料需求计划确定采购清单

使用 MRP 系统的企业根据 MRP 系统生成的结果来确定采购清单，没有用此系统的，根据各个需求部门提交的采购申请汇总生成

（2）根据消耗定额确定采购需求量

一般生产企业在材料消耗上大都采用物资消耗定额管理，也就是为每个产品或零部件制定了一个合理的消耗定额。

物资消耗定额是在一定的生产技术组织条件下，生产单位产品或完成单位工作量所需要消耗的物资的标准量。

制定物资消耗定额一方面为了提高操作技术提出了一个标准，为物资节约提出了一个目标，另外也为物资采购提出了一个需求量。

物资消耗定额＝物资消耗量＋生产任务量物资消耗量包含以下几个部分

（1）有效消耗

指生产物资转化为产品实体或者为促进产品实体形成的必要消耗

2）工艺消耗

指物资在制成产品工艺的过程中，由于形状或性能改变而产生的消耗

3）非工艺消耗

指生产加工和流通中，工艺性损耗之外的合理的物资损耗包括：

①途耗（物资运输过程中允许的损耗，比如，飞扬或者玻璃破碎）。

②验收保管损耗（验收时允许发生的磅差和保管中的自然损耗，比如，液体产品的挥发，钢铁的锈蚀）。

③采用原材料增加的损耗（由于供应材料不能满足工艺所规定的标准要求，而采用替代品所增加的物资消耗，比如，以大代小，以厚代薄）。

④必要的生产准备损耗（验收或投产取样鉴定，调整加工设备及试车等损耗）。

⑤废品消耗（由于出现废次品（工艺规定范围内的废次品）而引起的物资消耗）。

⑥其他损耗（停水、停电、灾害事故等原因产生的物资消耗）。

（3）根据消耗定额确定采购需求量

在需求确定中，可以运用预测的办法来确定采购需求量。预测方法有很多，比如简单平滑法、移动平均法、加权平均法、指数平滑法、回归分析法等。

第四节　采购预算编制及资金管理

一、采购预算编制

煤炭作为一种重要能源，在我国的国民经济中占据了重要地位，结合我国的基本国情来看，在未来很长一段时间内，煤炭依然将作为我国能源结构中的主体。从目前的煤炭产量和煤炭价格来看，我国的煤炭工业正处于繁荣发展期。面对日益残酷的市场竞争，企业面临着越来越多风险，实践证明，加强财务管理是提高企业竞争力的有效途径，而预算管理作为财务管理中的一个重要组成部分，对提高企业竞争力有着重大影响，因此，研究煤炭企业全面预算管理，对煤炭企业的发展有着重大意义。

1. 煤炭企业全面预算管理内涵

所谓全面预算管理，指的就是对与企业相关的经营、投资和财务活动进行预测、计划和控制的管理行为。预算可以实现企业对自身运营目标的实时监控，对企业销售业绩的完成和开支控制起到了一定的辅助作用，同时能够对企业的现金流量和利润做出有效预测。根据预算所涉范围，对煤炭企业的预算应该从以下几个方面进行。

（1）整体业务预算业务

预算由企业职能部门所编制，主要包括了对制造费用、销售、直接材料费用、人工费用和期间费用等预算。制造费用预算是根据各项生产费用和上一年预算执行情况编制而成；销售预算需要结合产品的市场价格和供求关系以及企业的目标利润进行编制；直接材料费用预算主要反映对材料消耗量和采购量的预期编制；人工费用预算是对生产工人成本及相关方面的预算编制；期间费用预算指的是对企业经营过程中所需要的财务、管理和营业等费用的预算编制。

（2）专项预算

对于煤炭企业的一些重大投资和资产扩建等专项活动，需要进行专项预算编制，例如设备的添置、厂房扩建、技术革新和企业并购等，专项预算又可以称为资本预算，主要包括了筹资、投资和长期投资项目收益等预算。

（3）财务预算业务

预算和专项预算编制完成后，企业财务部门还需对财务预算进行汇总编制，财务预算可以较为全面地反映出企业各项经营业务对经营结果造成的影响，为现金的规划管理、固定资产管理和盈亏控制提供重要依据。财务预算主要涉及现金流量、损益和资产负债等预算。

2. 煤炭企业全面预算编制内容及规范

（1）全面预算编制内容

煤炭企业的全面预算主要包括生产、销售、产品质量、投资、人工费、资金和财务等方面的预算。其中，生产预算需要对该年度原煤、精煤产量和挖掘进度等各项与生产相关的指标进行预算，销售预算需要对该年度的产品销售数量、价格和利润做出预算。产品质量预算需要对该年度的各类煤炭产品的质量规格进行预算，投资预算主要涉及基本建设投入、安全投入、再生产投入和其他投入等方面，人工费预算主要涉及对该年度的劳务用工、企业各部门工资总额和工资水平等方面，资金预算主要涉及企业在该年度的经营资金收支和筹资融资等方面。此外，还需要将煤炭企业的各生产部门的成本、账款回收、可控期间费用和应付款项等指标计入预算范畴。

（2）全面预算编制规范

企业的全面预算编制应该以企业自身发展战略目标为中心，在产品的生产和销售基础上，把财务收支预算作为主要途径，同时，在保证企业效益最大化的前提下进行编制。全面预算编制具体包括了以下几点要求。

1）煤炭企业的煤矿生产预算要在企业发展规划和矿井长期生产规划的基础上，结合矿井的实际储量和生产水平等因素来进行编制。同时矿井生产预算需要确保其生产水平接替、工作面接替和开采区接替等工作的正常进行。洗煤厂的生产预算需要将原煤数量、原煤质量、生产工艺、煤炭可选性、最近几年的实际产量和用户需求等指标纳入编制中去。

2）对于原煤质量的预算，要根据矿井所开采煤层的煤样、产量、采高、条件、开采方法和最近几年的实际质量情况等资料进行编制。

3）投资预算编制时，需要站在企业长期发展的高度，充分考虑企业在经济方面的实际能力。

4）人工费用的预算编制需要把生产预算作为基础，对企业的劳动用工和工资水平进行核定，并充分考虑企业的实际支付能力。

5）资金预算需要根据企业各部门现金预计收支情况进行编制，资金预算是资金管理的重要参考依据。

6）财务预算需要建立在生产、质量、投资、销售和人工费用等预算的基础上，根据成本费用的支出需求进行编制，财务预算编制应该涉及到成本费用、年度总收入和年度利润等方面。其中，销售预算是由企业销售部门拟定草案，交由企业管理部门进行审议。

3. 煤炭企业全面预算管理的实施效应

煤炭企业生产有着生产地点固定和流水线生产等显著特点，因而，全面预算管理是提高煤炭企业运营效益的重要途径，在煤炭企业生产运营管理中发挥着重要作用。一方面，全面预算管理不仅实现了各生产环节之间的紧密衔接，而且达到了成本控制的目的，提高了煤炭企业的生产效率；另一方面，全面预算管理是企业可持续发展目标的重要保障。

（1）资源配置优化效应

近几年煤炭企业的发展，无论是从管理文化，还是从管理模式来看，目前正是一个由粗放经营模式转向集约高效经营模式的重要阶段。企业全面预算管理已经基本实现了对经营预算、财务预算和资本预算等的控制管理，促进企业的资本运营走向集约化发展道路，同时，实现了对资本结构的优化。此外，对煤炭企业的人力和技术等资源进行了优化整合，对煤炭企业的资源配置具有一定的优化效应。

（2）战略目标保障效应

全面预算是企业发展战略目标的重要保障。科学合理的预算管理体系是企业发展战略和经营观念的重要渗透，同时也是企业经营者决策的重要参考依据。全面预算管理通过对价值管理方法的应用，对煤炭企业的经营理念和方针作出了定量反映，对员工了解企业发展经营目标起到了一定的促进作用，提高了员工对企业战略目标的认识。全面预算管理是对企业未来发展作出的规划，通过规划对现在的经营管理作出指导，进一步量化并落实了企业的发展战略目标。同时，全面预算管理为企业各部门、个人和业务单位的绩效评价提供了重要的参考依据。通过开展定期检查，对各单位和个人的工作成果进行考核、监督。发挥对企业战略目标保障效应。

（3）内部控制强化效应

煤炭行业的发展，推动了煤炭企业现代化管理进程，企业通过内部控制的加强和管理机制的完善，进而实现了企业的集约化发展。有效的内控体系应该包括控制环境、信息传递、控制活动、风险评估和检查评估五个要素。通过对内控五要素和全面预算之间的关系分析，不难发现，全面预算是控制环境的主要体现，是信息传递的有效手段，是控制活动的结构框架，是风险评估和检查评估的主要依据。此外，内部控制的具体实施，需要建立在全面预算的基础上，全面预算作为落实内部控制的手段，对煤炭企业的发展起到了推动作用。因此，全面预算对企业的内部控制具有一定的强化效应。

二、采购过程中的资金管理

随着社会主义市场经济的不断完善与发展，煤炭企业在建立现代企业制度过程中，物资采购管理在企业管理中的地位越来越高越来越重要，把采购过程中的资金管理当成企业管理的一个关键和中心环节来抓，已成为许多企业经营管理者的共识。

1. 规范物资采购行为，合理运用采购资金

（1）建立和完善物资采购制度，从制度上保证物资采购行为的规范化、程序化

物资采购环节很多很复杂，准南矿业集团物资供应部门经过多年的实践与探索，基本形成了一套比较规范和合理的制度体系与管理流程。在坚持"一切控制制度办事、一切用制度管人"管理理念的指引下，围绕权力制衡、阳光操作、薄弱环节和精细化管盟，重点抓好招标采购、比价采购和集体议价采购等工作。坚挥"能招尽招"的原则，着重在规范

招标流程上之功夫，并做好标底价测算、公正合理地邀标、供应商考评和招标结果的执行与评判，以及坚持技术标和商务标分离等具体工作。对不具备招标条件的，严格控制度规定的程序进行比价、集体议价。无论是招标采购，还是比价和集体议价采购，只要科学合理地运用，都是节约采购资金的关键所在。因此，必须用制度加以规范，使之产生巨大的经济效益。

（2）加强资金筹集和使用的管理，努力降低资金成本

在市场经济条件下，资金管理是财务管理的中心工作，资金成本是指企业为筹集和使用资金所付出的代价，包括筹集费用和利息支出。随着市场经济体制的确立，国家正从资金的"无偿供应者"转变为"有偿供应者"从资金的"唯一供应者"转达变为"供应者之一"企业筹资多渠道、筹资方式多样化的格局已形成。筹资和使用资金是企业管理的重要内容，企业资金成本在企业成本费用中所占的比重越大，企业就越难于经营，合理的筹集和使用资金，对于降低成本有着重要意义。企业的资金包括外来资金和自有资金，研究资金成本时，往往忽略了自有资金，使生产决策发生偏差。降低资金成本的最好方法就是节约使用资金，提高资金利用率，加速资金周转。企业应下大力气确定最佳资金成本和筹集结构，以降低成本，提高效益。

（3）突出加强价格管理，抓好性价比最优化基础上的物资采购

价格管理是物资采购资金合理运用的关键环节，价格的高低直接关系到采购资金合理需求及运营成本。同时，物资价格管理又是企业实现物资消耗成本最小化、经济效益最大化的重要保证。在加强价格管理的过程中，要充分发挥集团规模采购优势，全方位掌握市场价格信息，全面提高采购价格的监管能力。

1）建立全方位立体化的价格管理机制，增强全员价格管理意识。

2）建立健全价格评判、监督和检查机制，不定期对招标、比价、集体议价的结果进行检查，对存在的问题进行追查，加大问责力度。

3）充分利用供应商资源进行价格管理，高意识地引导供应商参与竞争，提高采购价格的合理性。

4）积极推行和完善电子商务，利用网络信息化手段，实现价格售理与市场行情合理对接，逐步提高采购管理的高效率和透明化。

2.加强采购资金管理，规范资金管理流程

（1）建立集中统筹的采购资金管理制度

煤炭企业所属单位较多，资金必须集中统一管理、分级下拨使用。作为企业资金的主要流向之一，采购资金更要建立严格的集中管理、统筹支付的管理制度。通过建立月度预算制度，物资供应部门根据月度资金需求，将当月采购资金需求计划上报公司，公司经过审核汇总后形成总预算，每月分批次严格按资金预算拨付采购资金，限额控制使用。集中统筹的采购资金管理，能够把高限的资金进行合理的调度、分配，充分发挥资金的使用

效益。

（2）利用信息系统编制

采购资金支付计划，减少人工操作带来的误差。煤炭企业的供应商繁多，各家供应商的货款金额从几千元到几千万元不等，面对每月上千家供应商的货款支付计划，不借助于信息系统，很难编制出一份准确合理的采购资金支付计划。为此，通过物资采购结算和会计核算处理信息系统一体化操作，信息系统付款程序将根据采购物资财务结算入账金额、合同约定的付款方式和付款期限，自动编制生成每月采购资金支付计划，无需人工编制，大大减少人工操作带来的误差。采购资金支付计划经财务部门审核、主要领导审批后，在网站上进行公布，以便广大供应商查询，使得采购资金支付更加公开、更加透明。

（3）加强储备资金管理，加快采购资金周转

煤炭企业库存物资品种多、价值高低不一，加强储备资金管理，加快储备资金周转，对降低储备资金占用、提高采购资金利用率具有重大意义。

1）通过管理科学合理的分级分区域储备格局，根据中心库、片区库、站点库和井口发料库的不同仓储能力，形成点面结合的储备网络。

2）充分发挥仓储配送的整体优势和综合效能，合理配置储备资源，实现自有储备、供应商储备和特种储备合理有机地结合，建立多元化的储备格局，力争以最小的储备成本满足安全生产需要。

（4）搞好资金运营

资金是煤炭企业的粮食，企业有了资金就能正常经营，否则企业就难以参与大流通。近年来，资金短缺一直困扰着煤炭企业，客观与企业自身资金使用不洁、管理不严、资金运营效益不高有关。要用好用活资金，关键在于搞好资金运营，提高资金使用效益。企业负责人不仅要关心经营，而且要重视财务管理，特别是资金管理。搞好资金运营的思路：确立资金运营观念，加快建立现代企业制度，严格遵守信用，优化信贷资金。办理贷款、承兑汇票、临时周转金，确保企业经营资金的需求，实行目标管理，提高资金使用效益。管源头资金，降低应收货款，增收节支。在资金紧张的情况下，资金分配要研究决定，增强资金管理透明度，严格执行收支两条线管理规定，坚决查处资金体外循环，实行自己归口分级管理，建立统一的资金平衡和运作体系。

三、资金管理案例

1. 兰煜煤业营运资金管理现状及存在问题

（1）兰煜煤业公司概况

1）兰煜集团简介

兰煜煤业有限公司，是由山西省晋煤重组批准的重组整合矿井，隶属于山西煤炭运销集团晋城有限公司。位于高平市南部约10km，晋城市北部约20km；太焦铁路从井田

边界穿过，井田东部有新庄煤矿铁路专线可以利用，井田西部有一级公路227省道、北部有高速公路高沁高速，东部有207国道和二广高速。中部有太洛公路通过，交通运输较为便利。本矿由7处矿井整合而成，井田面积9.68平方千米，井田东西宽5.10km，南北长4.0km，批准可采煤层3、9、15号煤，开采深度830～560m。井田地质资源储量9564万吨，设计资源储量3895万吨，设计可采储量3558万吨，矿井设计规模为120万吨/年，服务年限29.65年。矿井采用斜井多水平开拓方式，共三个井筒分别为主斜井、副斜井及回风立井，采煤方法采用长臂综合机械化采煤法，通风方式为中央并列，瓦斯等级属于低瓦斯矿井，3号、9号、15号煤层均无爆炸性；3号煤层自然等级为Ⅲ，属不易自燃煤层；9号、15煤自燃倾向性等级均为Ⅱ，均属自燃煤层。井田总体构造属简单类型，井田水文地质条件为中等类型。设计投资总概算71210万元，其中，矿建工程23389.44万元，土建工程18274.2万元，设备及安装工程21051.82万元，其他8494.54万元。随着兰煜煤业规模的不断扩张、业务的深度拓展相应带来会计核算主体激增、数据资源庞杂，制约了该企业的营运资金管理。

2）兰煜煤业经营状况

在煤炭行业的寒冬期，我国煤炭企业的日常生产经营活动变得越发困难，国际和国内煤炭市场对煤炭质量要求越来越高，再加上国外相对便宜的优质煤给国内煤炭企业造成较大冲击，导致我国煤炭企业互相竞价，恶性竞争，煤炭价格持续下降，生产成本增加，也使得兰煜煤业企业利润严重下滑，经营状况也陷入了困境。直至2016年以后，利润才有所上升。数据显示2016年是一个产量和利润低谷，往后产量有所提升，但销量仍不容乐观。2017年，我国深入推进供给侧结构性改革，煤炭类企业受去产能政策的影响，煤炭价格回升至正常水平，且出现上升趋势，煤炭企业大多呈现良好业绩，在形势一片大好的情况下，近两年其企业经营状况有所好转，但2018年仍然亏损，说明企业管理仍存在一定问题。

（2）兰煜煤业营运资金现状分析

1）营运资金规模分析

①流动资产规模

流动资产规模指的是企业流动资产占总资产的比重，比重的大小代表企业偿债能力的强弱，数值越大，企业的偿债能力越强。但流动资产占比过高，容易使企业的盈利能力下降，因此在确定流动资产比重时企业应综合各方面因素考虑，使其保持在一个合理区间。兰煜煤业的流动资产从2015年起稳步上升，资产总额也呈现平缓上升的趋势，仅在2018年有小幅下降，但不明显。从占比变化来看，除2016年小幅减少外，往后一直逐年递增。可以看出，兰煜煤业偿债能力逐渐变强，但要注意控制，避免占比过高引起的问题。

②流动负债规模

流动负债规模指的是企业流动负债占负债总额的比重，对流动负债的占比进行分析，可以知道企业短期筹资的规模和筹资的偏好。对于企业来说，流动负债的偿还压力甚至大于长期负债的压力，若不及时偿还流动负债，企业可能面临倒闭的风险。流动负债总额占资产总额的比重越高，企业的筹资政策越激进；反之则说明企业筹资政策越保守。兰煜煤业流动负债呈逐步上升趋势，负债总额则呈逐渐下降趋势，与2015年相比，2018年负债总额减少了1233.98万元，减幅约7.8%，波动程度不大。但从占比数据来看，2017年较2016年有了大幅增长，且2018年也在增长。说明兰煜煤业在近两年采用了激进型的负债筹资策略，以短期负债作为了负债筹资的主体。

2）营运资金结构分析

①流动资产结构分析

从2016年到2018年，兰煜煤业的货币资金规模呈现出迅速增长的态势，企业应该引起重视，合理利用好货币资金，避免闲置资金的浪费。应收账款和存货的增量更是不可忽视，企业应立即采取有效措施加紧应收账款的收回，并减少采用预付账款的方式采购。

兰煜煤业流动资产中占比最大的三项分别是应收账款、存货和货币资金。这三项占比最大的总和占流动资产总额的89.62%，其中存货占比为38.38%，货币资金占比为9.32%，应收账款占比最大，达到41.92%。企业应当做好存货的管理，同时加强应收款项的催收管理，避免大额坏账的出现。

②流动负债结构分析

兰煜煤业流动负债结构主要分析该企业流动负债中各种负债的数量比例关系，例如短期借款、应付票据、应付账款、其他应付款、预收款项、应付职工薪酬等占流动负债的比例。

兰煜煤业2015年到2018年流动负债项目中，占比最大的三项分别是应付账款、短期借款和一年内到期的非流动负债。其中应付账款所占比重最大，达到流动负债总额的25.40%，这有可能是兰煜煤业业务量增加，加大了采购规模。同时应付职工薪酬也有增长趋势。如此大的负债比例，将对公司扩大生产经营规模和提高经营效益增加财务风险。

兰煜煤业应及时调整负债结构和负债规模，适当降低负债规模，拓宽融资渠道，减少坏账准备，加速资金回笼，避免出现资金短缺等财务风险。

（3）营运资金主要项目分析

1）应收账款分析

应收账款是企业营运资金的重要组成部分，在当今日益激烈的竞争环境下，企业为了增加销售业绩，允许采用先拿货，后付款的销售方式，即赊销方式，来吸引更多客户前来采购。由于采购方自身的原因，不能及时偿还货款，造成整批或部分货款无法收回，给企业财务造成坏账问题，影响企业正常经营效益，不利于企业的健康发展。

应收账款周转率能够反映企业应收账款管理效率的高低及变现速度的快慢。一般来说，该比率越小，说明应收账款回收速度慢，流动性差，该比率高，说明其资产流动性大，企业收账迅速，账龄期限相对较短，在一定程度能够上增强企业的短期偿债能力。但是如果回收速度过快，会影响和客户维持的良好关系，减少销量，进而影响企业的盈利水平。

兰煜煤业 2015 年到 2018 年的应收账款周转期呈逐年递增的趋势，四年的应收账款平均周转率为 3.87，平均周转天数为 96 天，从 2015 年的 84 天上升到 2018 年的 122 天，说明兰煜煤业回收应收账款的速度在放慢，回收效率在变低，或者信用政策过于宽松，应收账款占用资金数量过多，影响到企业资金利用效率以及资金的正常周转。企业应当加强对应收账款的管理，加速资金的回笼。

2）应付账款分析

随着市场经济的发展，企业开始越来越意识到商业信用的重要性，它是一直筹资成本低、速度快的一种短期融资方式，应付账款也是属于一种商业信用。若是合理地利用应付账款，可以有效地缓解公司资金周转方面的问题，但是这也是把双刃剑，若是利用不当，可能造成影响公司信誉，与供应商关系发生恶化等不良因素，因此，应付账款的周转期也应该合理地控制，若应付账款的周转期过长，外界可能会认为企业的财务状况有问题，短期偿债能力出现状况，从而影响企业的声誉以及今后的经营发展。

应付账款周转率反映的是企业应付账款的流动程度，用来衡量一个企业如何管理偿还欠款。周转率越高，说明付款条款越不利。应付账款周转期长，说明企业很好地占用了上游供应商的资金，从而减少对自身营运资金的占用，一定程度上反映了企业的市场地位较高，应付账款管理水平高；反之则说明企业没有占用更多供应商的资源，市场地位较弱，应付账款的管理水平也较低。

兰煜煤业 2015 年到 2018 年四年的应付账款周转期在逐年递减，2018 年的应付账款周转期比 2015 和 2016 年的周转期减少了将近两倍，如此大幅度的减少，可能是由于企业的资金周转能力变强了，但更可能是这两年来兰煜煤业无法更长时间的占用供应商的货款，总的来说企业管理层应该引起足够的重视，采取措施，争取将应付账款的周转期保持在一个合理的范围，这样也有利于改善企业与供应商之间关系，增强企业自身信用。

3）存货管理

在企业日常管理中，存货如果过多，会导致库存积压严重，造成企业存货管理成本和储存成本上升，降低公司的利润，但若存货不足，又可能因此影响销量，丧失客户。分析存货周转率，能够知道企业的销售水平和存货对资金的占用，周转速度越高，说明企业销售状况良好，但是该比率如果过高，则说明企业存货占用资金过多，也会影响企业的营运能力。

通过观察可以发现，2015 年到 2018 年兰煜煤业存货周转期逐年上升，2016 年和 2017 年存货周转期均为 87 天，总体比较稳定，尽管增长缓慢，但后果仍然不容小觑。周转率逐年减少，说明兰煜煤业存货的流动性在不断下降。在经济形势变好后，兰煜煤业虽然在

17 年实现过盈利，但是在营运管理的能力仍有所欠缺。企业应高度重视，提高存货管理水平。4. 营运资金周转期分析通过前期对要素视角下重点项目的分别分析，可以综合得出兰煜煤业基于要素视角的营运资金周转情况，具体情况如表 2-1 所示。

表 2-1　兰煜煤业 2015-2018 年营运资金周转期

项目 / 年份	2015 年	2016 年	2017 年	2018 年
营运资金周转期（天）	65	88	136	196

根据传统营运资金管理理论，营运资金周转期 = 存货周转期 + 应收账款周转期 — 应付账款周转期，可以得到从 2015 年到 2018 年兰煜煤业营运资金周转期如图 10 所示。可以看出，这四年的营运资金周转期在急速上升，2018 年的营运资金周转期为 196 天，2015 年营运资金周转期为 65 天，几乎增长了两倍，企业的营运资金管理水平已经相当不乐观，制定有效的管理体系已经刻不容缓。

（4）兰煜煤业营运资金管理存在的问题

1）企业财务人员营运资金管理意识淡薄

由于兰煜煤业从属于山西煤炭运销集团，拥有多处矿井，组织结构较为复杂，整体来说管理层的年龄层次偏大，管理思维比较僵化。财务人员甚至包括一些中高层财务管理人员都没有进行过系统性营运资金管理的意识，他们对营运资金管理的认识比较浅薄，没有与时俱进，也缺少主动学习专业技术知识的积极性。因此，树立一个科学的营运资金管理意识成为了解决营运资金管理问题的首要任务，如果财务人员特别是管理层的思想认识不到位，那么兰煜煤业的营运资金管理将会变成"纸上谈兵"。

2）营运资金管理制度不健全

兰煜煤业目前面临的主要问题便是营运资金管理制度不完善。主要体现在企业管理层对营运资金的管理的不重视。至今为止兰煜煤业并没有出台一套专门的营运资金管理制度，对于营运资金管理的重要组成部分：应收账款、应付账款、存货等也没有出台相应的管理办法。兰煜煤业之所以存在如此多的营运资金管理问题，从根本上说就是因为缺少一个完整的营运资金管理体系。

3）营运资金信息沟通和管控手段相对滞后

营运资金管理与信息的传递沟通息息相关。从兰煜煤业目前的情况看，其资金的使用配置基本上由总公司统一安排和调剂，虽然提高了资金集中度，但其他矿井分别处于不同地区，经常由于信息滞后、沟通不及时，导致财务部门无法及时掌握其他矿井的采购生产等具体情况，这严重影响到企业资金使用的合理配置及监督管理。再加上采购部门与销售部门缺乏信息沟通，就很容易造成存货积压、生产滞后等状况，影响企业的生产经营。

4）未合理利用商业信用

四年来兰煜煤业的应付账款和应付票据基本呈下降趋势，应付账款周转期下降，说明企业占用供应商资金时间变短，偿还应付账款的速度较快，体现出其在采购环节对商业信用的利用不足。近两年兰煜煤业的经营状况虽有所改善，但仍然无法盈利，总体发展不稳定，在供应商看来，兰煜煤业的商业信用低，为避免坏账损失，给出的赊销条件较为严格。

5）在销售环节应收账款资金占用过多

兰煜煤业的应收账款占比很大，应收账款的回款速度缓慢，坏账风险很大，应收账款作为兰煜煤业资金流循环的重要一环，它的良好管理与整个营运资金管理体系密切相关，究其原因，我们发现兰煜煤业的客户源非常贫瘠，且一般成交额较大，因此存在赊销现象，也许出于维护客户关系以及保证公司销量的原因，所以对该类客户进行赊销，但往往因为相关部门催收不及时，或由于客户方面的原因，致使企业应收账款占比过大，且周转期长甚至发生坏账。兰煜煤业知名度不高也没有做好宣传，导致企业在营销渠道上资金占用严重但回报不大。在销售环节中，兰煜煤业并没有设立一定的信用评级制度，对客户的信用评级也没有一个严格的标准，这也间接导致应收账款周转期过长。

6）存货管理方法不合理，导致存货积压

由于煤炭行业销售产品具有一定的季节性特点，因此，我国大多数煤炭企业往往储备过多地存货以备销售，兰煜煤业也不例外。

①在煤炭销售数量降低的情况下，仍然加大生产量，使得库存积压更严重，这是因为企业在进销存的管理上出现了问题，对库存数据不能实时掌握，再加上企业销售预测不准确，盲目采购生产用机器设备而导致的；

②兰煜煤业仓库地点分散，在入库和转库过程中，仓库管理人员未及时登记库存台账、领用程序也不尽规范，造成存货账目混乱，甚至存在员工盗窃私分存货的可能；

③年末或不定期盘点以后，兰煜煤业未将统计结果进行科学的分析，导致无法为企业进行存货采购、储备提供科学有效的决策数据。

3. 兰煜煤业营运资金管理对策

（1）提高营运资金管理意识

在整个企业范围内，通过讲座或其他方式宣传贯彻营运资金管理新理念，全方位地进行宣传教育，在课堂氛围的耳濡目染下树立正确的营运资金管理意识，摒弃整个企业重工程管理、轻财务管理的老观念，让企业的每一个员工通过学习感受到营运资金管理对实现公司的生产经营目标是极其重要的，让每一个人都明确，只有自己参与其中，共同努力才能提升企业营运资金管理的水平。除此以外，管理层也应该营造氛围，提高员工的积极性，让员工主动追求财务指标。

（2）建立营运资金管理体系

兰煜煤业应探究出一套适合其自身管理需求的营运资金管理制度，不能仅仅依据以往的经验，可以将旧的经验与先进科学的管理理论相结合，将营运资金管理权移交财务部，将责任落实到每一个岗位。首先结合具体情况制定一个初步的管理目标，然后根据实施效果进一步完善和修订现有的管理制度。此外，财务部门也要根据实际财务管理的需要，尽快提出营运资金管理制度、应收账款和应付账款管理制度、存货管理制度等，使得管理有章可循。

（3）完善营运资金管理信息系统

兰煜煤业应该形成管理一体化进程，首先应将财务部门与生产、销售、采购各个环节联系起来，实现信息共享，从而提高企业总体的管理效率；其次，企业所有部门都要全力配合，及时传输信息。比如采购部门根据生产计划需求配置采购资源，销售部门根据生产数量开拓销售渠道。各个矿井之间也应该加强信息的传递，让资金流动起来；第三，财务部门、企业管理层以及相关业务部门应定期进行交流，上传下达，互相配合，共同做好信息共享工作。

（4）加强供应商关系管理

受国家去产能政策的影响，煤炭行业近几年形势好转，但兰煜煤业仍旧属于亏损状态，应付账款也呈下降趋势，加强与供应商的关系管理，不仅能够使企业获得物美价廉的原材料，还可以在企业经营状况不佳时，凭借与供应商的良好关系延迟支付货款的时间，帮助企业资金周转。因此企业可以建立激励机制，合理加强与供应商之间的合作。比如在采购时根据质量适当让利于供应商，通过提高采购价格来增强供应商的积极性；对按时履约、物资质量好的供应商增加采购数量来增加双方信任度，毕竟信任度越高，对商业信用的利用则更容易；在与供应商签订合同时，协商选择最有利的付款方式等。合理利用商业信用，不断提升兰煜企业在商业信用中的话语权。

（5）加强应收账款管理

兰煜煤业的应收账款周转期逐年增长，应尽快制定科学合理的应收账款信用政策，比如与客户签订好还款日，在一定期限内还款，并且要及时对账，加大催款力度，如若超过规定期限就要付违约金或利息，必要时通过仲裁或提起诉讼等形式收回账款。另外，综合分析客户的偿债能力及经营能力来建立客户信用档案，对客户实行信用评级，针对不同信用级别的客户制定不同的赊销政策。比如对信用高的客户分期付款或者适当延长收款期，信用较差的客户则可以要求其预付部分货款且严格控制赊销额及还款期限，针对不同客户的不同销售政策应该在合同中注明，明确付款期限及条件。另一方面，可以根据客户的信用状况采取不同的结算方法，如利用第三方平台、以物易物等方式，促使应收账款的提前回收，避免更多的延期回收，提高资金利用率。

（6）建立健全存货管理制度

由于兰煜煤业存货储备量大、仓储地分散广，企业应建立适合自身发展需要的存货信息化管理系统，以便可以实时、动态了解到各个矿井的存货信息，提高存货运营效率。还要从规章制度方面对存货的日常管理进行约束，坚持定期盘点并作出科学分析，做到出入库及时核对，账物相符，账实相符，避免账目混乱。

此外，兰煜煤业应大力创新商业模式，利用互联网、大数据等现代先进技术，搞好市场分析预测，科学制定营销战略，不断扩大市场份额，减少产品积压，活化资金，提高公司的整体效益。

第五节　采购计划及预算编制影响因素

一、编制物资采购计划的主要作用

在以煤炭的开采、洗选、销售为主营业务的煤炭企业中，几乎所有的生产活动都开始于各种物资的采购。然而，在什么时候、一次采购多少、多长时间采购一次是十分重要的问题，因此，物资采购计划是为了维持正常的生产经营活动，对在某一段特定的期间内采购多少何种材料的一种计划和安排。因此，物资采购计划应当达到以下目的：

（1）预测物资需要的时间和数量，以保证生产经营活动连续进行。

物资采购计划必须根据企业的生产计划、采购环境等估算物资需要的时间和数量，在恰当的时候进行采购，以保证生产地连续进行。

（2）配合企业生产计划和资金调度煤炭企业的采购活动与生产活动是紧密关联的，企业的物资采购活动直接服务于生产活动。

（3）避免物料储存过多，积压资金在实际的生产经营过程中，库存是不可避免的，有时还是十分重要的。但是库存是一种闲置资源，物资储存过多，不仅不会在生产经营中创造价值，反而还会造成大量资金沉淀，影响企业资金周转，增加企业的成本。

（4）确立大宗物资耗用标准，以便管理物资采购数量以及成本通过以往经验以及多市场的预测，物资采购计划能够较准确地确立所要物资的规格、数量、价格等参考数据，这样可以对采购成本、数量和质量进行控制。以上四个方面是一个完整的物资采购计划所要达到的目的，同时也是一个煤炭企业在实际运营中遇到的问题，只有解决好这几个方面的问题，才能更好地组织生产经营活动。

二、目前煤炭企业采购计划编制现状

（1）采购计划不实、不准确，不够严谨，存在盲目采购现象。物资采购计划是实施物资采购活动的主要依据，其影响涉及物资采购全过程，一经确定便不能随意变更，但在实际工作中物资采购计划的编制还存在随意性，有些物资采购人员，在原计划体制物资短缺条件下，形成的手中有粮心中不慌、有备无患，过分追求储备的品种全、数量足的保供观念出发，不考虑目前市场经济买方市场、社会资源充足，交通便利的现状，而编制采购计划过大。

（2）信息不畅。没有信息就无法完成物资采购计划的编制工作。物资采购计划编制人员在信息不充分的情况下可能做出有缺陷的预见或决策，进而导致灾难性的结果，故市场信息、供应商信息、需求信息等内、外信息流要保证通畅。

三、煤炭企业物资采购计划编制的程序

由于煤炭企业生产的特点是井下作业，其产品虽然单一，但生产过程却是一个复杂得多工序、多环节的综合体。包括了地质勘探、测量、开拓、掘进、运输提升、排水、通风、供电、爆破、支护、采煤、选矿等诸多方面和环节。生产及设备投入受地质条件影响极大，面临瓦斯（煤尘）爆炸、透水、火灾、冒顶等重大安全隐患的威胁，使用物资品种繁杂且消耗不规律。由于煤炭企业生产的特点，决定了煤炭企业的物资需求的品种繁杂且消耗不规律，要编制出合理的物资采购计划，就需要建立适合煤炭企业特色的物资采购计划的编制流程。主要从三个方面考虑：

1.煤炭企业物资供应管理体制，或者再往小说是煤炭企业的物资采购模式；众所周知，现在很多大中型煤炭企业的物资采购供应统一由专门部门负责，建立了"四集中、四分离"的物资采购管理体制。"四集中"即推行集中采购、集中储备、集中结算、集中配送的管理体制；"四分离"是将计划、采购、验收、结算等业务分段管理，实现物资采购各环节的相互制约机制。在这种管理体制下，计划的编制和其他的采购活动的各环节是相互制约的。这就要求物资计划的编制必须在掌握充分的生产经营信息的前提下，编制出及时、准确，并且有合理的提前量及预见性的采购计划。

2.煤炭企业生产经营活动的物资需求的品种的分类和界定；煤炭企业生产物资需求品种繁杂且消耗不规律。这就要求煤炭企业的物资计划编制人员把物资需求的主要品种进行合理的分类，并根据不同类别分别编制物资需求计划。煤炭企业生产经营用物资主要分为以下几大类：

（1）设备：煤矿用安全设备、井下运输设备、洗选设备、提升设备、支护设备、供电设备、煤质化验设备、采煤设备、排水设备、掘进设备、井下通讯设备、地质勘探设备、水处理设备；对于一般设备计划的编制一般至少应提前2个月，专用设备至少应提前6个月。并在设备需求计划后附有技术主管部门出具的设备技术要求。

（2）材料：工矿配件类、钢铁类、五金类、工具类、电料、劳保用品、油脂化工类、杂品等；对于一般性材料的计划编制则一般提前1个月编制，要分清资金来源和物资类别，注明使用单位及用途，填写物资的编号、名称、规格型号（图号）、计量单位、单价、数量、计划金额和质量技术要求，特殊物资还应当注明到货日期和建议选定的厂商；生产关键性物资需求计划和非常用物资需求计划，应当注明具体使用地点，详细质量技术要求和用途，以及最低需求量。

（3）煤炭企业物资采购的方式的划分；目前煤炭企业物资采购的方式主要有：

1）战略伙伴采购。是一种基于供应链模式下的共享库存资源、降低采购风险、降低采购成本的采购方式。这种方式要求物资采购计划的编制要从整个供应链高度出发，适时、适量。

2）招标采购。是一种应用比较广泛的一种采购方式。

3）竞争性谈判采购。是一种对招标采购的补充；对于招标采购和竞争性谈判采购这两种方式要求物资采购计划的编制的提前量要满足招标组织工作的需要，同时物资设备的技术要求要详尽。

4）单一来源采购。单一来源采购的适用范围包括只能从唯一供应商处采购的；必须保证原有采购项目一致性或者服务配套的要求，需要继续从原供应商处添购。

5）定向采购。定向采购是物资采购部门依据供应商评价体系评定合格供方，形成合格供方名单；确定各类物资的定点采购供应单位，建立企业的资源市场准入制度，最大限度压缩中间供应环节，加大生产厂家直供比重，并对定点供应商实行动态管理，做到优胜劣汰。对于单一来源采购和定向采购这两种方式的计划编制相对比较简单，一是了解该类物资材料的现有市场供货信息，二是掌握足够的以往该类物资的采购信息。

第三章　物资采购实施与控制

第一节　采购市场调研与分析

一、煤矿企业的采购商品的基本构成

现代经济学家认为商品的概念是广义的、整体的。它不仅指一种物体，也指一种服务，还包括购买商品所得到的直接的、间接的，有形的、无形的利益和满足感

概括地说，商品是人类有目的的劳动产品，是人和社会需要的物化体现，可以包括实物、知识、服务、利益等。实物商品的整体概念应包含三个层次的内容：

1. 核心商品

核心商品是商品所具有的满足某种用途的功能。比如，人们购买电冰箱，并不是需要一个装有压缩机、冷凝器和控制装置的大铁箱，而是要购买其制冷功能，即冷冻冷藏食品、保鲜的功能。商品功能是商品达到用途要求所必备的能力，这种能力是由商品性质所决定的，商品对人的有用性是以商品功能为基础的，因此，核心商品是商品整体概念中最基本和最主要的部分。

2. 有形商品

有形商品部分是指实物商品体本身。商品体是由商品的成分、结构、外观、质量、品种、商标、包装等多种因素构成的有机整体。有形商品是商品的外在形式。

3. 无形商品

无形商品又叫附加商品，是指人们购买有形商品时所获得的附加利益和服务。例如，提供送货上门服务、售后技术服务、免费安装调试、质量保证措施、信息咨询、某种附加利益等。善于开发和利用适当的无形商品，一方面可以获得竞争优势，另一方面可以最大限度地满足消费需求。

二、煤矿企业采购市场调研的分类

实地调查方法有多种形式，每种方法独具特点、各有利弊。工作中选用哪种要结合调

查目标、调查对象和调查人员素质而定。目前采用较多的是直接访问法、现场观察法和实验调查法三种。

1. 直接访问法

直接访问法包括家庭访问和个人访问，他是调查者与被调查对象面对面交谈，收集资料的方法。可以采取按提纲顺序提问的"标准式访谈"，也可以围绕调查主题进行"自由式交谈"

（1）直接访问的优点及适用范围

1）直接访问的优点

①调查有深度。调查者可以提出许多不宜在人多的场合讨论的问题

②直接性强。由于是面对面的交流，调查者可以采用一些方法来激发调查者的兴趣，如图片、表格、实物演示等。

③灵活性强，调查者可以根据情况灵活掌握问题的次序，随时解释被调查者提出的疑问。

④准确性强。调查者可充分揭示问题。

⑤拒答率低。这是直接访问法的最大优点。遇到拒绝回答时，也可以通过访谈技巧使问题得到回答。

2）直接访问的缺点

①调查时间长、成本高。由于访谈需要的时间较长，人员素质要求较高，最终会使调查成本加大。

②调查的质量易受到气候、调查时间、被访问者情绪等因素的干扰

3）直接访问的适用范围

①适用于调查范围较小、调查比较复杂的情况。

②适合于要得到顾客对某个产品或某种广告样本是否有购买想法的情况。

③适于了解某类问题能否通过解释或宣传取得谅解时。

（2）其他直接访问法

1）堵截访问法

堵截访问法又称为街头访问法，主要有两种形式；一种通过经过培训的调查员在事先选定的若干地区选择访问对象，征得其同意后在现场按问卷进行面访调查；另一种是先选定地点，然后由经过培训的调查员在实现选定的房间内进行面访调查。计算机直接访问（DGE）是堵截访问法的新的发展形势，它是指调查人员堵截到被调查者并征得其同意后，直接将其带到放有计算机的地方，告诉其操作法后，让被调查者按计算机上的提问自行输入要回答的问题。在回答问题时，调查人员应随时检查被调查者是否按要求回答问题，或在一定的情况下由调查人员代为输入。

堵截法的优点是：克服了入户访问的不足。由于访问地点比较集中，时间短，

可节省对每个样本的访问费和交通费，堵截也避免了入户困难，同时也便于对访问员监控。另外，调查的答案正确率高。

堵截法的缺点主要表现在三个方面：①堵截访问法不适于内容较长、较复杂或不能公开的问题的调查；②由于调查对象在调查地点出现带有偶然性，会影响调查的精确度；③堵截调查法拒访率高，因此在使用时应附有一定的物质奖励。

2）电话访问法

电话访问是指通过电话线向被调查者询问有关调查内容一种调查方法。这是为解决带有普遍性的急需解决的问题而采用的一种调查方法。电话访问程序：

①根据调查目标及范围划分地区。

②每区确定要调查的样本单位数。

③编制电话号码单。

④按地区分给调查者，调查者一般利用晚上或假期时间与被调查者通电话，或采用全自动电话访谈（CATS），使用内置声音回答取代调查员的分别通话。

电话访问的优点是：在集中调查方式中，电话访问法成本较低。快速与节省时间，例如某一种商品广告播出后若想了较其收视率，以打电话方式来调查是最快速的。统一性较高，用电话调查，大多按已拟好的标准问卷询问，因此资料的统一程度较高，易控制。电话发音的声调、语气及用字等是否正确，可由控制员纠正。

电话访问的缺点是：问题不能深入，电话访问法询问时间不能太长，因而调查内容的深度远不如直接访问和堵截访问；调查工具无法综合使用；由于调查员不能在现场辨别真实性，准确性较差。

3）CATI法（计算机辅助电话调查）。CATI法是指在一个中心地点安装CATI设备，其软件系统包含4个部分；自动随机拨号系统、问卷设计系统，自动访问安装系统、自动数据录入和简单统计系统。

计算机辅助电话调查的特点是：

①速度快。计算机辅助访问可向研究分析人员迅速提交数据。因访问过程中既不需要数据的再输入，也不需要再做数据编辑，其速度方面的优势十分明显。

②质量高。计算机访问可避免调查人员的逻辑性错误。计算机的自动跳问功能可控制调查员在适当的时候和适当的条件下提出正确的问题。

③效率高，计算机系统可以随机或配额抽样。如果已经知道被调查者的背景资料，则计算机可根据要求自动抽出符合条件的被调查者。

④灵活性。计算机除了对数据和访问员进行控制以外，其辅助访问系统还具有处理复杂情况的供能。

4）邮寄方法。邮寄方法也可以说是堵截的一种特殊形式，他是指调查人员将印好的调查问卷或调查表格，通过邮政系统寄给选定的被调查者，被调查者按要求填好后再寄回来，调查者通过对调查问卷或调查表格的整理分析，得到市场信息。

邮寄调查的优点是：调查的区域较广，问卷可以有一定的深度。调查费用低，在没有物质奖励时只需花少量的邮资和印刷费用。回答问题准确，调查者有充分的时间填写问卷，可以较准确地回答问题。被调查者所受的影响小，被调查者可以避免受调查者的态度、情绪等因素的影响，回答问题更客观，无需对调查人员进行专门的培训和管理。

邮寄调查的缺点是：调查表回收率低，造成这一结果的因素很多，如被调查者对问题不感兴趣、问卷过长，造成这一结果的因素许多，如被调查者对问题不感兴趣、问卷过长、调查者的个人原因等。调查时间长，由于需要联系、等待、再联系、再等待，使调查的时间过长，问卷回答可行性差。由于无法交流，故不能判断被调查者的回答问题的可行程度，如被调查者可能误解问题的意思或受他人的影响，问卷不是被调查者本人填写等。

邮寄调查的应用范围较窄。对于时效性要求不高、费用比较紧张的调查可能考虑使用这种方法。如果公司有几次邮寄调查的先例，积累了几个不同的样本群体，并建立了良好的合作关系，使用这种方法就变得比较简单。

使用邮寄调查法应注意：用电话或跟踪信件提醒；注意提前通知和致谢；需要有物质奖励；附上回信并贴足邮资的信封；增加问卷的趣味性，比如填空、补句、判断、分析图片等；最好由知名度较高又受人尊重的机构主办。

2. 现场观察法

现场观察法是调查人员凭借自己的眼睛或借助录像器材，在调查现场直接记录正在发生的市场行为或状况的一种有效的收集资料的方法。其特点是被调查者是不知晓的情况下接受调查的。

（1）现场观察法分类

1）直接观察法

就是在现场凭借自己的眼睛观察市场行为的方法。直接观察法又称"顾客观察法"和"环境观察法"。

2）顾客观察法

顾客观察法是指在各种市场中以局外人的方式秘密注意、跟踪和记录顾客的行踪和举动以取得调查资料的方法。顾客调查法常常要求配备各种计数仪器，如录音摄像器材、计数器材、计数表格等，以减轻调查者技术的负担和提高资料的可信度。为使调查更深入，往往辅之以堵截访问的方式。

3）环境观察法

环境观察法就是以普通顾客的身份对调查对象的所有环境因素进行观察以获取调查资料的方法。这种方法是让这些接受过训练的"神秘顾客"作为普通的消费者进入其调查的环境，一是观察其购物的环境，二是了解服务质量。

4）间接观察法

就是通过对现场遗留下来的实物或痕迹进行观察以了解或推断过去的市场行为。如果国外流行的食品橱观察法，即调查人员通过查看顾客的食品橱，记下顾客所购买的食品品牌、数量和品种，来收集家庭食品的购买和消费资料。这种方法对一些家庭日常用品的消费调查非常重要。再如通过对家庭丢掉的垃圾等痕迹的调查，也是较为重要的间接调查方法。

（2）现场观察方法的优缺点

观察法的优点是：自然、客观、准确。观察者对被观察者的活动或可能影响观察者的因素，皆不加以干预，使被观察者动作极为自然，毫无掩饰，所获资料准确性高；直接、简单、易行。观察法是对现场发生的现象的观察和记录，或通过摄像、录音如实反映，直接观测、记录现场的特殊环境和事实、直接性非常强。

观察法的缺点是：时间长、费用高；观察深度不够，观察只能看到最后的行为；限制性较大，观察一般只适用于较小的微观环境卫生，且同时受到观察人员自身的身体条件、观察能力、记忆能力、心理分析能力的限制。

（3）采用现场观察法应注意的事项

1）为了使观察结果具有代表性，能够反映某类事物的一般情况，应选择那些具有代表性的典型对象，在适当的时间内进行观察。

2）在进行现场观察时，以保证被调查者有所察觉，尤其是在使用仪器观察时更要注意隐蔽性，以保证被调查事物处于自然状态。

3）在实际观察时，必须实事求是、客观公正，不得带有主观偏见，更不能歪曲事实真相。

4）调查人员的记录和观察项目最好有一定的格式，以便尽可能详细地记录调查内容的有关事项。

3. 实验调查方法

访问法和观察法一般是在不改变环境的情况下收集资料，而实验调查方法是从影响调查问题的许多可变因素中选出一两个因素，将它们置于同一条件下进行小规模的实验，然后对实验结果作出分析，确定研究结果是否值得大规模推广。它是研究问题各因素之间因果关系的一种有效手段。实验方法的最大特点是把调查对象置于非自然状态下开展市场调查。实验方法的核心问题是将实验变量或因素的效果从众多因素的作用中分离出来并给予鉴定。

（1）实验方法的工作程序

1）根据调查项目的要求，提出所研究的假设，确定实验自变量。

2）进行实验的设计，确定实验检定方法。

3）严格按实验设计的进程进行实验，并对实验结果进行认真观测和记录。

4）对观测结果进行整理分析，得出实验结果。

5）写出调查报告。

（2）实验调查法的优缺点

实验调查法的优点是：调查结果具有较大的客观性和实用性。此方法具有因素改变市场的主动性和控制其变化程度的可控性，可以探索在环境中不明确的市场关系。实验的结论具有较强的说服力。

实验调查法的缺点是：时间长、费用大。由于影响环境的因素是多种多样的，要想比较准确地掌握环境，需做多组实验，综合分析，才能真正掌握因果变量之间的关系。有一定的局限性，实验只能掌握因果变量之间的关系，而不能分析过去和未来的情况。有一定的时间限制，影响环境的因素会由于其他干扰的变化而发生变化，故其实验结果用于实际推广必有一定的时间限制。

三、煤矿企业采购市场调研注意事项

煤矿企业的采购需求制定是否完整、科学、合理，关系到整个集中采购项目的成效，而采购项目前期市场调查又是保证采购需求制定的完整、科学、合理的重要前提。因此，我们对集中采购前期市场调查工作进行了探索和研究。

1. 注意把握好市场调查的内容、对象、途径等

确保市场调查的有效性市场调查的内容主要包含采购项目的供给情况，供应商（包括生产厂家与代理商）数量、资质、实力及市场价格等内容；调查对象包括采购并实施过类似采购项目的其他采购人、生产厂家、区域代理商、地方各级采购部门等；调查途径包括网上查询（包括查询生产厂家网站、中央及地方各级政府采购部门网站、各专业网站等）、到采购人项目所在地现场考察、到供应商现场考察、与供应商召开座谈会、出席各品牌的产品宣传推介会、向相关供应商发调查函等途径。在实际工作中，这几年在一些大型的类似于物业服务等采购项目中效果明显。

2. 注意做好市场调查信息的收集和整理

加强市场调查的针对性一般市场调查信息的来源主要包括采购并实施过类似项目的其他采购人的相关经验（包括具体技术方案和采购价格等重要信息）、采购项目市场供给情况、供应商情况、市场价格情况等。这些信息，如果是通用性、市场成熟度较高的项目，可较容易在各级政府采购部门的网站、相关专业网站、实体市场等地方取得；如果是专业性较强、非通用性的、市场上信息量较少的项目，则最好能够找到采购并实施过类似项目的其他采购人，详细地向其取经。

同时，可通过在相关网站和报刊发布公告的方式邀请尽可能多的符合要求的供应商参与，并对报名供应商通过资格预审的方式确定出供应商名单。例如对某个特定行业的技术信息、产品信息和供应商信息，首先应认真了解清楚该特定行业的以往需求单位，这些需

求单位肯定会有类似项目的采购及实施经验，可通过访问、现场考察等方式向尽可能多的相关需求单位取经，了解这个行业的技术信息、产品信息和供应商信息。

如果我们有某个特定行业的采购需求，则可以在市场调研的同时发布公告，邀请相关供应商，并对报名供应商进行考察，并在供应商那里尽可能详细的了解该行业的技术信息、产品信息、需求单位信息、行业刊物信息，并在了解这些信息的基础上再铺开考察，采用由点到面、由小面到大面的方式逐步深入地展开市场调研工作。

3. 注意发挥需求部门在市场调查中的作用

确保市场调查的专业性虽然市场调查应该由采购中心实施，但由于采购中心人员客观上存在一定专业的缺失或者局限，在市场调查人员的组成中，就要注重考虑市场调查项目的专业性问题。而由于大多采购需求部门同时就是使用部门，他们对采购项目的质量、性能、维保等方面的了解，应该在一定程度上是比较有发言权的，甚至是比较专业而熟悉的。因此，采购中心在组织市场调查时，应注意吸纳需求部门参与，在市场调查工作过程中做好分工合作，以达到采购的最好效果。例如：一些电子产品、发行机具类货物、网络服务、工程维修等。

4. 市场调查应注意的其他事项

市场调查工作的重点应该是尽可能详细地了解市场上满足我方采购需求的供应商及其产品的完整情况；而难点则是对于部分非通用、垄断性的产品，较难通过市场调研工作详细了解到产品的详细信息和价格情况，进而无法科学的制定需求方案和预算，并最终影响采购和实施的效果。因此，在市场调查工作中，需要注意：

（1）在做市场调研前，需要对采购项目进行分类，对于通用型的采购项目，技术参数比较成熟、各品牌产品差异性不大且价格较为透明的产品，可直接通过网上查询及向代理商或厂家发调研函的方式进行调查，调查重点主要是价格。对于非通用采购项目，应先尽量明晰采购意图，通过借助相关单位经验，做到心中有数；同时可在前期做市场调查时，就发布公告，寻找符合要求的供应商，并在选择到足够的供应商后再要求各供应商制定各自方案，然后再综合分析这些方案，最终制定出符合实际需求的较优方案。

（2）在平时要注意各大生产厂家的产品信息更新，尤其是多注意参加生产厂家的产品发布会、宣讲会，实时了解最新的行业动态。

（3）针对金额较大的具体项目，前期的市场调查工作包括需求方案的整个制作过程，应该注意集思广益和发挥专业优势，由集中采购涉及的相关部门联合组成需求制定小组，去进行具体的市场调研工作和需求方案制定工作以及供应商的选择工作，而不应该只有业务主管部门自行负责。

（4）要根据专业复杂度、市场成熟度及通用性程度来分级管理。对于专业复杂度较低、市场较为成熟、通用性强、市场价格较为透明的采购项目，由于可选择的品牌和供应商较多，因此，市场调查时主要是以市场价格为调研重点，并在制定采购需求的技术标准时避免限制性、排他性条款。由于这类项目市场成熟，调研与需求方案制定较为容易，因此，建议放在上半年进行采购。反之，对于专业复杂度较高、市场不成熟、通用性弱的采购项目，则应该认真花时间和精力去进行市场调查，调查时，要争取去有相关项目采购和实施经验的单位去取经，要认真考察和收集符合要求的供应商，要分别与尽量多的供应商充分沟通后再制定采购需求方案和预算。由于这类项目复杂度较高，需要花费较多时间进行市场调查和需求编制，因此，这类项目应该放在下半年进行采购。

（5）供应商管理方面，对通用性采购项目（包括采购完成的专业性较强的、非通用类的采购项目），应建立供应商库，供应商库应尽可能丰富，包含尽可能多的品牌产品供应商，每个采购项目需求编制前，就应由市场调查小组按照相关规定先选择好供应商名单，然后制定采购需求，需求制定时应充分与所有被选供应商充分沟通，确保技术标准无限制性、排他性条款。对于初次开展采购的专业性强的、非通用类的采购项目，则应由市场调查小组在充分了解市场的基础上选择供应商，也可以在相关网站报刊发布采购公告，邀请相关供应商。

5. 注意应用市场调查信息来把握建立好采购文件中的关键部分

如评分细则、技术指标，充分发挥市场调查的作用市场调查的最终目的是采购到符合实际需要同时又物美价廉的货物、服务或工程。评分细则、技术指标等是采购文件的关键部分之一，是投标人编制投标文件的重要参考，也是评标委员会进行评审的重要依据。因此，充分利用和恰当运用好市场调查的信息，做好评分细则、技术指标等尤为关键。在采购实践中，我们认识到，评分细则的制定需要考虑以下因素：

（1）对于通用类产品，供应商资质要求不必要太高，对于专业性较强的采购项目，供应商资质则可以相应提高些。

（2）对于专业性较强的、复杂程度较高的采购项目，应该给予稍微高一点的业绩分，因为这类项目，需要较高的专业团队和经验积累，能够有较多的相关业绩，本身就能够说明该供应商在该行业的地位和能力。

（3）要重视售后服务，给予售后服务大点分值，考察售后服务时要具体考察其售后团队力量，以及是否在采购人所在地有售后办公场所，同时，应该建立起售后服务管理制度，在合同细则中也要详细明确售后服务要求，特别是对质保金约定条款，如比例、支付条件等；四是技术评分标准要明确、清晰、客观，不能够模糊化，尽量减少主观判断对评审结果的影响。技术指标方面，主要还是应该避免限制性、排他性条款。

第二节　采购信息发布及搜集

煤矿企业物资采购市场信息采集是信息管理工作的基础，信息采集工作的好坏直接关系到信息工作的整体。采集的信息经过加工处理才能为用户使用，信息处理是信息管理的核心。

一、煤矿企业物资采购的信息采集

1. 信息采集原则

（1）主动及时原则

信息采集工作只有主动，才能及时发现、及时捕捉和获取各类信息。所谓及时，是指所采集到的信息能够反映出当前社会活动的现状，也包括别人未发现和未使用过的独具特色的信息，以及能及时准确反映事物个性的信息。信息工作人员要有高度的信息意识和竞争意识，以及高度的自觉性、敏感性、迫切感和责任心，同时也要有过硬的工作本领，能精通业务和信息采集的技术和方法。要"人无我有"，对迫切需要的信息，要千方百计地采集，对别人没有注意到的信息，要进行挖掘，及时发现其价值并获取到；要"人有我优"，以优取胜，把握社会（当前）发展动向，采集具有指导意义的、有预见性的信息。信息采集工作必须围绕工作重点，有目标、有侧重，快捷灵活地开展，体现效率，适时调整采集方针和重点，最大限度地满足用户的需要。

（2）真实可靠的原则

信息采集必须坚持调查研究，通过比较、鉴别，采集真实、可靠、准确的信息，切忌把个别当作普通，将局部视为全局，要实事求是，善于"去粗取精，去伪存真，由表及里，"深入细致地了解各种信息源的信息含量、使用价值、可靠程度。信息的真实、可靠是采集信息的最基本原则，体现了信息采集人员的素质和能力，只有真实可靠的信息，才能对用户起着积极的作用，相反不但是无意而且是有害的。要提高对信息的判别力必须在实践中不断积累才能得到提高，但是对事物一定要有实事求是工作原则，脚踏实地的工作作风做保证。

（3）针对需求原则

信息采集要根据本单位的方向、任务和服务对象的实际需求，有针对性、有重点、有选择地采集利用价值大的、符合单位用户需求的信息。只有这样，才能即满足本单位的用户，又提高信息工作的投入产出效益。在浩如烟海的信息资源中，没有针对、没有重点地去收集信息，根本无法去完成信息的收集工作。没有价值的信息，即是无用的，也是无任何意义的，影响了信息采集的效率，浪费了人力物力。为此，信息采集人员必须对本单位内外环境和发展战略有明确地了解，即对自己服务的对象要有特别明确的认识，这样才会有明确的采集目的、对象，大力开辟采集渠道，才能获取具有较强针对性的信息。

（4）全面、系统原则

有针对性、有重点地进行采集是在全面、系统地进行采集的基础上进行的。只有全面、系统地采集工作为前提，才能有所侧重，有所选择。所谓全面、系统是指时间上的连续性和空间上的广泛性，尽可能全面地采集符合本单位所需求的信息。这也需要对本单位的业务工作有很深的了解，了解和本单位相关的信息产业、政府相关部门、相关产业、相关法律法规等所有和本单位业务有联系的领域。以此为基础，注意重点需求信息的连续性和完整性。

（5）计划性原则

采集信息，既要满足当前需要，又要照顾未来的发展；既要广辟信息来源，又要持之以恒，日积月累，不是随机的，而是根据本单位任务、经费等情况制订比较周密详细的采集计划和规章制度，计划是有序采集信息，确保按质、按量完成信息采集工作的基础，规章制度是确保计划能顺利实施的保证。

（6）预见性原则

信息采集人员要掌握社会、技术发展动态，采集信息即要着眼于现实需求，又要有一定的超前性，要善于抓苗头，抓动向，方向是最重要的，方向错了任何工作都是无意义的。

2.煤矿企业物资采购市场信息采集程序

（1）确定采集方针

每个信息组织都要根据自己的目的和任务制定采集方针．采集方针虽不能解决具体采集业务问题，但它却是指导采集工作的总原则和基准。确定采集方针，要根据本单位的任务和未来发展，研究信息环境，明确服务对象，考虑财力的条件，并把分工协作、合理布局、资源共享当作总的指导方针。根据上述原则，我们采集工作的方针是对重点材料品种的市场信息进行跟踪采集，每个信息员根据业务分工分别负责采集相应资源市场的信息。

（2）制定采集计划

采集计划是采集方针在一段时间内的具体实施方案。采集计划不但给采集人员规定了具体目标，而且还要提出遇到问题时解决办法。计划可分为年度计划、季度计划和月计划等。由于采购业务的特点，信息的采集紧紧围绕采购工作开展。根据采购实施计划相应地制定信息采集计划。特别是大的工程招标采购，结合工程进度制定详细周密的信息采集计划，确保工程招标采购的顺利实施。信息采集人员要严格按计划进行信息采集工作。

（3）采集工作实施

采集工作是一项长期的、连续不断地工作。整个过程包括组织性工作和事务处理工作。采集财力的调配，更离不开外部广泛的联络。采集人员必须具备很强的公共关系的能力和细致处理事务性、财务性的能力。采购市场信息的采集工作的特点是信息量大，不确定因素多，技术含量高低不等。

3. 煤矿企业物资采购市场信息采集渠道

（1）各种专业报纸杂志

目前我国每年出版的报纸杂志有上万种之多，必须有选择的订阅，选择的依据如下：

1）行业报纸

我国的行业主管部门都办有行业报纸，行业报纸的特点是专业性强，及时报道国家关于本行业的政策法规、本行业的重大变革等。例如，冶金报，化工报，建材报，黑龙江林业报等。

2）专业报纸期刊

专业报纸杂志的特点是专业性强，市场信息突出，经常有专家对市场的预测。例如：期货导报、中国有色金属报、建材工业信息、石油学报、电线电缆等。

3）国家权威报刊

国家权威报纸可以提供国家现实宏观政策，国家权威报纸刊登的政策才具有权威性。例如：人民日报、光明日报。

4）物资流通领域有关的报纸

物资报、物资信息报、物资流通研究、人民日报市场报。

5）国际市场行情方面的报纸

国际金融时报、亚太经济报即使是上述报纸也要有选择地阅读固定栏目，栏目的选择靠日常积累。报纸信息的收集也要有分工的，要形成制度。

（2）商业信息网

目前有各种商业信息网向其会员提供信息服务，商业信息网的特点是信息规范、可用性强。但一般商业信息网收费比较高，而且收费标准根据信息量和信息的传递时间快慢而定。我们在选择加入信息网时一是考虑实用性，二是考虑经济性。例如：冶金信息网、省物资信息网

（3）信息伙伴

同行业兄弟单位之间可以建立信息伙伴关系，定期交流信息。由于同行业兄弟单位都有信息管理部门，又同属一个行业，信息可交流性强。例如：鞍钢和宝钢、邯钢、首钢、本钢建立了信息伙伴关系。特别和本钢之间由于地理位置接近，交流的信息参考价值更大。信息交流主要是产品价格、采购渠道。交流要有一定的时间性，双方按规定时间定期交流。另外要注意信息的可比性，统一计量单位、统一技术标准、统一税率、统一品牌。

（4）订货会、展销会、交易会

各物资生产厂家或行业每年定期召开订货会、产品展销会和交易会。通过参加会

议，我们可以了解市场动态，新产品开发情况。例如：广州交易会、冶金串换会、电缆订货会。

（5）国际互联网

国际互联网拥有巨大的商业潜力。利用国际互联网能够帮助各类企业公司提高效率和竞争力，同时也能够使它们进入新开发的全球市场，也为我们了解市场提供了更方便、更快捷的现代化手段。

1）获取企业情报

通过国际互联网可以获取及时而重要的关于市场形势和竞争压力的情报。通过文件传送协议、GOPHER、万维网网站的 NEWSGROUPS 讨论，可以获得有关技术、商业、供应商和产品的战略情报。NEWSGROUPS 的讨论，还可获取对某个公司的产品质量、用户服务和其他问题进行坦率批评的情报。目前，国家各政府部门、行业协会都建立了各自网站，国家已经认识到信息公开的意义。

2）市场销售和供销

国际互联网的交互性质使企业可迅速收集有关产品的市场机会和潜在的新产品构想等信息和反馈。利用文件传送协议、GOPHER、和 WWW 网站，一个公司能够通过传播企业动态、产品预告、战略联盟和其他与顾客的潜在利益有关的信息，来最有效地开展供销活动。

（6）上级主管部门

上级主管部门是行业综合信息的统计部门，也是行业信息的信息源，现有的行业信息中心都是由原国家各部委、厅局地信息管理开发职能部门演变来的。它们有很丰富的信息来源和很强信息管理能力，仍具有政府的一些职能。我们必须有效地利用好这一资源，有利于我们把握信息动态和方向。

（7）市场调研

材料有很多品种在市场上有现货流通，例如，五金、建材、工具、电器等材料。我们可以通过市场调研直接获取市场的价格信息，采购渠道信息，替代品信息。

（8）招标文件

招标过程也是获取信息的大好时机，招标文件要求各分承包方要提供很多投标材料，比如，生产规模，佣工情况，资金状况，产品质量检验标准，产品在其他厂家的使用情况。为了中标一般厂家都尽可能提供较详细的材料，很多信息平时很难得到。

二、煤矿企业采购物资的信息处理

1. 信息的传递

信息的生命力在于为生产经营决策服务，信息必须及时、准确地传递到企业各层次的管理人员手中，才能为企业生产经营决策服务。信息传递包括企业外部信息传递与企业内部信息传递。企业外部信息传递主要指如何把采集的信息通过通信系统把它传送回来，以便加工处理，并投入使用。目前，我们常用的信息传递的主要方式有以下几种：

（1）书信方式

这种信息传递方式的主要优点是：①费用比较低：第二传递的信息量大，袋资料，可以包括很多信息。其主要缺点是：第一传递速度慢，一封挂号信。从鞍山到上海大约需要5天。这与信息及时性需求相矛盾。②有时还会丢失。涉及企业经营决策的重大信息不能用书信方式，避免给企业带来不必要的损失。

（2）电话方式

电话传递信息的主要优点是，传递速度快，而且在传递过程中双方可以通过对话方式，把问题搞得很清楚。缺点是没有记录，责任不清。交流单一，内部传递困难。

（3）电报和传真

电报和传真，也是传递市场信息的一种现代化工具。它的主要优点是：传递速度快，其主要缺点是，传递的信息量比较小。

（4）电子邮件

E-mail翻译成中文即是"电子邮件"，是利用计算机网络进行通信的一种通信方式。电子邮件，是Internet上应用最广泛的一项功能。它的特点是简单、方便、快捷、便宜。利用电子邮件，你不仅可以传送文字，还可以传送图像和声音。E-mail订的出现令传统的通信方式黯然失色。

信息内部传递，必须制定相应信息传递制度作保证。制度要对传递方向、传递时间、传递人等要有明确规定，确保信息的正确传递。一般把采集的信息按重要程度分为A类信息、B类信息、C类信息。

2.煤矿企业采购物资的信息评价

（1）信息的准确性

一个好的信息必须是准确的。因为只有在准确的市场信息基础上，煤矿企业才能做出各种正确的经营决策。①指它的客观性，即市场信息是否是真实地反映了市场的客观实际；②指信息的科学分类。所以，只有客观地反映了市场的真实情况，同时又进行了科学分类的市场信息，才可以称为准确的市场信息。采购信息涉及面广，结构性差，情况纷繁复杂做到准确是不容易的，需要很强的业务知识和判断能力。

（2）信息的及时性

一个好的市场信息必须是最新的。因为只有最新的市场信息才能反映市场的现实状况，而市场的现实状况又是采购决策的客观依据。所以，市场信息的及时性，是衡量信息资料好坏的又一个重要标准。当然，对于不同的问题时间性要求也有所不同，例如；通常情况下，采购业务中的价格信息对时间的要求高，采购渠道信息对时间的要求就稍差一点。当然，对时间的要求主要根据生产经营对信息时间的要求。

（3）信息的适用性

市场信息是为企业经营服务的，因此，必须根据各个时期的具体情况，根据采购业务的特点有的放矢地收集一些对企业采购决策有重要参考价值的信息。例如：当企业要大量采购铝的时候，就要提供铝的价格变动情况，铝的生产厂家的竞争状况，国际、国内铝的期货走势。是买方市场还是卖方市场。有些市场信息在其他情况下可能很有价值，但是，他与本企业经营决策无关，就失去了应有的重要性，这要求信息工作人员时刻围绕企业的生产经营中心开展信息工作，切忌盲目性，以信息本身为中心，不能想当然。

（4）信息的可比性

一个好的信息，必须有可比性，因为不可比的市场信息，就无法进行使用。在现实生活中，采集到各种市场信息往往是不可比的。因为随着社会环境和其他因素的变化，或由于行政区划和市场供应范围的改变，或由于调查范围的不同，或由于信息提供者的目的、角度和立场的不同，或由于指标体系口径的不同等，使采集的信息无法直接对比。在这种情况下，就要通过调整口径与单位的换算，使之统一标准，这样的资料才有实用价值，所以，信息的可比性，也是评价的一个标准。例如：鞍钢用的进口润滑油和宝钢用的进口润滑油价格相差很多。主要是使用的国外品牌不同造成的，这两种品牌的物理特性和化学特性有着各自的特点。

（5）信息的经济性

市场信息的采集、整理、分类、传递、存储和管理，都要花一定的费用。怎样用较低的费用获得较多或更有价值的信息，这也是评价市场信息的一个标准。目前我国信息网络服务内容各不相同，收费标准也不一样。要求采购的业务量合理地选择信息网络。有重点地使用费用，多利用公共信息资源。

（6）信息用户的评价

信息采集、积累不是目的，它的根本目的是提供用户利用。信息到手并不表示采集过程的完结，而应收集用户反馈意见，改进工作，改进采集方法，以进一步提高信息采集工作的质量和效率。

三、煤炭市场信息收集与分析的误区

市场信息是销售决策的基础，是企业获得健康可持续发展的最宝贵资源之一。对市场信息的有效运用，可以帮助企业评估和识别市场机会、选择目标市场、制定营销战略，同时评估营销管理的有效性。煤炭企业的销售部门都很注重市场信息的收集、分析和应用，但在进行市场信息收集、分析的时候存在以下误区：

1. 市场信息的收集不很全面

煤炭市场信息主要包括煤炭供应信息、市场需求信息、运输信息、价格信息、竞争对手信息、替代品价格信息、国家能源政策信息、煤矿安全信息、国际煤炭价格信息、国家宏观经济政策信息等。我们在收集煤炭市场信息时往往把煤炭价格信息作为最主要的信息来收集，而忽略其他方面的信息。其实价格是其他信息的综合反映和最终的结果，也可以说是滞后的信息。我们应该研究的是煤炭价格走势，从而及时调整营销策略，做到领先市场一步，至少要与市场同步。如果只收集价格信息，营销决策肯定要滞后于市场。影响中短期煤炭价格走势最主要的因素是煤炭供应与需求，影响煤炭供应的主要因素有煤炭产量、运输和能源政策，影响煤炭需求的主要因素有煤炭下游行业的生产情况、国家产业政策和用户的心理预期。

对于河南煤化集团永煤公司，应重点收集的市场信息主要有五个方面。

（1）全国无烟煤的生产情况，特别是晋东南等主要无烟煤产区的生产情况，应定期深入调研。

（2）钢铁、化工、水泥等行业的生产情况，特别是对钢铁行业和高炉配吹煤的发展趋势要有全面细致地了解。

（3）煤炭运输的情况，对铁路运输主要收集运力变化信息，对公路运输主要收集治理超载方面的信息，对于水运主要收集运费变化、港口存煤方面的信息。

（4）随时了解主要竞争对手和主要用户的情况。

（5）国家或地方有关煤炭及与煤炭密切相关行业的政策，特别是煤矿安全方面的政策法规。永煤公司的煤炭价格是上述等方面的因素共同作用的结果，在同一时空，有些因素促使价格上升，有些因素促使价格下降，这就需要用矛盾的观点，抓住影响价格的主要矛盾和矛盾的主要方面。

2. 对价格信息的分析不尽科学

我们平时通过各种渠道收集的价格信息林林总总、差别很大，但如果不进行分析就会让人眼花缭乱，如果分析的不科学同样让人一头雾水。下面以永煤公司为例，列举三种常见的对价格信息分析不科学的做法：

（1）直接比较价格

例如山西等地煤炭的到站价与永煤公司煤炭到站价，同等质量的煤炭，在华东价格永煤公司总比山西高出 20~50 元 / 吨，有时会高出更多，仅通过价格的直接对比就判定永煤公司的价格过高。这种分析法忽略了永煤公司运输的巨大优势：

1）永煤公司发运快捷。

从用户汇款到收到煤炭一般在 10 日之内，而在山西至少需要 1~2 个月，在永煤公司购煤用户的资金周转效率是在山西购煤的 3 倍以上。

2）永煤公司发运稳定。

永煤公司煤炭到达华东市场很少铁路限制，可以稳定供应，保证用户正常生产，而山西等地的铁路运力没有保障。

3）永煤公司运输简洁高效。

永煤公司铁路运力十分宽松，用户不需要运输代理等中间环节，没有票外费用，而山西等地其他收费名目繁多。因此，在华东市场永煤公司煤价高于山西等地完全正常，用户在永煤公司购煤获得的顾客让渡价值不会小于在山西购煤获得的顾客让渡价值。

（2）拿用户的成本承受能力作为测算价格的依据

我们往往专心去收集钢铁、化肥、水泥等商品的销售价格，再用煤价测算用户的利润空间，然后分析煤炭还有没有涨价空间。这种分析法错在没有完全理解"价格围绕价值受供求关系影响上下波动"这一规律。短期内煤炭价格的波动是由煤炭供求关系决定的，与下游用户的成本承受能力关系不大。只要煤炭供不应求，只要国家不控制煤价，煤价就必然上涨，即便是下游行业亏损。不要担心下游行业长期亏损，价值规律告诉我们那是不可能的。

（3）直接用替代品价格测算煤炭价格

无烟洗精煤的直接替代品主要是焦炭和烟精煤。有时候我们拿焦炭和无烟精煤的置换比，以焦炭的价格为基础来测算无烟精煤的价格。

3. 只注重信息的收集，忽视信息的整理、对比与分析

我们往往只注重信息的收集，把收集的信息进行罗列，一股脑向上司汇报，把后面的工作交给上司，上司面对丛林般的信息往往也无所适从。信息的收集固然重要，但如果不对收集来的信息进行整理、对比与分析，收集到的信息就没有多大意义，甚至有可能误导上司决策。

对信息整理、对比与分析应做到以下几点：

（1）要甄别信息的真伪，同一时空的信息有些是相互矛盾的，其中就必然有不真实的，不真实的信息对营销决策极其有害，这就需要认真考证，去伪存真。要特别注意看似真实、实质错误的信息，如没有代表性的煤炭交易个案。

（2）要对同一时间段不同销售区域、不同时间段同一销售区域的信息进行对比，通过对比分析市场的差异及市场变化的过程和原因。这要求我们做好信息资料的整理、分类和保存。再次，要分析信息背后的信息，即对信息进行深层次分析，不能只看信息的表面。例如，得知苏南地区中块煤价格在上涨，就要分析什么原因引发的价格上涨，如进一步调查得知是化肥企业生产形势好加大存煤引发的，还应该分析化肥企业的这种形势能维持多长时间，至此为止，不需要再向下分析，不需要"打破砂锅问到底"。

4. 盲从媒体和专家的分析，缺少自己的观点

影响煤炭市场的因素很多，我国的煤炭市场又比较脆弱，一场矿难、一次寒流就使市场逆转，可以说几乎没有人能准确预测中国煤炭市场。

媒体和专家的观点都是宏观的，并且也根本预测不到很多不可控因素，仅可作为我们分析市场的参考，决不可盲从。我们要分析的应是微观的煤炭市场，自己公司产品销售区

域的市场，这也只有靠我们自己去分析预测。对市场的预测一个人很难考虑全面，可以定期开展市场分析研讨会，集众人之智慧，研市场之变化，判价格之走势。

第三节　采购方式选择

常用的采购方式有：招标采购、竞争性谈判、询价采购和单一来源采购。针对不同物资，合理运用多种采购方式，可以最大限度地降低采购成本，还可以实现对供货商队伍的动态管理和优化。

一、招标采购

招标采购是指采购方作为招标方，事先提出采购的条件和要求，邀请众多企业参加投标，然后由采购方按照规定的程序和标准一次性地从中择优选择交易对象，并与提出最有利条件的投标方签订合同的采购方式。

1. 招标采购的概念

招标采购是指采购方作为招标方，事先提出采购的条件和要求，邀请众多企业参加投标，然后由采购方按照规定的程序和标准一次性的从中择优选择交易对象，并提出最有利条件的投标方签订协议等过程。整个过程要求公开、公正和择优。招标采购是政府采购最通用的方法之一。招标采购可分为竞争性采购和限制性招标采购。它们的基本的做法是差不多的，其主要的区别是招标的范围不同，一个是向整个社会公开招标，一个是在选定的若干个供应商中招标，除此以外，其他在原理上都是相同的。一个完整的竞争性招标采购过程由供应商调查和选择、招标、投标、开标、评标、决标、合同授予等阶段组成。

2. 招标采购的方式

（1）公开招标（即国际竞争性招标、国内竞争性招标）。

设备、材料采购的公开招标是由招标单位通过报刊、广播、电视等公开发表招标广告，在尽量大的范围内征集供应商。公开招标对于设备、材料采购，能够引起最大范围内的竞争。

其主要优点有：

1）可以使符合资格的供应商在公平竞争条件下，以合适的价格获得供货机会。

2）可以使设备、材料采购者以合理价格获得所需的设备和材料。

3）可以促进供应商进行技术改造，以降低成本，提高质量。

4）可以基本防止徇私舞弊的产生，有利于采购的公平和公正。

设备、材料采购的公开招标一般组织方式严密，涉及环节众多，所需工作时间较长，故成本较高，因此，一些紧急需要或价值较小的设备和材料的采购则不适宜这种方式。国际竞争性招标就是公开地、广泛地征集投标者，引起投标者之间的充分竞争，从而使项目法人能以较低的价格和较高的质量获得设备或材料。我国政府和世界银行商定，凡工业项目采购额在100万美元以上的，均需采用国际竞争性招标。通过这种招标方式，一般可以使买主以有利的价格采购到需要的设备、材料，可引进国外先进的设备、技术和管理经验，并且可以保证所有合格的投标人都有参加投标的机会，保证采购工作公开而客观地进行。国内竞争性招标适合于合同金额小，工程地点分散且施工时间拖得很长，劳动密集型生产或国内获得货物的价格低于国际市场价格，行政与财务上不适于采用国际竞争性招标等情况。国内竞争性招标也要求具有充分的竞争性，程序公开，对所有的投标人一视同仁，并且根据事先公布的评选标准，授予最符合标准且标价最低的投标人。

（2）邀请招标（即有限国际竞争性招标）。

设备、材料采购的邀请招标是由招标单位向具备设备、材料制造或供应能力的单位直接发出投标邀请书，并且受邀参加投标的单位不得少于3家。这种方式也称为有限国际竞争性招标，是一种不需公开刊登广告而直接邀请供应商进行国际竞争性投标的采购方法。它适用于合同金额不大，所需特定货物的供应商数目有限，需要尽早地交货等情况。有的工业项目，合同价值很大，也较为复杂，在国际上只有为数不多的几家潜在投标人，并且准备投标的费用很大，这样也可以直接邀请来自三、四个国家的合格公司进行投标，以节省时间。但这样可能遗漏合格的有竞争力的供应商，为此应该从尽可能多地供应商中征求投标，评标方法参照国际竞争性招标，但国内或地区性优惠待遇不适用。

采用设备、材料采购邀请招标一般是有条件的，其条件主要有：

1）招标单位对拟采购设备的制造商在世界上（或国内）的分布情况比较清楚，并且制造厂家有限，又可以满足竞争态势的需要。

2）已经掌握拟采购设备的供应商或制造商及其他代理商的有关情况，对他们的履约能力、资信状况等已经了解。

3）建设项目工期较短，不允许使用更多时间进行设备采购，因而采用邀请招标。

4）还有一些不宜进行公开采购的事项，如国防工程、保密工程、军事工程等。以上内容告诉大家招标采购的方式都有哪些。招标采购是采购方选择较高性价比产品的一种十分好的方式，一方面可以降低采购的成本；另一方面可以确保产品的质量。此外招标采购也为采购方省去了一些中间价，降低了成本。招标方最终可以根据实际情况选择对自己有利的一方作为投标方进行采购产品。招标采购必然会涉及一些法律知识，专业的法律建议必要时联系律师确定采购合同等材料。

二、竞争性谈判

竞争性谈判是指采购方直接邀请供货商就采购事宜进行谈判的采购方式。另外，在招标时，如果投标供应商不足三家的；或者中标人的价格、能力等不理想，这时可以采取"竞争性谈判"的方式。竞争性谈判的方法与招标很相近，作用也相仿，但程序上更灵活，效率上也更高，可以作为招标采购的补充。

1. 竞争性谈判采购的程序

（1）成立谈判小组

谈判小组由采购人的代表和有关专家共三个以上的单数组成，其中专家的人数不得少于成员总数的 2/3。

（2）制定谈判文件

谈判文件应当明确谈判程序、谈判内容、合同草案的条款以及评标成交的标准等事项。

（3）确定邀请参加谈判的供应商名单

谈判小组从符合资格条件的供应商名单中确定不少于三家的供应商参加谈判，并向其提供谈判文件。

（4）谈判

谈判小组所有成员与单一供应商分别进行谈判。在谈判中，谈判的任何一方不得透露与谈判有关的其他供应商的技术资料、价格和其他信息。谈判文件有实质性变动的，谈判小组应以书面形式通知所有参加谈判的供应商。

（5）确定成交供应商在规定时间内进行最后报价，采购人根据符合采购需求、质量和服务相等且报价最低的原则，从谈判小组提出的成交候选人中确定成交供应商，并将结果通知所有参加谈判的未成交的供应商。

2. 竞争性谈判采购的立法目的

规定竞争性谈判的组织方式和采购程序。

竞争性谈判是政府采购方式之一，在国际上也广泛流行，如美国、欧盟的政府采购法律或指令中，都规定了这种采购方式。

从国外一些国家有关法律规定看，竞争性谈判采购方式与招标采购方式一样，都规定了相应的程序，使其在公开、公正和公平的原则下，规范地开展。采取竞争性谈判采购方式的，也应该按要求在指定媒体上公告采取这种采购方式的原因及执行结果。

为推动政府采购改革，财政部在 1999 年 4 月颁布的《政府采购管理暂行办法》中，也将竞争性谈判规定为我国政府采购的采购方式之一，但未明确具体程序。在实践中，竞争性谈判采购方式逐渐成为普遍使用的采购方式这一，因无章可循，执行程序不够规范，采购过程缺乏透明度，随意性较大，给政府采购制度带来了一定的社会负面影响，亟待规范。

3. 竞争性谈判采购的步骤

（1）成立谈判小组

符合竞争性谈判采购方式的采购项目，一般采购金额较大，具有技术复杂、性质特殊和不确定性等特点，需要由一支专业队伍组织采购活动。为此，法律规定要成立一个谈判小组，小组成员由采购人代表和有关专家三个以上的单数组成，其中专家人数不得少于成员总数的 2/3。

（2）制定谈判文件

竞争性谈判虽然与招标是两种不同的采购方式，但基本要求相同。采取招标采购方式的，要事先制定招标文件，同样，采取竞争性谈判采购方式的，也要在谈判活动开始前制定谈判文件。在谈判文件中规定好下列事项：谈判的具体程序，如谈判轮次及每个轮次的谈判重点；拟谈判的内容，包括技术规格、价格、服务等；合同草案，包括当事人的权利和义务、履约期限和方式、资金支付要求、验收标准等；评定成交的标准（类似招标文件中规定的评标标准），明确谈判小组应当考虑的具体因素及相关要求等。

（3）确定邀请参加谈判的供应商

谈判小组首先要规定参加谈判的供应商资格条件，然后从符合资格条件的供应商名单中确定并邀请不少于三家的供应商参加谈判。在给供应商发出谈判邀请时要提供谈判文件，作为供应商是否参加谈判决定时的参考依据。

（4）开展谈判

在谈判活动中，为了维护谈判的公平和公正，谈判小组成员要作为一个集体与单个供应商分别谈判。谈判的任何一方或者谈判小组成员不得透露与谈判有关的其他供应商的资料、价格和其他信息。在谈判小组与各供应商进行了相同轮次的谈判后，为了更好地实现采购目标，谈判小组可以修改谈判文件，但涉及实质性变动的，要以书面形式通知所有参加谈判的供应商。供应商收到修改谈判文件的通知后，可以决定是否继续参加谈判活动。

（5）确定成交供应商

基本程序是，谈判小组在谈判结束后，要求所有参加谈判的供应商在规定时间内提交的报价应当作无效处理。谈判小组要按照谈判文件规定的评定标准，对供应商提交的报价进行评审，确定成交候选人名单报采购人。采购人从成交候选人名单中按照符合采购需求、质量和服务相等且报价最低的原则确定成交供应商，并将结果通知所有参加谈判的未成交供应商。

4. 竞争性谈判采购执行中应注意的问题

本法对竞争性谈判采购方式的程序规定，总的来说是原则性的，其中有许多问题未予明确，需要在实际工作中把握，如专家的资格条件、符合资格条件的供应商如何形成谈判的轮次要求、成交结果是否在政府采购监督管理部门指定媒体上公告等。再如，按照本法规定，邀请参加谈判的供应商不得少于三家，如果开始谈判时供应商超过了三家，由于谈判文件作了实质性修改，有些供应商退出了谈判，一旦继续谈判的供应商不足三家时，谈判是否应当继续进行，本法未作出规定。这些问题尚待进一步研究，国务院或财政部将另行作出规定。但在作出具体规定之前，采购人进行竞争性谈判，一定要选好专家，谈判小组要周密地制定谈判文件，并尽量邀请更多的供应商参加谈判，增强竞争性。总之，采取竞争性谈判采购方式的，要注意提高谈判效率，保证采购质量。

三、询价采购

询价采购是指对几个供货商（通常至少三家）的报价进行比较以确保价格具有竞争性的一种采购方式。

1. 询价采购的特点

（1）邀请报价的数量至少为三个。

（2）只允许供应商提供一个报价。每一供应商或承包商只许提出一个报价，而且不许改变其报价。不得同某一供应商或承包商就其报价进行谈判。报价的提交形式，可以采用电传或传真形式。

（3）报价的评审应按照买方公共或私营部门的良好惯例进行。采购合同一般授予符合采购实体需求的最低报价的供应商或承包商。

2. 询价采购操作注意的问题

（1）询价信息公开面较狭窄，局限在有限少数供应商，一般很少在政府采购信息发布指定媒体上发布询价公告，满足于三家的最低要求，排外现象较严重。从财政部指定的政府采购信息发布媒体上很难发现询价信息，很多询价项目信息不公开，不但外地供应商无从知晓相关的采购信息，而且当地的供应商也会遭遇"信息失灵"，不少询价项目的金额还挺大，但是信息却处于"保密"状态，为代理机构和采购人实施"暗箱操作"提供了极大便利，一些实力雄厚的供应商只能靠边站，"望询兴叹"，供应商意见纷纷却很无奈。

（2）询价采购出现超范围适用，法律规定适用通用、价格变化小、市场货源充足地采购项目，实际工作中则是以采购项目的概算大小来决定是否采用询价方式。询价并不是通用的"灵丹妙药"，有着确切的适用条件，实际工作中一些代理机构和采购人将询价作为主要采购方式，错误地认为只要招标搞不了的，就采用询价方式，普遍存在滥用、错用、乱用询价方式问题，代理机构隔三差五搞询价，忙得"不亦乐乎"，被琐碎的事务缠身，采购效率和规模效应低下，还有些人借询价规避招标。

（3）询价过于倾向报价，忽视对供应商资格性审查和服务质量的考察。法律规定"采购人根据符合采购需求、质量和服务相等且报价最低的原则确定成交供应商"，这是询价采购成交供应商确定的基本原则，但是不少人片面地认为既然是询价嘛，那么谁价格低谁"中标"，供应商在恶性的"价格战"中获利无几，忽视产品的质量和售后服务。指定品牌询价现象比较突出。

（4）确定被询价的供应商主观性和随意性大。被询价对象应由询价小组确定，但是往往被采购人或代理机构"代劳"，在确定询价对象时会凭个人好恶取舍，主观性较大。法律还规定从符合相应资格条件的供应商名单中确定不少于三家的供应商，一些采购人和代理机构怕麻烦不愿意邀请过多的供应商，只执行法律规定的"下限"，某代理机构的询价资料中被询价的供应商一律为三家，还有些询价项目，参与的供应商只有二家，甚至仅有一家。询价一般不设询价保证金。

（5）询价采购的文件过于单薄，往往就是一张报价表，基本的合同条款也会被省略。法律规定询价采购应制作询价通知书，在一些询价采购活动中，询价方式一般不会制作询价通知书，多采取电话通知方式，即使制作询价通知书，内容也不够完整，且规范性较差，价格构成、评标成交标准、保证金、合同条款等关键性的内容表述不全，影响了询价的公正性，不少询价采购结束后采购双方不签合同，权利义务不明确，引发了不必要的纠纷。

（6）询价小组组成存在问题，采购代理机构人员介入小组，专家数量和比例不足法定要求。法律规定"询价小组由采购人的代表和有关专家共三人以上的单数组成，其中专家的人数不得少于成员总数的三分之二"。询价的主体应是询价小组，但有些代理机构却直接操作，既不通知采购人代表参加，也不商请有关专家，还有些代理机构虽然依法组成了询价小组，但是小组的专业化水准很低，更多的是专家人数根本无法达到三分之二，试想让"外行"来从事询价，确实让人不放心。

（7）采购活动的后续工作比较薄弱。不搞询价采购活动记录，不现场公布询价结果，询价方式随意性大。一些地方尝试采用电话询价、传真报价、网上竞价等方式搞询价采购，尽管这些有便利之处，但不宜过多地使用，法律规定在询价过程中供应商一次报出不得更改的价格，采用非现场方式搞询价存在舞弊漏洞，采购方有机会随意更改任何一家供应商的报价，或者给有关供应商"通风报信"。

3.询价采购使用的条件

（1）采购现成的并非按采购实体的特定规格特别制造或提供的货物或服务。

（2）采购合同的估计价值低于采购条例规定的数额。

四、单一来源采购

单一来源采购也称直接采购，是指采购人向唯一供应商进行采购的方式。适用于达到了限购标准和公开招标数额标准，但所购商品的来源渠道单一，或属专利、首次制造、合同追加、原有采购项目的后续扩充和发生了不可预见的紧急情况不能从其他供应商处采购等情况。该采购方式的最主要特点是没有竞争性。

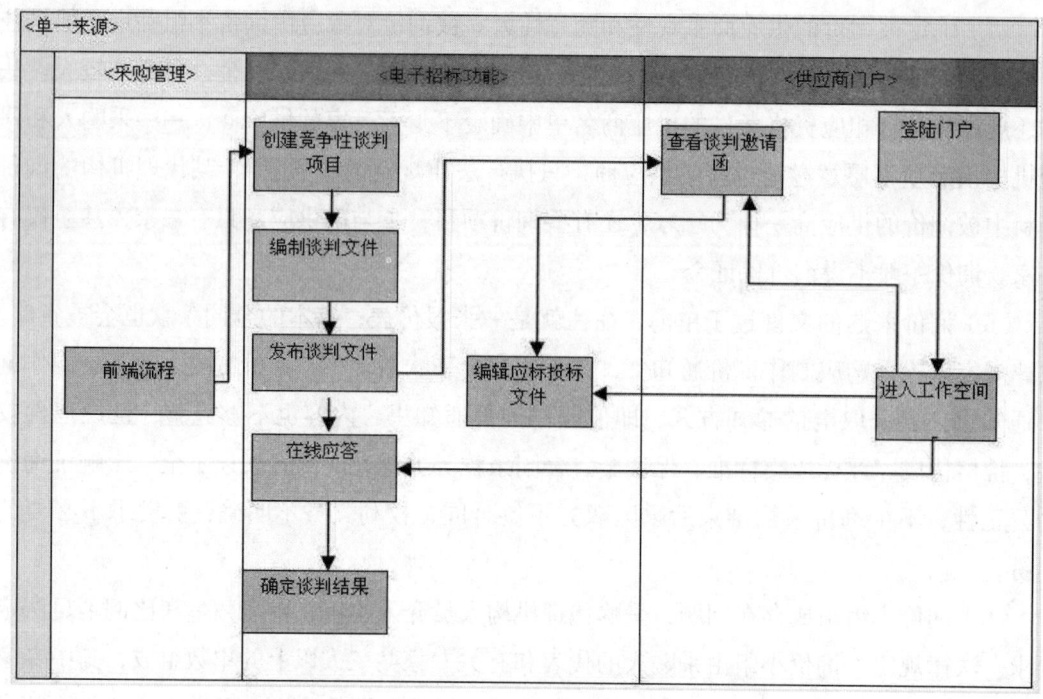

图 3-1　单一来源采购流程

1. 单一来源采购的使用条件

由于单一来源采购只同唯一的供应商、承包商或服务提供者签订合同，所以就竞争态势而言，采购方处于不利的地位，有可能增加采购成本；并且在谈判过程中容易滋生索贿受贿现象，所以对这种采购方法的使用，国际规则都规定了严格的适用条件。一般而言，这种方法的采用都是出于紧急采购的时效性或者只能从唯一的供应商或承包商取得货物、工程或服务的客观性。下面将国际规则中规定采用单一来源采购的情势作一比较：

（1）招标失败

在采用公开和限制程序情况下没有合适投标，且原招标合同条款未做重大改变。招标失败的原因或是无人投标，或是串通投标，或是投标由不符合参加条件的供应商所提出。《协议》和《指令》都有此规定。

（2）采购标的来源单一

基于技术、工艺或专利权保护的原因，产品、工程或服务只能由特定的供应商、承包商或服务提供者提供，且不存在任何其他合理的选择或替代。各类国际规则都有此规定。

（3）紧急采购时效的需要

不可预见事件导致出现异常紧急情况，使公开和限制程序的时间限制难以得到满足，且出现该紧急事件的情势也不归因于签约机构。各类国际规则都有此规定。

2. 单一来源采购的程序

（1）采购预算与申请

采购人编制采购预算，填写采购申请表并提出采用单一来源采购方式的理由，经上级主管部门审核后提交财政管理部门。其中，属于因货物或者服务使用不可替代的专利、专有技术，或者公共服务项目具有特殊要求，导致只能从唯一供应商处采购的，且达到公开招标数额的货物、服务项目的，应当由专业技术人员论证并公示，公示情况一并报财政部门。

（2）采购审批

财政行政主管部门根据采购项目及相关规定确定单一来源采购这一采购方式，并确定采购途径—是委托采购还是自行采购。

（3）代理机构的选定

程序与公开招标的相同。

（4）组建协商小组

由代理机构协助组建协商小组。

（5）协商、编写协商情况记录

采购小组与供应商协商。由于单一来源采购缺乏竞争性，在协商中应确保质量的稳定性、价格的合理性、售后服务的可靠性。由于经过了技术论证，因而，价格是协商的焦点问题，协商小组应通过协商帮助采购人获得合理的成交价并保证采购项目质量。协商情况记录应当由协商小组人员签字认可。对记录有异议的协商小组人员，应当签署不同意见并说明理由。

（6）签发成交通知书

将谈判确定的成交价格报采购人，经采购人确认后签发成交通知书。

第四节　采购价格管理及成本控制

一、物资采购价格管理的必要性

物资采购价格管理就是为了有效地控制物资采购成本，而对物资采购价格及其相关因素有组织、有目的、不间断地进行调控的活动。由于买方市场的形成，市场中各类物资的价格产生了较大差异，形成价格的因素也越来越复杂，价格上的欺诈与投机无处不在，企业效益与市场变化已经息息相关，物资采购价格的高低直接影响着企业的经济效益。

二、物资采购价格管理的原则

1. 定点采购的原则

实行定点采购既是稳定物资采购渠道，也是物资采购价格管理的一项重要措施。通常应选择信誉好、资质高的生产厂家，避免增加中间环节。对企业生产经营中需用量多、金额大的主要物资应作为管理的重点，避免从中间环节采购。对低额度的零星物资可就近选择有供货能力、信誉好的中间商。定点单位的选择应由供应、质检、技术、审计等有关部门共同确定；同时应实行动态管理，定期进行调整。

2. 公开的原则

根据企业的实际情况，对企业需用的大宗物资、设备进行公开招标。只要符合招标条件的物资就必须进行公开招标，这样做的最大好处就是避免了"暗箱操作"，并能直接降低采购成本。定期由物资采购价格管理单位和审计、质检等部门对实际购进的主要原材料的价格进行公示．这样既增加了物资采购的透明度，也有利于企业职工对物资采购价格进行有效的监督。

3. 质量价格相统一的原则

影响物资采购价格的因素包括供货方的产品质量、服务质量、单位规模、信誉度、产品品牌、技术含量、供应批量、供货及时性、结算方式、产品的市场饱和度、替代程度等。因而在物资采购价格管理过程中，应该从多方面进行考虑，既不能片面追求物资价格低廉而忽视其质量、技术性能，也不能只重视质量而忽视价格。一般应根据价值工程原理只求物资质量、性能适中，不求最优，同时要综合考虑价格、运费、付款方式等对采购成本的影响，力求避免出现低价格高费用的现象。

三、影响采购价格的因素

采购价格的高低受各种因素的影响。对于国内采购而言，尽管地区、商业环境、时间与人力关系等方面有所不同，但其价格变动性还是比较易于预测与控制。而对于涉外采购而言，来自世界各地市场的供应关系以及其他许多因素，包括规格、服务（如机器设备的长期服务）、运输及保险、交货期限等，都对价格有相当大的影响。

（1）供应商成本的高低这是影响采购价格的最根本、最直接的因素

供应商进行生产，其目的是获得一定利润，否则生产无法继续。因此，采购价格一般在供应商成本之上，两者之差即为供应商的利润，供应商的成本是采购价格的底线。一些采购人员认为，采购价格的高低全凭双方谈判的结果，可以随心所欲地确定，其实这种想法是完全错误的。尽管经过谈判供应商大幅降价的情况时常出现，但这只是因为供应商报价中水分太多的缘故，而不是谈判随心所欲决定价格。

（2）规格与品质采购企业对采购品的规格要求越复杂，采购价格就越高

价格的高低与采购品的品质也有很大的关系。如果采购品的品质一般或质量低下，供应商会主动降低价以求超快脱手，有时甚至会贿赂采购人员。采购人员应首先确保采购物品能满足本企业的需要，质量能满足产品的设计要求，千万不要只追求价格最低，而忽略了质量。

（3）采购物品的供需关系当企业需采购的物品为紧俏商品时，则供应商处于主动地位，它会趁机抬高价格；当企业所采购的商品处于供过于求时，则采购企业处于主动地位，可以获得最优的价格。

（4）生产季节与采购时机当企业处于生产的旺季时，对原材料需求紧急，因此不得不承受更高的价格。避免这种情况的最好办法是，提前做好生产计划，并根据生产计划制定出相应的采购计划，为生产旺季的到来提前做好准备。

（5）采购数量多少如果采购数量大，采购企业就会享受供应商的数量折扣，从而降低采购的价格。因此大批量、集中采购是降低采购价格的有效途径。

（6）交货条件也是影响采购价格的非常重要的因素，交货条件主要包括运输方式、交货期的缓急等。如果货物由采购方来承运，则供应商就会降低价格，反之就会提高价格。有时为了争取提前获得所需货物，采购方会适当提高价格。

（7）付款条件在付款条件上，供应商一般都规定有现金折扣、期限折扣，以刺激采购方能提前用现金付款。以上是影响采购价格的主要因素，还有其他一些非主要因素（如：战争、运输、通货膨胀等）企业在采购过程中也应该加以注意。

四、确定采购价格的策略

定价既是一种决策过程，也是一种阶段性结论。定价问题在价格管理体系中是焦点问题，是买卖双方最激烈对峙点，因此，定价水平的高低，关系着定价能否被有效接收，且又较近地找到了供货厂商的最小利润价格，维护价格的真实性。而定价的合理性又受到价格影响诸多因素的左右，所以，对于定价方法应用实效性的不断探索，是价格管理从业人员必须认真思考的问题。在认真履行定价三原则：政府定价、市场定价、成本或协议定价前提下，一般要使用招标或商务谈判法、定额预算法、成本测算法、市场价格比较法、可替代品参照法等方法判定价格。经实践证明，加强现场调查研究，加强专业知识学习储备，是有效判定采购物资价格的基本保证。确定采购价格的方法有以下几种：

1. 报价采购方式

所谓报价采购，即采购方根据需采购物品向供应商发出询价或征购函，请其正式报价的一种采购方法。通常供应商寄发报价单，内容包括交易条件及报价有效期等，有时自动提出信用调查对象。必要时另寄样品及说明书。报价已经采购方完全同意接受，买卖契约才算成立。

2.招标确定价格

招标定价是物资采购中首选的也是最常用的定价办法。通过招标，以市场为基点，能够有效"迫使"供货厂商为了占有市场份额，报出自己的最小利润价格，从而实现有效使用采购资金，避免价格失真的现象出现。这对价格管理中的审批认证工作十分重要，因为一般招标采购的物资多为大宗材料、基础性材料、通用设备，其价格的准确程度直接影响以这些物资为直接成本的下游物资的价格。招标定价可以避免价格审批认证的主观性、独立性、片面性、狭隘性，有利于价格管理体系的信息沟通和价格管理廉政建设。招标定价的缺陷是受物资品种的局限性影响。仅仅适用于那些批量较大、性能单一、通用性强、构成比较简单的物资。对于新产品、垄断产品、集成设备、非标设备等则不适用。招标的方式是采购企业确定价格的重要方式。因此，大批量的采购一般采用招标的方式。但采用招标的方式需受几个条件的限制：所采购的商品的规格要求必须能表述清楚、明确、易于理解；必须有两个以上的供应商参加投标。这是采用招标方式的基本条件。具体操作办法：企业视具体招标项目的规模大小，选择 3~10 个单位作为邀请投标的对象。

投标者根据招标要求制作标书，并在规定的截止日期前将标书送达招标企业。招标企业对所有标书进行审查，筛选出 2~5 家，再与他们逐一谈判，最终决定中标单位。招标的特点决定了招标定价是采购价格管理的一个重要手段。通过公开招标，企业往往能得到较为理想的价格水平。投标价格一般代表了公司当前的最低价格。招标委员会的成员一般由企业高层和技术、生产、采购、财务等相关部门的人员组成，共同参与评标。由于采购金额大，牵涉的部门多，企业花费的人力、物力、财力也相应增加，所以更应采取各种措施确保招标顺利进行。如：向资质合格的供应商发出招标通知；事先仔细研究各供应商的生产及财务状况，证明其履约能力，以免合同落空等等。

3.谈判确定价格

谈判是确定价格的常用方式，也是最复杂、成本最高的方式。谈判方式适合各种类型的采购。

4.通过核算成本确定价格

目前，在市场上采购物资的价格主要是两种类型：

（1）出厂价，指物资流入流通环节的第一环节的价格，计算公式为：出厂价 = 成本（1 + 盈利率）。

（2）供应价，指流通领域给生产单位的销售价格，计算公式为：供应价 = 出厂价 + 合理流通费用。企业在买方市场采购时可以采用出厂价；在卖方市场采购时可以采用供应价。总之，对于构成简单的物资，都可以用测算成本法测算其成本，再与对方报价相比较，然后来降低报价中的不合理部分。

5. 内部市场定价

具体操作办法：任何请购部门即为采购部门的内部顾客，他们必须有偿使用采购物品。各种采购物品均作价并通过各部门的内部账户与采购部门定期结算。采购部门必须保证物美价廉，否则内部顾客可以转向外部市场购买。在这种管理办法下，采购部门被推向市场竞争，视同为一般供应商。它的报价中除了包含采购成本及各项采购费用之外，还可考虑部门的合理利润。实践证明，内部市场定价确实是一个行之有效的办法。但它要求采购人员熟悉企业产品及生产流程，并拥有相当广泛的商品知识和供应商网络。如果企业产品的产品范围广而相关性小，或者工艺复杂，零配件种类繁多，则对其有效性会产生一定影响。此外，这种办法不适用于大型设备的采购。

6. 竞争定价

价格竞争是指在价格确定过程中，利用价格变动受供求关系影响的特点，按市场经济一般竞争机制、竞争规律、竞争方法确定合理价格。在市场经济中，价格的变化要受不同地域、不同时间的关系变化的影响，企业采购部门及采购人员都应及时掌握这种价格变动的信息和市场供求的规律，充分发挥市场竞争机制的作用，利用厂商竞争市场、占有企业大市场的欲望，将报价压到较低的价位。这是一种用途广泛而常见的方法，在物资采购中大多适用于中、小批量订货的价格确定。

7. 协商定价

格协商是指在价格确定过程中，物资采购企业同物资生产厂商或物资流通企业按照市场规则和供求关系不同状况协商确定价格。这种方法一般适用于国家有指导价或行业标准价的物资器材，以及短线产品的价格确定。

8. 网上定价

具体操作办法：企业定期在互联网上发布求购信息，包括求购品名、型号、数量及其他要求并规定截止日期。这些信息是完全公开的，任何供应商只要点击企业网站即可获得。供应商根据这些信息，结合自身情况，可选择有优势的一项或几项产品在截止日期前进行报价。企业经过多家比较，最终向性价比最高的供应商采购。由于供应商资料的公开化，价格趋向透明。企业内部任何人都可以像采购人员一样进入网站，获取价格信息，从而避免以前由于信息不对称而造成的价格混乱。但是，这种办法也有其局限性，主要体现在两个方面：这种办法不适用于对性能或质量要求较高的关键产品或零配件。这部分仍然应当向企业的战略供应商购买；这种办法仅限于标准化产品的采购，即各供应商按照同样的标准生产，产品的性能基本相同。这样，价格的差异就不在产品本身，而在各供应商的成本、管理费用及对利润预期的差别上。网上定价是一个新生事物，对企业计算机管理有较高的要求。除了开通互联网之外，还应在企业内部实行计算机联网，以方便请购部门及时了解价格信息并和采购部门进行交流。同时，它对企业采购人员的素质也有较高的要求。除了掌握应有的采购技巧之外。还应熟悉互联网和电脑操作。

五、煤矿企业物资采购成本控制

1. 科学制定采购预算预计划是降低采购成本的重要环节

在控制采购成本过程中，预算不科学，计划不周密，就很难把采购成本降下来。就像军队打仗，作战方案不科学，脱离实际，那就必然要打败仗。控制采购成本也是这样，首先要有一个科学的预算和计划。预算是计划和组织实施的一种控制机制，在成本控制中起着重要的作用。制定采购预算，是对物资采购成本的一种预测和对采购资金的理性规划。计划是指根据对组织外部环境与内部条件的分析，提出在未来一定时期内要达到的组织目标以及实现目标的方案途径。同时也指用文字和指标等形式所表述的组织以及组织内不同部门和不同成员，在未来一定时期内关于行动方向、内容和方式安排的管理事件。预算与计划，也是一种约束。有了采购预算和计划，就能够提高采购资金的使用效率，优化采购管理中资源的调配，有效控制采购资金的流向和流量，从而达到控制物资采购成本的目的。目前，有些企业不注重采购成本的科学预算和计划，往往生产任务下达后，电话通知供应商为其提供所需物资。殊不知，这样做表面看起来提高了效率，但潜在的隐患甚多。因此，煤矿企业在组织生产时，一定要对物资采购供应作出周密预算和计划，明确采购什么、数量多少、到货时间、地点、金额、付款方式、运输方式、验收标准及违约责任等，以便让采购人员有目的、有计划地去进行工作，力求提高工作效率，降低采购成本。

2. 科学合理确定采购价格是降低采购成本的重中之重

马克思主义的政治经济学研究认为：价格是商品同货币交换比例的指数，价格是价值的货币表现。价格是商品的交换价值在流通过程中所取得的转化形式。在经济学及营商的过程中，价格是一项以货币为表现形式，为商品、服务及资产所订立的价值数字。在微观经济学之中，资源在需求和供应者之间重新分配的过程中，价格是重要的变数之一。采购价格直接影响煤矿企业的成本，是物资采购成本控制的重要环节。在确定采购价格时，要注重产品市场价格的调查研究，要学会利用网络平台，对采购物资的价格进行市场信息收集，做到心中有数。确定采购价格要善于进行核算，通过一些科学的方法对采购物品的成本进行核算，确保物品价格的合理性。确定采购价格要学会类比。俗话说："不怕不知道，就怕货比货。"类比是合理确定价格的好方法。要善于通过与结构、材料相似的物品进行比较，通过比较找出差异，科学合理地确定价格。确定采购价格时，不要脑子一热就拍板，而要货比三家，保证采购价格的科学合理。有比较才能够有鉴别。对同类物品一定进行比较，从比较中择优采购，做到最低的价格，最好的物品，真正实现降低采购成本。

3. 择优选择和管理供应商是降低采购成本的重要纽带和桥梁

煤矿企业物资采购离不开供应商。物资采购部门要坚持"公平竞争"的原则，对所有符合条件的物资供应商应当一视同仁。要遵循市场经济规律，对采购成本进行有效地控制。①要选择具有一定数量的供应商。单一渠道的采购资源容易形成物资供应的风险，也不利于价格的协商与确定，难于提高采购成本控制的力度。批量供货由于数量上的优势，可以给采购方以商业折扣，减少货款的支付和采购附加费用，降低采购成本。因此，煤矿企业要避免单一渠道，寻求多家供应商供应，以获取供应商的优惠政策，降低物资的价格和采购成本；②选择供应商要有科学的方式。选择供应商的方式主要包括公开竞争性招标采购、有限竞争性招标采购、询价采购和直接签订合同采购。公开招标选择供应商，可以利用供应商之间的竞争，实现压低物资价格，以最低价格取得符合要求的物资。利用招标的方式选拔供应商，也将有助于提高采购效率和质量，从而有利于控制采购成本；③科学管理供应商。在物资采购管理中，应该把对供应商的管理纳入物资采购管理中。这样既可通过长期的合作获得可靠的物资供应和质量保证，又可在时间长短和购买批量上获得采购价格的优势，对降低物资采购的成本很有好处。加强对供应商的管理，实施供应商绩效考核。正确地选择、认证、考核、评估供应商，是物资采购的关键。要建立管理制度，采取有效措施，对供应商进行绩效考核，发挥供应商在降低采购成本中的积极作用。

4. 实行规模采购，严格执行标准，科学进行物资储备管理

有些企业为了减少资金占用，实行小批量采购或单件采购。这种采购方式对于供应商来说，会在供货方面增加成本因素。供应商加大了供货成本，为了自己不吃亏，必然要在价格上做文章。因此，煤矿企业要实行单次适度规模采购，实现降低采购成本的目的。降低采购成本，必须严格执行标准。企业对供应商供应的物资在验收入库时，必须严格执行有关标准。如果企业不能严格执行标准，假冒伪劣的物品就可能混进来，企业产品质量就很难保障。对供应商而言，企业执行标准不严，就可能引发供应商对产品质量的放松，最终给企业造成经济损失。降低采购成本，就要信息共享，协同发展。企业要建立最广泛的供应网络，及时获得有关信息，了解新工艺、新材料、新设备等，尽可能地采购技术先进，价格低廉，又能够保证生产进行的物资，从而有效地降低企业的采购成本。加强物资储备管理是降低采购成本的重要环节。储备是企业为避免或减少出现停工待料等事故的发生而储存的各种物料。为了保证生产的顺利进行，科学合理的物资储备是必要的，但不能无限地进行物资储备。如果储备过多，会增加资金占用、仓储费用、装卸搬运费及不合理损耗，导致资金周转缓慢，提高了采购成本。因此，库存物资的数量在能满足生产需要的情况下，尽可能最小化，做到科学合理。

5. 加强采购人员的成本意识是降低采购成本的基石

众所周知，人是有意识的。意识在人们改造客观世界和主观世界中具有重要作用。现代物流学研究认为，现代物流人员在组织物流活动和降低物流成本时，总是基于实践的需要带着一定的主观倾向和要求，抱有一定的动机和目的。现代物流人员在物流活动中预订

的蓝图、目标、活动方式和步骤等，都体现着意识活动的目的性和计划性。意识对世界的反映，是一个能动的创造性的过程。对于物流人员来说，意识不仅能够反映物流事物的外部现象，而且能够由感性认识能动的上升到理性认识，反映物流事物的本质和规律。意识的能动性不仅在于人们从实践中形成正确的思想，更重要的表现在以这些正确的思想和理论为指导，通过实践把观念的东西变成现实，打下"意志的印记"。物是死的，人是活的。意识支配人的行动。如果采购人员缺乏成本意识，错误地认为只要能保证生产所需，不影响生产的进度，就算完成了采购任务，至于采购成本的高低无关紧要，要做到降低采购成本，是不可能的。要降低采购成本，必须加强采购人员的成本意识，让采购人员有一个成本意识，养成既采又算、精打细算、狠抓成本的良好习惯。在增强采购意识的过程中，要学会利用互联网来提高人员素质和降低采购成本。实践告诉我们，在采购过程中，利用互联网可以促使采购人员及时了解市场信息，把握市场供求情况的变化，减少盲目性，增加自觉性，科学地进行决策，有效地进行工作，最大限度地降低采购成本。通过网上采购扩大市场采购范围，提高采购能力和采购水平，缩短供需距离，简化采购手续，减少采购时间，同时还可以减少人为因素的干预，从而提高采购人员素质，降低采购成本。

综上所述，随着煤矿企业市场开发力度的不断加强，必须高度重视采购管理。煤矿企业物资采购供应管理者应认真地学习和践行科学发展观，总结经验，找出差距，发扬成绩，纠正错误，并根据煤矿企业生产的特点，积极探索新的物资采购管理方法，总结出适合煤矿企业自己的物资采购管理模式。

第四章　供应商选择及评价管理

第一节　采购渠道开发与调查

一、采购渠道的选择

1. 原厂与中间商的优劣势对比

（1）分销商的劣势总结如下：

1）价格通常比原厂要贵。

2）技术支持水平不如原厂。

3）产品质量不如原厂有保证。

4）处理投诉的效率较低。

5）对厂家信息共享不充分。

（2）分销商的优势

1）许多原厂仅为有限的客户提供直销业务，其余业务都通过分销商完成。

2）原厂对订货量要求较高，但分销商对最小订货量的要求则不高。

3）原厂在付款条款方面条件往往比较苛刻，而分销商正好可以填补这一市场需求。

4）分销商可以为采购商提供一体化供应方案，从而节省采购商的整体成本。选择分销商，在产品品质保证和价格的控制等方面往往存在着比较大的风险，其技术水平也往往不够专业。尽管如此，但在采购工作中仍然离不开分销商，因为分销商服务所带来的灵活性足以抵消其他不足之处。

综上，采购不同的产品对分销商的选择也不同，可以根据所需产品的性质和灵活程度来选择不同的分销商进行合作。

2. 从渠道上控制产品质量

由于现在的供应商信息杂乱，假冒伪劣以次充好地产品泛滥，特别是能够获取暴利的行业或产品，比如轴承类。轴承可以说是一种普通产品，也可以是高精尖的产品，比如在特殊环境里使用的轴承。由于国内轴承厂家无法满足我们的工业需求，往往需要采购国际大品牌的进口产品，而进口轴承与国内轴承往往价格差超过十倍，甚至更高的差价，所以仿冒产品有非常大的操作空间，在国内市场上很难买到正品货。在这样的产品采购过程中，找对渠道或者如何选择渠道就显得非常的重要。针对一般煤矿采购量少且采购次数多的使用特点，往往只能从国内的代理商处购买，而真正能够与我们打交道的往往是国内的省一级代理或市一级代理。如何能够找到真正的代理商又是我们要面临的问题，市场上假冒商家非常之多。在这种情况下，可以直接与厂商联系获取其分销商的相关信息，为采购正品提供信息保障。

二、细分供应商类型，平衡质量与成本

可以将供应商的产品根据质量与成本两类因素定期对各供应商进行以下四类划分，针对不同类型的供应商采取相应的措施：

1. 产品质量好，但成本高

这类供应商往往掌握某些核心技术或在市场上处于领导地位。采购方只能通过谈判方式来降低成本。

2. 产品质量好，且成本也令人满意

这是采购方需要极力去维护的供应商，并可以在付款方式方面予以便利并与其建立长期的战略伙伴关系。

3. 产品质量不好，但成本令人满意

采购方必须对这一类供应商进行分析，应与供应商协商找出问题所在。如果经过努力仍无法改善或属于无法改善的因素造成的品质低劣，采购方应着手更换供应商。

4. 产品质量不好，且成本高

采购方必须立即着手寻找替代供应商进行更换，否则企业将被迫支付大量的额外成本。

三、煤矿物资的划分及渠道选择

煤矿使用的物资种类多而复杂，既涉及到大型电器设备，又涉及到日杂品，但是所有的这些东西都不能忽视其对安全生产的影响作用。煤矿物资大致分为以下几类：①设备类物资；②支护产品类；③设备配件类；④大型材料类；⑤煤矿二、三类物资。

支护产品、设备类物资及其配件通常是从厂家直接采购，因为这些东西直接影响到正常的安全生产，需要的是高可靠性及快速及时的售后服务。因为付款方式和物流的原因，大型材料中的钢材类物资往往是通过中间商采购；大型电缆是煤矿物资管理的重中之重，通常也是从大型厂家购买。

二、三类物资，是一个比较特殊的划分，泛指相对价值比较低的两类物资，具体指的

是 ABC 分类法中的 B、C 两类物资。这两类物资的用量比较大，种类繁多，很占库房空间，考虑到有限的仓储空间及仓库管理所面临的问题，一般都频繁对这类物资进行采购。所以，这两类物资可以全部从送货及时、付款灵活的中间商处购买。选择的中间商应该是当地商家，具备一定的资金实力，经营范围比较宽泛，而且能够随叫随到。从操作层面讲，可以与这类中间商签订长期合同，不分节假日地进行稳定的供货。

在谈判方面，由于这类物资的市场价格透明度很高，可以与中间商约定一个利润加成空间。这样操作有两个显而易见的好处。①采购单位可以将较少的精力放在这类物资上面，省时省力省成本；②可以最大限度地提高物资供应的安全性。

第二节　采购供应商的选择

一、煤炭企业选择供应商的重要性

供应商选择的重要性分析供应商选择无论是在采购环节还是整个供应链管理过程都具有重要意义。在采购环节中，供应商的选择更是合理采购成败的关键。采购过程不仅是一个原材料购买的过程，更涉及到产品的质量、配送成本、产品价值以及后续新产品开发优势等多个方面，煤炭企业与供应商之间是相辅相成的关系，如果供应商只注意眼前的一次交易的利益，而忽视整个供应链乃至采购商的利益他将无法在这个供应链中生存，这样不仅损害了自己煤炭企业的利益，而且还降低了整体供应链的利润，对于采购商来说，如果不能选择一个好的供应商，与其建立战略合作伙伴关系，仅仅是有需求时和他有生意往来，这不仅要使供应商保持很大的库存占用了资金，同时也使供应煤炭企业处于被动地位。在供应链环节上，供应商只有使自己的煤炭企业服从供应链整体利益，才能达到共同盈利，共担风险的目的，才能在现下日益竞争的环境中取得一席之地，因为当今的竞争已不是煤炭企业与煤炭企业的竞争，而是供应链与供应链之间的竞争。

二、供应商的选择

1. 供应商选择概述

供应商选择是供应商管理的目的，是最重要的一项工作。选择一批好的供应商，不但对煤炭企业的正常生产起着决定作用，而且对煤炭企业的发展也非常重要，因此，我们要不惜下大力气采用各种方法选择好的供应商。

实际上供应商的选择，融合在供应商开发的全过程中。供应商开发的过程包括了几次供应商的选择过程：在众多的供应商中，每个品种要选择 5~10 个供应商进入初步调查。

初步调查以后，要选择 1~3 个供应商，进入深入调查。深入调查之后要做一次选择，初步确定 12 个供应商。初步确定的供应商进入试运行，又要进行试运行的考核和选择，确定最后的供应商结果。

一个好的供应商标准，最根本的就是其产品好。而产品好，又表现在：一个产品质量好，二是产品价格合适，三是产品先进、技术含量高、发展前景好，四是产品货源稳定、供应有保障。在这样的好产品，只有那些有实力的煤炭企业才能够生产出来。因此一个好的供应商需具备以下条件。

（1）煤炭企业生产力强表现在：产量高、规模大、生产历史长、经验丰富、生产设备好。

（2）煤炭企业技术水平高表现在：生产技术先进、设计能力和开发能力强、生产设备先进、产品的技术含量高、达到国内先进水平。

（3）煤炭企业管理水平表现在：有一个坚强有力的领导班子，尤其是要有一个有魄力、有能力、有管理水平的一把手；要有一个高水平的生产管理系统；还要有一个有力的、具体落实的质量管理保障体系。要在全国煤炭企业中形成一个严肃认真一丝不苟的工作作风。

（4）煤炭企业服务水平高表现在：能对客户高度负责、主动热诚认真服务、并且售后服务制度完备、服务能力强。

2. 供应商调查

在进行供应商选择时，首要是要了解你要选择的众多供应商，了解供应商就需要调查，因此供应商调查分成三种即：第一种是初步供应商调查，第二种是资源市场调查，第三种是深入供应商调查。

所谓初步供应商调查就是对供应的基本情况的调查，主要是了解供应商的名称、地址、产能以及提供什么产品等。它的主要目的是为了了解供应商的一般情况为了选择最佳的供应商做准备和了解掌握整个资源市场的情况，因为许多供应商基本情况的汇总就是整个资源市场的基本情况。资源市场调查要调查供应商资源上的规模、容量、性质以及环境如何，各个供应商的情况如何，然后再对资源市场进行分析，考虑供应商是否能满足煤炭企业的要求，除此之外还要进行深入供应调查，也就是在准备将某些供应商定位为自己的供应商后，要深入考察煤炭企业。这种深入是深入到供应商煤炭企业的生产线、各个生产工艺、质量检查环节甚至管理部门，对现有的设备工艺、生产技术、管理技术等进行考察，看看所采购的产品能不能满足本煤炭企业所具备的生产条件、质量保证体系和管理规范要求。

3. 供应商选择决策流程

一般来说，供应商选择决策的流程包括的内容有：供应市场调查和竞争分析，制定供应商评价标准，潜在供应商的评估，询价和报价，合同条款的谈判。最终供应商的确定等。如下图 4-1 所示。

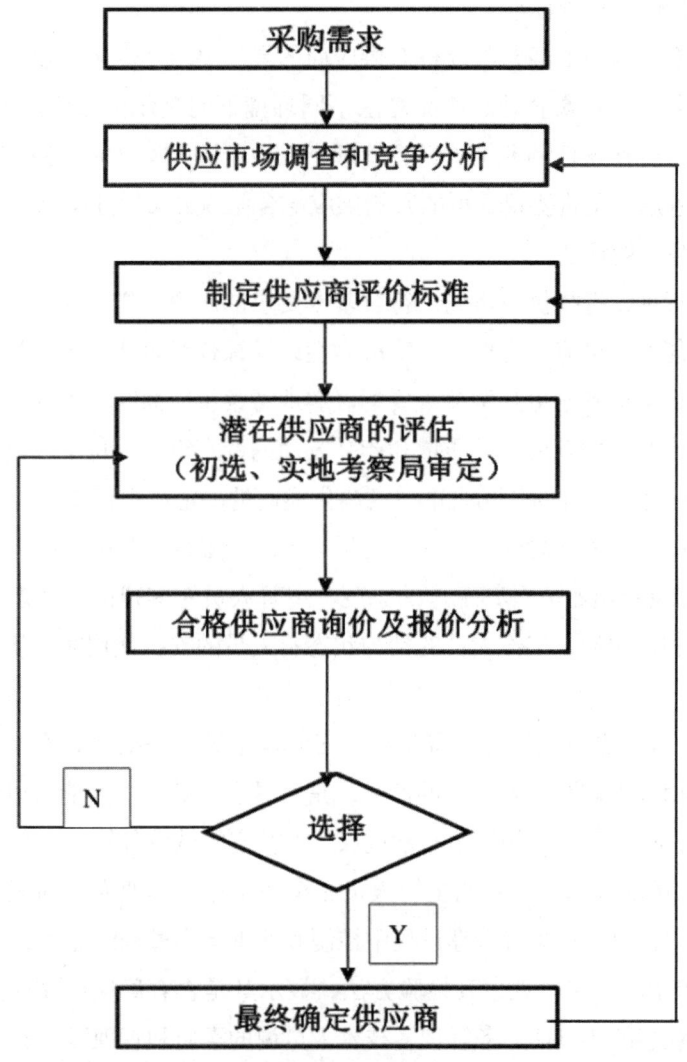

图 4-1　供应商选择决策流程图

（1）供应市场调查和竞争分析

供应商选择，起源于煤炭企业的采购需求。从供应市场的竞争状况分析开始。通过供应商的市场调查，可以更深地了解供应市场的具体情况，然后才能在各个不同的领域确认出那些最具有竞争力的地区。这类供应市场调查研究可以是全球性的，也可以只限于研究某个特定区域国家。全球性供应商调查研究的进行是由商品小组所主导，调查的结果可以提供给商品经理人规划处主要的策略方向，并让采购的中点转移至那些最具竞争力的供应商身上。区域性供应市场调查研究可以由某个单位来主导，调查的结果是使当地子公司通过国产化而达到成本降低的目的，对公司获利能力的提升有实质性的激励效果。通过对特定分类市场进行竞争分析，能了解目前是谁主要领导分类市场、市场的发展趋势以及各主要供应商在市场中的定位等情况，从而对潜在供应商有一个大致的了解。在调查和分析的基础上，采购部门就可以建立供应商数据库并根据产品的类别对供应商进行分类。

（2）制定供应商评价标准

结合煤炭企业自身的经营状况核对供应商的具体要求，煤炭企业应确定供应商和评价的标准。不同行业、煤炭企业、产品需求不同环境下的合作伙伴评价标准时并不一样的，但不外乎都涉及合作伙伴的业绩、设备管理、人力资源开发、质量控制、成本控制、技术开发、用户满意度、交货协议等可能影响供应链合作的关系的方面。

（3）潜在供应商评估

根据评价标准，选择供应市场上符合基本要求的厂商，作为潜在供应商进行评估，主要评估其工艺能力、供应稳定性、资源可靠性以及综合竞争能力等，初步筛选供应商。对潜在供应商进行实地考察也是至关重要的。实地考察供应商时，最好由一个多功能团队来担当该团队可以有采购人员以及质量和产品方面的专家组成，每个成员都能从专家角度出发对供应商作出评价，并对作出批准或否决供应商的决定分担责任。

在对潜在供应商做评估行走方时应主要关注供应商的以下几点：

1）供应煤炭企业雇员对其工作的态度。主管人员对客户的关注态度；生产线员工之间的关系是否和谐融洽，工作人员的精神状态；人员的安排使用时经济合理性的，还是铺张浪费性的等。

2）生产设备的更新和保养。需要对厂房的设备进行仔细地观察，观察其设备的型号尺寸是否适合用来生产购买者所需的产品；是否具有足够的生产能力以满足产品数量的需求；是否具有自行开发研制的用于非常规操作的精密机械设备等。

3）主管人员的技术水平。同主管人员、车间主任和其他人员的谈话可以显示他们的技术方面的知识，以及在监督管理过程中控制和改善运作过程的能力。

4）质量控制的办法。观察其检验方法，显示其是否有确保产品质量的规范的有效措施。其他需要观察的还包括厂务管理、技术人员说的素质和管理素质等。

（4）合格供应商询价及报价分析

根据潜在供应的评估和实地考察，对于合格的供应商就可以发出询价文件，一般包括图纸和规格、样品、数量、大致采购周期、要求交付日期等细节，并要求供应商在指定日内完成报价。在收到报价后，要进行仔细地分析，对其中的疑问进行确认。报价中包含大量的信息，如果可能的话，要求供应商进行成本清单报价，列出材料成本、人工费用等，并将利润明示。比较不同供应商的报价，对其合理性有初步了解。

（5）实施合作并及时调整

供应商策略与供应商合作关系的建立并不是供应商选择过程的结束，确定合作关系后，随着市场需求的变化，煤炭企业还需要随时对应商进行各项指标评价，并根据煤炭企业需要及时更新供应商评价标准，根据新标准要求原供应商进行提升或在一定时间内选择新的供应商。在后续的供应商关系管理中，通过与表现优秀的供应商达成战略联盟，可以促使供应商提出合理的改进供应方案，最大限度地节约成本，实现双赢。

三、影响供应商选择的因素

由于供应商是煤炭企业面对资源市场的最直接接触者，是煤炭企业外部环境的重要主成部分。影响选择供应商的因素有很多主要包括产品性能、配送服务、信誉度以及售后服务、设计能力、可持续发展性等方面，具体表现为：

1. 产品性能

产品性能包括产品质量和产品价格，而煤炭企业选择的首要因素就是供应商提供的产品的质量，其次才是价格，如果供应商提供的产品合格率比较低，这不仅影响采购煤炭企业的销售，致使失去大部分顾客，市场份额减少，还使煤炭企业的信誉下降，而且还使供应商自己失去部分客户，如果煤炭企业商品价格过高，势必会影响采购商的数额，甚至可能会使采购商转投其他煤炭企业。

2. 配送服务及供应能力

配送服务是影响供应商选择的因素之一。供应商的运输量、运输能力及运输距离都影响煤炭企业的成本和生产经营。因此，供应商应当能够及时快速地给煤炭企业运输货物，这就要求供应商必须有强大的物流配送能力，这样才能增加煤炭企业的柔性，满足煤炭企业的紧急订货，满足煤炭企业的要求。

3. 煤炭企业的信誉

煤炭企业的信誉是煤炭企业是否可靠的凭证，在选择供应商时，煤炭企业要通过各种渠道，了解煤炭企业的状况以及煤炭企业在社会中的信誉，最终选择信誉好的供应商与其进行长期合作。

4. 售后服务

供应商不仅要给煤炭企业提供商品，同时提供免费的售后服务也是很重要的，免费维修是对买方的利益保护，同时也对供应商提供的产品提出了更高的质量要求。这样供应商就会想方设法提高产品质量，避免或减少免费维修情况的出现。同时这样也可以保证煤炭企业的信誉。

5. 设计能力

集成化的供应链是供应链的未来发展方向。产品的更新是煤炭企业的市场动力。产品的研发和设计不仅仅生产商分内之事，集成化供应链要求供应商相应承担部分的研发和设计工作。因此，供应商的设计能力属于供应选择机制的考虑范畴。

除上述要求外，还要考虑供应商的付款情况和技术水平付款有很多方式，如可以是先付后提货，先提货后付款，不同的付款的方式，享受的待遇不同，有时先付款可以享受一定的优惠，后付款就没有。而对于技术方面，如果供应商向采购者提供相应的技术支持，就可以在替采购者解决难题的同时销售自己的产品，供应商也必须有强大的技术支持。例如：信息时代的产品更新换代非常快，供应商提供免费或有偿的升级服务等技术支持对采购者有很大的吸引力，也是供应商竞争力的体现。

四、优化供应商的策略

选择良好的供应商与其建立起合作伙伴关系，不仅能够降低煤炭企业的成本同时还有助于煤炭企业未来的发展，因此在供应链管理中，选择供应商尤为重要，如何选择更优的供应商呢，可以从下面的方面优化。

供应商选择的方式，当前供应商选择的方法主要有直观判断法、招标法、协商选择法、采购成本法等。

直观判断法是根据征询和调查的所得资料并结合人的分析判断，对合作伙伴进行分析、评价的一种方法，这种方法主观因素太多，主要选择煤炭企业非主要原材料的合作伙伴。招标法是国际上主要的方法，当订单的量大、合作伙伴竞争激烈时，可采用招标法来选择适当的合作伙伴。在供货方较多、煤炭企业难以选择时也可以采用协商选择法，即由煤炭企业先选出供应条件较为有利的几个合作伙伴，同他们分别进行协商，再确定适当的合作伙伴。对质量和交货期都能满足要求的合作伙伴，则需要通过计算采购成本进行比较分析，就是采购成本比较法。

供应商的选择方式很多，煤炭企业应根据自己煤炭企业的状况，选择适合煤炭企业的方法，也可以以上两种的方法结合在一起选择供应商。

第三节　供应商分类及关系管理

一、供应商分类

煤矿企业与供应商之间的关系很复杂，有的只是交易关系，有的是供应商与煤矿企业共同开发某些机械设备或者其他耗材，而有的则与供应商形成了链状的双赢关系。为了实现有效的供应商管理，需要对供应商进行细分，从而根据细分的不同情况实行供应商关系策略。

供应商细分是指在供应市场上，采购方依据采购物品的金额、采购商品的重要性以及供应商对采购方的重视程度和信赖性等因素，将供应商划分成若干个群体。

根据不同方法可以将煤矿企业的供应商进行细分。煤矿企业可结合不同的细分方法采取组合的供应商管理模式。

1. 根据选择供应商的方式分

公开竞价型是指采购商将所采购的物品公开地向若干供应商提出采购计划，各个供应商根据自身的情况进行竞价，采购商依据供应商竞价的情况，选择其中价格低、质量好的供应商作为该项采购计划的供应商，这类供应商就称之为公开竞价型供应商。在供大于求的市场中，采购商处于有利地位，采用公开竞价选择供应商，对产品质量和价格有较大的选择余地，是企业降低成本的途径之一。

网络型供应商是指采购商通过与供应商长期的选择与交易中，将价格、质量、售后服务综合实力等方面比较优秀的供应商组成供应商网络，采购企业的某些物品只限于在供应商网络中采购。供应商网络的实质就是采购商的资源市场，采购商可以针对不同的物资组建不同的供应商网络。供应商网络的特点是，采购商与供应商之间的交易是一种长期性的合作关系。在这个网络中应采取优胜劣汰的机制，以便长期共存、定期评估、筛选，适当淘汰，同时吸收更优秀的供应商进入。

供应链管理型是以供应链管理为指导思想的供应商管理。采购商与供应商之间的关系更为密切，采购商与供应商之间通过信息共享，实时传递自己的需求信息，而供应商根据实时的信息，将采购商所需的物资按时、按质、按量地送交采购商。

2. 重点供应商和普通供应商

80/20 规则，通常 80% 数量的采购物品占采购物品 20% 的价值，而其余数量 20% 的物品，则占有采购物品 80% 的价值。根据采购的 80／20 规则，可以将供应商细分为重点供应商和普通供应商，其基本思想是针对不同的采购物品应采取不同的策略，同时采购工作精力分配也应各有侧重，对于不同物品的供应商也应采取不同的策略。因此可以将采购物品分为重点采购品（占采购价值 80% 的 20% 的采购物品）和普通采购品（占采购价值 20% 的 80% 的采购物品）。相对应，可以将供应商进行依据 80／20 规则分类，划分为重点供应商和普通供应商，即占 80% 采购金额的 20% 的供应商为重点供应商，而其余只占 20% 采购金额的 80% 的供应商为普通供应商。对于重点供应商应投入 80% 的时间和精力进行管理与改进。这些供应商提供的物品为企业的战略物品或需集中采购的物品，如汽车厂需要采购的发动机和变速器，电视机厂需要采购的彩色显像管以及一些价值高，但供应保障不力的物品。而对于普通供应商则只需要投入 20% 的时间和精力跟进其交货。因为这类供应商所提供物品的运作对企业的成本质量和生产的影响较小，例如办公用品、维修备件、标准件等物品。

在按 80／20 规则进行供应商细分时，应注意几个问题：

（1）80／20 规则细分的供应商并不是一成不变的，而是有一定的时间限制，随着企业生产结构和产品线调整，需要重新进行细分；

（2）对重点供应商和普通供应商应采取不同的策略。

3. 根据煤矿企业与供应商之间合作程度、相互参与程度分

（1）短期目标型

是指采购商与供应商之间是交易关系，即一般的买卖关系的供应商。双方的交易仅停留在短期的交易合同上，各自所关注的是如何谈判，如何提高自己的谈判技巧使自己不吃亏，而不是如何改善自己的工作，使双方都获利。供应商根据交易的要求提供标准化的产品或服务，以保证每一笔交易的信誉，当交易完成后。双方关系也就终止了，双方只有供销人员有联系，而其他部门的人员一般不参加双方之间的业务活动，也很少有什么业务活动。

（2）长期目标型

是指采购商与供应商保持长期的关系，双方有可能为了共同利益对改进各自的工作感兴趣，并在此基础上建立起超越买卖关系的合作的供应商。长期目标型供应商特征是建立一种合作伙伴关系，双方工作重点是从长远利益出发，相互配合，不断改进产品质量与服务质量，共同降低成本，提高共同的竞争力。合作的范围遍及各公司内部的多个部门。例如，由于是长期合作，采购商对供应商提出新的技术要求，而供应商目前还没有能力，在这种情况下，可以对供应商提供技术资金等方面的支持。同时，供应商的技术创新也会促进企业产品改进，所以对供应商进行技术支持与鼓励有利于企业长期利益。

（3）渗透型

渗透型供应商关系是在长期目标型基础上发展起来的。其指导思想是把对方公司看成为自己的公司，是自己的一部分，因此，对对方的关心程度又大大提高了。为了能够参与对方活动，有时会在产权关系上采取适当措施，如互相投资、参股等，以保证双方利益共享与一致性。同时，在组织上也采取相应的措施，保证双方派员加入对方的有关业务活动。这样做的优点是可以更好地了解对方的情况，供应商可以了解自己的产品是如何起作用的，容易发现改进方向，而采购商可以知道供应商是如何制造的，也可以提出改进的要求。

（4）联盟型

联盟型供应商关系是从供应链角度提出的。其特点是注重纵向链条上管理成员之间的关系，双方维持关系的难度提高了，要求也更高。由于成员增加，往往需要一个处于供应链上核心地位的企业出面协调成员之间的关系，称为供应链核心企业。

（5）纵向集成型

纵向集成型供应商关系是最复杂的关系类型，即把供应链上的成员整合起来，像一个企业一样。但各成员是完全独立的企业，决策权属于自己。在这种关系中，要求每个企业在充分了解供应链的目标、要求以及在充分掌握信息的条件下，能自觉做出有利于供应链整体利益的决策。

4. 供应商分类模块法

根据供应商分类模块法，可以将供应商分为商业型、重点商业型、优先型、伙伴型供应商四种形式。

供应商分类的模块法是依据供应商对煤矿企业的重要性和煤矿企业对供应的重要性进行矩阵分析，并据此对供应商进行分类的一种方法。在供应商分类的模块中，如果供应商认为煤矿企业的采购业务对于他们来说非常重要，供应商自身又有很强的产品开发能力等，同时该采购业务对本公司也很重要，那么这些采购业务对应的供应商就是伙伴型供应商；如果供应商认为煤矿企业的采购业务对于他们来说非常重要，但该项业务对于煤矿企业却并不十分重要，那么这样的供应商无疑有利于煤矿企业，是本位的优先型供应商；如果供应商认为煤矿企业的采购业务对他们来说无关紧要，但该采购业务对煤矿企业却是十分重要的，那么这样的供应商就是需要注意改进提高的重点商业型供应商；对于那些对于供应和煤矿企业来说均不是很重要的采购业务，相应的供应商可以很方便地选择更换，那么这些采购业务对应的供应商就是普通的商业性供应商。

二、供应商的关系管理

1. 建立供应商伙伴关系的作用

供应商合作伙伴关系开发是指客户与供应商之间建立长期亲密的关系，二者就像伙伴一样合作。对多数企业的调查表明，现实中的合作伙伴更希望在一种超越了交易关系的环境中努力工作，当这种伙伴关系超越了交易关系而达到相当高的紧密程度时，供应商合作伙伴就会产生一种贡献的意愿和行为。开发供应商合作伙伴关系可以帮助企业达到以下目标：获得世界级的质量标准；缩短提前时间，增强对市场波动反应的灵活性；减少库存、管理成本和挤压资金流；通过客户与供应商信息系统的连接更好地进行计划工作；减少生产故障时间，增加生产能力；减少进入市场时间，即减少确定市场和向市场介绍新产品和服务所需要的时间；借助来自客户和供应商良好的信息进行创新，并可从双方获得技术资源。

2. 合作型供应商关系建立的原则与过程

（1）建立伙伴关系的原则

在建立伙伴关系前，企业与供应商之间在许多方面应达成共识，所以为形成稳固的战略联盟，必须坚持以下原则：

1）达成一致观念

由于合作企业的管理理念、管理方法、企业文化不同，大家在很多方面必定持不同态度，认识水平也参差不齐。因此长期战略合作关系得以实施的基本前提是企业与供应商在观念上要达成一致。企业应将其理念传达给未来的合作伙伴。

2）建立相互间的信任

为了增进彼此的信任度，企业需要表达自己的诚意，开诚布公地交换各自的情况，告诉对方，本企业开展什么业务、生产什么产品、实力如何。

3）树立共同的目标和行动计划

必须要有明确的目标作为企业与关键供应商共同努力的方向，目标可以是降低成本、提高顾客满意度等等。

（2）挑选合作伙伴的标准

在挑选合作伙伴时，企业一般是确定每种核心产品的前3-4名供应商作为战略联盟对象选择的基础，由于战略伙伴的选择是决定联盟成功与否的关键，因此必须制定科学的选择标准，一些企业常用的标准有：

1）世界著名的跨国公司或在中国的合资企业。

2）历史供货量大且业绩良好。

3）战略上匹配或存在匹配的可能性。

4）成本的竞争力。

5）未来的成本降低潜力。

6）技术上的协同性。

7）质量水平高且稳定。

8）是否与企业的竞争对手已经建立战略联盟。

（3）合作伙伴关系的建立过程

建立合作伙伴关系的过程：

1）从企业战略的角度来检验是否需要建立合作伙伴关系，以及建立哪个层次的合作伙伴关系。

2）确定挑选合作伙伴的准则，评估潜在的候选企业。

3）正式建立合作伙伴关系。

4）维持和精炼合作伙伴关系，包括增强彼此间的合作关系或解除彼此间的合作关系。上述过程可简单归纳为以下四个阶段：合作伙伴的粗筛选，合作伙伴的仔细筛选，合作伙伴的确认，合作伙伴的跟踪评价。通过供应商开发及选择过程，一定数量的供应商从原来的普通供应商，转化成供应链核心企业的合作伙伴企业通过对供应商合作伙伴关系的管理，即关系的维护提升和优化，使合作伙伴进一步发展成战略性合作伙伴战略性伙伴的协同将会产生新的生产能力，提升供应环节的价值增值。

3. 合作型供应商关系建立的影响因素

供应商开发的基础因素是指支持特定交易供应商开发活动能够有效进行的环境。在供应商开发过程中它们对影响企业的改进很重要，并最终影响供应商开发计划的成功。

（1）战略目标长期战略目标的明晰决定了供应商开发的有效性

Watts 与 Hahn 认为供应商开发的重点应放在供应商技术与产品开发上的未来潜在能力

上，而不是目前的质量与成本。他们强调开发供应商的能力与柔性将成为供应商开发成功的关键因素。

（2）有效的沟通采购企业人员与供应商公开、频繁的交流被认为是激发供应商的一个关键途径。

公开沟通渠道增强了双方的理解并有助于问题的解决。有效沟通的关键在于沟通频率，采购企业相关人员与其他相关人员的真诚努力。有效沟通也对供应绩效改善具有重要作用。企业与供应商通过公开交流部件、材料、技术，甚至关注每一方的能力以及独特的优势将增强双方的理解，减少问题的产生，企业还可以从供应商处获得更多的承诺。

（3）长期承诺建立伙伴关系意味着采购企业追求与供应商的长期关系。没有采购商的承诺，供应商将不会为适应采购者的需要而在其运营中进行改变。

（4）高层管理者支持高层管理者被认为是基于企业竞争策略而开始供应商开发计划的关键实现者。采购管理需要从高层管理者中获取鼓励与支持，以在供应商运营上支出资源。

（5）供应商评估为维持对供应商提供有效、可靠资源，企业需小心选择供应商并科学地对其进行评价。此外，供应商评价结果也能为供应商绩效需要改进的薄弱区域提供有价值的信息。

（6）战略目标的匹配供应商开发是一个互惠的项目，它需要采购商与供应商的相互承认。当选择一个战略供应商时，采购商必须考虑供应商是否愿意为采购商的竞争优势提供专业技术支持，并且是否希望能持续改进其绩效与能力。在供应商与客户市场上感觉到竞争会为双方合作增加压力，共同为已存在产品的销售作出贡献或避免任一商业机会的流失。

4. 合作型供应商关系的管理

通过供应商开发及选择过程，一定数量的供应商从原来的普通供应商，转化成供应链上的核心供应。企业通过对供应商合作伙伴关系的管理，即关系的维护提升和优化，使合作伙伴进一步发展成战略性合作伙伴战略性伙伴的协同将会产生新的生产能力，提升供应环节的价值增值。

（1）供应商关系维护

从经济学视角看，维护一个已有供应商，比开发一个新供应商的交易成本要低得多管理与供应商的关系就是希望通过对伙伴关系的维护达到关系的"亲密"，在亲密的平台上，通过对关系的提升，实现供应商伙伴的志愿"贡献"行为。维护供应商关系使其逐步达到亲密，需要企业的主动行为。首先，企业要以诚信的态度与供应商公平交易。其次，企业应注重以本企业精神去影响供应商，用本企业文化熏陶供应商，逐步形成企业与供应商的团队文化，形成一种学习型虚拟组织并通过实践不断磨合，使伙伴关系更加融洽。同时，要注意采用恰当的协同管理方式，比如激励供应商的协同采购行为，加强与供应商的日常沟通等。

（2）供应商关系提升

现实中的合作伙伴，更希望在超越了交易关系的环境中努力工作，当这种伙伴关系超越了交易关系而达到相当高的紧密程度时，供应商合作伙伴就会产生一种贡献的意愿和行为。"贡献"是供应商关系提升的目标。要使供应商伙伴甘愿为协同企业运作作出贡献，企业首先要敢于向他们开放内部运作系统，敢于向他们授权，与其建立长期深层次的业务合作其次，要注重企业与供应商核心竞争力的培育。

三、供应商评审

1. 供应商评估与选择的步骤与方法

（1）供应商评估与选择的步骤

供应商选择是供应商管理中的一个重要决策，目前在市场上，同一产品的供应商数目越多，使得供应商的选择就越复杂，这就需要有一个规范的程序来操作。一个好的供应商是指拥有制造高质量产品的加工技术，拥有足够的生产能力以及能够在获得利润的同时提供有竞争力的产品。供应链管理下供应商选择步骤如下。

1）成立供应商评估和选择小组

供应商的选择绝不是采购员个人的事，而是一个集体的决策，需要企业各部门有关的人员共同参与讨论、共同决定，获得各个部门的认可，包括采购部门的决策者和其他部门的决策影响者。供应商的选择涉及企业的生产、技术、计划、财务、物流、市场等部门。对于技术要求高、重要的采购项目来说特别需要设立跨职能部门的供应商选择工作小组。供应商选择小组应由各部门有关人员组成，包括研究与开发部、技术支持部、采购部、物流管理部、市场部、计划部。

2）确定全部供应商的名单

通过供应商信息库以及采购人员、销售人员或行业杂志、网站等媒介渠道，了解市场上能够提供所需物品的供应商。

3）列出评估指标并确定权重

确定代表供应商服务水平的有关因素，据此提出评估指标。评估指标和权重对于不同煤炭企业和产品的供应商是不尽相同的。

4）逐项评估供应商的履行能力

为了保证评估的可靠，应该对供应商进行调查。在调查时一方面听取供应商提供的情况，另一方面尽量对供应商进行实地考察。考察小组由各部门有关人员组成，技术部门进行技术考察，对企业的设备、技术人员进行分析，考察将来质量是否能够保证以及是否能够跟上企业所需技术的发展，满足企业变动的要求；生产部门考察生产制造系统，了解人员素质、设备配置水平、生产能力、生产稳定性等；财务部门进行财务考核，了解供应商的历史背景和发展前景，审计供应商并购、被收购的可能性，了解供应商的经营状况、信用状况、分析价格是否合理以及能否获得优先权。综合评分并确定供应商。在综合考虑多方面的因素后，就可以给每个供应商打出综合评分，选择合格的供应商。

（2）供应商评估与选择的方法

对供应商评估选择是一个多对象多指标的综合评价问题，有关此类问题的决策已经建立起了几何数学模型，它们的基本思路是相似的，先对各个评估指标确定权重，权重可以用数字1～10之间的某个数值表示，然后对每个指标进行评分，再对所得的分数乘以该项指标的权重，进行综合处理后得到一个总分；最后根据每个供应商总得分进行排序、比较和选择。供应商评估的最基本指标应该包括以下几项：技术水平、产品质量、供应能力、价格、地理位置、信誉、售后服务、提前期、交货准确率、快速响应能力等。

2. 供应商评审的层次、方法及内容

供应商评审是采购管理中非常重要的环节，定期审核供应商是采购控制也是供应商管理中的重要一步。供应商评审，就是要持续监督供应商的生产能力或服务能力、产品质量、交付及时性等。实践表明，供应商经常会在管理方式、质量保证、物料管理、设计程序、过程改进政策、纠正措施与后续措施等方面出现问题。针对这些问题，煤炭企业在进行供应商评审时都要有相应的评审措施。通过供应商评审，煤炭企业可以有效地控制供应过程。如果评审结果出现问题，采购部门、人员就可以在引发严重问题之前指导它们提出来，从而成功杜绝严重事故的发生，降低企业的经营风险、保持持续供应。另外，通过供应商评审还可以促进供应商的改善。

（1）供应商评审的层次

供应商评审是采购部门在完成市场调研分析以及企业设置的原则对潜在的供应商已经做了初步预选的基础上，针对可能发展的供应商进行的。供应商评审主要是针对价格、服务和质量来进行的。其中，尤其以供应商质量体系的评审最为重要。就采购的控制层次来说，供应商评审可以局限在产品层次、生产工艺过程层次，也可以深入到质量保证体系层次甚至供应商的公司整体经营管理体系层次。

在产品层次中的评审主要是确认供应商的产品质量，必要时还可以要求供应商改进产品质量以符合企业的要求。在工艺过程层次中的评审，主要是针对那些质量水平对生产工艺有很强依赖性的产品。为了保证供货质量的可靠性，煤炭企业采购部门必须深入到供应商的生产现场，了解其工艺生产过程，确认其工艺水平、质量控制体系以及相应的设备设施能力是否能够满足产品的质量要求。质量保证体系层次评审，是针对供应商整个质量体系和过程而进行的。通常会选择ISO9000标准、防爆合格证书、煤矿安全标志等作为参考标准的。公司层次的评审是对供应商进行评审的最高层次，它不仅要考察供应商的质量体系，还要评审供应商经营管理水平、财务与成本控制、计划制造系统、信息系统和设计工程能力等各主要企业管理过程。各煤炭企业实际情况不同，对于那些普通型供应商，采购

商一般只局限于产品层次和工艺过程层次的评审，但是如果采购部门要挑选合作伙伴，情况就不一样了，特别是那些管理严格、技术先进的国际大公司，它们通常会大量采用质量保证体系和公司层次的评审来控制供应链管理体系。

（2）供应商评审的方法

供应商评审是在供应商认证前进行的，供应商评审的主要方法可以分为主观判断法和客观判断法。所谓主观判断法，是指依据个人的印象和经验对供应商进行判断。这种评判缺乏科学标准，评判的依据十分笼统、模糊。而客观判断法，是指依据事先制定的标准或准则对供应商进行量化的考核和审定，包括调查法、现场打分评比法、供应商表现考评法、供应商综合评审法、总体成本法等方法。煤炭企业可以根据自身的发展战略选择其中一种或几种评审方法对供应商进行客观的评审。调查法，是指事先准备一些标准格式的调查表格发给不同的供应商填写，收回后进行比较的方法，这种方法常用于招标、询价以及供应情况的初步了解等。现场打分评比法，是预先准备一些问题并格式化，而后组织不同部门的专业人员到供应商的现场进行检查确认的方法。供应商表现考评法，是指对已经供货的现有供应商的供货、质量、价格等进行表现跟踪、考核和评比。供应商综合评审法，是针对供应商公司层次而组织的包括质量、工程、企划、采购等专业人员参与的全面评审，它通常将问卷调查和现场评审结合起来。总体成本法，是一种为了降低供应商的总体成本使之达到一个新的水平从而达到降低采购价格目的的一种方法。它需要供应商的通力合作，由采购商组织强有力的综合专家团队，对供应商的财务及成本进行全面、细致地分析，找出可以降低成本的方法，并要求供应商付诸实施与改进，改进后的收益则由双方共享。

（3）供应商评审的主要内容

由于供应商自身条件的差别，各有优劣，因此必须有客观评分的项目作为选拔合格供应商的依据。因此供应商评审应该制定详细的评审内容，煤炭企业供应商评审通常包括下列各项。

1）供应商的经营状况

主要包括供应商经营的历史、负责人的资历、注册资本金额、员工人数、完工纪录及绩效、主要的客户、财务状况。

2）供应商的生产能力

主要包括供应商的生产设备是否先进，生产能力是否已充分利用，厂房的空间距离以及生产作业的人力是否充足。

3）技术能力

主要包括供应商的技术是自行开发还是从外引进、有无与国际知名技术开发机构的合作、现有产品或试制样品的技术评估、产品的开发周期、技术人员的数量及受教育程度等。

4）管理制度

主要包括生产流程是否顺畅合理、产出效率如何、物料控制是否电脑化、生产计划是否经常改变、采购作业是否对成本计算提供良好的基础。

5）质量管理

主要包括质量管理方针、政策；质量管理制度的执行及落实情况；有无质量管理制度手册；有无质量保证的作业方案；有无年度质量检验的目标；有无政论机构的评鉴等级；是否通过 ISO9000 认证。

四、供应商的认证流程及内容

供应商认证是供应商管理的一项重要内容。在供应商认证之前，供应商至少要满足三方面的条件：即供应商提交的文件已经通过认证、价格及其他商务条款符合要求、供应商评审必须合格。

1. 供应商认证的流程

（1）供应商自我认证

对供应商进行认证之前应要求供应商先进自我评价。一般是先发信给供应商，让供应商先对自己做出自我评价，然后再组织有关人员进行认证。

（2）成立供应商认证小组

收回供应商自我认证的资料后，应着手成立供应商认证小组。供应商认证小组应包括不同部门成员，主要有质量管理、工程、生产等部门。认证小组成立后应确认对供应商认证采取的形式和认证的指标体系。

（3）针对认证的内容，确定相应的指标评分体系

对于供应商的认证要针对不同的供应商采取不同的评分体系，但一般情况供应商认证的评分体系，包括领导班子和风格、信息系统及分析、战略计划、人力资源、过程控制、商务运作、客户满意程度、供应管理、销售管理、时间管理、环境管理等子系统。

（4）会同质量、工程、生产等部门进行现场调查

对供应商的现场调查中，要了解供应商的管理机构设置情况，各个部门之间的分工及汇报流程；考察供应商质量控制与管理体系、生产工艺、顾客服务、环境体系等内容。在现场考察的同时应根据预先设置的评分体系，进行子系统的评价，并给出相应的分值。

（5）各部门汇总评分

进行现场考察后，各个部门应通过现场观察情况，并结合供应商的相关文件、先前的市场调查情况、与供应商的客户和供应商的会谈情况、小组讨论进行综合评分，得出供应商最终认证的总成绩。各部门进行汇总评分后，组织现场调查的部门应写出考察报告，呈报上级领导，并且将考察的资料进行备案并入档。

（6）将认证情况反馈给供应商

对供应商进行认证的最终结果应反馈给供应商，让供应商明确自己的不足之处，以便进行改进与提高。

（7）供应商认证跟踪

对供应商进行认证后，要进行跟踪。供应商的认证不仅仅是审查和评估的过程，而且也是一个反馈与跟踪的过程，要随时监测供应商的执行情况，不断督促供应商进行改进。总之，供应商的认证是一个长期的、动态的过程，是通过评估来确认和培养供应商的过程。

2. 煤炭企业供应商认证的主要内容

（1）供应商的基本情况

供应商认证的基本情况的主要内容有以下几项。

1）企业的经营环境，主要包括企业所在国家的政治、经济和法律环境的稳定性、进出口是否有限制、倾向的可兑换性、近几年来的通货膨胀情况、基础设施情况、有无地理限制等内容。

2）企业近几年的财务状况，主要包括各种会计报表、银行报表、企业经营报告等。

3）企业在同行业中的信誉及地位，主要包括同行对企业产品质量、交货可靠性、交货周期及灵活性、客户服务及支持、成本等各项的评价。

4）企业近几年的销售情况，包括销售量及趋势、人均销售量、本公司产品产量占行业总产量的比例。

5）企业现有的紧密的、伙伴型的合作关系，包括与本公司的竞争对手、与其他客户或供应商之间的关系。

6）地理位置，主要包括与本公司的距离和通关海关的难易程度。

7）企业的员工情况，主要有员工的教育程度、出勤率、流失率、工作时间、平均工资水平、生产工人与员工总数的比例等。

（2）供应商企业管理的情况

对供应商企业管理情况的认证要考虑以下几点因素：企业管理的组织框架，各组织之间的功能分析以及组织之间的协调情况；企业的经营战略及目标、企业的产品质量改进措施、技术革新的情况、生产率及降低成本的主要举措、员工的培训及发展情况、质量体系及是否通过 ISO9000 认证、对供应商的管理战略及情况等。

（3）供应商的质量体系及保证情况

供应商质量体系及保证的主要内容有：

1）质量管理机构的设置情况及功能。

2）供应商的质量体系是否完整，主要包括质量保证文件的完整性与正确性、有无质量管理的目标与计划、质量的审核情况、与质量管理相关的培训工作如何等。

3）企业产品的质量水平，主要包括产品质量、过程质量、供应商质量及顾客质量投诉情况。

4）质量改进情况，主要包括与采购商的质量协议、与供应商的质量协议、是否参与采购商的质量改进、是否参与供应商的质量改进、质量成本控制情况、是否接受采购商对其质量的审核等。

（4）供应商的设计、工程与工艺情况

这部分主要包括下列三方面内容。

1）相关机构的设立与相应职责。

2）工程技术人员的能力，主要包括工程技术人员中受教育的情况、工作经验、在本公司产品开发方面的水平、在公司产品生产方面的工艺水平、工程人员的流失情况。

3）开发与设计情况，主要有开发设计的实验、试验情况、与顾客共同开发的情况、与供应商共同开发的情况、产品开发的周期产品及工艺开发程序、对采购商资料的保密情况等。

（5）供应商的生产情况

供应商生产情况认证的主要内容，包括生产机构、生产工艺过程及生产人员的情况。

1）生产机构的设置情况及职能。

2）生产工艺过程情况，主要有工艺布置、设备/工艺的可靠性、生产工艺的改进情况、设备利用率、工艺的灵活性、作业指导的情况、生产能力等。

3）生产人员的情况，主要有职工参与生产管理的程度、生产的现场管理情况、生产报表及信息的控制情况、外协加工控制情况、生产现场环境与清洁情况等。

（6）供应商的企划与物流管理情况

这项内容主要有以下四个方面。

1）相关机构的设立情况。

2）物流管理的系统情况，主要包括物流管理、物料的可追溯性、仓储条件与管理、仓储量、MRP 系统等。

3）发货交单情况，主要包括发货交单的可靠性、灵活性、即时供应能力、包装及运输情况、交货的准确程度。

4）供应商管理情况，主要有供应商的选择、审核情况、供应商表现考评的情况、供应商的分类管理情况、供应商的改进与优化情况等。

（7）供应商的环境管理情况

供应商的环境管理情况主要包括下列三个方面。

1）环境管理机构的设置及其管理职能。

2）环境管理体系，主要有环境管理的文件体系、环境管理的方针与计划等。

3）环境控制的情况，主要有环境控制的运作情况、沟通与培训情况、应急措施、环境监测情况、环境管理体系的审核情况。

（8）供应商对市场及采购商服务支持的情况

供应商对市场及采购商服务支持的情况主要包括下列四个方面。

1）相关机构的设置情况。

2）交货周期及条件，主要有正常交货的周期、紧急交货的周期、交货与付款的条件、保险与承诺。

3）价格与沟通情况，主要包括合同的评审、价格态度与降低成本的态度、电子邮件与联系手段、收单与发货沟通等情况。

4）顾客投诉与服务情况，主要包括顾客投诉的处理程序、顾客投诉处理的情况与反映时间、顾客的满意程度、售后服务机构、顾客数量及伙伴顾客的数量等。

第四节　供应商的综合评价及应用管理

一、供应商的综合评价

1. 目标和一般原则

（1）基本目标和新目标

1）基本目标

降低成本任何管理决策活动的目标都是为了给企业降低成本，增加更多利润。因此，基本目标是：使供应商保质保量、及时送达所需产品，提供完善的售前、售中和售后服务，保障煤炭企业正常高效地开展生产活动，在符合环境保护要求的前提下，成本不断降低、效率得到提高，最终获取高额利润。要达到这一目标，供应商不仅要做到提供的产品服务价格符合采购方的要求，还要确保稳定供货，并具备紧急响应订货的能力。只有这样，煤炭企业才能控制采购成本，将更多的资金用于生产和技术革新。

2）新目标

环保节能考虑绿色的供应商评价指标体系更加强调可持续发展，因此，它的新目标就是环保节能，可以概括为下面几点：

①节能减排，减轻污染，控制成本，增强市场竞争力。

②加大环保节能的宣传普及力度和强度，扩大影响范围，增强绿色观念。

③降低因环保所带来的绿色风险，减少或避免环境污染。综上所述，降低成本和环境保护这两个小目标是相互关联、协调统一的关系，缺一不可。降低成本获取高额利润是企业进行生产活动的基本目的，而实现环境保护目的则是为了适应新的竞争环境，绿色供应

链所强调的"绿色"要体现在供应链的每个环节和层面上，不能沦为一纸空谈。

（2）一般原则

1）系统全面性原则

所构建的指标体系要能够系统全面地覆盖供应商的实际情况，指标间不能重复冗繁，除考虑供应商经营现状、发展前景、产品性能等因素外，还要考虑环境因素。

2）目的明确性原则

确保每一个选定的指标都要有明确的针对角度，能够考察到供应商的某个方面，目的要明确不含糊其辞。另外，指标体系的大小要适宜，保证全面多角度的前提下避免重复冗杂，尽量简洁明了。

3）实操性原则

选择的指标既要具体又要容易得到和处理，不能选那些空洞宽泛无处下手的指标。因此在选择指标时，要根据实际情况选择容易获取并具有代表性的指标，面面俱到只是理想状态，实现起来会比较困难。

4）可扩充性原则

一套科学实用的供应商评价指标体系是能够随着企业需要不断变化和完善的。企业要能够根据实际情况随时对指标进行修改扩充，做到具体问题具体分析。

5）绿色性原则出于"绿色"需要，指标体系中要包括绿色指标，即环保指标，这是为了考察评价对象的环境保护意识与实践应用情况。

2.供应商评价指标体系构建

（1）指标选择依据和方法初选阶段。

按照关键词在相关研究文献中被使用频率的高低进行统计。首先设置不同的关键词，并在知网 CNKI、维普、万方、Ei（工程索引）、ElsevierSD 数据库中进行搜索，得到搜索结果见表4-1：

表4-1 关键词搜索结果

来源 关键词	供应商评价指标	绿色供应商评价指标	煤炭企业绿色供应商评价
CNKI	3962 篇	818 篇	222 篇
维普	1228 篇	60 篇	1 篇
万方	2519 篇	136 篇	1 篇
来源 关键词	Supplier evaluationindex	Green Supplier Evaluation Index	Evaluation Index of Green Suppliers of Coal Enterprises
EI	387 篇	29 篇	2 篇
ElsevierSD	27539 篇	7029 篇	453 篇

使用上表所述三个关键词进行检索，范围包括期刊、学位论文、研究报告、会议报告等，然后，从中选择引用率高、获得广泛认同的代表性指标作为备选指标。筛选阶段，这

一阶段的工作是对初选出来的指标进行进一步增减调整，依照全面系统、可操作性、有针对性、符合煤炭企业要求的原则，对指标进行分析比较，将其按特征分类，再按照绿色供应链的要求进行指标创新。确定阶段，综合专家意见进行调整，最终确定为完整的指标体系。

（2）建立指标体系

指标体系分为三层，其中准则层有5项，因子层有24项，选择的是最具有代表性和可衡量的指标，构成了指标体系。

1）质量

煤炭企业的主要业务就是煤炭开采，而采煤作业对安全的要求高于一切，因此，煤炭企业选择的物资必须在满足行业统一基本标准的前提下，更加注重产品的质量，根据自身的实际生产能力和生产条件选择合适的产品，严把质量关，全面考察产品合格率、返修退货率，对照质量认证体系的具体要求，检查产品耐用性，仔细筛选。

①产品合格率

$$产品合格率 = 合格产品数 / 产品总数 \times 100\%$$

②质量管理体系认证

由于煤炭行业的特殊性，除了通用的ISO9001质量体系认证外，还需要通过ISO14000环境管理体系认证，取得煤矿安全生产许可证、防爆安全标志等技术资料。

③产品耐用性

主要指产品的平均使用寿命。

一般来说，产品的平均使用寿命越长，产品的更新次数越少，在使用过程中损坏的可能性就越低，更新费用也就越低。

2）成本

这里提到的成本主要包括产品单价、长期折扣率、运输费用以及其他费用等部分，价格成本过高也就意味着供应链断裂的风险增大，影响煤炭企业的正常生产。因此，具体科学地分析影响产品成本的构成，评估其合理性很有必要。

①价格稳定性

反映了单位产品的价格变动程度。

②长期折扣率

是指物资需求批量下的产品价格折扣。采购企业对于供应物资的需求一般是大批量的，因此常会要求供应商提供一定程度的折扣优惠，这样既能降低采购企业的成本，也能使双方的合作更加稳定牢固，是实际商业合作中的常见手段。

③运输费用

用于运输所耗费的费用，即运输成本 / 总成本 $\times 100\%$。运输成本越高，企业所承受的直接经济压力越大，在产品质量相近的前提下，运输费用较低、运输距离较短、运输方式更便捷地供应商理应成为首选。

④其他交易费用

这里的其他交易费用指标由除运输成本以外的其他交易成本（如考察、安装、保险、质检验收等）占总成本的比例来衡量。

3）服务

随着生产力和生产技术的提高，以及规模化和标准化生产的实行，各供应商在产品质量方面的差距将会越来越小，服务水平和质量将成为采购企业选择供应商的重要参考标准。主要包括：

①交货及时率

$$交货及时率 = 及时交货的实际订单数 / 总订单数 \times 100\%。$$

②售后服务质量

供应商从接到客户售后投诉到响应的时间（天）。供应商为采购企业提供产品之后，为采购企业提供的一系列服务，如产品介绍、安装调试、维护检修、退换、接受投诉等。

③紧急订货响应能力

需求变化的平均准备时间。

这是对供应商应急能力和生产能力的考验，采购企业的损失随着供应商的紧急订货响应能力的增强而减轻。

4）供应商竞争力水平

采购企业要对备选供应商的综合实力和基本情况有详细清楚地认识，客观评估其竞争力水平，为未来是否进行长期持续合作提供重要参考和依据。这个准则可以初步直观衡量供应商的优劣程度，能够看出其未来有多大的发展空间，据此判断是否有必要进行更深一步的合作。

①财务状况

资产负债率 = 期末负债总额 / 资产总额 $\times 100\%$ 表示债务在资产中的占比。若该指标数值过高，就证明这个企业的经营状况不太稳定，负债过多，风险也就相应地增大。

②职工平均学历

一般情况下，员工的专业素质越高，企业的发展空间就越大，发展速度和发展势头越好，吸收新技术、接受新理念的能力就越强，进而，在同行业中竞争优势越发明显，对采购企业来说越值得信赖，反之则不然。

③企业信誉

供应商的企业信誉是供应商的无形资本，也就是俗称的口碑，是来自市场和消费者的最直接的用户反馈和评估，也是其在同行业中的品牌影响力。通常情况下，较高的企业信誉代表产品质量可靠、服务良好等，能为需求方作出最终选择提供重要参照。同等条件下，煤炭企业会选择信誉水平高的供应商作为合作伙伴。

5）绿色指标

这里的绿色指标是指反映供应产品绿色环保程度的指标，在绿色供应链的视角下，煤炭企业选择供应商要兼顾经济效益和环境效益，以获取高额利润和环保节能可持续为总目标。主要包括：

①环境污染程度

废气废水等对环境产生的消极影响。

②国家绿色认证

这里主要指 ISO14001 环境认证，是专门为实现环境与经济协调而制定的。供应商通过获取 ISO14001 证书可以提高企业形象，降低环境风险，增加市场竞争优势，也就是说，基于 ISO14001 证书在国际上和行业内的权威性，拥有该证书就可以证明供应商对环境保护的重视以及实现程度的高低。

③环保资金投入额度

是指供应商投入在环境保护活动中的资金总额，包括污水处理设备与技术的引进、土壤治理、水源保护、资源循环利用的技术、环保宣传资料的编写和宣传活动的经费、相关专业人员的引进等等。

④环保意识强度

是指供应商关于环保理念的宣传力度和深度，反映在规章制度的完善程度和员工接受情况上。

⑤能源利用率

$$单位产品能耗 = 能源耗用的总成本 / 产出产品的总价值 \times 100\%$$

二、供应商的应用管理

供应商认证是供应商管理的一项重要内容。在供应商认证之前，供应商至少要满足三方面的条件：即供应商提交的文件已经通过认证、价格及其他商务条款符合要求、供应商评审必须合格。

1. 供应商认证的流程

（1）供应商自我认证

对供应商进行认证之前应要求供应商先进自我评价。一般是先发信给供应商，让供应商先对自己做出自我评价，然后再组织有关人员进行认证。

（2）成立供应商认证小组

收回供应商自我认证的资料后，应着手成立供应商认证小组。供应商认证小组应包括不同部门成员，主要有质量管理、工程、生产等部门。认证小组成立后应确认对供应商认证采取的形式和认证的指标体系。

（3）针对认证的内容，确定相应的指标评分体系

对于供应商的认证要针对不同的供应商采取不同的评分体系，但一般情况供应商认证的评分体系，包括领导班子和风格、信息系统及分析、战略计划、人力资源、过程控制、商务运作、客户满意程度、供应管理、销售管理、时间管理、环境管理等子系统。

（4）会同质量、工程、生产等部门进行现场调查

对供应商的现场调查中，要了解供应商的管理机构设置情况，各个部门之间的分工及汇报流程；考察供应商质量控制与管理体系、生产工艺、顾客服务、环境体系等内容。在现场考察的同时应根据预先设置的评分体系，进行子系统的评价，并给出相应的分值。

（5）各部门汇总评分。进行现场考察后，各个部门应通过现场观察情况，并结合供应商的相关文件、先前的市场调查情况、与供应商的客户和供应商的会谈情况、小组讨论进行综合评分，得出供应商最终认证的总成绩。各部门进行汇总评分后，组织现场调查的部门应写出考察报告，呈报上级领导，并且将考察的资料进行备案并入档。

（6）将认证情况反馈给供应商。对供应商进行认证的最终结果应反馈给供应商，让供应商明确自己的不足之处，以便进行改进与提高。

（7）供应商认证跟踪。对供应商进行认证后，要进行跟踪。供应商的认证不仅仅是审查和评估的过程，而且也是一个反馈与跟踪的过程，要随时监测供应商的执行情况，不断督促供应商进行改进。

总之，供应商的认证是一个长期的、动态的过程，是通过评估来确认和培养供应商的过程。

2. 煤矿企业供应商认证的主要内容

（1）供应商认证的基本情况的主要内容有以下几项。

1）企业的经营环境，主要包括企业所在国家的政治、经济和法律环境的稳定性、进出是否有限制、倾向的可兑换性，近几年来的通货膨胀情况、基础设施情况、有无地理限制等内容。

2）企业近几年的财务状况，主要包括各种会计报表、银行报表、企业经营报告等。

3）企业在同行业中的信誉及地位，主要包括同行对企业产品质量、交货可靠性、交货周期及灵活性、客户服务及支持、成本等各项的评价。

4）企业近几年的销售情况，包括销售量及趋势、人均销售量、本公司产品产量占行业总产量的比例。

5）企业现有的紧密的、伙伴型的合作关系，包括与本公司的竞争对手、与其他客户或供应商之间的关系。

6）地理位置，主要包括与本公司的距离和通关海关的难易程度。

7）企业的员工情况，主要有员工的教育程度、出勤率、流失率、工作时间、平均工资水平、生产工人与员工总数的比例等。

（2）供应商企业管理的情况

对供应商企业管理情况的认证要考虑以下几点因素：企业管理的组织框架，各组织之间的功能分析以及组织之间的协调情况；企业的经营战略及目标、企业的产品质量改进措施、技术革新的情况、生产率及降低成本的主要举措、员工的培训及发展情况、质量体系及是否通过 ISO9000 认证、对供应商的管理战略及情况等。

（3）供应商的质量体系及保证情况

供应商质量体系及保证的主要内容有：

1）质量管理机构的设置情况及功能。

2）供应商的质量体系是否完整，主要包括质量保证文件的完整性与正确性、有无质量管理的目标与计划、质量的审核情况、与质量管理相关的培训工作如何等。

3）企业产品的质量水平，主要包括产品质量、过程质量、供应商质量及顾客质量投诉情况。

4）质量改进情况，主要包括与采购商的质量协议、与供应商的质量协议、是否参与采购商的质量改进、是否参与供应商的质量改进、质量成本控制情况、是否接受采购商对其质量的审核等。

（4）供应商的设计、工程与工艺情况

这部分主要包括下列三方面内容。

1）相关机构的设立与相应职责。

2）工程技术人员的能力，主要包括工程技术人员中受教育的情况、工作经验、在本公司产品开发方面的水平、在公司产品生产方面的工艺水平、工程人员的流失情况。

3）开发与设计情况，主要有开发设计的实验、试验情况、与顾客共同开发的情况、与供应商共同开发的情况、产品开发的周期产品及工艺开发程序、对采购商资料的保密情况等。

（5）供应商的生产情况

供应商生产情况认证的主要内容，包括生产机构、生产工艺过程及生产人员的情况。

1）生产机构的设置情况及职能。

2）生产工艺过程情况，主要有工艺布置、设备／工艺的可靠性、生产工艺的改进情况、设备利用率、工艺的灵活性、作业指导的情况、生产能力等。

3）生产人员的情况，主要有职工参与生产管理的程度、生产的现场管理情况、生产报表及信息的控制情况、外协加工控制情况、生产现场环境与清洁情况等。

（6）供应商的企划与物流管理情况

这项内容主要有以下四个方面。

1）相关机构的设立情况。

2）物流管理的系统情况，主要包括物流管理、物料的可追溯性、仓储条件与管理、仓储量、MRP 系统等。

3）发货交单情况，主要包括发货交单的可靠性、灵活性、即时供应能力、包装及运输情况、交货的准确程度。

4）供应商管理情况，主要有供应商的选择、审核情况、供应商表现考评的情况、供应商的分类管理情况、供应商的改进与优化情况等。

（7）供应商的环境管理情况

供应商的环境管理情况主要包括下列三个方面。

1）环境管理机构的设置及其管理职能。

2）环境管理体系，主要有环境管理的文件体系、环境管理的方针与计划等。

3）环境控制的情况，主要有环境控制的运作情况、沟通与培训情况、应急措施、环境监测情况、环境管理体系的审核情况。

（8）供应商对市场及采购商服务支持的情况

供应商对市场及采购商服务支持的情况主要包括下列四个方面。

1）相关机构的设置情况。

2）交货周期及条件，主要有正常交货的周期、紧急交货的周期、交货与付款的条件、保险与承诺。

3）价格与沟通情况，主要包括合同的评审、价格态度与降低成本的态度，电子邮件与联系手段、收单与发货沟通等情况。

4）顾客投诉与服务情况，主要包括顾客投诉的处理程序、顾客投诉处理的情况与反映时间、顾客的满意程度、售后服务机构，顾客数量及伙伴顾客的数量等。

第五章　物资到货验收及仓储业务管理

第一节　物资仓库建设及环境管理

物资管理是企业生产环流中的重要环节，合理解决物资供需时间、空间、数量、品种、质量之间的矛盾，是衔接好生产各个环节、确保生产顺利进行、实现效益最大化的关键。

一、仓库管理的定义

仓库管理也叫仓储管理，就是对仓库及仓库内的物资所进行的管理，是仓储机构为了充分利用所具有的仓储资源提供高效的仓储服务所进行的计划、组织、控制和协调过程。其目的是为企事业单位保证仓储货物的完好无损，确保生产经营活动的正常进行，并在此基础上对各类货物的活动状况进行分类记录，以明确的图表方式表达仓储货物在数量、品质方面的状况，以及目前所在的地理位置、部门、订单归属和仓储分散程度等情况的综合管理形式。由此可见，仓库管理的主体是仓储机构或者是仓库管理员；仓库管理的客体是仓库、库存品或物资、设备或器材；仓库管理的形式包括仓储资源的获得、仓储商务管理、仓储流程管理、仓储作业管理、保管管理、安全管理等多种管理工作及相关的操作。严格意义上讲，仓库管理囊括了物资器材的订货、采购、入库、出库、退库、盘库及提供库存资产报表等各个方面。

二、如何推进物资仓库管理标准化建设

1. 坚持物资仓库管理的基本原则，实施物资分类保管

建立物资仓库管理标准体系，首先要恪守最基本的管理原则，即提升管理效率，确保安全管理，提高经济效益，保证物资数量与质量，其中，提升管理效率是物资仓库管理的核心工作。其次，工作人员应注意细化物资仓库管理流程，在物资进库时要认真核对所采购的物资设备是否在产品规格、质量、型号、价格、数量等方面与物资采办合同规定的内容相一致。各个规定的内容核对无误之后，在一个工作日之内验收完毕，如果遇到较大

数量的物资设备，可以向领导申请适当延长审核时间。此外，有部分物资需要抽检、委托检验或者复检，物资管理人员需要配合试验检测人员做好检测工作，及时发现不合格的物资，并单独存放，防止与其他物资混淆。而且，存储物资需要以半年为周期进行定期的检查和清仓管理，在检查和清仓管理的过程中要做好物资帐、物、卡的清查，及时发现的因管理原因造成的积压、短损、变质、浪费等情况，落实相关的责任。

另一方面，企业生产所需要的物资种类较为广泛，因此必须实施分类保管。一般情况下，物资可分为五大类，分别是原材料、外购件、自制件、外协件和产成品。其中，按照工艺路线进行加工后在产品中使用的物料称为原材料（如用于做衣服的布料）；采购以后不需要加工可以直接使用于产品装配的材料称为外购件，既可加工又可进行小加工就直接用于产品也称为外购件（如汽车制造所需要的喇叭、轮胎、变速器等）；一种或者多种材料件加工后用于产品的项目称为自制件，而多种自制软件经过加工后用于产品的物料也称作自制件（如包含产品部组件和零件毛坯等）；物品的原材料由企业购买，并委托加工商加工的制造件称为外协件（如电焊部件、五金制品等）；已加工完成，不用再加工的制造件，也称为库存商品（如联想公司仓库中存放地以及备销售的手机及电脑等）。

2. 整章建制，努力提升标准化

仓库的"软件"一是健全完善基本制度。在认真学习贯彻集团公司和矿业公司相关物资管理文件的基础上，精心组织相关专业人员修订《物资采购管理办法》、《物资仓储管理办法》、《物资出入库管理办法》等仓库管理制度，确保矿山的物资管理文件规范有效，从管理制度上完善仓库的软件建设。二是强化岗位标准和作业指导书。以明晰岗位职责为重点，尽快完善仓库管理员的岗位要求，明确物资需求信息采集、计划上报、物资采购、入库验收、保管保养及物资出库等作业标准，使物资采购、验收、发放、付款等环节更加透明、规范、科学，促进物资管理人员廉洁自律。三是规范作业流程。仓库管理员应严把配件"资质审核关、入库验收关、现场接收关、用前检验关、考核问责关"，执行好"工作制度化、管理标准化、手段信息化、责任具体化"，着力抓好"保障及时、质量可靠、成本降低、科学管理、程序规范"等5个关键环节，认真高效地完成各项工作。

3. 积极推进仓库管理自动化

（1）大力建设自动化库房

随着射频数据通信、条形码技术、扫描技术和数据采集技术更多地应用，仓储中的物流也将伴随着并行的信息流，仓储物资的控制和管理要实时协调和一体化，信息技术将成为仓储自动化技术的核心。自动化库房建设更加注重实用性和安全性，在满足仓储要求的条件下，将需要更多规模小、反应速度快、用途广泛的自动化库房。

（2）完善仓储监控和调度电子化

各种仓储设施为仓储现代化提供了基础条件，而科学管理则是实现现代化目标的必备条件，必须综合运用现代化科学管理方法和现代信息技术手段，合理有效地组织、指挥、调度、监督物资的入库、出库、储存、装卸、搬运、计量、保管、财务、安全保卫等仓储的各项活动，才能达到高质量、高效率，取得较好的经济效益。库房、库房周边以及主要作业现场安装监控设施，配合照明系统组成24h监控系统，总控室安装录像机、多画面分割器、监视器等设备，并在有关处室安装监控分机。推广库房温湿度自动检测系统使用，有些仓库的温湿度条件要求比较严格，可安装温湿度巡检仪，分别检测库内主要点位的温湿度数据，各点的测量数据传送到计算机进行处理和显示，当测量值超出规定范围时，计算机发出警示信息，提醒管理人员进行处置。充分利用通讯系统，这里主要指用于调度指挥的通讯设备，使总控室的命令能通过有线或无线方式传送到作业现场，完成调度指挥的功能。以上几个了系统构成了以主控室为中心，以计算机网络和通信技术为手段的监控和调度指挥系统，将仓储中心的数据处理业务纳入计算机管理，安全防范工作纳入图像监控。

4. 组建管理团队，提升管理水平

在矿山企业的物资仓库管理工作中，相关管理人员的管理能力与素质直接关系到整体的仓库管理水平，因此，对物资仓库管理工作进行优化时，需从高素质管理团队的组建入手。一方面，矿山企业需积极对高素质的物资仓库管理人才进行引进，对能力强、有创新、有新思路、方法、设施，能产生新的工作效果、效益的人才要适当增加薪酬待遇。

另一方面，矿山企业需加强现有物资仓库管理人员的培训力度，首先，对其实施业务知识方面的培训，尤其注重信息化、网络化管理方面的培训，以不同类型仓库管理岗位信息为依据，定期对培训活动进行组织，对一支专业化的物资仓库管理团队进行组建。其次，施予岗位职责方面的培训，对物资仓库管理人员进行职业道德、岗位责任方面的教育，使其以高度的责任感参与到日常的管理工作中。最后，对相应的激励措施进行制订，以对现有物资仓库管理人员进行鼓励，使其主动对现代化的物资仓库管理知识进行学习，不断对管理水平进行提升，进而促进物资仓库管理质量的提升。

第二节　物资到货验收及质量管理

一、物资到货验收管理

1. 煤炭企业物资验收管理的价值分析

（1）保障生产安全

在物资验收中执行严格的标准，切实提高物资质量，对保障煤炭企业生产工作顺利进

行和切实维护运营安全都起到了积极作用。在以往的煤炭企业工作中，经常会因为物资、设备质量不达标，而带来较大的安全隐患。例如生产设备漏电、温控设备失效等，给现场工人的健康和安全都构成严重威胁。从源头上加强煤炭企业物资验收管理，可以有效遏制此类问题和隐患的发生，保障生产工作安全。

（2）提高企业效益

降低成本、提升效益，是煤炭企业管理的核心目标。物资采购及验收工作则是直接影响煤炭企业利润的重要环节。强化物资验收管理，能够杜绝劣质物资、材料、设备进入企业，一方面是降低了劣质物资给煤炭企业带来的安全隐患和生产损失；另一方面，能够让煤炭企业提供更加优质的产品，提升煤炭企业的商业形象，这也是提升煤炭企业综合竞争力的一种有效方法。

2.煤矿企业物资验收管理工作中存在的问题

（1）验收管理队伍方面的问题

煤炭企业在物资验收管理方面，具有物资种类多、数量大、标准高的特点，给验收管理工作提出了较高的要求。在这种情况下，一支高素质的验收管理队伍就显得尤其重要。但是目前来看，很多煤炭企业的工作重点还是放在生产效率、经济效益方面，对于物资验收管理的重视程度不够。这就导致煤炭企业内部没有建立一支专职的物资验收管理队伍，也没有形成一套完善的验收管理制度。在这种情况下，物资验收管理存在形式化问题，物资质量问题不能被及时发现，最终影响了煤炭企业生产工作的正常开展。

（2）验收监督工作方面的问题

对于煤炭企业来说，物资主要包括生产资料、机械设备等，物资质量将会直接对煤炭企业生产工作开展产生重要影响。基于物资验收管理的重要价值，要求煤炭企业需要从内外两方面，分别采取验收监督工作。现阶段煤炭企业存在的问题时，只重视开展内部监督，例如组织采购部门的人员进行培训学习，强化责任意识和监督意识。但是没有引进外部监督机制，这样也很难保证物资验收管理的规范性和透明性。

3.煤矿企业加强物资验收管理的具体策略

（1）做好物资验收准备工作

现代化企业管理的升级，安全理念的提升，企业生产对物资的需求更注重的是物资内在质量及其性能，这对物资验收工作提出了更高的要求，企业应当根据生产经营的需要及时增添计量、检测所需的仪器、设施等，加强检测手段。若企业不具备检测条件，而要求强制检测的物资，送国家指定的专业检测机构检测。另外，还应当定期对验收人员进行行业务培训，学习先进的技术、检测方法。

（2）加强验收人员综合素质

在提升物资验收管理水平的各项措施中，验收人员的专业素质发挥了决定性的影响。

特别是对于市场业务量较大的煤炭企业，物资验收管理任务较重，煤炭企业必须要采取多种措施，切实提升验收队伍的职业素养。

1）定期开展培训，例如现代物资验收管理中使用了大量的智能化、自动化验收设备，需要通过培训学习，掌握这些设备的操作技巧，为物资验收管理效率的提升提供一定的帮助。

2）制定配套的激励机制，将物资验收管理与验收人员的薪资绩效挂钩，如果验收人员经手的物资，出现了质量问题，则需要扣除奖金；反之则要进行表彰。通过这种方法提升物资验收管理水平。

（3）进一步完善物资验收管理制度

1）验收记录及相关资料

物资验收后，及时填写验收记录，验收小组成员分别签名。验收记录及供方提供的必要证件，定期归纳、存档。

2）验收时间

一般物资（除外委检验物资）无质量异议的当日验收完毕；大宗材料要在三日内验收完毕；大型设备要在五日内验收完毕。

3）责任追究及奖罚

验收小组成员明确责任，各负其责，互相监督。因责任心不强或弄虚作假而造成入库物资质量不合格，数量短缺的，对直接责任者免职、调离工作岗位并处以相应额度的罚款，对间接责任者处以相应额度的罚款。

（4）与经销商建立稳定合作关系

煤炭企业对各类物资的需求量较多，可以通过与经销商建立长期、稳定合作关系的方式，既可以降低物资采购成本，帮助煤炭企业间接地创造了利润，又能够降低物资中残次品率，减轻了物资验收管理的工作压力。煤炭企业的采购部门，要对市场上多家经销商的经营资质、市场口碑、物资价格等进行综合对比，最终从多个供应商中选择一家建立稳定合作关系。在此基础上，双方还要签订内容完善、合法有效的合同，保证双方权益的平等性。

（5）设立专门的监督部门

对于规模较大的煤炭企业，可以在企业内部建立专门的监督小组，用于做好物资验收管理工作的监督工作，避免个别验收人员私自收受经销商的"好处"，杜绝在采购、验收等环节中"故意放水"的行为。另外，近年来市场上也出现了一些专门进行物资验收的第三方机构，这些机构有精密化的验收设备、完善的验收流程，煤炭企业也可以雇佣第三方机构对各类物资进行专业化的验收，这也是维护煤炭企业利益、提升物资验收管理水平的一种有效方法。

在煤炭储量下降、产业结构调整的双重影响下，煤炭企业要想提高自身竞争力，必须要树立全方位管理理念，物资验收管理就是其中重要的环节之一。现阶段部分煤炭企业还存在对物资验收管理重视不足的问题，以至于影响到了煤炭企业正常工作开展。煤炭企业的管理者要加强对物资验收管理的重视，并通过完善验收管理制度、重视验收队伍培训等综合措施，切实为煤炭企业物资验收管理工作保质保量开展提供保障。

二、炭企业物资的质量检验与监督

随着社会主义市场经济的发展，监督制约机制的逐步完善，各行各业都在用优质的产品和一流的售后服务来占领市场、争取用户、赢得效益。但是，也有一些生产企业，受到利益的驱动，在产品的生产过程中，偷工减料致使市场的产品质量良莠不齐。这些问题需要各级政府、行政主管部门采取强有力的措施，予以严厉的打击和制裁；需要生产企业从社会效益出发，注重企业的整体形象，加强产品质量管理，生产出高质量的产品；也需要流通领域、物资使用单位严把进货质量关，拒绝伪劣产品于门外，禁绝伪劣产品进入市场、进入试用消耗领域。

1. 物资的质量优劣，与安全生产和企业效益密切相关

煤炭生产，始终贯彻安全第一的生产方针，因为煤炭企业是一个非常特殊的生产行业，井下煤炭生产的环境相对复杂、自然条件比较恶劣。在这样的环境和条件下从事煤炭生产建设，稍有疏忽就会发生各种机械事故或造成人身伤亡事故。多年来，通过煤炭生产实践以及血的经验教训，煤炭行业总结形成了一套完整的煤矿安全生产规程，这套安全生产规程不仅对矿井的运输提升、采煤、通风、瓦斯监测等环节做出了具体规定，同时对煤炭企业生产所需用的各类物资及产品也制定了严格的质量标准和防爆要求。如采煤机、挖进机、防爆电车、防爆开关和电缆等煤矿井下用的各类物资产品都有严格的安全质量标准要求。但是有些煤矿企业在煤炭生产过程中却忽视这些要求，不按安全生产规程和标准要求去做，致使煤炭企业因各类物资及产品的质量问题而引发的事故屡见不鲜。如山东省某煤炭企业使用的防爆开关，因其防爆性能没有达到防爆标准的要求而引发工作面瓦斯爆炸。所以说，不符合煤矿安全生产规程规定的以及没有煤安标志的不合格物资及产品是煤矿安全生产的大敌，特别是在当前的市场经济兴旺发达，真假产品同时占据市场的形势下，认真搞好煤炭企业使用的各类物资及产品的质量检验与监督是非常重要的，它与煤矿的安全生产和企业的经济效益有着密切的关系。

2. 搞好到货物资的质量检验与监督，是煤炭企业增强安全生产能力，实现效益最大化的重要措施

在当前市场经济的深化改革年代，多种经济成分和所有制形式并存，生产资料市场繁荣，各类物资及产品的进货渠道丰富，质量好坏不一。因此，煤炭企业的物资供应部门要通过加强对购进的各类物资产品的质量检查验收，掌握到货物资的质量状况，对达不到质量标准要求的不合格的产品要及时地给予拒付和提出索赔，就能减少损失，增强安全生产

能力，进而提高企业的经济效益。如：原辽源局针对形式发展的需要，在器材供应处成立了物资质量监督检查站，负责对进入局内流通和消耗领域的物资器材进行质量检查，几年来收到了可喜的效果，每年都可获得厂方质量索赔款近几百万。这些效益大多数都是体现在事后索赔。在实际生产当中还有很多物资由于质量差达不到使用寿命时间，本应使用一年的机电产品，使用半年就不行了。这些情况我们还没有完全掌握，细算起来这是一笔十分可观的经济账。如果我们认真搞好机械设备及产品的质量检查监督，就能杜绝这笔损失浪费，所以说搞好各类物资及产品的质量检验，是煤炭企业增强安全生产能力，提高经济效益的重要环节。

3. 煤炭企业使用的各类物资及产品的质量检验与监督，要体现在多环节上

我们已经知道，煤矿用各类物资及产品的质量与安全生产、经济效益密切相关。那么，如何搞好这些物资的质量检验与监督呢？我们认为，搞好质量检验不能局限于这些物资进购后的检查，这是很被动的。有效的物资质量检验与监督应该体现在计划、采购、验收、使用、管理等多个环节上

（1）重视产品计划采购中的质量检查

随着经济体制的改革深入，生产不断发展，生产厂家迅速增加，产品质量优劣不等，以劣充优的现象屡见不鲜。有些产品采购进来不能用，或者今年进来明年就报废，给企业造成不应有的损失。针对这些问题，煤炭企业的各个相关业务职能部门就要在计划、选型、设计、招标、采购等环节上下功夫，一方面要选择技术水平高、业务能力强、有强烈的责任心和事业感的工作人员。另一方面要落实经济责任制，按比例、比价、比长、比牌、就地、就近的采购原则，与信誉好的供货厂家签订供需合同，为煤炭安全生产建设组织高质量的各类物资及产品。同时，企业的机电、设计、纪检，企管等相关部门必须全过程参与，做好监督，在进货渠道、质量、价格等方面予以把关，使物资检验工作做到进货之前，就能有效地控制劣质产品的流入。

（2）做好各类物资到货后验收环节的质量检验

煤炭企业部门的验收工作，以往只是局限于嫁对发票、合同、查看三证等步骤的数量验收。对质量方面的检验因为缺少技术力量和必要的检测器具，而只能看到产品的外观质量，内在的质量问题在验收环节上往往是检查不出来。为了提高煤矿安全生产水平和经济效益，减少不必要的损失，就必须在数量验收的同时，加强质量验收，增设质量检测器具，配备专业技术人员，把好进货质量关，杜绝不合格产品和伪劣产品的进入，比米娜不合格产品从流通领域进入使用环节而给煤炭生产造成损失。

（3）做好使用管理环节的质量检验与监督

因为受质量检测能力所限，煤矿用的一些机电产品在验收环节上是发现不了产品内在的质量问题，需要在正确使用过程中来验正反馈产品的质量状况为依据，与供货厂家取得联系，提出质量索赔。需要强调的是：索赔依据必须科学合理，经得起实践的验收，否

则，不但得不到经济索赔，而且还会有损于我们的信誉。各类物资及产品在使用过程中的质量信息反馈非常重要，是企业减少损失，增加经济索赔的重要环节。

（4）加强质检验收人员队伍的建设

目前，煤炭企业相关部门的质量检验人员短缺，技术力量比较薄弱。这就要在克服困难、创造条件，认真搞好到货产品的质量检验的同时，强化对现有质量检验人员的业务学习培训，提高技术业务素质，增强主人翁责任感，收集并掌握各种产品的质量标准，以各种标准作为解决纠纷和提出索赔的依据，就一定能取得成效，为企业挽回不必要的经济损失。

第三节　物资保管保养及出入库管理

一、物资保管保养

对库存物资进行保存和管理的活动。物资仓库业务管理活动之一。物资保管的目的是保证库存物资数量准确、质量完好、安全可靠，随时可供使用。科学合理的保管，可以提高物资收发作业的质量，给库存物资提供良好的自然条件，最大限度地减少自然因素对物资理化性质的影响，防止物资的丢失和损坏。物资保管必须根据物资的性能特点分析研究，寻求适宜保管方式，力争有效地防止或控制各种不同有害因素的影响，保证库存物资的质量要求、数量要求和安全要求。

1. 物资保管的内容

物资保管是仓库管理的中心环节，其主要内容是：建立仓库管理责任制，实行专人管理，专人负责，严格出入库手续；对入库物资，按照安全、方便的原则，进行合理分类，便于存、取、查核、实行货位编号。

对不同类型物资，进行合理保管，区别一般与贵重物资，大体积与微小零星物资，固体和液体物资，有毒与无毒物资，大宗与小宗物资，采取相应措施，分别妥善存放。在此过程中，必须坚持："预防为主，防治结合"的原则，保持仓库整洁，使仓库符合安全、防冻、防腐、防潮、防火的原则。

2. 物资保管的原则

为提高物资保管在作业中的效率，一般应遵循以下原则：

（1）靠近出口原则

刚刚到达的或经常要用的物资指派到离出入口最近的空储位上。

（2）以周转率为基础原则

即按照物资在仓库的周转率（销售量除以存货量）来排定储位。

（3）相关性原则

相关性大的物资在订购时经常被同时订购，所以应尽可能存放在相邻位置。因为物资相关性储存可以缩短提取路程，减少工作人员工作量，简化清点工作。

（4）同一性原则

同一性原则是指在同一物资储放于同一保管位置的原则。对同一物资在存取花费最少搬运时间是提高物流中心作业生产力的基本原则之一。因而同一性法则是任何仓储中心皆应确实遵守的重点原则。

（5）类似性原则

类似性原则是指将一系列相类似品比邻保管的原则。此原则根据与同一性法则同样的观点而来。

（6）互补性原则

互补性高的物资也应存放于邻近位置，以便缺货时可迅速以另一品项目替代。

（7）兼容性原则

兼容性低的产品绝不可放置在一起，以免损害产品品质，如烟、香皂、茶便不可放在一起。

（8）先进先出原则

所谓先进先出原则，是指先保管的物资先出库。

（9）叠高原则

所谓叠高原则，即是像堆积木般将物资叠高。

（10）面对通道原则

所谓面对通道原则，是指在保管作业时把物资可识别的标号、名称面对通路来保管，让作业员更加容易、更为简单地辨识。

（11）尺寸原则

在布置仓库时，同时考虑物资单位大小及由于相同的一群物资所造成的整批形状，以便能提供适当的空间来满足某一特定的需要。

（12）重量特性原则

所谓重量特性原则，是按照物资重量的不同来决定储放物资在保管场所的高低位置。

（13）特性原则

物资特性不仅涉及物资本身的危险及易腐性质，同时也可能影响其他物资，因此在保管时必须加以考虑。

（14）储位表示原则

所谓储位表示原则，指把保管物资的位置给予明确表示。此原则主要目的在于将存取单元化，并能减少其间的错误。尤其在临时人员、高龄作业员不少的仓库，此原则更为必要。

（15）明了性原则

所谓明了性原则，是指利用视觉，使管理场所及保管能够容易识别的原则。此原则对储位表示原则、同一性原则及叠高原则等都能顾及，例如颜色看板、布条、标示符号等方式，让作业员一目了然，且能产生联想而帮助记忆。

3. 仓库保管保养

（1）物资入库后，需按不同类别、性能、特点和用途分类分区码放，做到"二齐、三清、四定位"。

1）二齐：物资摆放整齐、库容干净整齐。

2）三清：材料清、数量清、规格标识清。

3）四定位：按区、按排、按架、按位定位。

（2）仓库管理员对常用或每日有变动的物资要随时盘点，若发现数量有误差须及时找出原因并更正。

（3）库存信息及时呈报。须对数量、文字、表格仔细核对，确保报表数据的准确性和可靠性。

合理安排你的仓库库容，给每种物料贴上明确的标签，做到先进先出，了解采取合理的保护措施，防止物资因各种原因受到损坏。定期盘点一下你的仓库，检查一下帐物是否相符，如果不是，就要查找原因（收发错误，合理损耗等等），做一张盘点盈亏汇总表，汇报给上级，更改账面数字，以做到帐卡物相符。

二、物资的出库管理

物料出库作业是存储管理人员根据生产计划和物料发放凭证，将所需物料从仓库中取出发放给所需单位而进行的各项业务作业过程。物料出库管理就是对物料出库作业的整体规划活动。

1. 物料发放的原则

物料出库管理主要包括以下两方面的工作。

（1）物料需求单位

物料需求单位凭借规定的领料凭证（如领料单、挑拨单等）领取所需物料。领料凭证应该包括需要领取的物料名称、规格、数量等项目以及提取方式等内容。

（2）仓库

仓储管理人员在物料出库时，必须核查领料凭证的正误，按照凭证上的说明，组织物料的出库作业，并要保证把物料准确、完好地发送出去。

从仓库方面来说，虽然物料种类很多，但是物料的发放也有一定的原则可循。

1）物料发放需要遵守既定程序。物料的发放必须按照事先规定的程序来进行，领取物料时必须持有领料凭证，且领料凭证必须符合规定要求。

2）物料发放一般采用先进先出。物料存储首先要保证物料的可用性不变。如坚持"先进先出"的原则，可以最大限度地保证物料的可用性。同时，也要做到"保管条件差的物料先出库，包装差的物料先出库"，这也是保证物料可用性的方法之一。

3）平时做好物料发放的准备。为了使物料得到合理使用、及时投产，必须做到快速、准确地发放物料。为此，存储人员需要提前做好发放物料的准备工作，如备好包装，准备好搬运的机器设备，安排好各种出库物料的作业人员。

4）物料出库应及时记账。物料发送出去后，必须及时在物料保管账簿上核销，并且要保存好发料凭证，以供日后查阅。

5）物料发放要保证安全。物料发放时要注意安全操作，防止损坏包装，振坏、摔坏物料。同时，物料要包装完整、捆扎牢靠，避免运输差错和运输导致的物料破损。

此外，仓储人员还需要经常注意物料的安全保质期等，对于已经超过保质期的物料或者已经失效的物料、已经失去使用价值的物料要严防出库，确保物料发放时的质量。

2. 物料发放的方式

物料发放方式是指仓库将物料交付给用料单位时所采用的方式。需要用什么样的物料发放方式，要根据具体的情况，由供需双方事先协商确定。物料出库的基本方式有送货、提货、托运、过户、取样、移仓。

（1）送货

仓库根据物料需求单位的出库通知单或者出库请求，通过发货作业把物料送到需求单位，即通常所说的"送货制"。

仓库实行送货有多方面的好处。

1）仓库可以预先安排作业，缩短物料的发货时间。

2）物料需求单位可以避免因人力、车辆等不易协调而发生取料困难的问题。

3）因为仓储管理人员对物料的保管运输条件更加熟悉，可以更加合理地使用运输工具。

（2）提货

这种物料发放方式是指物料需求方持物料发放单据到仓库直接取货，而仓库方面则凭单据来发放物料。

仓库的发货作业人员与物料提取人员应该在仓库的现场划清交接责任，当面交接，并办理签收手续。

（3）托运

托运是指由仓库方面通过运输单位进行物料托运，将物料运到物料需求单位指定的地点，然后由物料需求单位自动提取。

这种物料出库方式适合存储地点远离需求地点的情况。需要注意的是，托运期间物料的保管工作还不算完成，需要继续做好复核工作。

（4）过户

过户是一种就地划拨的形式，实物的物料并未出库，但是使用权已经被划拨给物料需求单位。

仓库需要根据物流需求单位的正式过户凭证，才可将物料过户手续办理完整。这种物料发放方式可以对物料的采购计划产生较好的影响，因为可以清楚地掌握物料需求情况。

（5）取样

取样是指物料需求单位由于物料检验的需要，到仓库提取所需物料的样品。

仓库方面必须根据正式的物料取样凭证，才可以发放物料样品，并做好账务记录。

（6）转仓

转仓是指物料需求单位为了改变存储条件或者基于业务变更的原因，将某仓库中的物料由原来的物料存储地转移到新存储地的物料发送方式。

转仓时，要根据物料需求单位开出的正式转仓单据，来办理转仓手续。

3.物料发放的程序

物料发放程序的明确，可以防止物料出库作业出现失误，在进行物料发放时，必须严格遵守规定好的物料发放程序，使出库作业得以有序进行。

（1）物料出库前的准备

通常情况下，仓库物料调度在物料出库的前一天。仓储管理人员在接到物料出库单据后，应该按照物料去向，来分理、复核提货单，并及时地编制好物料出库作业计划，做好物料发放出库准备工作。

物料出库前，需要做以下几方面的准备工作。

1）为了便于不同工作组的配合，作业人员需要在进出库业务通告盘上注明物料的名称、规格、数量、储位、发放时间等相关信息。

2）按照物料仓库单据寻找好物料的储位、货号等，然后将确认无误的物料储位信息标记出来，以备物料发放。

3）在物料发放之前，要确定好物料装卸方法，避免打乱物料的存储环境。

4）对需要长途运输、需求低或者已损坏的物料，要进行包装；对于原来的包装不适合发放运输的物料，要进行二次包装。

（2）审核物料出库凭证

仓库方面在接到物料出库凭证后必须对其进行审核，包括以下几个方面。

1）审核物料出库凭证的合法性、真实性。

2）审核物料出库凭证是否齐全，内容是否完整。

3）审核发放物料的名称、规格、数量等。

4）审核物料接收单位是否正确。

（3）物料出库信息的处理

对物料出库凭证审核无误后，要对物料出库信息进行处理。处理的方法一般有人工处理和使用计算机处理两种。

当采用人工的方法处理物料出库信息时，由记账人员将出库凭证上的信息按照规定的程序登记入账，同时在物料出库凭证上注明物料信息，并及时地核对物料结存数量。

当采用计算机处理物料出库信息时，记账人员将出库凭证上的信息输入计算机内，由物料出库系统自行处理信息，之后打印生成拣货单据。

（4）物料的拣货与分货

物料拣货作业是根据物料需求单位的物料出库凭证，迅速地组织人力、物力将物料从存储位置挑拣出来的作业过程。

1）拣货作业。按照物料挑拣过程的自动化程度，拣货可以分为人工拣货、机械拣货和自动拣货三种形式。

2）分货作业。物料分货作业又被称为配货作业，是在拣货作业完成后，根据物料出库凭证的不同而进行不同组合的物料分类工作。分货方式可以分为两种形式，即人工分货和自动分拣机分货。

①人工分货是由作业人员来进行的。作业人员将不同的物料需求方的物料分类篮贴好标签，然后在分货作业中将取出来的物料放在篮中。

②自动分拣机分货是利用计算机和识别系统以及分拣系统来进行的。这种分拣方式的特点是迅速、准确，尤其是在分拣的数量很大时效果尤为突出。

（5）物料的包装

物料在出库时，有的并不需要包装，可以直接运输到需求单位。但是，有些物料必须经过包装后才可以出库，例如对一些易碎物料，必须包装、加固一下，才能避免在运输过程中损坏。

（6）登账

在物料出库后，物料保管人员需要在物料出库单上填写好物料的实发数量和日期等信息，然后交由接货人员。同时，根据单据登记物料的存储细账，做到随发随记、日清月结。

4.物料发送问题的处理

一个煤炭企业的仓库里会存放很多种类的物料，在物料发放过程中难免会出现各种各样的问题。那么，在物料的发放过程中出现的问题应如何解决呢？这里介绍几种物料发放过程中常见的问题及解决办法。

（1）物料串发和错发

物料的串发和错发是指物料出库人员对物料的种类或者规格不熟悉，或因操作失误，而把错误规格或者错误种类的物料发送出去的情形。

如果需要出库的物料是 A 规格，而实际发货的物料是 B 规格，那么便会造成 A 规格的物料账面数小于实际存储的数量，而 B 规格物料的账面数会大于实际存储的数量。

此时，如果物料尚未运送出去，就要立刻组织作业人员重新进行发货。如果物料已经运送出去时，仓库方面就要向主管部门和送货人员讲明串发或错发的物料名称、数量、规格等，协商解决。如果造成了直接的经济损失，则需要按照赔偿损失单据，冲转调整保管账目。

（2）物料包装损坏

物料包装出现损坏是指物料在发放过程中因为外包装破损等现象而引起渗漏、裸露等问题。

包装损坏主要是因存储过程中的堆垛挤压、物料装卸搬运作业时地不慎重等导致外包装破损、脱钉和松绳而造成的。这时就要对物料进行加固整理，以保证物料在出库运输过程中的安全性。

如果发现包装内的物料出现损坏现象，在物料出库前要挑拣出来，严禁质量不好的物料从仓库中流出。

（3）未一次性发放完

在物料出库时，原则上需要按照物料出库单据上的数量标识，在一天之内一次性完成。但是当遇到物料出库量较大，无法在一天之内完成时，就要办理物料分批提取手续，分别提取所需物料。

（4）出库凭证出现问题

物料出库凭证是物料的"出库通知单"。若出库凭证出现问题，则必须严加核对、处理。其具体问题与解决办法如下：

1）如果发现物料出库凭证是假冒的或者出现涂改、复制等现象，要及时与仓库保卫部门联系，妥善处理类似情况。

2）验收单据时，如果物料出库凭证存在问题，如抬头与印章不符合等，这就要及时与出具单据的部门协商解决的办法。

3）任何白条都不可以作为物料发放凭证。除特殊情况（如发生火灾）外，物料发放都必须严格遵循出库流程。

4）如物料出库凭证已超过取货期限，那么在使用该物料出库凭证时必须办理相关手续，才能准予发送。

5）当物料需求部门突然发现物料规格有误时，出库人员不可自行调换，而必须通过单据开立人员重新开发单据，然后再进行物料的更换。

6）如果物料出库单据不慎丢失，取货人员必须先挂失，再以原开票人员的签字作为证明，方可发送物料。如果挂失过程中物料已被取走，仓库方面不承担责任，但要协助进行追查；如果物料尚未被取走，仓库方面须经核对后方可发送物料。

（5）出现漏记账或记错账

漏记账是指在物料发放作业中，因没有及时核销物料明细账而造成的物料账面数量大于实际存货量的现象。记错账则是指核销明细账时出现的"账目与仓库实际存储量不符"的现象。

一旦出现以上两种情况，记账人员就要核对物料入库和出库的原始凭据，根据原始凭证对其进行修改。

总之，在物料发送过程中，要严格执行物料发放程序，避免出现错误。但是如果错误不可避免地出现了，则要与源头部门核对协商，及时作出处理。

三、物资的入库管理

物料入库是仓储作业的开始。虽然入库作业的流程在各个仓库有所不同，但是大都包括入库准备、物料接运、物料验收、入库手续办理四个流程。仓储管理人员需掌握各个流程作业技能，确保入库作业的顺畅、高效。

1. 入库准备

做好物料入库准备，可以保证物料准确、迅速地入库，防止因物料突然到达而造成场面混乱。物料入库前，仓储管理人员要编制物料接收计划，并做好物料入库前的具体准备工作。

（1）编制物料接收计划

为了便于配备各种物料接收机械设备、协调安排仓库储位、安排劳动作业人员，仓储管理人员必须事先编制物料接收计划。

物料接收计划依据采购部门提供的采购计划，再结合仓库本身的存储能力、机械设备条件和作业人员数量以及各种存储作业所需时间而制订。

采购部门提供的采购计划主要包括各类物料的进货时间以及进货物料的种类、规格、数量等。将采购计划稍作改动，再补入对应的仓储设备、人员等的安排事项，就可以得到物料接收计划。

需要注意的是，采购部门的采购计划和进货的安排有时会发生变化。为适应这种动态变化的情况，仓储管理人员在编制物料接收计划时可以按月编制，采用"长计划短安排"的形式。

（2）物料入库前的具体准备工作

除编制物料接收计划外，仓储人员还要做好物料入库前的具体准备工作。仓储管理人员要根据物料接收计划，并且通过与物料采购部门、运输部门联系，在具体掌握了物料的数量、种类、到货时间、到货地点等详细的信息后，再确定接收。

物料入库前的具体准备工作主要包含以下内容。

1）安排物料的储位。按照即将接收的物料的数量、种类、性能、保管时间、堆码要求等情况，计算物料需要占用的储位面积，然后进行必要的清场、腾仓、准备好验收的场地等。

2）准备机械设备。根据即将接收的物料的数量、种类及接运方式等，确定物料搬运、装卸、计量的方法，然后配备相应的车辆、检验计量器材、装卸搬运机械设备、堆码苫垫工具及必要的防护用具等。

3）组织存储作业人员。按照物料到达的数量、时间、地点等，组织相关人员做好接运、装卸搬运、检验、堆码等工作。

4）准配充足的苫垫用品。根据物料的性质、尺寸、数量以及存放场地的具体条件，确定物料的堆码形式和苫盖形式，进而确定苫盖物料的数量，做到物料堆放与苫盖作业在一个时间完成，不重复工作。

5）做好验收准备。仓储管理人员要根据物料的性质、批量等情况与存储管理制度，确定验收方法，并准备好验收时点数、称量、丈量、开箱装箱等作业所需要的工具。

6）备好相关单据。仓储人员对物料入库需要的报表、单据、登记簿（如入库记录、料卡、理货检查单等）进行预填写，以免在入库时因填写匆忙，而导致局面混乱或数据错误。

2.物料接运

物料入库前的接运作业，其主要任务是及时且准确地向物料运输部门提取物料，将物料运输到仓库进行储存，并且办好手续，为接下来的物料验收做好准备。

物料接运作业的职责在于，防止把物料在运来之前与物料运输过程中发生的错误与损坏带入仓库。从而提前发现问题，为以后的物料检验、储存工作打下良好的基础。

以下将具体说明如何进行物料接运作业。

（1）车站、码头接货

在车站、码头接运物料时，主要完成三项工作，即知货、验货和运输。

1）知货。知货是物料接运的重要环节。知货要求物料接运作业人员对物料的名称、型号、基本特性、运输条件和注意事项等全面、熟练地掌握，以确保物料在接运过程中不出现纰漏而影响物料的质量。

仓储管理人员可根据对物料的数量、体积大小等特征和运输条件的了解，做好相应的物料接运准备，例如根据物料的到货数量，组织装卸人员、器具和车辆。

2）验货。在提取物料时，要根据物料提取单据和凭证，详细地核对物料名称、规格和数量，并且要注意物料的外观，查看包装封存是否完好，有没有沾污、受潮、水渍等异常状况。若有疑点或者与单据不符，应当场要求运输部门核对检查。对于缺损、破坏情况，如果因运输部门的过失造成，则应该形成书面记录。公路运输交接单如表4-1所示。

3）运输。这里的运输是指运输部门将物料由接货点运输到仓库的过程。在短途运输中，接运物料要做到"不混淆"，避免碰撞损坏。

（2）专用线接运作业

当收到专用线的到货通知后，应该立刻确定卸货的货位，力求缩短搬运的距离。同时，要准备好卸货所需机械设备与配备好作业人员，以准备卸货。

1）到货后引导运输车辆对位，并进行检查，确认物料运输的封闭情况是否完好，如苫布等是否存在异常。

2）接运作业人员要根据运单和相关的资料，核对物料的名称、规格、数量，并查看包装是否损坏或者出现散包、进水、受潮等现象。如在检验中发现异常，要请求专线运输部门复查并做好记录。

3）卸货时，要注意分清车号、物料名称和规格，为物料的检验与入库提供便利。卸货过程中，要注意保护物料，保证包装完好，不自行打开包装。在堆放时，要根据物料的形式，采取合理的堆放方式。

4）卸货完毕后，应编制卸货记录。在记录中，需记明卸车货位规格、数量，连同相关单据资料，并交予仓库保管人员。

3. 物料验收

物料验收是一项技术要求严格的作业，是根据规定，对物料的质量、数目、包装等进行检验查收工作的总称。做好物料验收工作具有十分重要的意义，体现在以下几个方面。

（1）核对验收单据物料入库时需要的验收单据

核对验收单据，就是将上面提到的验收单据加以整理，然后全面核对。若核对相符后，即可进行抽样与实物验收。若发现验收单据不齐全或与实际情况不相符，则要与物料接运单位协商解决。

（2）确定抽样比例

出于经济方面的考虑以及受人力、仓库条件等因素的制约，对某些大批量的物料可以不做全数验收，而是采取抽验的方法对物料进行验收。抽验时，抽验比例以签订的合同为标准，如果合同中没有明确抽验比例，则可以考虑以下因素。

1）物料的价值。对贵重的物料（如价格昂贵的精密仪器等），在入库时的抽验比例稍大一些，在个别情况下要全部验收。对于那些价格低、数量大的物料，则可以降低验收比例。

2）物料的特点与性质。物料的特点与性质不同，其验收的比例也会有所不同。对于那些性质不稳定或者质量容易变化的物料（如玻璃材质物料、易挥发物料），应提高验收比例。对于那些质量稳定的物料，只要外包装完好，内部就不易损坏，其验收比例可以设定得小一些。

3）物料的生产技术水平。对于那些生产技术好、工艺水平高、质量稳定的物料，其验收比例可定得小一些，而对于那些生产技术比较低、质量不稳定的物料，交货验收时的验收比例则要定得大一些。

4）包装情况。这里主要指包装的效果。对于包装的用料差、技术水平低、结构不牢固，会直接影响运输效果和物料质量，且易发生物料散落、丢失、损坏的物料，在验收时要确定较大的验收比例。对于包装质量好且完好无损的物料，验收比例可适当调小。

5）运输方式和运输距离。在物料运输过程中，由于运输方式、运输工具、运输距离、运输中转环节的不同，会对物料的质量产生一定的影响。因此，在入库验收时，需要视情况设定验收的比例。如汽车运输并且运输距离比较长时，物料会因为运输途中振动较大而导致物料损坏较多，因而可在验收时确定较大的抽检比例；对于采取水运或者航运方式的物料，由于运输振动小，损坏也会小一些，则可适当调小验收比例。

6）物料供应商的信誉。如果煤炭企业长期与某供应商合作，在接受该供应商的物料时，物料很少或者几乎不出现质量问题，则可以适当降低物料验收的比例；而对于信誉较差的供应商或是刚刚合作的供应商，则必须提高物料验收比例。

（3）实物验收

实物验收就是根据入库单据和相关技术资料对实物进行数量、质量的验收。

1）数量验收。数量验收就是保证物料验收数量与采购数量一致，一般发生在质量验收之前。按照物料的性质与包装不同，数量验收方法可以分为三种，分别是计件法、检斤法和检尺求积法。

2）质量验收。质量验收包括多方面的内容，主要有外观质量验收、尺寸精度验收、物理机械性能验收和化学成分含量验收。一般情况下存储验收时只做外观质量验收和尺寸精度验收，对后两种验收则需要由专业的技术人员来操作。

①物料外观质量验收。物料外观质量验收是指通过验收人员的眼睛，直观地检查物料及其包装外形是否存在被污损、受潮霉变等现象。

在进行外观质量验收时，如发现有严重缺陷的物料，要挑拣出来，另行存放，防止与好的物料混杂，并做好检验记录。

②物料尺寸精度验收。不同物料的尺寸检验有其独特的要求：对圆形的物料，需要重点检查物料的直径和圆度；对管状的物料，需要重点检查厚度和内径；对板材类物料，需要重点检查厚度及其均匀度等。对于机械设备的精度检验，一般由专门的技术人员检验或直接由供应商负责。

尺寸精度的检验是一项技术性较强的检验，非常耗时耗力，如全部检验，那么工作量十分大，所以这类检验通常采用抽样方式。

③物料理化验收。一般情况下，对于进口的物料需要进行理化检验。理化检验的工作较为复杂，通常由质检部负责，这里不多做介绍。

需要注意的是，在验收人员完成验收任务后，需要做出详细地记录，认真填写仓库物料验收码单和仓库物料验收记录，并作出书面总结，以便于向主管部门报告和便于查询工作。

4.入库手续办理

物料验收合格后，要办理入库手续，包括登账、立卡、建档等工作。这是物料入库作业的最后一个环节。

（1）登账

为了准确地反映物料的进、出库和库存情况，仓库除了要有物料账凭以供结算外，还要建立详细的物料进、出和结存的明细料账，用以记录仓库物料的动态，并且为日后对账提供依据。

在登账时，要遵循以下原则。

1）登账时必须以正式凭证为依据，如入库单、领料单。

2）记账要保持连续、完整，按照日期顺序来，不能隔行、跳页等。账页要依次编号，在年末结存后转入新账，将旧账存档并妥善保管。

3）使用蓝、黑色钢笔或水性笔登账，用红色笔冲账。当登账时出现错误时，不能胡乱涂改，而应该在错处画一条红色线表示注销，然后在错处上方填写正确的文字或数字，且要在更改处加印更改者的印章。

4）记账时，数字或文字的书写应该占用空白的2/3，以便于改错。

（2）立卡

这里的"卡"是指料卡、料签或物料验收明细卡，是直接反应物料的名称、型号、规格、数量、进出动态及积存数的保管卡。

按其作用不同，料卡可以分为物料状态卡和物料标识卡。

物料状态卡是指用来标明物料所处业务状态或阶段的标示卡。依据ISO9000国家质量标准认证体系的要求，在仓库中要根据物料的状态，按照可追溯的要求，设置待检、待处理、合格等状态标识。

物料标识卡主要用来标明物料的名称、规格、批次和供应商信息。依据ISO9000国家质量标准认证体系的要求，在仓库中要根据物料的状态，按照供应商、入库批次的不同和可追溯性的要求来设置标识卡。

（3）建材

物料建档是指对物料入库作业全过程相关的资料单据进行整理、核对，建立档案资料。物料建档为物料的存储保管、出入库作业提供了良好的条件。

物料建档时一般要按照以下原则来操作。

1）一物一档。存档资料必须做好一物一档。档案中一般要包括以下内容。

①物料出厂时的各种技术资料和凭证，包括物料技术证明、合格证、发货明细表等。

②物料的运输单据、货运记录和运输交接单等。

③物料验收的入库通知单、验收记录、技术报告等。

④物料保管期间的检查、保养、变动情况记录。

⑤物料出库凭证。

2）统一编号。对物料的档案应该统一编号，并且在档案上注明货位号，同时要在物料保管明细料账上注明档案编号，以便于查阅。物料的保管期限可以根据实际情况进行斟酌。

入库手续主要是一些单据的处理，完整的物料入库单据一般包括送货回单、料卡、账页、存储凭证。

单据在整个物料入库中的流程。在物料进入仓库前，需要将所有单据备齐。在仓储作业的不同阶段，物料入库的四种单据有不同的使用去向。在验收阶段，需要用到送货回单、料卡、账页；在验收完毕后，将回单交给物料运送单位以作为仓库收货的凭证；在物料的存放保管阶段，用到的是料卡和账页；在物料入库作业完成后，将存储凭证最后交由会计部门进行账目登记。

第四节　物资库存管理

一、我国煤矿企业物资库存的管理的现状

（1）我国在物资库存中，由于库存的结构不合理，导致在煤矿企业在生产产品时会形成"高消耗、高投入"的现象。而又由于在煤矿企业中，库存着大量的沉积下来的物资或者是报废的物资，而导致煤矿企业的大量物资积压，企业在没有处理完这些物资时，又有新的积压物资出现，这样就会导致煤矿企业有着大量的资金沉淀，企业的资金沉淀非常容易影响企业的资金周转。而在我国的煤矿企业中，沉积的物资即将占到总物资的一半。

（2）在我国的煤矿库存物资管理中，主要运用的是多头储备、分散管理的措施。但是这种管理措施使得我国煤矿企业的内部不能进行有效及时的沟通，对企业内部的各部门的信息也不能及时地获取，使得煤矿内部之间的联合或者沟通受到了一定的阻碍。而这些阻碍的产生通常会导致我国煤矿之间的资源不能够及时地进行分享和互相调配。当煤矿企业之间的资源不能进行有效的分享时，会导致各个煤矿部门之间重复储备，提高了煤矿的采购成本，而采购的效率降低。

（3）在我国煤矿企业的库存物资管理中，运用了两级库存模式。这一模式的采用，通常会增加了煤矿企业的建设成本和管理成本。在对企业的物资进行库存时，要根据物资的实际情况来建设仓库，并且要找寻出如何的储存方式来存储物资。这就使得企业必须要投入大量的资金来建设存储物资的仓库和储存物资的各种设备。同时企业要耗费大量的人力

和物力来维护和保养物资以及物资出入库的现象。这通常都使得煤矿企业在花费大量的财力来管理企业的物资。

（4）对于煤矿企业传统的物资库存管理的模式已经不适应现代的市场经济和现代企业的经营管理模式的制度。煤矿企业库存物资的结构不合理或者是库存物资的大量的积压、报废以及库存制度的不规范，使得我国现在的煤矿企业库存物资的管理存在着一定的缺陷，而对于这些缺陷，我们可以运用精益管理模式来进行煤矿企业管理。

二、煤矿企业物资库存精益管理对煤矿企业生存发展的意义

1. 煤矿企业在发展的过程当中离不开物资对其的供应程度

煤矿企业主要是从矿井下采集出煤炭，只有及时合理的物资供应才能进行持续有序的煤炭采集。只有对库存物资进行精益管理时才能保证正常的物资供应，而正常的物资供应能够保证煤炭的生产。

2. 炭在井下进行生产时，通常会受到各种条件的制约

如：矿井所处的地质条件、井下的瓦斯以及生产出来的煤尘，而受这些条件的制约都会阻碍了煤炭的正常安全的生产。而不安全的煤炭生产过程当中，常常会危及工作人员的生命安全以及企业的经济状况。而在煤炭的采集过程当中，所需要的各种物资才能够保证煤炭企业的安全生产。因此，就需要对库存物资进行精益管理，提高煤炭企业的安全生产水平。

3. 一个企业的物资管理是否科学规范化往往决定着整个企业管理水平的程度

在煤炭企业中，物资管理是煤炭企业生产管理的一个重要的环节，它对提高企业生产的速度，企业管理的规范化都有着很好的促进作用。采用精益管理对煤炭企业库存物资进行管理能够保证企业的正常运作与管理。煤矿企业只有在正常的生产过程当中才会提高本身的经济效益。

4. 物资浪费现象

在对煤炭企业的库存物资进行现状分析时，我们会发现有许多物资被浪费掉，而且也使这个煤炭企业里的各种资源不能够有效利用。只有在利用精益管理时，对企业的库存物资进行有效地利用，才能避免因为不合理的管理物资而造成不必要的资源浪费。这样的做法不仅提高了煤炭企业的资源利用效率也从根本上替企业节省了一定的资金成本。

5. 我国在煤矿企业的库存物资管理中，运用了两级库存模式

而这种模式往往使得企业需要投入大量的资金建设仓库。在利用精益管理对库存物资进行管理时，能够有效地提高物资的利用率，对沉积的物资进行有效地清理与周转利用，同时也对库存物资进行合理的调配。不管是采购还是利用，精益管理模式都能够有效地降低企业的投入资金，保证了企业的经济效益。

6. 管理人员缺乏热情

一般传统的物资管理是需要经过多个部门才能对物资有一个大概的了解，通常会造成混乱的局面，而使管理人员缺少了一定的工作热情。在对物资进行有效的精益管理时，对物资的采购、调配以及利用方面都有着科学的管理。面对着井然有序的工作环境与环节使企业能够正常的运行，工作人员在面对科学合理的工作过程会有一个良好的工作心态，能够对工作保持着热情的态度，从而使工作人员提高自己的工作效率，也带动了煤矿企业的生产效率。

7. 缺乏企业后方力量的支持

现在的市场充满了竞争力，如何在这个充满竞争力的市场中占据着一席之地不仅需要企业有着优良的工作环境、工作技术以及优秀的企业产品；也需要企业的后方有着强劲有力的支持。而在煤炭企业中，科学合理的物资管理就是煤炭企业的支撑，精益的物资管理才能保证我国煤炭企业在市场经济中占据着有利的地位。

三、煤矿企业物资库存中精益管理模式的设计

1. 在我国的煤炭企业行业中，主要是为了获得经济效益而进行的企业活动

所以，精益管理则是为了获得一定的经济效益而实现一系列的目标。在现代市场中，各型企业之间上演的竞争力则是越来越激烈。为了在市场中占据着一定的地位以及获得越来越多的经济效益，各型企业都向着"零库存"的目标前进。但是，在煤矿企业中，市场对煤炭的需求有着不确定性，所以，煤炭企业中要实现"零库存"的目标是不可能的。但是，企业管理者可以对库存物资进行精益管理，在满足市场对其产品的需求的情况下，然后确定企业能够进行的最优库存，来减少企业的大量沉积下来的物资导致企业成本的浪费。

2. 任何企业在生产产品时，都是想着花费最低的成本来获得最高的经济效益

在企业生产活动当中，都需要花费一定的成本，来实现产品的生产结构。煤炭企业的生产活动同样也需要耗费一定的资金来生产，虽然实现不了零成本来获得产品，但是可以使煤炭企业在精益管理时，减少企业所花费的成本，让企业获得最大的经济效益。

3. 在煤矿企业中，库存的物资经常会造成浪费，使公司造成不必要的成本消耗

煤矿企业者在对库存物资进行精益管理时一直要求的就是及时发现物资的浪费，积极改善库存物资的结构。对造成物资浪费的原因加以分析，并且努力改正，减少企业的不必要的资源浪费，以此来实现让企业获得最大的经济效益。面对着煤矿企业中库存物资中资源浪费的现象，则需要管理者必须找出相应的措施以此来解决这类问题。因为，煤矿企业中不协调以及不合理的分工导致了煤矿企业不断的过多以及重复购买物资，使得企业需要

扩大库存物资的仓库以及过多的资源使用不完，而造成一定的浪费，而让企业的资金受到了一定的损失。因此，煤矿企业在利用精益管理时，要树立"零浪费"的管理理念，保证企业的经济效益。

四、煤矿企业物资库存管理中精益管理的策略

1. 煤矿企业在建立精益管理模式时，要建立完善的管理体系

要根据煤矿中各部门的实际情况和分工管理进行有效的发展规划。将发展规划中的层层细节各个数据都标示清楚，并且将标示的每一项数据都细化到煤矿企业中的每一个部门。将煤矿企业发下来的每一项指标进行分类，如：安全指标、财务指标、管理指标、经营指标、技术指标等，然后将这些指标下发到各个部门，使得他们能够认真执行，形成有效的精益管理模式。

2. 确定战略目标

煤矿企业要建立一定的组织机构，确立一定的战略目标，对企业中的每一个部门进行严格有效的监督与控制，并且能够赋予一些人的自主管理权；在进行精益管理模式中，对物资的管理要精细管理细节，保证责任管理体制。

3. 确定物质的储存情况与范围

在对煤矿企业库存物资进行精细管理时，要根据实际情况确定煤矿企业各种物资的储存情况和储存的范围。在煤矿企业中，对于库存物资的情况中是不能够没有库存物资，或者是储存的物资过多，这样都会导致煤矿企业的浪费。因此煤矿企业在采用精益管理时，必须要在能够有效满足市场上的需求，而制定出最好的库存方式，来降低煤矿企业的生产成本。

4. 煤矿企业是以提高自身企业的经济效益为生产经营模式的

如何获得最大的经济效益，提高盈利的目的，最大限度地获取纯利润是煤矿企业在对物资进行精细管理时最基础的目的。而在实现这些目的之前，对于库存物资总是造成不必要的浪费时，要制定出合理的措施来解决这些问题。煤矿企业在对库存物资进行一定的处理时，总会在处理物资时进行大量的资金投入，提高里企业的管理和生产成本。企业在管理和生产时，是避免不了企业投入一定的资金，但是，我们可以尽可能地减少企业投入的成本。利用精细管理，建立一定的系统管理，采用一定的高科技，来实现煤矿部门的资源共享，使煤矿企业在运行的过程当中能够降低生产和库存成本，减少企业的不必要浪费。

5. 煤矿企业在运用精益管理的模式当中，可以运用现代信息化技术

建立对物资的各种系统性控制，这样可以使煤矿企业能够提升经营管理的速度和能力。在针对煤矿企业的各个岗位制定详细的标准，建立完善的岗位职责体系，同时针对每个岗位的职责范围和工作特征，将工作中需要达到的标准转换为明确的工作标准。

6. 在精细管理中，要建立有效的管理体系

明确每个员工的职责，对每个员工进行考核，建立公正规范、透明有序的管理体系。煤矿企业在选择精益方法时，要考虑结合企业的职能领域，进行系统性的管理。在对煤矿物资进行精益管理时，可以建立问责管理体系。对物资管理中出现的问题要分析出问题的原因，并且对每个责任进行处理分析，然后在分析结束后，对造成者进行一定的处罚制度，实现公正的惩罚分明的制度。

7. 利用社会资源

作为世界上最大的煤炭企业神华集团来说，搞好物资库存管理更是当前急迫而重要的任务，要充分利用好社会资源，加大寄售物资和供应链物资的管理，充分利用好网络管理的优势，最大限度地减少库存，不断提高物资的使用效率。

五、库存管理案例

铁法煤业集团是一个国有特大型煤矿企业核定生产能力为2265万吨，实际生产能力已达2100万吨以上，为确保生产建设的需要，铁法集团每年要消耗近4亿元的物资，与1000多家供应商有着广泛的业务联系，形成了巨大的物流市场，具备物流管理的物质基础。

1. 铁法煤业集团采购库存管理现状

目前，铁法煤业集团物资管理工作通常是采用"局、矿、区（队）"三级供应体制。

（1）物资计划工作

一般由需用单位按生产计划及消耗定额等指标要求提出物资消耗计划，报矿供应科，再由供应科汇总矿内各生产单位的消耗计划，考虑到仓库的库存量，编制矿物资需求计划，上报局供应处。局供应处根据各矿上报情况及总库库存情况，综合考虑其他影响因素，编制全局物资需求计划。

（2）物资采购工作

局供应处根据已编好的物资需求计划，并按预先划分的采购权限，分解各级的采购任务，再由有采购权的局供应处、矿供应科、区（队）的小库，分头编制采购计划，并分别实施采购及相应的结算等业务。

（3）物资仓储工作

各采购单位所采购的物资到货后经过简单的验收，分别存放在各自的库房。局供应处采购的物资通常存放在局总库，各矿通常按需求计划提前将所需物资由局总库办理提货手续后运回并存放在矿仓库。各直接生产单位从矿供应科办理提货手续将物资领出后存放在小库。

（4）物资发放工作

局供应处及矿供应科等物资管理部门，通常是按生产单位提出的需用计划在办理相关

手续后直接发放物资。使用消耗由各生产单位自行控制，生产过程中多余的物资则分别存放在各级库房中。

（5）物资管理基础工作

在多数煤矿企业，物资管理的基础工作还依赖于工作人员的手工操作，有些单位即使有了计算机，由于各种原因也只是打印报表的工具而已，并未实现真正意义上的信息化管理。

（6）忽视了对供应商的管理

没有很好的分析供应商的重要性以及对供应商的依赖性，因而不能合理的分配精力管理供应商。另外也没有引进淘汰机制，没有形成有效的动态供应商网络。

2. 存在的问题分析

由于煤矿企业的三级供应体制，导致在长期的生产和实践过程中出现了很多对煤矿企业竞争能力产生很大影响的问题。主要有：多头管理，多头采购，层层设库，责任不清；采购不规范，采购成本及流通成本高；储备不合理，易形成库存积压；各单位间各自为政，互相之间难以横向调拨物资，在出现生产急需时难以保证；内部相对封闭，与社会资源难以实现共享；信息沟通不畅，管理效率低下。要改变煤矿企业物资管理工作侧重供应忽视经营的现状，提高经济效益，就必须按现代供应链理论对物资管理流程进行再造，构建符合现代物流要求的、适合煤炭行业生产特点的物资管理新体系。下面介绍铁煤集团流程改造和 ERP 的应用。

3. 建立铁法煤业集团采购库存管理新模式

（1）铁煤集团采购战略规划模块

铁煤集团和我国很多的大型煤矿企业一样，没有把采购管理放在企业战略发展的角度上，很大程度上忽视了对供应商的分类管理，采购不够集中，存在暗箱操作。为此，提出铁煤集团采购战略规划模块。根据铁法煤业集团采购管理存在的问题，提出战略目标：发挥物资采购规模效益，增强企业核心竞争力，摒弃多头采购；避免重复进货、交叉储备；在重点物资和非重点物资上合理分配精力，加强供应商管理。

实例提出的战略规划模块如图 5-1 所示：

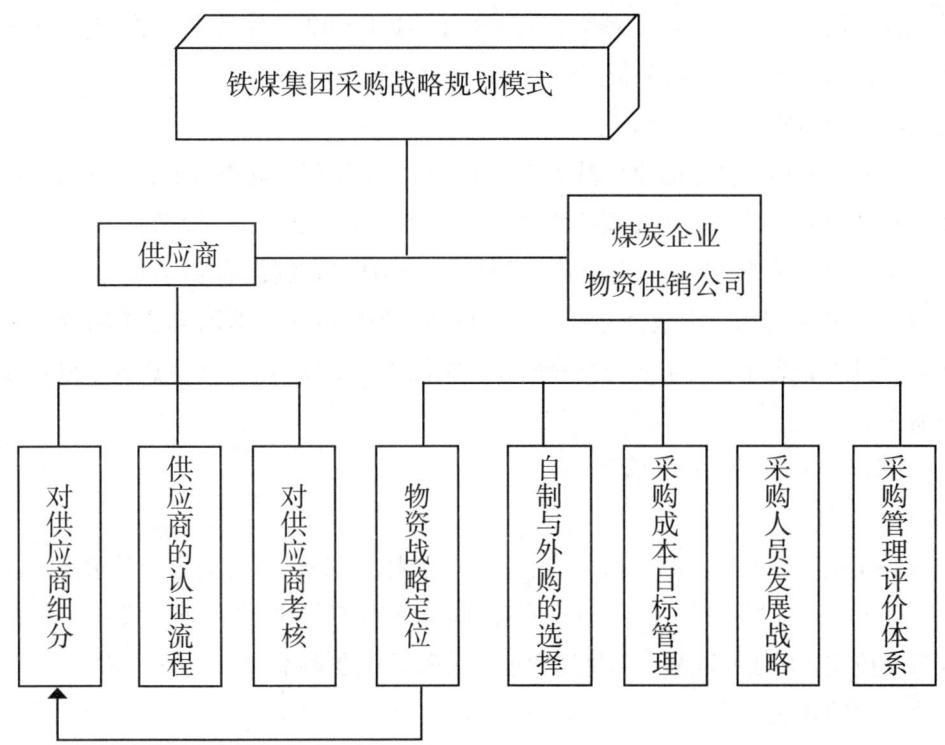

图 5-1　铁煤集团采购战略规划模块

采购战略规划模块主要分两部分：内部对人、财、物的整合；外部对供应商的认证和管理。

1）内部对人、财、物的整合

①采购人员发展战略

在铁法煤业集团，提高采购管理人员素质的一个首要前提是采取有效途径和切实措施精简现有人员。只有人员合理，队伍精干，才可能有较高素质的人才。要提高物流管理人员的素质，除了重视社会宣传外，更为重要的途径是注重对煤矿企业从业人员的培养和训练，在提高文化素质的基础上，加强业务素质的提高和服务意识的培养，使之适应煤矿企业采购管理工作的需要。人是生产力中最积极、最活跃的要素，因此还要培养采购员、仓库员的团队精神，实现 1+1>2 的效应。

②成本目标管理

首先，从物资价格上进行控制。《国有工业企业物资采购管理暂行规定》和《政府采购法》的实质就是要求采取招议标形式订货，实行阳光采购。让供应商在公开、公平、公正的条件下竞争，在同等质量和服务的前提下，选价格较低者。其次，对内高度集中统一，撤销了各矿（处、厂）供应科，二级单位无权自行采购生产建设需用物资。实现了集中采购、集中储备，节约采购、储存成本。再次，应用 ERP 软件系统，在信息技术的支持下实现企业采购工作管理由过分智能化管理向整体性方向质的转变。

③自制与外购的选择

铁法煤业集团拥有自己的原材料生产企业、机电维修厂。物资的采购存在自制和外购的决策问题。自制和外购决策主要决定于两者的经济效果分析。一般情况下，质量相同：单位物资生产成本〈外购价格＋外购的各种费用，则选择自制；单位物资生产成本〉外购价格＋外购的各种费用，则选择外购；外购价格＋外购的各种费用－单位物资生产成本 ≈0，则选择外购。此外还与企业的发展战略、原材料、设备、配件等生产技术或者参数的保密性有关。

2）外部对供应商的认证和管理

①对供应商的细分

把铁煤集团所有的供应商根据采购的 80/20 规则，可以将供应商细分为重点供应商和普通供应商，其基本思想是针对不同的采购物品应采取不同的策略，同时采购工作精力分配也应各有侧重，对于不同物品的供应商也应采取不同的策略。

②供应商的认证

为了保证生产的安全性，各种设备、配件、原材料的供应商都必须通过认证，建立供应商主文件。没有建立主文件的供应商采购，系统拒绝执行。严禁采购无生产许可证、无产品质量合格证、无生产厂家、无防爆合格证、无煤矿安全标志产品。

③对供应商的考核

定期从行业地位、信誉、履约率、产品发展、工艺技术、质量、价格、服务、运输、通信联系等方面正确的评价供应商，对不合格或者不合理的供应商予以淘汰。

（2）铁法煤业流程再造—供应链管理

1）构建煤矿企业物资供应链模型

煤矿企业物资管理由传统的"三级"供应体制逐步改造为以物资公司为核心链节的经营性供应链体制。供应公司作为经营主体，对本企业所拥有的资源及企业可掌握的社会资源进行整合，在保证整个企业生产经营所需物资供应的同时，对供应链各环节进行协调，寻找企业的"第三利润源泉"，促进本企业效益的提高，进而为区域经济的健康发展作出应有的贡献。根据煤矿企业的特点，构建煤矿企业内部物资供应链模型，如图 5-2 所示：

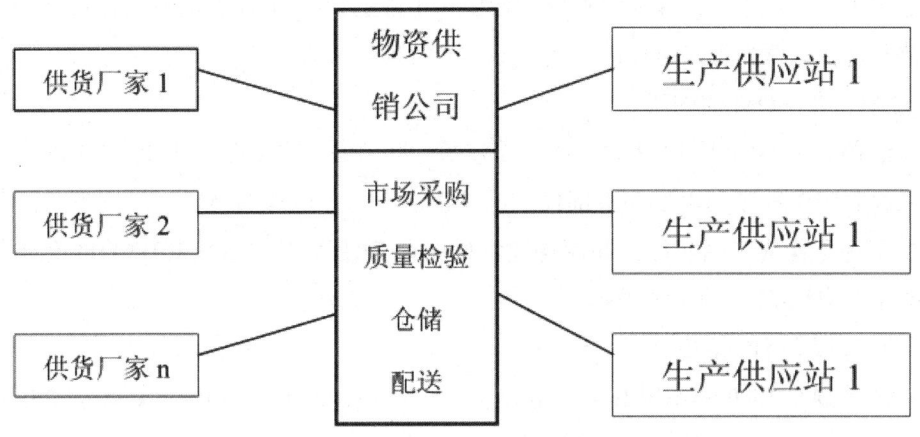

图 5-2　煤矿企业内部物资供应链示意图

2）煤矿企业内部物资供应链管理应实行严格的"五统一三分离"，即统一计划、统一采购、统一仓储、统一配送、统一考核，由物资公司根据各生产单位的物资需求计划，参考历史及相关资料，统一编制物资采购计划；由专业采购部门及人员按相关的程序及要求，发挥规模优势，杜绝不良现象，实现"阳光采购"，并统一进行结算；采购物资按合同约定到货后，由专门人员统一验收、统一保管保养；按用户的需要及时组织统一配送，既保证满足生产单位的需要，又实现运输成本的降低，并在个别单位由于突发事件而出现某种急需时统一调拨，解决危机；供应链管理势必伴随信息化管理，使得各种信息实现即时传递，便于对各单位的物资使用及消耗情况统一考核，及时发现问题，采取措施，实现有效地控制。"三分离"即建立与高度集中相适应的监督管理模式，对采购渠道、价格和质量的有效监督，实行市场采购权、价格控制权、质量检验权三权分立。集团公司赋予物资供销分公司市场采购和仓储管理、配送供应职能；企业管理部价格控制和物资供应管理职能；技术监督处质量检验和监督职能。对内高度集中统一，撤销了各矿（处、厂）供应科，二级单位无权自行采购生产建设需用物资，人、财、物由物资供销分公司直接管理。在二级单位设立驻矿（处、厂）供应站或供应点，实行集中采购、配送和设备。

按照精细化分工，组织专业采购队伍，形成采购中心，组建仓储配送中心，履行仓储、配送职责，实行一体化管理。对外，发挥集团公司集中统一采购的规模优势，对各类物资实行招标和比价采购，逐步由以比价采购手段为主，发展到以招标方式采购，每年组织一次年度性大型生产材料招标会，两次大型设备集中招标会，小额量少的物品实行"比质比价"采购。通过招标和比价采购，大大降低了流通成本，增加了企业利润。

（3）铁煤集团 ERP 的应用策略

1）业务流程的重组和优化

业务流程重组是 ERP 实施的前提，可以说是 ERP 理论的重要组成部分，正如斯蒂芬麦克所说：首先要实现节约，一旦消除了所有多余的流程，你就可以用 ERP 实现标准化。煤矿企业的生产过程具有特殊性，整体管理模式不规范，应用 ERP 之前，必须对业务流程进行规范和优化，譬如可以对煤矿企业实施作业管理。

2）物料清单 BOM 的构建

物料清单（BOM）是 ERP 的核心，是连接主生产计划与物料需求计划的桥梁。标准制造业的物料清单即产品由哪些零部件构成是很清楚的，与其他制造业产品不同，煤矿企业物料的消耗不构成产品实体，如何构建煤矿企业 ERP 是煤矿企业 ERP 的理论难点，是制约煤矿企业应用 ERP 的一个关键。

3）动态主生产计划的编制

主生产计划是 ERP 的逻辑起点，通过主生产计划，ERP 系统可以快速响应市场与顾客。煤矿企业的主要生产计划，一方面受市场环境的影响，另一方面又要受特殊地质条件的制约，如何实现动态的既响应市场又反应特殊地质条件的主要生产计划是煤矿企业 ERP 的关键。另外，信息集成也应该是煤矿企业 ERP 理论的重要组成部分，高度的信息集成是煤矿企业 ERP 中实现实时安全管理和调度管理的保障。在这些侧重点的基础上选择合适的 ERP 进行使用。

4. 流程重组和 ERP 策略对铁煤集团的影响

（1）设计部门和煤矿企业一起参与设备、零件、材料设计价值分析，既保证了正常的安全生产，又降低了成本。

（2）ERP 帮助计划部门确定了零部件自制还是外购的决策；统一管理零部件工序外协和外包业务，利用系统提供的物料与资金信息集成功能，编制和审定采购预算和采购权限以控制企业资金支出；确定每个采购文件的合理批量、安全库存量，控制库存资金占用。

（3）ERP 系统对采购管理提供了一系列的规范化、标准化流程，使在采购作业中存在的暗箱操作等现象无处藏身，实现了阳光采购。

（4）通过对供应商管理，缩短采购提前期，并通过互联网 / 内联网，跟踪采购订单的进度，共同协调运输，保证及时供应提高响应变化的灵敏度。

（5）通过流程重组，使得采购库存各结点设置更加合理，避免了层层设库、层层审批的分散管理，实现了煤业集团统一计划集中管理，增强了讨价还价的能力，使煤业集团更具竞争力。

5. 流程重组和 ERP 策略的实施

在重组和应用 ERP 的过程中，会遇到不少阻力，需做到以下几点：

（1）转变观念由于地位的特殊，长期以来，煤炭行业成为受计划经济影响最重的行业之一。为适应现代市场竞争的需要，煤矿企业的全体员工要真正转变观念，树立牢固的市场意识、竞争意识、成本意识、服务意识、效益意识及资源意识，从思想深处产生强烈的通过再造物资管理流程来实现企业效益提高的愿望。另外，重组中人员变动会产生阻力，要做好思想工作。

（2）建立健全组织结构，向扁平化发展为保证供应链管理能够在煤矿企业的物资管理过程中顺利实现，要对传统的物资管理机构、人员及相应的职责进行彻底的改造，建立健全适应供应链管理的新的管理体制。如将各矿供应科及区（队）的相关人员与局供应处统一合并组建具有独立或相对独立经营权的物资公司，并按公司化运作；供应公司根据各生产单位的地理位置及消耗情况，在考虑现有资源的条件下建立配送中心，完善相关设施；与相关利益共同体合作，建立物资超市及分超市，将销售网点设置在用户身边，便于提供及时有效的服务。

（3）ERP 软件的选择和二次开发问题软件系统的解决方案，主要有两种：①选择供应商，购买 ERP 软件；②选择开发商，用户参与，共同开发 ERP 软件。目前，大部分企业都是采用第一种解决方案，取得了很不错的效果。对于煤矿企业而言，业务流程重组是第一步，只有完成了彻底的业务流程重组再选择有开发能力的开发商，共同开发适应本企业流程的 ERP 软件，或根据重组后的业务流程去选择 ERP 软件供应商，进行二次开发，走软件适应企业流程的路子。

（4）实行供应商动态管理与供应商建立战略联盟对供应商的选择实行优胜劣汰管理。物资公司在内部实施了供应链管理，实现了集中统一采购，可以吸引大的供应商。同时，物资公司还可利用自身的社会形象、国有企业的信誉、渠道、运输等资源，为供应商开展代储代销业务，实现互惠互利。因此，要与供应商建立战略联盟，形成长期友好的合作关系，实现共赢。

（5）在重组过程中，应该采用循序渐进的方法，不能急于求成，应该从煤矿企业总体战略角度出发。

第六章 新时期煤炭业营销环境分析

第一节 煤炭企业的经济、政策、技术环境

一、煤炭企业的经济环境

关于当前全国煤炭行业经济运行形势，总体上可以用四句话概括：一是外部环境变化很快，二是行业自身发展进步很大，三是面临不少困难和挑战，四是发展空间与前景依然广阔。全行业要坚定信心，不忘初心，深化改革，迈上高质量发展的新台阶。

1. 外部环境发生六大变化

煤炭行业发展外部环境变化主要体现在以下六个方面。

（1）我国宏观经济由长周期高速发展转为中高速发展，能源消费增速放缓，煤炭消费增速大幅下降

1949年~1978年，国内生产总值年均增长7.35%；1979年~1993年，国内生产总值年均增长17.5%；1994年~2003年，国内生产总值年均增长12.2%；2004年~2013年，国内生产总值年均增长15.7%；2014年~2018年，国内生产总值年均增长7.3%。改革开放以来，我国国内生产总值年均增速由17.5%到12.2%，再由15.7%到近些年的7.3%；2019年一季度、二季度、三季度，国内生产总值增速分别为6.4%、6.2%和6%，经济增长减速换挡趋势明显。经济增速放缓直接影响能源消费强度和结构。今年前三季度，在我国能源消费结构中，清洁能源比重提高了1.2个百分点，煤炭比重下降了1.7个百分点。

（2）我国经济结构调整步伐加快，特别是第二产业比重持续回落

1978年~2019年前三季度，第一产业比重由27.7%下降到6.2%，下降了21.5个百分点；第二产业比重由47.7%回落到39.8%，回落了7.9个百分点；第三产业比重由24.6%上升到54%，提高了29.4个百分点。产业结构变化带动全社会投资形式变化。全社会固定资产投资增速由2010年的23.8%下降到今年前三季度的5.4%，房地产投资增速由33.2%下降到10.5%。能源需求拉动力明显减弱。

（3）我国能源结构调整优化，替代作用增强

在我国能源消费结构中，煤炭比重由 2005 年的 72.4% 逐渐回落到 2018 年的 59%，回落了 13.4 个百分点；石油比重由 17.8% 提高到 18.9%；天然气比重由 2.4% 提高到 7.8%；可再生能源比重由 7.4% 提高到 14.4%，提高了 7 个百分点。以 2018 年全国能源消费总量 46.4 亿吨标准煤计，能源结构优化相当于替代、减少煤炭消费 4.6 亿吨。

（4）主要耗煤行业电力、冶金、建材、民用等产品产量增速回落

全国火力发电量增速由 2002 年~2013 年的年均增长 11.07%，下降到 2014 年~2018 年的年均增长 3.37%，下降了 7.7 个百分点；同期，粗钢产量年均增速由 14.13% 下降到 3.05%，下降了 11.08 个百分点；水泥产量由年均增长 11.63% 到年均下降 3.17%，增速回落了 14.8 个百分点。火电、冶金、建材行业产品产量增速大幅回落，带动煤炭消费需求大幅减少。初步分析，2019 前 10 个月，全国煤炭消费量 32.5 亿吨，同比增长 0.8%；煤炭产量 30.6 亿吨，同比增加 1.27 亿吨，同比增长 4.5%；煤炭净进口 2.71 亿吨，同比增加 2358 万吨，同比增长 9.6%。全社会煤炭库存处于历史高位。煤炭总量供应宽松态势明显。

（5）全国煤炭转运能力大幅提升

近年来，在大秦、黄骅、集通、张唐等煤炭铁路运输网络能力稳定增加的基础上，瓦日铁路运输能力增加，浩吉铁路投入运营，煤炭铁路运输瓶颈问题大为缓解。沿海、沿江煤炭港口吞吐能力提高。我国建成了"八交十三直" 21 条特高压输电工程，核准在建"四交两直"特高压输电工程。全国煤炭运输与消费格局正在发生较大变化。

（6）煤炭消费总量、强度双控，矿区生态环境治理、大气污染防治与进口煤等多因素交织，形成了煤炭制造成本刚性增加与市场价格竞争的双重压力。目前，东南沿海主要港口进口煤价格与我国北方港口下水到东南沿海港口到岸价格仍有 70 元 / 吨~80 元 / 吨的价差。

2. 改革创新与发展取得重大进步

（1）煤炭行业发展理念转变快

总结多年的市场竞争和煤炭经济大起大落的经验、教训，煤炭行业发展观念开始由"以量补价、无序竞争"向"合作协同共赢"转变，发展方式开始由规模速度粗放型向质量效益集约型转变，发展动力开始由要素投入拉动型向科技进步创新驱动型转变，发展模式开始由一煤独大向产业链延伸、价值链延伸与新业态新模式创新发展转变。

（2）煤炭产业结构调整优化快

通过深化煤炭供给侧结构性改革，全国煤矿数量大幅减少，大型现代化煤矿已经成为全国煤炭生产的主体。全国煤矿数量由 2015 年底的 12000 多处，减少到现在的不足 6000 处，年产 120 万吨及以上的大型煤矿产量占全国的 80% 左右。截至目前，全国建成千万吨级的特大型煤矿 48 处、产能 7.7 亿吨 / 年；在建千万吨级煤矿 23 处、产能 3 亿吨 / 年；全部建成后，全国将有千万吨级特大型煤矿 71 处、产能 10.7 亿吨 / 年。

通过多年探索，煤炭企业以煤为主的产业结构不断优化，新产业、新业态、新模式不断创新发展。煤电、煤焦化、现代煤化工、低阶煤分级分质利用等产业链延伸发展，石墨烯、硅烷气、精细化工等新产品研发，医养健康、产销协同、新能源等新产业发展，煤炭企业形成了各具特色的转型发展模式。

（3）科技创新驱动力增强

煤炭地质精细勘探技术为大型现代化煤矿建设提供了基础；大型化、自动化、智能化装备制造技术为智慧煤矿建设提供了支撑；煤矿安全开采基础理论与关键技术不断突破，煤炭生产力总体水平大幅提升。

（4）煤炭清洁高效利用水平提升

全国燃煤电厂超低排放和节能技术改造完成8亿多千瓦，煤粉型工业锅炉技术推广应用，让全国绝大部分的发电和散烧用煤实现了清洁高效利用。现代煤化工技术与产业化发展让煤炭实现了由燃料向原料的转变，煤炭利用方向、途径和范围进一步拓展。特别是中国工程院院士王双明组织开展的我国富油煤资源调查结果表明，陕北地区富油煤资源储量1500亿吨，平均含油率10%，通过煤炭分级分质利用技术可以提炼出的油，相当于找到了储量150亿吨的油田。目前，全国已探明原油储量35亿吨，还需要大量资金投入，才能将每年的原油产量维持在2亿吨左右。从国家能源安全战略来说，煤炭分级分质利用具有重要的战略意义和很大的发展空间。

（5）采煤沉陷区治理、矿区生态环保投入力度加大，矿区生态功能增强，传统矿区正在逐渐转为生态宜居城市。

（6）煤炭行业效益回升，企业经营好转

2019前10个月，全国规模以上煤炭企业利润总额2418.5亿元，同比下降2.1%。秦皇岛5500大卡动力煤现货价格由600元/吨以上回落到552元/吨，中长期合同价格一直稳定在550元/吨~570元/吨。中长期合同制度与"基础价+浮动价"的定价机制发挥了维护行业平稳运行的压舱石和稳定器作用。

另外，煤矿安全生产形势稳定好转。2018年，全国煤矿百万吨死亡率首次降到0.1以下。

3. 发展面临老问题和新挑战

综合分析我国经济社会、能源工业、科学技术发展趋势，今后一个时期，我国宏观经济正处于由高速发展向高质量发展的转型时期，外部环境可能会更复杂，不确定性和挑战更多，是转变发展方式、优化经济结构、转换增长动力的关键时期。

我国能源工业发展正处于深入贯彻落实"四个革命、一个合作"能源安全新战略思想的推进时期，也是由传统能源资源开发促进经济发展向生态环境刚性约束、促进能源清洁高效利用转型的重要时期。

我国煤炭行业正处于深化供给侧结构性改革、推动需求侧变革的关键时期，处于向新模式、新业态、新产业、新产品创新发展的转型时期。

我国科技发展正处于以第四次工业革命为统领，以大数据化、智能化、绿色化、信息化为发展方向，以 5G、区块链技术为重点，加速腾飞、日新月异的创新发展时期。

我国生态环境保护正在以"绿水青山就是金山银山"的新理念，改变着传统的资源开发、经济发展、环境治理发展模式，推动黄河流域生态保护和高质量发展，将更加深刻地影响黄河流域 8 个大型煤炭基地的开发利用模式。

煤炭作为我国的主要能源，在百年未有之大变局中，面临严峻挑战。

（1）行业自身发展不平衡问题突出。

由于我国煤炭资源赋存条件差异大，新老矿区开发时代不同，企业之间盈利水平、发展潜力、职工收入、产业布局等存在较大差别。从盈利分布看，前 10 家煤炭企业利润占全行业利润总额的 45% 左右，占大型煤炭企业（原煤产量占全国的 70%）利润总额的 80% 以上。多数企业盈利水平低，还有一些企业仍处于微利和盈亏边缘。

（2）产业集中度低，市场供需平衡仍很脆弱。

与世界主要产煤国家相比，我国煤炭产业集中度低，市场过度竞争，市场平衡较为脆弱，维护行业平稳运行压力大、难度大。

（3）煤炭上下游产业市场化改革不同步，产业集中度不同、对市场化认识不同，煤炭行业长期被动应对市场变化，积极主动引导市场预期、有效应对市场供需变化的能力和措施还有较大不足。

（4）建设现代化煤炭经济体系、实现高质量发展所需的高端人才和"知识型＋技能型"人才短缺，特别是建设智慧煤矿、企业信息化管理和大数据化管理、研发高端产品与发展高端产业都迫切需要高端人才。目前，煤炭行业不仅高端人才短缺，部分老矿区一线采掘工人不足的问题也很突出。

（5）煤炭企业税费负担重的问题突出。从资源开发、建设、生产、加工、运输、销售到利用全过程，每个环节都有税和费，包括矿业权价款、资源权益金、资源税、环境税、增值税、铁路建设基金等，税费结构与税基不合理，综合税费水平居高不下。煤炭行业增值税实际税负 10% 左右，高于全国工业产品平均增值税税负 2 倍多。

（6）煤炭行业转型升级路径、模式还不清晰，相关政策措施支持不到位，多数非煤产业项目投资大、效益低问题突出。

（7）去产能关闭煤矿职工安置压力大，国有企业整合地方小煤矿关闭退出难度大，法律风险高；煤炭企业负债率高、债转股难度大，多数为明股实债，经营风险大。

（8）煤炭资源开发、煤矿建设、生产和清洁高效利用与矿业权、土地、草原、水资源、村庄搬迁等相关法律法规存在不衔接、不匹配的问题，损害企业的合法权益和煤矿安全稳定生产。

4. 抓住新发展机遇

长期以来，党和政府高度重视煤炭行业的可持续发展。2016 年以来，煤炭行业是供给侧结构性改革的试点行业，国务院和有关部门研究出台了一系列政策措施。政策实施 4 年来，取得了显著成效：过剩产能得到了有效化解，产业结构不断优化，市场供需实现了基本平衡，煤炭价格（特别是中长期合同价格）在绿色区间小幅波动，行业效益回升，去产能煤矿职工安置平稳有序，转型升级取得新进展。

从长周期煤炭需求形势进行初步分析，1998 年~2018 年（20 年），全国煤炭采选业固定资产投资总额 4.78 万亿元，年均投资 2390 亿元，累计生产煤炭 547 亿吨、消费煤炭 565 亿吨。从未来我国煤炭消费趋势分析，今后 20 年，充分考虑能源结构优化调整，我国年均煤炭消费量仍在 30 亿吨~35 亿吨，总消费量为 600 亿吨~700 亿吨，考虑大型现代化煤矿建设标准提高和煤炭原料化利用，煤炭采选业建设总投资还需要 6 万亿元~7 万亿元，仍是能源工业投资的重点行业，发展空间依然很大。

从今后 2 年~3 年煤炭消费形势分析，结合今年前 10 个月全国煤炭消费形势，预计今年全国煤炭消费量将继续保持小幅增长，总消费量在 39.5 亿吨左右；综合分析我国能源结构调整与宏观经济形势，明后 2 年，全国煤炭消费量仍将维持在 39 亿吨~40 亿吨之间。

从我国能源安全保障形势分析，目前，石油、天然气对外依存度逐年提高，原油的对外依存度由 2010 年的 53.7% 提高到 2018 年的 71% 左右，天然气的对外依存度由 11.8% 提高到 45.5%。从国内油气资源储量看，我国已探明油气资源储量总量仅占已探明化石能源资源总量的 6%~7%，用国内 6% 左右的资源保障 30% 左右的消费需求，难度很大，挑战很大。

从能源品种比价关系看，煤炭、成品油、天然气的比价关系约为 1:8:3.5，煤炭依然是最廉价的能源。

综合分析，在今后很长一段时间，煤炭依然是我国的主要能源。10 月 11 日，国务院总理李克强在主持国家能源委员会会议时指出，要立足我国基本国情和发展阶段，多元发展能源供给，提高能源安全保障水平。根据我国以煤为主的能源资源禀赋，科学规划煤炭开发布局，加快输煤输电大通道建设，推动煤炭安全绿色开采和煤电清洁高效发展。

煤炭行业要坚定信心、不忘初心，深化煤炭供给侧结构性改革，建设现代化煤炭经济体系，实现高质量发展。

（1）要坚定不移深化煤炭供给侧结构性改革

巩固改革成果，坚持中长期合同制度和"基础价 + 浮动价"定价机制，推动煤炭产运储销体系建设，根据市场变化合理调节煤炭储备，把煤炭价格稳定在绿色区间，为行业转型升级和高质量发展强基固本。

（2）进一步推动煤炭企业兼并重组与战略联合，提高产业集中度

要结合我国煤炭市场发展趋势，结合区位、品种、煤质等特点，进一步推动煤炭企业

兼并重组或战略联盟，科学布局调配市场，维护市场供需平衡和行业平稳运行。近日，国务院国有资产监督管理委员会印发文件，推动中央企业区域煤电整合试点工作。这可能标志着新一轮国有企业改革的方向和模式转变。

（3）研究政策措施与体制机制，推动煤炭上下游行业企业相互参股控股，以资本为纽带，促进煤炭产业链协同发展，构建煤炭产业链行业企业命运共同体。

（4）研究建立全国煤炭安全高效清洁智能化开发利用综合科技创新体制机制，运用大数据、区块链技术，推动煤炭资源开发、建设、生产、加工、利用与装备制造各个环节有机结合，形成煤炭产业模块化、高度集成的技术体系。

（5）统筹煤炭资源开发、转化、利用全生命周期，科学确定煤炭产品税费水平，切实减轻煤炭企业税费负担。

（6）从建设现代化煤炭经济体系、实现高质量发展的目标出发，研究加快培养高端人才和"知识型＋技能型"人才的支持政策措施。

（7）研究建立煤炭资源枯竭矿区转型发展与产业扶持政策，研究煤炭资源枯竭矿区评价标准体系，研究产业转型发展的扶持政策，支持老矿区转型发展。

（8）研究解决煤炭开采土地占用、草原损害、村庄搬迁、采煤沉陷区治理、生态功能区重叠等政策与相关法律问题，维护煤炭企业的合法权益，保护煤矿安全稳定的正常生产秩序。

二、煤炭企业的政策环境

对中国煤炭行业来说，影响最大因素的已经不在行业本身，而是从中央到地方的各类环保政策，诸如停工限产，以及对煤炭消费的控制。可以说，煤炭消费总量的缩减，已经是大势所趋。

1.煤炭供给宽松

2018年，新增产能方面，国家积极倡导推进先进产能的有序释放，初步估算2018年煤炭先进产能释放在2.3亿吨左右，主要集中陕西、内蒙和山西等地，其中以动力煤限产产能为主。

也是因此，2018煤炭供应的总量出现了小幅度的上升。分月来看，2018年上半年因两会和持续数轮的环保、安全督查，煤炭产量增幅不大。2018年下半年，在不符合要求的煤矿整顿结束后，产能逐步释放，出现了相对高的月度增幅。

据前瞻产业研究院发布的《中国煤炭行业发展前景与投资战略规划分析报告》统计数据显示，2018年1-3季度全国原煤产量波动幅度较小，整体基本呈稳定状态。2018年11月全国原煤产量为31541.5万吨，同比增长4.5%。比上月回落3.5个百分点，日均产量1051万吨，达到2015年12月以来最高水平。累计方面，2018年1-11月全国原煤产量为321430.7万吨，同比增长5.4%。

2016 年，中国煤炭行业遭遇了史无前例的高压政策，276 个工作日的限制，让当年的煤炭产量直接从年产近 37 吨断崖下跌至 33 亿吨，和国内 37 亿吨的年需求相比出现比较大的空缺。

当年煤炭价格出现飞涨，随着环保和安全的要求继续加压，尽管工作日的限制取消，2017 年到 2018 年上半年期间，煤炭行业一直处于紧平衡的态势。

但是这种情况，从 2018 年下半年开始出现了变化。一方面，不符合环保和安全要求的落后产能已经在连续两年的检查中淘汰，再度因落后产能淘汰导致供应短缺的情况基本不可能。另一方面，先进产能不断释放，据 21 世纪经济报道记者了解，陕西、内蒙和山西等地在 2018 年底新增一批煤炭先进产能，共计超过 3000 万吨 / 年的产能，并在 2019 年初释放。

2. 需求侧持续收紧

对于煤炭行业来说，最大的政策限制来自于环保政策，一方面是对生产活动本身的限制，而更重要则来自于对需求侧的限制。

2018 年 6 月，《打赢蓝天保卫战三年行动计划》和 2015 年《重点地区煤炭消费减量替代管理暂行办法》相比，不仅增加了重点区域的面积，更是要求在已经减量的煤炭消费上做文章，进一步减少煤炭消费总量。

连续数年，党中央、国务院和相关部委出台了大量关于煤炭消费的控制政策，近年来，煤炭消费控制已经不再是单纯的能源结构转换的问题，已经上升到 "金山银山就是绿水青山" 的环保要求层面，成为环境保护的重要抓手之一。

在一系列文件的指导下，中国各个地方也相继出台了本省的煤炭消费控制政策。近日，海南省发布《海南省大气污染防治条例》（以下简称《条例》），明确实行煤炭消费总量控制制度，逐步减少煤炭消费总量，逐步淘汰现有燃煤机组。该《条例》已于 2018 年 12 月 26 日通过，自 2019 年 3 月 1 日起施行。

3. 煤炭利用法律政策比较分析

法律制度具有明示、预防和校正作用，即以明文规定的形式明确地告知什么是能做的，而什么是不可以做的。通过相关的法律条文的明示和执法的效力以及法律的强制执行力来校正社会行为中所出现的一些偏离法律轨道的不法行为。同样的，国家想要有效保障煤炭利用技术的整体提高，就必然要出台与此相关的法律条文和规章制度，以保障煤炭利用技术能够有条不紊地进行创新和执行。在煤炭清洁利用及煤炭的可持续发展方面，各个国家在法律方面所给予的支持政策主要如下表所示：

表 6-1　美国煤炭利用政策的法律制度情况介绍

法律名称	目的计划	基本内容
《低碳经济法案》	公布决定走绿色经济的发展道路	阐述绿色经济发展道路的重要性和必要性

续表

法律名称	目的计划	基本内容
《2009 年美国绿色能源与安全保障法案》	规定美国向绿色经济转型的法律框架	主要由使用绿色能源、提高能源效率、温室气体减排、向绿色经济转型四个基本部分构成
《美国清洁能源和安全法案》	主要为了应对气候变化	不仅设定了美国对温室气体减排的时间表和计划表，还引入了温室气体排放权配额与相应的交易机制

表 6-2　日本煤炭利用政策的法律制度情况介绍

法律名称	目的计划	基本内容
《节约能源法》	公布关于节约能源的计划	阐述节约能源的重要性及相应的计划
《绿色采购法》	保障节能减排顺利进展	政府部门有义务和责任优先采购环保型产品
《节能法》	有效管制二氧化碳排放	规定能源消费量超过一定数量以上的企事业单位均被设定为限制二氧化碳排放量的管制对象

表 6-3　德国煤炭利用政策的法律制度情况介绍

法律名称	目的计划	基本内容
《煤炭经济法》	确立对煤炭产业的国家管制。	对行业进行调整，并制定了一套相关的产业法，对垄断行业进行适当的扶植，并限制私有制的规模，从而使得政府的干预和管制作用得到一定的强化
《温室气体排放交易法》	倡导公众参与。	通过有针对性的强调和相应的宣传来培养国民的能源节约意识和生态环境保护意识

表 6-4　英国煤炭利用政策的法律制度情况介绍

法律名称	目的计划	基本内容
《气候变化的经济学：斯特恩报告》	提高全民对节能减排的意识。	对全球变暖的经济影响做了相关的定量评估

表 6-5　中国煤炭利用政策的法律制度情况介绍

法律名称	目的计划	基本内容
一系列关于能源节能减排、综合利用、循环利用的法律法规。	主要是为节能减排和清洁利用工作提供法律保障和强有力的支持。	主要制定了煤炭企业进行技术创新和实现可持续发展的相关法律法规，为其提供了对应的法律保障
《中华人民共和国节约能源法》	强调能源效率的重要性。	用法律的形式确定了相应的能源效率政策，为能源效率提供了相应的支撑

三、煤炭企业的技术环境

中国现如今面临工业化和城镇化，经济发展新常态，离不开煤炭。中国是世界上煤炭资源最丰富的国家之一，细分煤炭品种种类较多，具体包括喷吹煤、炼焦煤和配焦煤、动力煤（粘煤、不粘煤、长焰煤等）、褐煤。

1. 智能化技术与煤炭产业融合发展

近两个多月，受疫情等影响，煤炭价格出现持续下跌。从实际交易来看，煤炭现货价格跌破 470 元 / 吨临界点，步入红色区间。受累于煤炭价格和销量下行，一季度全国规模以上煤炭企业利润同比下降 29.9%。

中国是世界上煤炭资源最丰富的国家之一。据调查数据显示，截至 2018 年我国煤炭探明总储量在 17096 亿吨左右，位居世界第三。2019 年，我国煤炭总储量在 17588 亿吨左右。

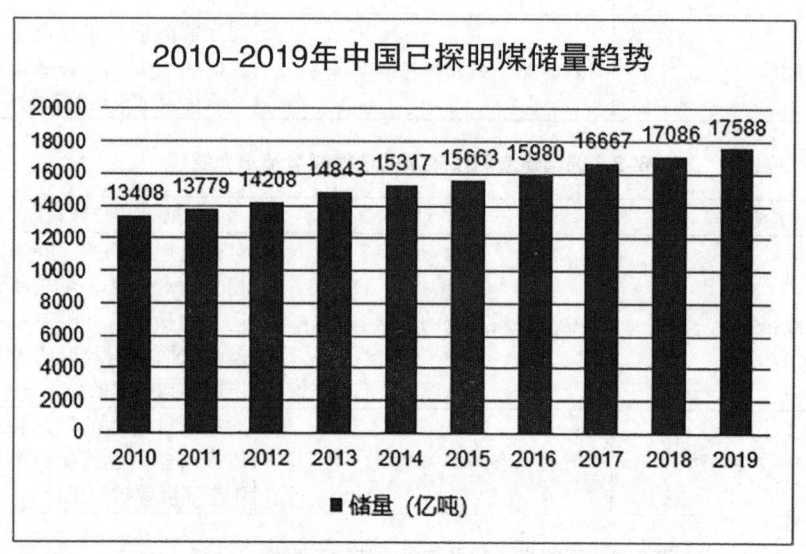

图 6-1　2010-2019 年中国已探明煤储量趋势

近年来，为增强企业市场竞争力，实现优势互补，互利共赢，煤机装备企业积极推进联合重组，并购核心业务，煤机装备生产规模、研发能力和产品配套能力大幅提升。

智能化升级成煤机行业未来长期发展的机遇。随着行业集中度提升及煤矿规模的扩大，煤炭行业呈现机械化、智能化趋势。数据显示，2010 年，我国采煤机械化率及掘进机械化率分别为 65% 和 52%，根据我国煤炭工业发展"十三五"规划，2020 年我国采煤机械化程度将达到 85%，掘进机械化程度将达到 65%。

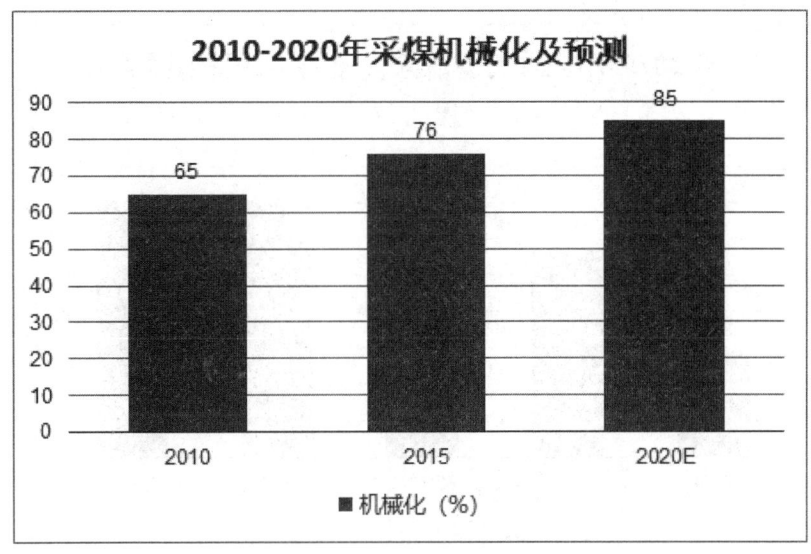

图 6-2 2010–2020 年采煤机械化及预测

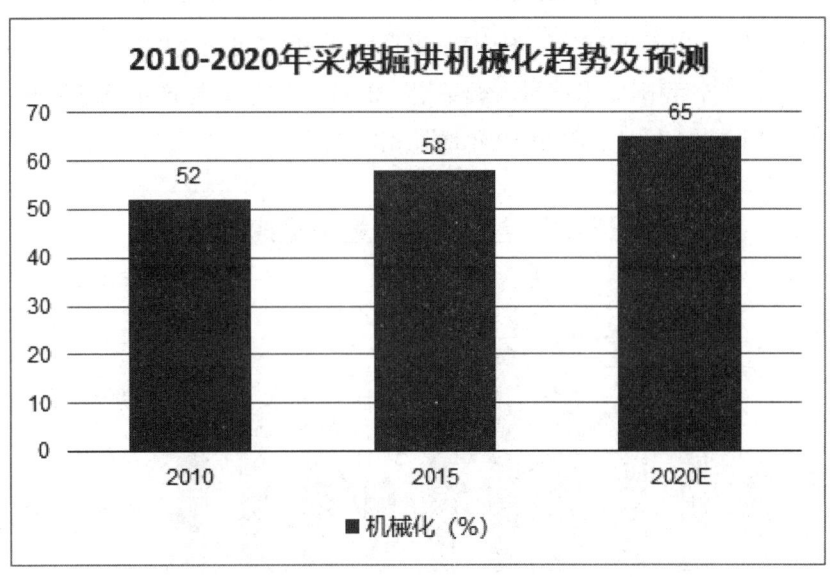

图 6-3 2010–2020 年采煤掘进机械化趋势及预测

我国大型煤炭企业采煤机械化程度由 1978 年的 32.34% 提高到 2018 年的 96.1%。结合 2019 年我国大型煤炭企业采煤设备发展情况，2019 年我国大型煤炭企业采煤机械化程度提升至 98.1%。

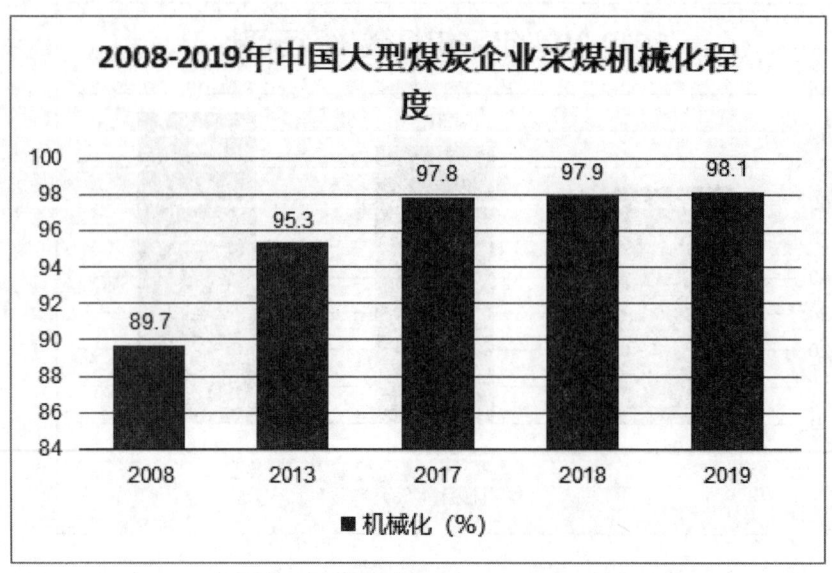

图 6-4　2008-2019 年中国大型煤炭企业采煤机械化程度

　　从产量上来看，2010~2019 年，中国原煤产量呈现波动变化的态势，2013~2016 年，受淘汰落后产能影响，我国原煤产量大幅下滑，2017 年之后原煤产量逐渐回暖。2019 年，我国原煤产量达到 38.50 亿吨，较 2018 年增长 4.53%。

图 6-5　2010-2019 年全国原煤产量及增速趋势

　　2020 年 1~3 月中国原煤产量达到 82991.1 万吨，累计下降 0.5%。2020 年 1~4 月，我国累计进口煤炭约 1.27 亿吨（12672.6 万吨），累计增长 26.9%。

图 6-6　2019-2020 年中国原煤产量当月值及增速趋势

从煤炭的物流形势来看，2010~2019 全国煤炭铁路运量变化趋势与煤炭产量变化趋势类似。2019 年，全国煤炭铁路运量达到 24.60 亿吨，较 2018 年增长 3.36%。

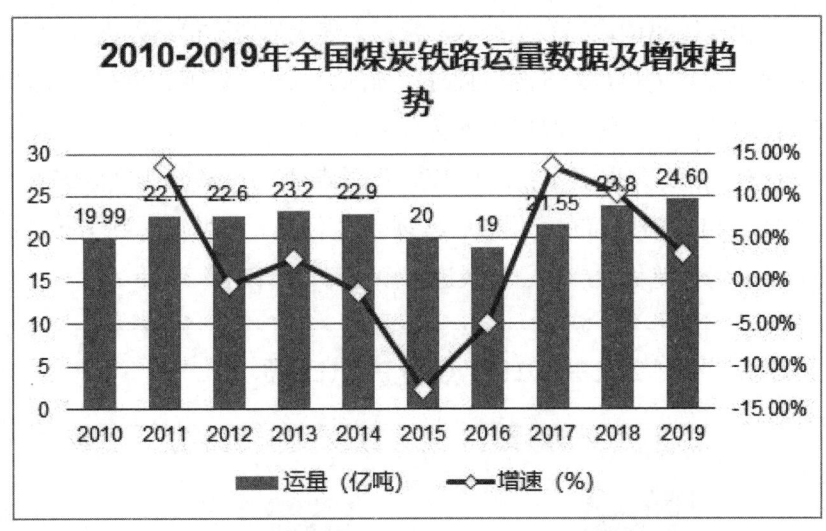

图 6-7　2010-2019 年全国煤炭铁路运量数据及增速趋势

2014~2019 年沿海港口煤炭物流量呈现波动变化的态势。2017 年，沿海港口煤炭物流量达到顶峰，为 623.69 万吨。2019 年，全国沿海港口煤炭物流量实现 504.00 万吨，较 2018 年增长 8.98%。2019 年，煤炭的物流量数据均有所增长。

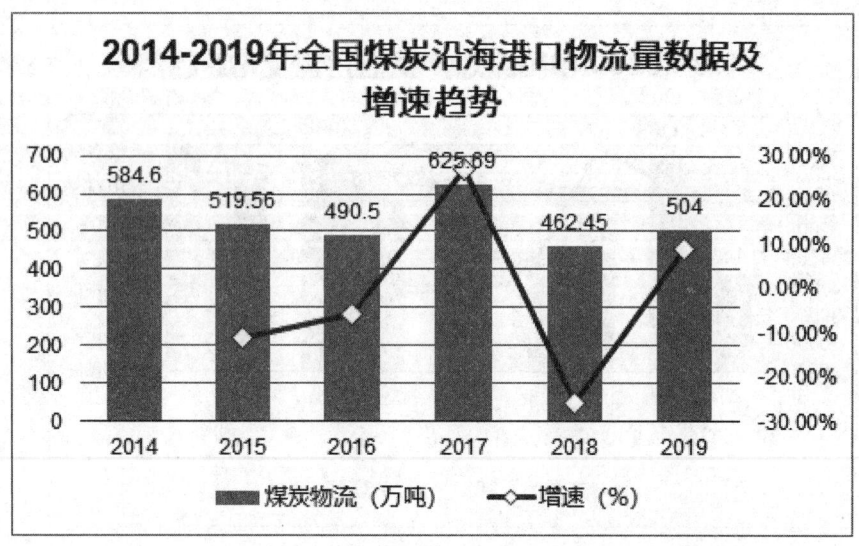

图6-8 2014-2019年全国煤炭沿海港口物流量数据及增速趋势

从进出口贸易情况来看，中国的煤炭贸易形式主要是出口烟煤至韩国、日本，从东盟国家（主要是印尼和越南）进口无烟煤，近年来中国也积极扩大从澳大利亚进口无烟煤。其中，广东和广西由于距离国内煤炭主产区非常远，煤炭消费不得不以进口为主，两省的煤炭进口量约占全国煤炭进口量的50%。此外，浙江、福建、江苏、山东、天津等沿海省市也是主要煤炭进口地区，一般采取长期协议形式进行。

智研咨询发布的相关数据显示：2019年，我国煤业进口额降为233.95亿美元，较2018年下降4.92%；出口额反而有所增长，实现9.34亿美元，增速达到18.61%。总体来看，我国煤炭行业贸易逆差仍然严重，煤炭进口额远高于出口。

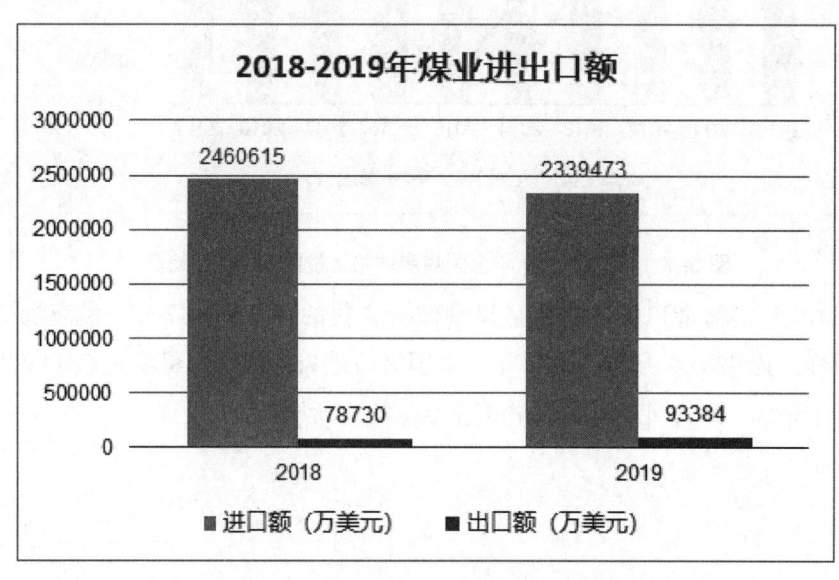

图6-9 2018-2019年煤业进出口额

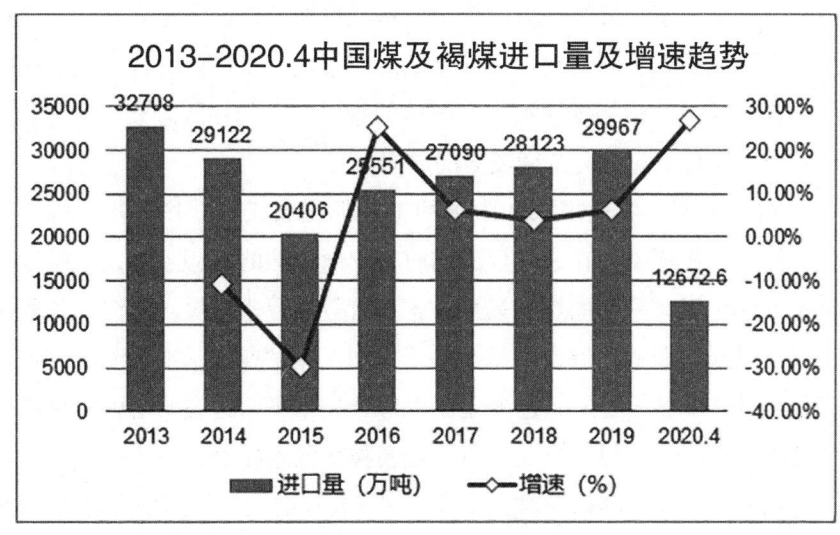

图 6-10　2013-2020 年中国煤及褐煤进口量及增速趋势

4 月底，港口市场煤交易价格已经下跌两个月，跌幅达 102 元 / 吨。

煤价下跌令企业业绩承压。中国煤炭工业协会数据显示，今年前两个月煤炭行业亏损面达 42.3%。一季度，全国规模以上煤炭企业实现利润总额 421 亿元，同比下降 29.9%。

4 月以来，冲击地压矿井和煤与瓦斯突出矿井（以下简称"两类"煤矿）核定产能、安全专项整治三年行动计划、煤矿智能化等一系列政策密集出台，去产能力度加大。

全国安全生产专项整治三年行动计划提出，积极推进 30 万吨 / 年以下煤矿分类处置，坚决关闭不具备安全生产条件的煤矿，全国煤矿数量从 5400 处左右减少至 4000 处左右，大型煤矿产量占比达到 80% 以上；加快推进机械化、自动化、信息化、智能化建设，灾害严重矿井采掘工作面基本实现智能化，力争采掘智能化工作面达到 1000 个以上，建设一批智能化矿井，2022 年底前全国一、二级安全生产标准化管理体系达标煤矿占比 70% 以上。

2. 煤炭利用技术水平比较分析

对于煤炭资源而言，煤炭利用技术发展是对煤炭资源优化发展程度的重要依据，也是衡量一个国家煤炭发展成熟度的重要标志之一。在本文的上一章我们就已经提到，相应的煤炭利用技术水平是造成煤炭利用的环境影响的直接源头，各个国家在煤炭利用的环境影响方面之所以有所差距，实际上是由于其各自使用的煤炭利用技术水平之间的差距所引起的。因此，对这些国家的相关煤炭利用技术进行比较分析有着非常重要的实际意义。

从煤炭利用技术主要的五个方面—煤制烯烃技术、硫化床燃烧技术、煤制氢技术、煤基多联产技术和煤发电技术来作为研究对象，运用比较分析法，主要对这五个方面进行归纳和比较分析，力求更加具体形象。

（1）煤制烯烃技术比较分析

煤制烯烃技术即煤基甲醇制烯烃，也就是将煤制甲醇与甲醇制烯烃这两组技术组合起来，形成一道相连接的工序，具体是指以煤为原料经过加工合成甲醇以后，再通过甲醇来制取乙烯、丙烯等烯烃的煤炭利用技术。煤制烯烃技术是可以将煤炭转换成相应的清洁能源，主要目的是为了减少污染物排放和温室气体的排放，实现"低污染，少排放"的清洁利用，这也将是今后煤化工实现可持续发展的方向。

在煤制烯烃技术方面，发达国家和中国的工艺都比较成熟，并且各有所长，差距不大。其中，发达国家的优势主要在于烯烃的回收率，而中国的优势主要在于制取烯烃的效率和成本控制上。每个国家采用的煤制烯烃技术都有效地促进了煤炭的清洁化利用，并且极大地促进了本国煤炭工业的发展，中国在基于本国工业发展的基本情况下自主开发出了适合本国工业情况的相应技术，并且已经处于国际领先水平。这说明中国在煤制烯烃技术方面已经比较成熟，同时也可以在自主研发的创新技术的基础上进一步学习发达国家的一些这方面的先进技术，相互借鉴和探讨。并且要继续在原有的技术基础上进行深度创新。

（2）流化床燃烧技术比较分析

煤炭作为燃料用来直接燃烧，目前广泛作为原料用于生产化工产品和车用燃料等，其中，燃煤发电、工业锅炉燃烧以及煤化工用煤占我国煤炭利用总量的90%以上。因此，探讨煤炭硫化床燃烧技术的情况具有实际的应用意义。煤炭流化床燃烧技术是指在炉膛内，使小颗粒的煤与空气在处于沸腾的状态下，高速气流与其所携带的稠密悬浮煤颗粒进行充分接触并加以燃烧的技术。目前流化床燃烧技术的主要特点是：清洁燃烧、燃料适应性强、燃烧效率高等。

表 6-6　流化床燃烧技术发展状况比较分析

国家类别	技术特点	国际水平
国外发达国家	燃烧效率高、脱硫效率好	技术先进，处于领先水平
中国	在工艺设计、主体和配套设备的制造方面已经建立了完备的体系，已经达到了出口级的国际领先水平	已经达到国际领先水平

由上表我们可以看出，在煤炭流化床燃烧技术方面，发达国家和中国的工艺都比较先进，技术优势明显，均处于国际领先水平。值得一提的是，中国自主研发的流化床燃烧技术，设备及体系都很完备，达到了出口级的领先水平。因此，在煤炭流化床燃烧技术上，中国与国外发达国家的技术可谓是旗鼓相当，但是我国还要在原有技术基础上，加强与国外发达国家的交流，互相学习和借鉴，以期能够在煤炭流化床燃烧技术上更上一层楼。

（3）煤制氢技术比较分析

作为一种新型清洁能源，氢能是很好的能源载体，就目前中国的这种能源结构状况来看，将决定氢在很长一段时间内需要从煤炭中制得。因此，研究煤制氢技术具有非常重要的意义。在此需要注意的是，将污染严重的煤炭高效率地转化为洁净的氢气，这样可以实现清洁利用，这将会是我国未来取得氢源的主要途径。

由于氢能是一种洁净的二次能源，能量转换后产生的是水，能够实现污染物的零排放。煤制氢技术可以实现煤的低污染、少排放的利用。煤制氢技术主要是以煤气化制氢为主，也就是先将煤炭气化后，得到以氢气和一氧化碳为主要成分的气态产品，然后把一氧化碳经过一系列处理后而获得一定纯度的产品氢。煤气化制氢过程中会产生高压、高纯度的二氧化碳，可以更经济的实现二氧化碳的封存。

煤制氢技术的发展已经有了将近 200 年的历史。通过下表我们来看一下当前发达国家和中国在煤制氢技术方面的情况，见下表：

表 6-7　煤制氢技术发展状况比较分析

国家	煤气化制氢工艺	特点
美国	适应各种燃料的新型气化技术，能够高效分离二氧化碳和氢气等	更经济的实现二氧化碳的封存，可以完全实现零排放
日本	制定了相对应的 HyPr—Ring 的实验计划和开发研究	取得了重要的实验研究成果，并进行了初步系统分析
德国	主要技术有煤的催化气化、煤的等离子体气化、煤的核能余热气化等	是最早生产煤气化工艺的国家，技术非常成熟
中国	主要是普通煤气化制氢技术	气化效率低，科研创新不足，主要依靠国外先进技术，气化工艺规模小并且污染严重

根据上表，我们可以清楚地看出，国际上的发达国家，如美国、日本、德国等国家，他们都基于各自的实际国家水平，在煤制氢技术方面都开发出了属于自己的特色工艺，各有所长，并且都比较成熟和先进，已经处于国际领先水平，并且有效地推动了各自国家的煤炭工业发展。而我国在这方面的自主创新还远远不够，效果很不显著，其技术效率和污染程度与国外的发达国家也差距很大，在这方面还主要依靠国外先进技术，这也意味着我国的煤制氢技术发展道路任重而道远。

因此，在煤制氢技术方面，我国不光要引进国外先进技术，同时还要加强自主创新能力。首先，我们要学习其先进技术原理，委派专业技术人员去国外学习先进技术的核心理论，并且在引进的技术设备的基础上，运用学习到的理论，进一步加强自主研发和创新能力。其次，加大相关科研投入，组成一支科研核心团队，积极研发新理论和新技术。

（4）煤基多联产技术比较分析

目前世界公认的一种先进煤炭利用技术就是以煤气化为基础的多联产技术，这样可以有效地提高煤炭利用率、减少煤炭利用带来的环境污染，这种技术也被作为是一种极具代表性的高碳资源清洁化利用技术。

所谓"煤基多联产系统"，就是以煤为原料，以煤气化为中心，集多种煤炭利用技术为一体的煤炭综合利用系统。这种技术通过气化将生产系统和动力生产系统进行统一结合，从而进行物质与能量交换，从而使动力系统达到合理利用和低污染排放，同时实现低能耗与低成本的目的。随着全球能源技术创新的发展和人们的可持续发展意识日益增强，以煤为原料的电、燃料以及其他化学品的多联产技术必将是以后洁净煤技术的一个重要发展方向。本文中提到的这些国家目前关于煤基多联产技术的发展主要见下表：

表 6-8　煤基多联产技术比较分析

国家	发展情况	特点
美国	是煤基多联产技术发展的引领者，制定了"21 – Vision 能源工厂计划"和"洁净煤发展计划"	实现煤炭的高效洁净综合利用以及接近零排放的煤炭利用
日本	早期开展了"阳光计划"，近年来提出 EAGLE 多联产计划	利用煤气化净化、燃气发电和燃料电池发电，减少了污染物的排放
德国	提出并且开展了 COORETEC 计划	研究并开发出了化石燃料接近零排放的发电技术
中国	进行了系统研发和相关的单项技术开发	我国的煤基多联产技术的发展和应用都还处于初级阶段，煤基多联产技术还很不成熟

由上表我们可以看出，美国、日本和德国在煤基多联产方面都开展了各自国内的发展计划，其相应的技术都已经很成熟，达到国际领先水平。相对地，我国的煤基多联产技术虽然也对煤基多联产技术进行了一系列的研究，但是都还处于初级阶段，很多相关技术都还在起步阶段，很不成熟。综合来说，这种技术在很多方面还是落后于发达国家的，这与国际先进水平还是有很大差距。

因此，在煤基多联产方面，我国要在借鉴国外先进技术的基础上，基于本国的实际情况，加快自主创新进度，打破初级阶段的瓶颈，加大相关技术的应用规模，以期在煤基多联产方面有较快较好的进展。

（5）煤发电技术比较分析

整体煤气化联合发电技术（IGCC）是最典型的可以进行燃烧前脱碳的技术，这也是当今国际上最引人注目的高效清洁发电技术之一。

IGCC 技术具有高效、低污、节水等众多优点，它把过去燃煤直接一次发电过程变成了煤气化两次发电过程。发电效率可达到 43% 以上，随着之后关键技术的不断改进和提升，还有可能提高到 50% 左右。IGCC 技术中，煤经过气化后变成中低热值煤气，然后通过净化除去煤气中所含的硫化物、氮化物、粉尘等污染物，变为清洁的气体燃料，之后将其送进燃气轮机的燃烧室进行燃烧。一般 IGCC 系统的气化炉都会采用富氧或者纯氧技术，这样所需的气体体积就会较大幅度减小，二氧化碳体积分数显著变大，这就很大程度上降低了二氧化碳捕捉和封存二氧化碳设备的投资和运行费用。

近年来发达国家都纷纷建立了属于自己的电厂，而且运作状况比较好，煤发电技术水平比较高。而中国虽然在煤发电技术方面虽然做出了一定的努力，也有了一些突破，但是技术水平与国外发达国家仍然存在很大的差距，并且在发展过程中存在着很多困难和障碍。对于我国出现的这种情况，我们应该借鉴国外煤发电技术的相关模式，推陈出新，突破固有的传统模式，加大对现有技术的改进，努力降低技术商业化的成本，加大改进后技术的应用规模，突破较低可用性的障碍。

根据有关资料研究介绍，在燃煤发电方面，我国在发电方面的煤耗大约为 335gce/kW·h，这与国际先进水平相比还高出了约 40gce/kW·h。尽管在煤耗方面已经取得了一定的成果，但是粗放的煤耗过程对环境造成了大量的污染和破坏，针对我国存在的这种客观问题，我们必须要借鉴其他发达国家，把我国 IGCC 的发展也从能源战略高度给予特别重视，研发示范工程，并以示范工程来带动相应的自主核心技术研发，并且不能忽视对 IGCC 示范工程给予相应的政策支持。

总体来说，目前国内外专家及学者对发展整体煤气化联合循环发电技术仍然持有不同意见，但考虑到这种技术发电高效、清洁的特性，相信随着相关技术的相继突破，成本将会进一步降低，整体煤气化联合循环发电技术将会在未来得到快速发展和推广应用。

第二节　煤炭业的竞争环境

进入威胁、替代威胁、供应方的议价能力、买方的议价能力、和现有竞争对手的竞争由波特五力模型可以看出，一个行业的微观环境分析因素包括：竞争者的竞争能力、进入威胁、替代威胁、供应方的议价能力、购买者的讨价还价能力。这五种力量共同制约或促进一个行业的竞争水平和发展状况，以蔚州公司煤炭业务为分析对象，对煤炭市场的竞争结构分析如下，见图 6-11 所示。

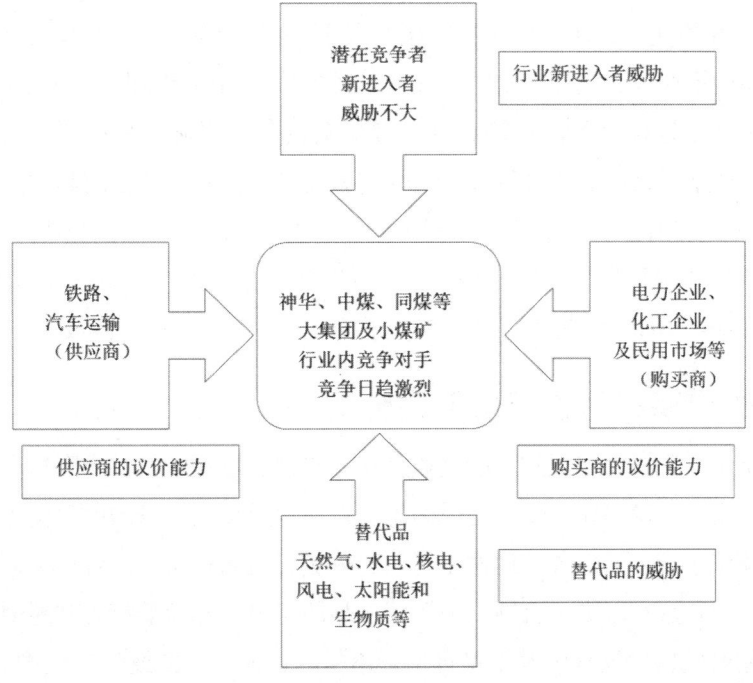

图 6-11　蔚州公司业务竞争分析的五力模型

一、潜在竞争者的威胁分析

随着前几年的煤炭产能的大量释放，市场供应量远远大于需求，国家针对煤炭行业出台了一系列的措施，有效减少了煤炭产能的输出。尤其是近几年来，煤矿安全事故屡禁不止，国家进一步加强了安全检查力度，在国家整体安排部署下，各省市已开展了多轮的安全检查监督工作，对部分煤矿进行了停产检修整顿，进一步遏制了煤炭产能的大量释放。而且，国家进行供给侧改革，一律禁止劣质煤炭的生产，进一步控制了煤炭的产能。虽说，国家鼓励加大优质资源释放力度，且有部分与煤炭有关的企业进行了兼并重组，对煤炭产能的供应有一定的影响，但近些年来，新投产或正在新建的煤炭矿井较少。整体来说，国家新增的煤炭资源较少，对煤炭市场影响较小。

现有煤炭企业将出现稳定供应的局面，潜在竞争者的威胁的力量微乎其微。对蔚州矿业公司所处的蔚县区域而言，当地本就没有大中型的煤炭企业，再加之在国家政策的调控下，周边的小煤窑逐步关停，当地的煤炭产能逐步减少，对蔚州矿业公司产能的释放反而形成了有力的支撑。

二、替代品的威胁分析

国家能源国情是"缺油、少气、富煤"，导致煤炭在我国能源体系中一直处于主导地位，但因其在开采、运输及使用等过程中对生态环境污染较为厉害，尤其随着近几年秋冬季雾霾天气的增多、范围的扩大，国家加大了环保力度，改变了能源体系和消费模式，洁净能源的使用逐步增多，消减了原有的煤炭市场空间。按照国家要求，做好能源总量控制和加大洁净能源的使用，使得煤炭虽在国家能源格局中仍占据主导地位，但占比逐步缩小。随着时间的推移，天然气，水电、核电、风电、太阳能和生物质等其他非化石能源发展越来越快，占比越来越大，到2020年，煤炭消耗占比控制62%以下，以后可能逐步下降，对煤炭行业来说，影响十分巨大，较大的挤压了其生存发展空间和盈利能力。且煤炭企业只有做好"洁净性"，才能在国家能源体系中占据一定的地位，否则，将会淘汰出局。张家口区域因风能条件较好，近几年来，风电发展十分迅猛，再加之太阳能的较快发展，取代了较大部分煤炭能源，较大程度上挤压了蔚州矿业公司产能的释放。

三、供应商的讨价还价能力分析

煤炭行业作为资源供应链的上游企业，在煤炭销售过程中的供应商只有运输，而运输主要是依靠铁路，虽说国铁运输价格受国家管控，但受企业自身的地理位置影响，若企业处在煤炭能源需求较大的地方，运输距离相对较短，运输费用支出就较少，有效地提高了其产品的竞争力和盈利水平。否则，削弱了产品的竞争力和拉低了盈利能力。另外，若企业地理位置相对较偏，没有国家铁路直达，还需经过地方铁路或汽车运输送至国铁站台，进一步增加其运输费用支出，降低其产品的竞争力，挤占了盈利空间。该部分运输费用支出主要受当地的运输市场决定，相对比较固定，不存在较大的议价空间。

也就是说，供应商的讨价还价能力虽相对固定，但受企业自身的地理位置影响，即矿区位置偏僻，运输线路长，导致运输成本高，在很大程度上制约了煤炭产品的竞争力。而蔚州矿业公司尽管有地方铁路直达，但地铁运费较高，且没有自己的汽车运输公司，只能雇佣第三方的汽车运输公司，运力和运费支出受限较为明显，极大提高了运输方面的成本。

四、购买者的讨价还价能力分析

经过近几年的发展，国家逐渐取消了煤炭企业重点用户合同兑现率、确定重点电煤价格等措施，国家只是宏观的指导和调控，煤炭需求及价格基本上完全由市场决定，以市场的供需态势决定其价格的走势，买方的议价能力相对较弱。但随着国家环保政策的越来越严厉，对煤炭产品的各项指标要求也越来越苛刻，之前主要考虑热值，近几年增加了硫份、灰分、挥发分等个性指标，且考核力度不断加大，直接影响了其价格水平。并且，不同用户要求的指标值有所不同，但总体来说，对煤炭质量的要求只会趋紧，不会放松，这就提高了买方的议价能力。基于此，要求煤炭企业必须切实全面提高自身产品的质量，削弱购买方的压价能力，否则，将会在很大程度上制约价格水平的提高，受限于买方的议价能力。而蔚州矿区处于京津冀地带，购买商品主要是各家电力企业、化工企业及民用市场等。

十九大前后，随着国家对环保力度的加大，对该区域的环保要求会更加严格，因此对煤炭产品的质量提出了较大的挑战，但其本身部分煤炭产品的质量不高，增加了购买者的讨价还价能力。

五、行业内的竞争分析

各行业都存在着竞争，煤炭行业也不例外。煤炭行业内部竞争行为主要体现在以下两个方面，①与一些大型煤炭集团的竞争，②与本地小煤矿的竞争。随着国家对供给侧的改革、大型煤炭企业的兼并重组、地方小煤窑的整顿和僵尸企业及劣势资源的退出，现有煤炭企业主要是大中型央企和国企，因其产品的同质性，规模化经营等，导致煤炭市场竞争越来越激励。尤其是一些大型煤炭央企，如陕西神华、中煤、山西同煤及内蒙伊泰、河北冀中能源等，拥有较好的煤炭资源、国家资金的支持、高效率的开采、盈利水平较高等优势，对整个煤炭市场的定价具有较大的话语权，而其他企业只能被动地接受。

除了上述大型煤炭企业的竞争，蔚州公司周边小煤矿的开采也给公司带来了较大压力。公司周边小煤矿的无序开采，严重破坏了井下煤炭的构造，为公司机械开采带来了很大困难，并大大增加了采煤成本。同时小煤矿由于投入资金少，只采优质煤炭，成本低，其市场定价要低于蔚州公司，影响了该公司合理的定价与正常销售，给公司带来了较大的挑战。为了提高煤炭企业自身的竞争力，只有在做好产品质量的同时，进一步做好优质服务，提高用户的满意度。综上所述，在国家宏观经济政策的影响下，对于蔚州矿业公司来说，潜在竞争者的威胁几乎没有，而替代品的威胁、供应商的讨价还价能力、购买者的讨价还价能力和行业内的竞争威胁较大，对其煤炭营销带来了较大的挑战，要求保障自身产品质量的同时，提供优质的服务。

六、竞争环境的案例分析

1. 企业简介

开滦（集团）蔚州矿业公司之前为冀蔚矿区建设管委会，于 1992 年 6 月成立。经煤炭部批准，1997 年 11 月将其改名为蔚州矿业有限责任公司，是部属国有独资企业；1999 年 7 月，划归河北省管理。又于 2003 年 3 月 18 日，通过相关部门批准，将蔚州公司划归到开滦集团，并更名为开滦（集团）蔚州矿业有限责任公司。又于 2004 年 12 月 30 日，蔚州矿业公司整体吸收了张家口市老虎头煤矿。2007 年 7 月 31 日，经集团公司和大唐国际共同投资，改造了蔚州公司。蔚州矿业公司进入了快速发展的轨道。

蔚州矿业公司位于张家口市蔚县境内，与山西、内蒙煤炭资源大省相邻，总面积 264 平方公里，煤炭资源储量 14.9 亿吨，员工 13000 人，总资产 34.7 亿元，年产煤炭 600 万吨。公司主要的煤炭产品为长焰煤，其次是不粘结煤，少量无烟煤。

蔚州公司因其低硫、低灰、低磷、弱粘结性等特性，符合环保要求的发电、供热等用煤标准。受近几年国家供给侧改革、国家限产的要求，该公司部分矿井的产能有所缩减，其中部分矿井受国家政策的影响，将面临关停的风险。但随着后续矿井如北阳庄、德胜庄等矿的筹建，该公司产量不会减少，仍为一家中型煤炭企业。

2. 煤炭资源储量分析

蔚州矿业公司目前正在生产的矿井有崔矿、单侯矿、西细庄矿、南留庄矿、兴源矿及郑沟湾矿 6 对矿井，其中，郑沟湾矿又包括郑南井和郑立井，受其服务年限不同，部分矿井存在资源量不足的情况。正在兴建的矿井有北阳庄矿，后续开发的矿井有德胜庄矿和陈家洼矿。截至 2018 年底，蔚州公司矿井保有储量为 57068.35 万吨；基础储量 21094.17 万吨；但实际可开采储量仅为 7030.14 万吨。北阳庄矿保有储量为 33254 万吨；基础储量为 17810 万吨。蔚州矿业公司正在生产的矿井可开采资源量较为不足，但有后期资源接续，可维持后续十几年的正常生产。

3. 矿井生产情况分析

（1）现有矿井生产规划分析

1）崔矿

该矿核定产能 250 万吨 / 年，年生产能力 250 万吨，但随着井下复杂的条件和国家去产能的整体部署，从 2017 年开始，该矿年生产能力调整为 200 万吨左右。

2）单侯矿

该矿设计产能 150 万吨 / 年，年核定能力 175 万吨，随着后期矿井的改造，生产能力的增加，国家重新核定生产能力为 275 万吨 / 年。根据井下生产条件和矿井的发展安排，目前年生产煤炭为 220 万吨左右。

3）南留庄矿

该矿设计能力 30 万吨 / 年，随着其生产能力的提升，2016 年重新核定产能 42 万吨 / 年，但因井下生产条件的变化及国家去产能的要求，现调整为年生产煤炭 30 万吨左右。

4）西细庄矿

该矿前期设计能力 30 万吨 / 年，随着矿井的改造，2016 年重新核定的产能为 60 万吨 / 年，受井下资源限制，现调整为年生产煤炭 50 万吨左右。

5）兴源矿

该矿于 2008 年 10 月份投产，2016 年核定产能为 30 万吨 / 年，经过后期的升级改造，产能稳定在每年 60 万吨左右。

6）郑沟湾矿

该矿属于一矿多井，现留存郑沟湾井和郑南井两个井口，因其资源量不足，按去产能要求和矿井的整体规划，目前年产煤炭 35 万吨左右，后期逐渐减少，主要进行边角煤的回采，至 2020 年左右闭井。

（2）新建矿井规划分析

1）北阳庄矿

该矿正在兴建中，2019 年左右开始正常出煤，年设计能力 180 万吨。该矿井作为蔚州公司的后续主力矿井，正在加快建设步伐，为老矿井断产接续做准备。该矿以安全、高效为目标，生产目标要求保证年产 180 万吨。

2）德胜庄矿

该矿年设计能力 150 万吨，矿井生产实践为 2020 年。该矿为蔚州公司的后备矿井，是公司今后可持续、健康发展的新动力。

3）陈家洼矿

陈家洼井田目前暂无详细规划，没有生产能力。综上，蔚州矿业公司目前煤炭生产能力为 600 万吨左右，今后几年也将维持这个水平，至 2020 年，随着新矿井的投产和老矿井的闭井，年生产能力有一定程度的增加。

4. 煤炭产品质量分析

（1）产品结构分析

蔚州矿业公司产品结构主要分为块煤、籽煤、末煤和配煤四大品种，其中，块、籽煤产量较小，占比小于 15%，末煤为 85% 左右，主要产品为末煤。配煤是蔚州公司的一种新产品，指将高热量和低热量的末煤按一定比例参配到一起，进而达到中间热值。它是公司提高收入的一个有力手段。

（2）煤质情况分析

蔚州矿业公司所覆盖的煤层为全隐蔽华北型侏罗系含煤地层，呈现缓倾斜单斜构造，倾角为 5~15 度。煤田断层较多，区内断层共计 55 条，断距大于 30 米的有 43 条之多，小断层的为 12 条。冲积层覆盖厚区间为 30~190m，煤田埋藏深度为 205~550m。

含煤地层厚度为 150m，含煤总厚度大约 30m，可采煤层为 7 至 9 层，总厚度 11.38m，1、5、6、7 号煤为较稳定煤层，均厚度为 2.19、2.79、2.6、1.02m，主要可开采煤层为 1、5、6 号煤层。煤层相对较为稳定，结构比较简单，顶板及底板岩性好，瓦斯含量较低（相对涌出量不大于 10M3/T），煤层有自然发火的倾向，发火期为 3 到 6 个月，煤尘有爆炸的危险性，没有高温异常区，以底板进水为主要原因的中等岩溶裂隙充水矿床，水患威胁不是很大。

崔矿，矿井开拓为立井单水平开拓，建有主井、副井、风井，原设计中，5、6 煤共划分为 12 个采区，其中西翼 6 个采区，东翼 6 个采区，5、6 煤采取联合布置。1 煤划分为 5 个采区。全矿井共 17 个采区。由于受到小煤窑破坏，目前仅剩余东三采区和东四采区 1 煤，1 煤为长焰煤，发热量 3800 大卡 /kg 左右。

单侯矿，开拓与崔矿一样，共 8 个采区，其中井田 5、6 煤共划分为 4 个采区，5、6 煤采取集中布置，1 煤划分为 4 个采区，开采南翼 4 采区的煤层。目前主采南三采区 5 煤 5301 工作面，5 煤为不粘煤，发热量 3400 大卡 /kg 左右。

西细庄矿，矿井采用中央并列抽出式通风，目前主采二采区 1 煤，回采面为 1209 机采面，属于长焰煤，煤炭发热量 4100 大卡 /kg 左右。南留庄矿，矿井设计与西细庄矿一样，主采 1 煤层，属于长焰煤，煤炭发热量 4300 大卡 /kg 左右。

兴源矿，矿井采用中央并列抽出式通风，主采 5、6 煤层，属于长焰煤，煤炭发热量 4100 大卡 /kg 左右。郑沟湾矿，包括郑沟湾井、郑南井两个井口。郑沟湾井采用对角抽出式通风，主采 1 煤层，属于长焰煤，煤炭发热量 3900 大卡 /kg 左右。南井主采 5 煤层，属于无烟煤，煤炭发热量 4500 大卡 /kg 左右。

综上，蔚州矿区煤炭质量指标整体不高，个别矿井偏低；主力矿井煤炭的硫分值低于国家环保要求，但南留庄矿和兴源矿硫分偏高；各矿煤炭的挥发分数值较低，基本符合各家电厂的要求。蔚州矿区煤炭的主要用途为动力煤，供京津冀各家电厂使用。

5. 煤炭营销现状分析

（1）煤炭销售机构

蔚州矿业公司是一家中型的国有煤炭企业，有其专门的煤炭销售公司（以下简称销售公司），负责整个蔚州矿区的煤炭销售工作。销售公司属于蔚州公司的二级单位，设总经理一名、书记一名及副经理两名。分公司下设 8 个科室，分别为销售科、调运科、经营管理科、财务科、质量数量科、煤质科、安管科及综合办公室，与煤炭销售业务有直接关系的科室包括销售科、调运科、经营管理科、财务科、煤质科及质量数量科。其中，销售科负责煤炭销售计划的制定、合同签订、调拨单下拨、煤炭价格确定及清收煤款等工作。调运科负责火运车皮的请车、监督协调装车、安排汽运车队上站及监督协调等工作。财务科负责分公司全年预算的制定，查收煤款、统计报表、费用报销等相关工作。质量数量科负责商品煤质量监督管理、商品煤计量管理工作、司磅人员的培训管理工作。煤质科负责煤炭产品的采样、制样及化验等工作。经营管理科负责销售公司管理制度的制订、煤炭的结算开票，并根据业务情况，参与商务谈判、合同订立、指标统计等工作。另外，销售科、煤质科及质量数量科共同负责煤炭销售过程中出现的商务纠纷处理工作。

销售公司成立煤炭销售领导小组，由经理、书记、副经理及销售科、调运科、经营管理科、财务科、煤质科、质量数量科 6 个科室的正、副科长组成，全面负责、协调及解决煤炭销售过程中的各项问题，确保蔚州矿业公司的煤炭销售工作顺畅开展。在煤炭销售过程中，为保证蔚州矿业公司对销售公司进行全面的指导及监督工作，促进蔚州矿区的煤炭销售工作健康有序发展，蔚州矿业公司成立了蔚州公司的煤炭销售领导小组，由蔚州矿业公司的经营副总经理、经营管理部部长及销售公司总经理和书记组成。

综上，蔚州矿业公司对煤炭销售工作进行全面的指导、统筹和监督，销售公司领导根据市场变化制定具体的销售措施和对策，各职能科室予以落实，共同推进蔚州矿区煤炭销售工作稳定快速发展。蔚州矿业公司煤炭销售机构如图 6-12 所示：

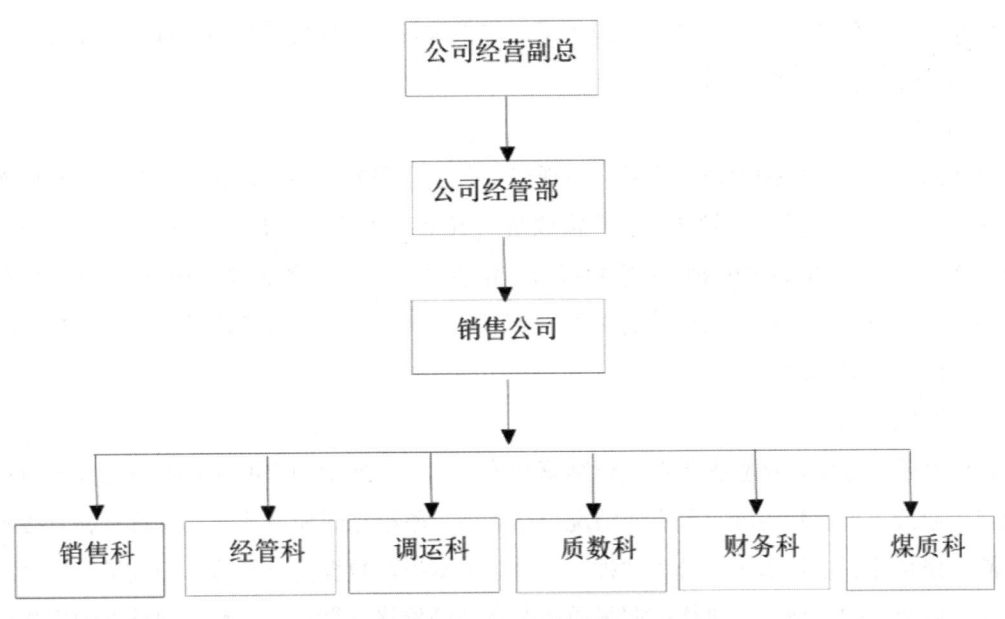

图 6-12 蔚州矿业公司煤炭销售机构

（2）煤炭销售流程分析

蔚州矿区的煤炭销售工作，主要遵循以下流程。

1）需求方立户

与蔚州矿业公司有煤炭业务往来的用户，需进行办理立户手续，提供三证一表（营业执照、机构信用代码证、开户许可证及增值税一般纳税人资格登记表），同时需要法人身份证复印件和开票信息。

2）签订合同

用户的资质经审核无误后，客户可与销售科洽谈煤炭买卖事宜并签订煤炭购销合同。合同内容主要包括拉煤矿井、煤炭产品名称、价格、拉煤期限、奖罚条件及结算开票等信息。

3）客户打款

由于中长期用户与我公司建立长期战略合作关系，该类用户可以先拉煤后付款，即结算开票后再付款。其他用户一律先打预付款再发货，销售公司必须保证收到货款后，才允许发煤。

4）调拨单下拨

调拨单下拨分地销和路运下拨两部分，地销下拨具体指销售科根据合同签订及付款情况，给相应的矿井下拨调拨单；路运下拨指调运科根据销售科所签订的合同下拨货车装车通知单。调拨单和装车通知单主要包括煤炭产品名称、价格、拉煤期限等相关内容。

5）计量及煤质化验

质量数量科所辖的各矿的磅房及轨道衡负责煤炭计量工作。煤质科对各矿井不同的煤炭产品进行采样化验，并出具化验报告单。化验报告单主要包括热值、硫份、水分、灰分、挥发分等结算需要的数据。

6）商务纠纷

煤炭商务纠纷主要指用户收货后，出现煤炭数量亏损或煤炭质量有差异时，客户向销售公司提出异议，请求予以解决。客户需收货后五个工作日内，提出商务纠纷书面申请，并提供实际收货时的过磅单和质量检验报告。销售公司召开商务异议处理领导小组会议，根据用户数据情况，结合相关矿井的过衡、装车及化验等信息，最终出具商务纠纷处理报告，作为最终的结算依据。

7）结算及开票

根据过磅计量单及化验报告单进行结算开票。其中，地销用户的结算数量及煤质质量以蔚州矿业公司出矿数为准，且煤质情况只是参考，不根据煤质变化来调整价格，直接根据合同价格结算。中长期用户分为两种，一种是根据出矿数据进行结算，即数量、质量均以蔚州矿业公司的为依据，价格按照煤质情况及合同价格计算得出；另一种是以到厂数据为准，即结算数量及质量均采用用户实际到厂的数据，价格根据合同价格和到厂的煤质计算得出。有商务纠纷的用户，依据商务纠纷处理结果进行结算。出具结算单后，开具国家增值税专用发票。

8）货款清收

由于中长期用户先开票结算后付款，所以开具增值税专用发票后，必须及时进行货款清收工作，确保资金及时回笼和降低经营风险。

综上所述，针对蔚州矿区实际，煤炭销售工作制定了较为完善的流程，涵盖了从煤炭的发运、结算开票及货款回收各个环节，有力保障了煤炭的正常发运及货款的及时清收。蔚州公司煤炭销售流程如图 6-13 所示：

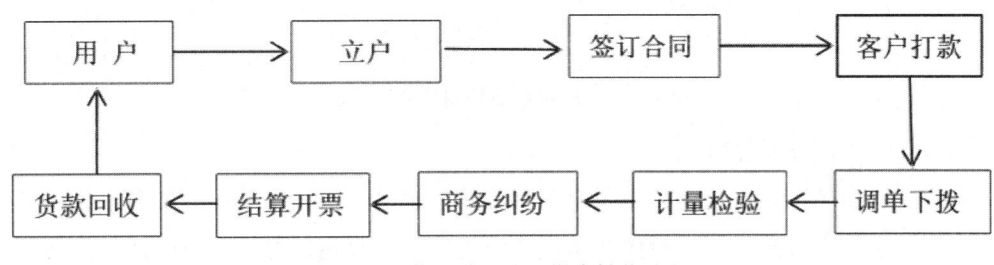

图 6-13　蔚州矿业公司煤炭销售流程

（3）煤炭销售信息系统

为进一步提高销售工作效率，减少人为工作步骤和数据的准确性、及时性，蔚州矿业公司委托中国矿业大学研发并投入使用了一套符合蔚州矿区煤炭销售业务实际情况的煤炭销售信息系统，覆盖了用户信息、产品信息、价格变动、调拨单情况、计量及煤质数据、结算数据、货款情况等主要的销售业务流程。

该信息系统主要安装在蔚州矿业公司、销售公司和各生产矿井与煤炭销售工作有关的单位和科室，通过该系统的投入运用，减少了人为电算化工作，并保证了数据的及时传输，且极大地提高了数据的准确性，提升了煤炭销售工作的透明度，为蔚州矿区的煤炭销售工作向信息化发展提供了有力的支撑和平台。

（4）煤炭产品流向分析

煤炭作为一种能源，处在企业生产链的上游位置，既可以用于自行加工增值，也可以对外直接销售。蔚州矿区处于河北省西部边界地带，西部紧邻产煤大省山西，北靠内蒙古自治区，煤炭流向受到两大产煤大省的一定限制。受自身产品的属性限制，所生产的煤炭主要用于取暖、供热和发电。块、籽煤产品主要用于民用取暖，主要流向蔚县当地及周边保定一带和山东等区域，现因环保限制，山东和保定区域已丢失部分市场。目前，大部分块、籽煤用于当地及周边地区的民用取暖。末煤及配煤主要供应各大电厂，主要流向北京、天津、唐山、秦皇岛、保定及张家口等地区，受环保政策影响，北京取消用煤，该区域市场已不存在。综上，因地理位置及附近产煤省份的影响，蔚州矿区的煤炭主要销售到蔚县当地及周边距离较近的区域。

蔚州公司煤炭产品流向如图 6-14 所示：

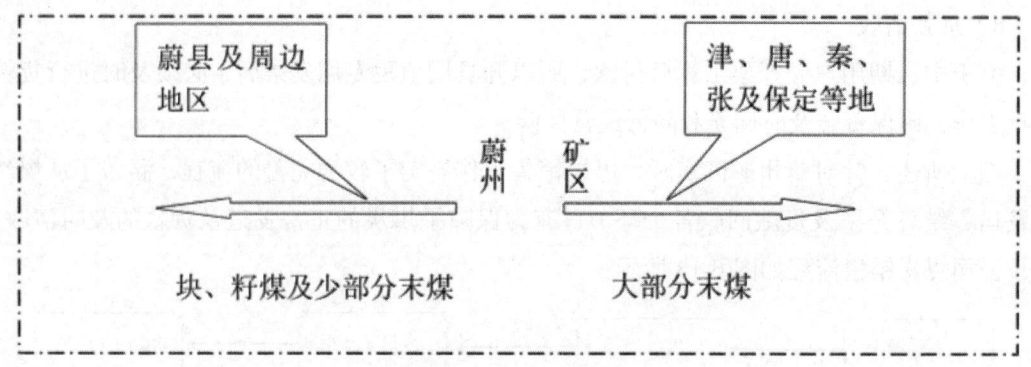

图 6-14　蔚州矿业公司煤炭产品流向

（5）煤炭销售方式分析

目前，蔚州矿区的煤炭销售主要有三种方式，地销、汽运及路运。所有矿井均有公路网，汽车运输较为方便，其中崔矿及单侯矿有地方铁路直达，通过火车外运较为便利。地销大部分为零星散户，以蔚县当地和周边用户为主。煤炭产品主要用于当地及周边地区，蔚州矿区的块、籽煤大部分进行地销，少部分的末煤以地销方式销售，采用出矿交货的方式进行煤炭销售，煤炭产品出矿后便交由用户负责管理。汽运及路运主要是中长期用户，有少量的市场用户，随着销售流向和用户的调整，近两年均为中长期用户。

蔚州矿区的大部分末煤和配煤是通过汽运和陆运进行销售的，但主要以路运为主，汽运是近两年才发展起来的，运量相对较小。汽运是运输公司将蔚州矿区的煤炭产品送达对方指定地点进行交货的一种煤炭销售方式，而路运是通过铁路运输将蔚州矿区的煤炭产品送达对方指定地点进行交货的一种煤炭销售方式，即汽运和路运均为到厂交货，到厂前煤炭均由蔚州矿业公司负责，到厂后由用户负责。即蔚州矿区的末煤和配煤以路运、地销和汽运三种方式进行销售；块、籽煤以地销方式销售。

如图 6-15 所示：

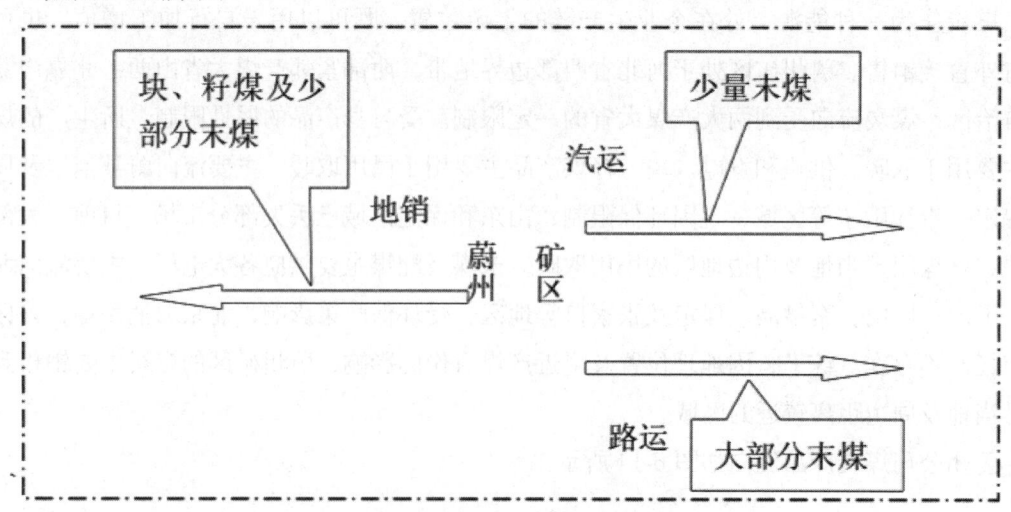

图 6-15　蔚州矿业公司煤炭销售方式

（6）用户分析

蔚州矿区的煤炭用户目前分为两种，一是中长期用户，其他为零散用户。地销所有用户均为零散用户，为蔚县及周边区域的用户，包括经营块、籽煤和少部分末煤的，他们绝大部分为个体公司，公司实力一般，他们本身不消耗煤炭，需求量受市场需求制约，当下游用户需求量大时，他们就多拉煤，否则就少拉煤，也就是说，需求波动较大。路运和汽运直供均为中长期用户，他们都为国家大中型央企或国企，直接消耗煤炭，需求相对稳定。目前主要有：大唐公司下属的张家口电厂、下花园电厂、王滩电厂及丰润电厂，天津军粮城电厂、杨柳青电厂、滨海热电，秦皇岛秦热电厂，唐山开滦中润化工，保定热电及清苑电厂。

蔚州公司煤炭用户情况如图 6-16 所示：

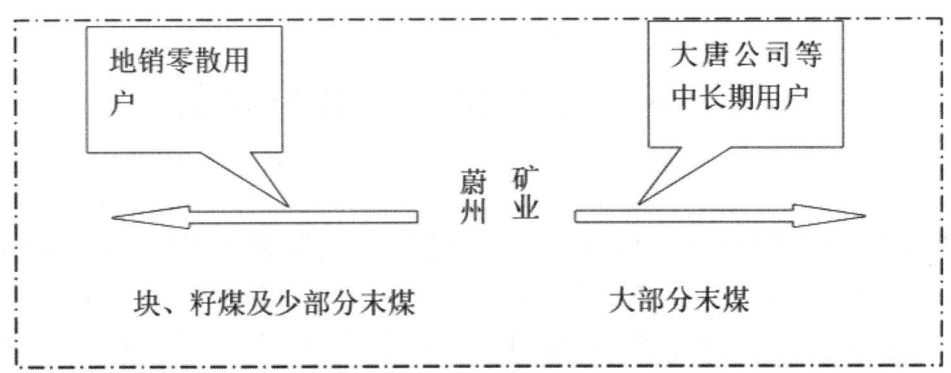

图 6-16　蔚州矿业公司煤炭用户情况

（7）煤炭销售渠道分析

蔚州矿区的煤炭销售现有两种渠道，即直销和代发。所谓直销，是指地销出矿交货和汽运、陆运到厂交货的一种销售渠道，不管以何种方式交货，都是蔚州矿业公司将煤炭直接卖给终端用户，没有中间的各种手续；而代发，是通过中间商将煤炭卖给用户。蔚州矿业公司部分市场客户是以代发的渠道进行销售的，通过中间商与用户接洽，来完成煤炭销售。目前，蔚州矿区的用户，天津区域均是通过分销商来进行煤炭买卖的，较大程度上保障了销量的完成。

6. 蔚州矿业公司内部环境分析

通过对蔚州公司内部环境分析，得出如下结论：

（1）公司综合实力较强

蔚州公司年产煤炭六百多万吨，资产总额将近四十亿元，具备了先进的综采技术，是张家口区域的煤炭龙头企业。同时该公司能够得到集团公司先进的技术支持和资金保障，具备了很高的抗风险能力。

（2）定价机制灵活，价格高于同行业

蔚州公司有自己的定价管理小组，能根据市场变化，及时做出煤炭价格调整，既紧跟了市场,也提高了售价。同时该公司煤炭价格要高于其他煤炭企业,能够为公司带来更大收入。

(3)煤炭质量较差,开采成本偏高

蔚州公司各矿井煤炭发热量普遍维持在 4000 大卡左右,同时煤层深度大,开采成本高,直接影响了公司的煤炭收入。

(4)煤炭用户少,销售渠道窄

蔚州公司目前以中长期用户为主,其主要分布在天津、唐山、秦皇岛等地,用户数量十几家,当市场疲软时,一些用户就会减发或停发,影响公司的正常销售。今后要在其他区域多培育几家中长期用户,增加分销商,扩宽销售渠道,加大用户购煤的竞争力,保证公司煤炭正常外销。

第三节　煤炭业的机会与威胁

我国煤炭企业的蓬勃发展不仅成为我国现代化建设所需要的煤矿能源的主要供应地,而且加速了我国城市化进程,带动了区域经济的发展,促进了社会稳定,为我国现代化建设作出了巨大的贡献。但是,长期以来,国家一直把资源开发的投资重点放在中西部,而把加工工业发展的重点放在东部沿海地区,煤矿采取粗放型开采,求产量不注重综合利用,资源浪费严重,从而制约了煤炭企业的进一步提升和发展。

一、煤炭企业发展的优势分析

1. 煤炭资源优势

煤炭企业具有一定的资源优势,特别是西北地区,煤炭资源丰富。从我国地质条件和资源远景分析,我国煤炭资源还有相当大的潜力可挖。我国的煤炭企业应加大煤炭勘探力度,挖掘资源优势,促进企业经济发展。

2. 劳动力资源丰富

由于煤矿资源开采的特点,矿产资源开采加工产业的职工家属都聚集在企业这一区域,形成企业劳动力资源丰富。这对降低资源开采加工的成本有一定的益处。通过加强对煤炭企业员工的技术培训,可以为企业今后进行产业结构调整储备具有较高文化水平的人员,有利于企业今后的发展建设。

3. 国家政策支持

我国加入世界贸易组织后,有利于国外投资者到我国投资勘探,开采煤炭资源,同时也有利于国内企业到国外勘探,开采煤炭资源。此外,国际矿业环境也为我国利用国外资源和国际市场提供了难得的机遇。经济的全球化，国际矿业投资环境明显改善，这些都有利于我国煤炭企业利用国外的煤炭资源和煤炭产品。

二、煤炭企业发展的劣势分析

1. 地理位置较差，交通相对闭塞

我国煤炭企业大都处于人烟稀少、交通相对闭塞且市场经济不发达的地区，在引进资金、技术、人才和先进管理经验和模式方面存在着明显的弊端。由于交通相对闭塞，煤炭企业基础设施建设成本比其他地方高。

2. 企业的技术水平落后

煤炭企业以煤炭资源开采和煤炭产品初级加工为主要产业，加上企业不注重技术开发及技术引进，因此企业技术发展带有明显的滞后性，这为企业产业结构向高级化和现代化方向转变带来了困难。

3. 企业的管理因素

煤炭企业的主体是开矿和原煤加工。由于长期受到计划经济的影响，煤炭企业的自主性和灵活性低，经济核算、成本管理、质量管理都比较松弛，人、财、物浪费较多。另外，由于法制不健全，管理松散，不少煤炭资源滥采、破坏环境现象严重。

三、煤炭企业发展的机会分析

1. 国民经济持续快速发展，对能源的需求量越来越大，煤炭需求增长前景看好

近年来我国经济发展速度较快，对能源的需求量不断增大，由于新兴的能源产业起步较晚、发展较慢，传统的煤炭行业依然是我国经济发展的支柱产业，煤炭需求量大，应用领域广泛，企业发展前景向好。

2. 国家产业政策支持，鼓励大型煤炭企业发展煤电、煤焦化等项目，对大型煤炭生产企业发展有利

我国煤炭企业主要集中在中西部地区，煤炭企业发展呈现规模化、综合化的趋势，为了提高煤炭的利用效率，降低损耗成本，许多大型煤炭企业建立坑口电站，对原煤进行焦化处理，不断提高煤炭的产值和附加值，促进煤炭企业打开更大的发展空间。

3. 炼焦煤市场需求持续上升，呈现出供不应求的态势

我国经济发展的持续升温，带动了传统钢铁、机械、冶金等行业的蓬勃发展，炼焦煤市场供不应求，这就为煤炭企业发展提供了很好的机遇，通过不断对原煤进行深加工，降低了煤炭远程运输带来的损失，带来了煤炭企业新的利润增长点，推动企业经济实力持续增长。

四、煤炭企业发展的威胁分析

1.煤炭全行业生产能力有过剩的可能

由于煤炭初加工产品生产技术含量低，煤炭企业都在大力发展煤化工、电力、煤矿装备等产业，同质化竞争日趋激烈。再加上我国煤炭企业主要集中在中西部地区，交通运输不便造成挤压，从而造成煤炭企业资金周转效率低，盈利能力大大降低，限制了煤炭企业的可持续发展。

2.用户对煤炭产品的质量要求逐步提高，导致加工费用增加，提高了煤炭产品的成本

煤炭产品质量的高低，不仅关系到用煤单位的使用效果和产品质量，而且关系到煤炭企业的声誉和经济效益，甚至影响到国民经济的发展规模和水平。

3.同类煤炭生产企业的竞争，导致煤炭企业的发展空间受到挤压

从国家政策上来看，国家鼓励煤炭企业进行兼并重组，建立大型的煤炭企业集团，加大煤电企业一体化经营，不断提高煤炭企业产品的市场竞争力，这对中小型煤炭企业来说无疑是非常严峻的考验，煤炭企业需要不断调整发展思路，增强自身发展能力和发展后劲，力争在市场竞争中立于不败之地。

五、煤炭产品营销环境及 SWOT 案例分析

企业在运营过程中要时刻面对瞬息万变的内、外部市场环境，并适时作出调整策略的决定。这是企业长足发展的关键。而企业面对的环境主要包括企业内部微观环境和外部宏观环境两个子内容，两者之间是既有联系又有制约的关系，企业一定要做好两者间的协调、融合乃至互相促进，才能使公司整体顺畅运转，达到最终目标。所以企业必须要具备及时调整状态、决策以顺应复杂的内、外部环境的能力。相比来说，企业的外部环境更加变幻莫测，让人捉摸不定，所以，需要企业下功夫进行分析、研究，一般来说，从三方面来分析企业外部环境对企业的影响即：有利因素、不利因素和中性因素。企业应做到最大限度把握有利因素，规避不利因素，努力拓展销售市场，助力企业长足发展。

1.A 公司宏观环境分析

（1）政策环境

面对煤炭行业"黄金十年"过后留下的诸多亟待解决的问题、煤炭供给全面过剩局面已然形成的现状，为了更好地维持煤炭行业的持续发展，需要国家从宏观的角度对煤炭行业进行持续较长一段时间的深度调整。

2014 年，"救市"成了煤炭行业唯一的主题。煤炭价格从第一季度开始一跌再跌，为了调整持续低迷的煤炭行业，国家的救市政策随之一出再出。2015 年 5 月份，国家能源局等部门先后出台了《煤炭清洁高效利用行动计划（2015-2020 年）》、《关于严格治理煤矿

超能力生产的通知》和《做好2015年煤炭行业淘汰落后产能工作的通知》等文件，旨在提高煤炭利用率、遏制煤炭产量无序增长，调整产业供需结构。

为了有效化解煤炭产能过剩，推动煤电、煤化重组并购，构建内蒙古煤电化整体优势。内蒙古自治区政府全力支持煤炭上下游企业重组，并于2015年6月份，发布了《关于支持煤炭转化企业与煤炭生产企业重组有关事宜的通知》。

为推进我国煤炭行业结构性改革、抓好去产能任务的决策部署，进一步化解煤炭行业过剩产能、推动煤炭企业实现脱困发展制定具体目标、方向。2016年2月国务院出台《关于煤炭行业化解过剩产能实现脱困发展的意见》，这是煤炭去产能工作的主线，保障了煤炭去产能顺利执行。2016年10月，中国煤炭工业协会印发了《煤炭工业"十三五"相关领域发展指导意见》。其中，对科技发展、结构调整、基本建设、安全高效矿建（露天）建设、洗选加工和煤化工发展、节能环保与资源综合利用、信息化和工业化深度融合、装备制造发展、市场体系建设、大数据建设、文化建设、全民健身活动、精神文明建设和人才队伍建设共14个领域进行了具体详细的意见指导。就是给"十三五"期间煤炭工业发展指明了方向。

（2）经济环境

1）全国经济环境分析

依据国家统计局数据：2015年我国GDP为67.67万亿元，比2014年增长6.9%。经济运行保持在合理区间，结构调整成效显著，转型升级步伐加快，但经济发展中仍不乏存在不平衡、不协调的问题。

2）内蒙古自治区经济环境分析

根据内蒙古自治区统计局的相关经济数据显示，2015年全年内蒙古全区生产总值达1.8万亿元，比2014年增长7.7%，高于全国平均增速0.8个百分点。另经内蒙古自治区统计局初步核算，2016年，内蒙古全区全年实现生产总值超1.86万亿元，比上年增长7.2%，高于全国平均增速0.5个百分点。内蒙古地区一直大力推行国家相关政策，推进供给侧结构性改革，努力促进新旧动能加速转换等，并且保持经济情况平稳运行且稳中有进。

（3）技术环境

技术是第一生产力，随着国家不断大力推进技术创新，各企业也越来越将对技术的重视程度提到一定的高度，进而不断地鼓励、开展技术创新，近几年，各行各业，新的成果、专利也不断涌现。A公司作为典型的现代化能源型企业，也早已将技术的重视度放在首要地位，在技术创新、发展方面作出了很多努力，加之国家对能源行业发展的导向，坚持走科技含量高、资源消耗低、环境污染少的能源发展道路，A公司不断探索在政策的引导下，顺应市场发展，符合自身切实情况的发展之路并取得了一定的成果。如A公司煤制油项目实现满负荷生产。此项目的实施在一定程度上彰显了我公司乃至我国煤炭技术自主创新能力的不断增强。

近几年，煤炭产业乃至能源行业整体发展有了很大的提升。煤炭采掘机械化、信息化程度不断提升，洗煤、配煤专业技术不断提高，煤炭企业逐步向煤矿信息化、智能化发展。有统计数据显示，至 2008 年，我国有重点煤矿采掘机械化程度就已经达到了 88.7%。随着近两年政策导向，煤炭企业兼并重组、淘汰落后产能的步伐加快，煤炭行业会进一步向集约、安全、高效、绿色的方向发展。

此外，2015 年 11 月，A 公司博士后工作站获得批复。博士后工作站将围绕煤炭生产、煤化工、铁路运输三大主业进行重点技术攻关。

（4）人口环境

内蒙古地区实行民族区域自治，且有着以蒙古族为主体的蒙古文化，但所居住人员汉族占大部分，其他还有朝鲜族、回族、满族等少数民族。内蒙古自治区始终坚持提高人口素质的基本国策，以人为本，坚持体制创新的原则。全区共 12 个盟市，至 2015 年 11 月 1 日零时，全区 12 个盟市的常住人口为 2510.01 万人，同 2010 年 11 月 1 日零时的 2470.63 万人相比，五年共增加 39.38 万人，增长 1.59%，年均增长 0.32%。其特点一直呈现为东部地区常住人口总量多于西部地区的人口分布特征，其中东部地区赤峰市、通辽市、呼伦贝尔市、兴安盟和锡林郭勒盟五个盟市人口比重历年来占比都比西部地区呼和浩特、包头、乌海、鄂尔多斯、巴彦淖尔、乌兰察布、阿拉善七个盟市人口比重高，但随着西部地区经济的发展，近几年西部地区盟市人口增长较快，至 2015 年止已从 15 年前东西部地区人口比重分别为 54.51% 和 45.49%，改变为 50.2% 和 49.8%。随着区内人口持续增加及内蒙气候冬季寒冷因素的影响，区内煤炭市场环境的需求预计也将呈不断增长态势。

2.A 公司微观环境分析

（1）公司自身情况分析

A 公司位于内蒙古鄂尔多斯市，成立于 1988 年，现有资产超 1000 亿元，员工超 7500 人。公司总生产能力超过 5000 万吨 / 年。生产的煤炭品种有混煤、块煤和洗选煤三大类，具有低灰、特低硫、特低磷、高热值等优点。矿井采区回采率为 80% 以上，采掘机械化程度达到 100%。1200 万吨 / 年的酸刺沟煤矿是目前公司生产能力最大、装备最先进的矿井，也是我国第一座超千万吨的地方煤矿；在建的 1500 万吨 / 年的红庆河煤矿，是我国目前核准的规模最大的立井矿，主井提升系统单机功率和井塔设计高度、副井井筒直径均为国内最大。公司投入运营的选煤厂有 3 座，全部采用先进的中介洗选工艺，总洗选能力为 3200 万吨 / 年；在建的选煤厂有 2 座，总洗选能力为 2100 万吨 / 年。准格尔召与酸刺沟选煤厂现已建成煤泥干燥系统，单套设备处理湿基煤泥能力 99 万吨 / 年，干燥后煤泥低位发热量平均提高 359 卡 / 克。公司建立了铁路、公路及配套设施相结合的完整运输体系。

1）生产能力分析

A 公司至今已有近 30 年的发展历史，是内蒙古地区最大的地方煤炭企业，总生产能力每年超过 5000 万吨。随着公司的不断发展壮大，其产业结构也在不断完善、优化，并不断努力整合、筹建矿井，且现拥有的生产矿井机械化程度高，加之公司技术创新能力的不断增强，使公司有了较平稳、快速发展。煤制油公司自2010年至今一直平稳运行，且收益良好，另外，120万吨/年精细化学品项目也将试运行，到时，公司煤化工产品也更加多样化发展。

2）盈利能力分析

随着公司规模不断壮大，生产系统的机械化程度提升，运输系统的不断完善及销售渠道的顺畅，公司运销系统协调发展，使公司产运销体系坚实、稳定，这一系列措施的保证，是公司销售利润实现的关键所在。加之A公司产品优势，铸就了其与煤炭行业中其他企业的优势。

综合看，A公司的特点主要为：①公司生产的煤炭具有低灰、特低硫、特低磷、高热值等优点。②公司拥有集铁路、公路、转运站等完整配套的运输体系，拥有7条控股铁路，现阶段投入运营铁路有4条即准东、呼准、酸刺沟煤矿铁路专用线、大路工业园区铁路专用线；在建的有3条即：大马铁路、塔拉壕煤矿铁路专用线、红庆河铁路专用线。此外，公司还参股了蒙西至华中铁路、准朔铁路、新包神铁路、蒙冀铁路、鄂尔多斯南部铁路。公司还不断加大铁路管理方面的技术与设备投入，实现了与国铁互通，自营铁路设计输送能力超过2亿吨/年，煤炭集运能力超过了1亿吨/年，极大改善了当地煤炭的运输环境，有效促进了地区经济发展。公司以"服务市场"为中心，在北京、上海、广州、南京等地设有销售机构，在铁路沿线设有西营子、准格尔召、暖水等发运站和酸刺沟煤矿快速装车站，在秦皇岛、京唐港、曹妃甸港口设有货场和转运站。③公司投入运营的选煤厂有3座，全部采用先进的中介洗选工艺，总洗选能力为3200万吨/年；在建的选煤厂有2座，总洗选能力为2100万吨/年。准格尔召与酸刺沟选煤厂现已建成煤泥干燥系统，单套设备处理湿基煤泥能力99万吨/年，干燥后煤泥低位发热量平均提高359卡/克。④商品煤销售的重点电煤大客户较稳定。⑤煤炭生产平均成本低于全区平均水平。公司在加强成本控制和煤炭营销工作的同时，也探索在精细化管理方面下功夫，并不断探索对矿井进行技术改造，不断通过提高产能摊薄成本，提高利润水平。

3）员工构成情况分析

A公司作为大型现代化能源企业，不断发展壮大到今天，人才因素也起着关键性的推动作用，公司拥有各方面专业人员及综合性人才。截至2019年，A公司拥有员工总计7286人，本科生以上员工占70%以上。其中，从是否属管理人员角度分析：公司包括管理人员875人，职工6411人；从是否属专业技术人员角度分析：公司拥有专业技术人员总计509人，其中中高级专业技术人员104人。

4）环境治理水平分析

公司以国家环境保护政策为指引，确立了"百年A公司、绿色能源"的环保方针，以建设"资源节约型、环境友好型企业"为方向，以清洁生产、绿色矿山、植树减碳为路径，以实际行动践行生态文明建设的社会承诺。目前，公司各产业板块已通过ISO14001环境管理体系和ISO50001能源管理体系认证，并且将两个管理体系合并运行，强化了两大体系的管理效应，提升了企业的环境保护和能源消耗管理水平。公司在任何新建、改造、扩建项目时，都严格按照国家及行业的有关规定严格执行环境影响评价制度、建设项目环境保护和水土保持"三同时"制度，各项制度执行率均达到了100%。公司始终坚持贯彻节约资源和保护环境的基本国策，不断强化内部管理，成立了环境管理专业部门，层层落实环保责任，建立起一支企业环境管理监督员队伍。并针对公司生产、运营实际制定并出台了《A公司环境管理办法》。目前，各单位环保设施完好率和运行率均达到了95%以上。

此外，公司在生产运营管理过程中将矿区环境治理工作同企业技术改造、工艺改进、设备更新等技术工作结合一起联动，提高效率的同时，达到了清洁生产、节能增效，提高资源综合利用率的目的。公司在重视资源合理开发和利用的同时，将改善矿区生态环境纳入了重要的工作范畴，从未松懈，A公司下属各单位的工业场地绿化率超95%，并得到国家相关部门的认可。公司所属4个煤矿被国土资源部评为绿色矿山建设试点单位。此外，针对A公司所在地区现状－－缺林、少绿、多风沙，公司在杭锦旗库布其沙漠征用50万亩沙地用于碳汇林建设，有效吸附二氧化碳，在为公司煤化工项目提供碳汇保障的同时，也为鄂尔多斯西部建设搭建了绿色生态屏障。近年来，公司在生产建设过程当中认真贯彻落实国家及地方环保法律、法规及政策，未发生环境污染事件和环境投诉事件，得到了各级主管部门和主流媒体的认可及赞扬。A公司先后被授予"林业生态建设突出贡献企业"荣誉称号和"全国绿化模范单位"荣誉称号。

5）节能减排技术分析

A公司坚持走循环经济之路，努力创建资源节约型、环境友好型企业，不断促进煤炭与共伴生资源的综合开发与循环利用。2016年安排节能奖励资金1558.3万元用于节能技术研究和改造等工作，确立了大地精煤矿汽暖高温回水余热利用改造、塔拉壕大功率永磁同步电机在运输系统的应用、生产服务中心液力偶合器启动方式升级改造为变频一体机启动技术、纳林庙二号井生产运输系统改造提高块煤率项目、酸刺沟矿井水综合利用及资源化管理等项目。大地精煤矿汽暖高温回水余热利用改造项目使大地精煤矿汽暖全年回水40000吨，温度85℃-90℃，改造后的回水温度是降至62℃，全年减少使用水蒸气6000多吨，为煤矿节约了能耗，降低了成本；塔拉壕大功率永磁同步电机在运输系统的应用项目：传统的带式输送机驱动系统采用异步电动机、液力耦合器，减速器将动力传给滚筒带动皮带运动。采用三台BPJV-1400/3.3矿用隔爆兼本质安全型高压变频器（以下简称高压变频器）分别驱动刮板输送机机头（平行机头、垂直机头）和机尾的三台1000kW电动机；生产服务中心液力偶合器启动方式升级改造为变频一体机启动技术：将原有电机/YBSS-855G/3台、福伊特液力偶合器3台、减速器（2水平+1垂直）改造为变频一体机

dksWa72UM/4-4/1000kw/1140V/2 台加连接罩筒、联接器 2 套＋减速器 2 台（取消垂直布置）以及专用移动变电站、电缆、控制系统。

此外，A 公司煤制油公司实现废水零排放。采用工艺蒸汽透平冷却方式，节约了大量新鲜水；对工艺冷凝液加以回收利用，减少了脱盐水的用量。经生化处理的污水 100% 回用，一部分作为循环水补充水，一部分经回用水系统制精制水。循环水浓缩倍数提高到 4.0，减少了循环水补水量节约了原水用量。

（2）顾客分析

A 公司的煤炭产品主要可以分为混煤、块煤和洗选煤三大类。商品煤按照公司统一标号可分为 A 公司 2#（混煤）、A 公司 3#（块煤）、A 公司 4#（洗精煤）、A 公司 7#（喷吹煤）、A 公司 9#（洗中煤）共五个品种。根据煤炭品种的不同特点、用途，A 公司拥有的顾客也不同，主要为电煤用户、其次为化工、冶金用户和其他的诸如供热等。

1）电煤用户

电煤用户是 A 公司的主要用户，分长协客户和市场客户。长协客户一般是指签订年度合同，明确定价机制类型的客户；市场客户一般是指不固定量和价格的客户。购买量随其需求临时确定、价格随行就市。这类客户的销售量占销售总量的 83% 左右。主要为五大电力公司及各省主要发电企业，如浙电、粤电、江苏国信等。

2）化工用户

主要为公司内部化工企业，其销量占销售总量的 4% 左右。主要供给大路煤制油、杭锦旗化工的用煤。

3）冶金用户

这类用户很少，其销量只占销售总量的 1% 左右。如宝钢、鞍钢等冶金企业。

4）其他

这类用户主要为供热（如鄂尔多斯境内康巴什热电、东胜国电等）、水泥、陶瓷、玻璃等企业。此外，还包括坑口散户，贸易商与京津冀周边及山东块煤等用户。占销售总量的 12% 左右。

（3）竞争者分析

随着近几年国家政策的调控和引导，我国总体煤矿数量不断减少，尤其小煤矿数量越来越少，而大型煤矿占有率不断增加，产业集中度越来越高。排名前四的煤炭企业的生产量占全国的 24% 左右，截至 2018 年的数据，年产量过亿吨的煤炭企业共有 9 个，生产量占全国的比重为 38% 左右。从对市场的控制角度看，神华集团、同煤集团、中煤集团等产能过亿吨的大型国企拥有着大量的煤炭资源及煤炭市场的绝对话语权，左右着我国煤炭市场动向，相比之下，A 公司很难与之抗衡，所以，如何在各大煤炭企业的夹缝中生存，如何扬长避短已成为 A 公司的关键所在。再从我国煤炭进、出口的角度看，以煤炭市场情况最不景气的 2018 年为例，我国尚需进口煤炭 2 亿多吨，何况煤炭市场好或供需平衡的情况下。

以上我国煤炭市场情况，总结目前各煤矿企业的竞争情况共分为以下三种：

1）国外与国内煤炭企业的竞争

由于国外煤炭资源储存条件好，开采方式先进，所以其开采成本低、售价低，从而相应用煤企业使用进口煤炭的成本反而比使用国内煤炭还要便宜，这就对国内煤炭企业产生了一定的冲击力。

2）国有大型煤炭企业之间相互竞争

在自身实力的基础及政府干预的影响下，国有大型煤炭企业之间存在着诸如资源的竞争、销售市场的抢夺等。

3）国有煤炭企业与地方煤炭企业之间的竞争

相比之下，地方煤炭企业投资少、成本小，并更具灵活性等优势，使其积极参与到我国煤炭市场中分一杯羹，但其安全措施的实施和投入方面存在着一定问题，同时对环境破坏较大，在国家大力推进去产能的背景下，最终会被取缔。A 公司面临的主要竞争对手有：①陕西境内的国企神华神东集团，其公司实力雄厚，煤炭资源储量非常大，煤炭煤质好，发热量高，产量大，对公司占主要地位的产品－混煤（主要用作电煤）冲击性很大；②中煤集团，同样具有公司实力雄厚，资源储量大，产量大，煤质较好等优势，对公司主要产品产生很大冲击性；③距离 A 公司不远的宁夏地区大型煤炭企业，其中生产的焦煤，对 A 公司刚刚发展起来的洗精煤产生很大的竞争。

3.A 公司 SWOT 分析

（1）优势

1）公司具有一定的规模优势，且品牌价值高

A 公司居于全国煤炭企业百强第 21 位，且作为地区煤炭企业 50 强之首，是大型的现代化能源企业，是内蒙古最大的民营企业，利税大户，至今已成立 28 年之久。A 公司于 1988 年由 21 名行政超编人员以煤炭外运为主业起步，逐步发展到今天的拥有 7500 多名员工，以煤炭生产、经营为主业，其他产业为辅的大型现代化企业。A 公司年生产能力超 5000 万吨，开采机械化程度达百分之百，聘请 SAP 公司实现了公司职能及部分技术管理的信息化，聘请龙软公司进行了数字化矿山项目，煤炭开采智能化程度也在逐步提升，公司拥有较完备的铁路、公路运输体系，并与之配套的销售机构。

此外，公司煤制油项目从 2006 年开始无事故、满负荷运行。由此，充分表明了 A 公司具有的规模优势和其很强的综合实力。A 公司长期坚持"诚信经营、互惠互利"的原则，牢固树立"产品零缺陷、满意百分百"的客户意识，不断健全完善煤质化验、监测、现场管理方案并落实到位，制定并实施品牌战略，全力维护"A 公司"商标声誉。"A 公司煤"2001 年被评定为自治区"名牌产品"。集团公司根据客户不同需求，科学配煤，"A 公司混"和高炉喷吹煤很受欢迎。

2）公司所处地区拥有富足的资源储量

A公司所处地区拥有富足的矿产资源，单单已查明的煤炭储量就超1400亿吨，占我国煤炭储量总和的1/6左右，在地区面积的70%左右的地表下都储存有煤。可见，其煤炭储量之大。该地区煤炭种类主要包括褐煤、焦煤、长焰煤、不粘结煤、气煤、肥煤等，且其具有浅埋深，近距离的特点，易开采。此外，A公司所处地区现有已探明具有工业开采价值的重要矿产共12类（包含煤炭）35种。

3）拥有较为完善的运输体系，运输能力强

A公司建立了铁路、公路及配套设施相结合的完整的煤炭运输体系。拥有面积较广的运输网，其东、南、西、北分别与大准大秦线、神朔线、东乌线、京包线连通。拥有诸如京包线等关键线上的发运站七个及若干货场、转运站。

此外，还在销售客户较多的城市拥有若干销售分公司。从而，相互配合，保障煤炭产品的顺利销售。目前，A公司控股铁路有7条。其中，投入运营的有：准东铁路：呼准铁路、酸刺沟煤矿铁路专用线、大路工业园区铁路专用线共4条，在建的有：大马铁路、塔拉壕煤矿铁路专用线、红庆河铁路专用线共3条；公司还参股了诸如蒙西至华中铁路、准朔铁路、新包神铁路、蒙冀铁路、鄂尔多斯南部铁路。公司不断加大铁路管理方面的技术与设备投入，实现了与国铁互通，自营铁路设计输送能力超过2亿吨/年，煤炭集运能力超过了1亿吨/年，极大改善了当地煤炭的运输环境，有效促进了地区经济发展。

4）有配套先进的洗煤厂，产品可实现多样化

A公司公司投入运营的选煤厂有3座，全部采用先进的中介洗选工艺，总洗选能力为3200万吨/年；在建的选煤厂有2座，总洗选能力为2100万吨/年。准格尔召与酸刺沟选煤厂现已建成煤泥干燥系统，单套设备处理湿基煤泥能力99万吨/年，干燥后煤泥低位发热量平均提高359卡/克。这为公司提高煤质、产品一定程度地多样化及供应内部煤化工产业贡献了力量。以此为基础，A公司可以按照煤炭市场及主要客户的需求取向，供应相应的煤炭产品。具有一定的优势。

5）公司内部具有完善的安全保障措施

由于煤炭企业属于高危性企业，A公司一直秉承着董事长提出的"宁可少产100万吨煤，也不死一个人；宁可多投入1000万元，也不死一个人"，的理念，对生产运营中的安全工作的管理特别重视，为此，A公司还专门设立了安全生产委员会来把控公司整体的安全工作，通过制定相应的规章制度，使公司的安全工作有章可循，能够责任到人，落到实处。从而保障安全工作有效地贯彻、落实。此外，还配套制定了严格的管理条例，做到奖罚分明，从而进一步提高了现场监管力度。

6）注重科技创新

在国家科技创新政策的引导下，A公司积极响应，努力尝试，做了大量的工作，在科技创新方面取得了一定的成绩，解决了很多生产运营中的实际困难，诸如：煤柱的安全回

收项目，在提高煤炭资源的回采率和减少对环境的破坏方面都起到了很大的促进作用，同时又增加了社会效益。此外，在煤制油工程的建设方面，A公司联合科研院所进行技术攻关，并于2010年实现装置的满负荷生产，成功实现从小范围实验室试验到实际工作的正常投产、运行。解决了上升到国家层面的技术难题。

（2）劣势

1）煤质方面存在不稳定性因素

煤质作为影响煤炭产品成本、价格的最主要因素，对企业利润及发展起着关键性作用。而煤质的好坏取决于很多不确定性因素的影响，诸如煤矿地质条件的变化、煤层自身构造、煤炭开采量的不断增加等，A公司煤炭开采机械化程度高，大量开采，虽然有煤炭赋存条件好的优势，但在开采过程中难免出现割底、割顶等现象，此外，还有煤层构造变化等因素的影响，使煤质出现变化较大的情况，而这会直接影响了煤炭的销售乃至企业的利润。

2）公司发展的后备资源及规模方面存在劣势

①公司发展的后备资源方面存在不足

A公司主营业务是煤炭的生产和经营，所以，公司是否拥有足够的煤炭资源储量直接制约着公司未来的发展。现阶段，公司拥有的煤炭资源储量很有限，仅有约210000万吨，相比最近的大型煤炭企业神东集团，其井田分布不集中、面积小，很难达到规模化生产。所以，一定时期内，后备资源不足已成为公司发展道路上一大障碍。

②公司规模还需在一定程度上再扩大

虽然，从民营企业的规模及与其他地方企业相比，A公司也算实力雄厚、规模不小的企业，但放眼煤炭这个特殊行业的整体情况，列出任何一家大型煤炭企业：神华、中煤、同煤等，A公司都会差很多，而A公司所处的竞争环境正是这样一个强势企业林立的市场，这样看来，A公司的生产规模、资源储备、综合实力、抵御风险的能力等都应持续加强，将把企业由小变大、由弱变强作为公司最终的奋斗目标、历史使命去完成。

（3）机会

1）推进煤炭企业兼并重组

按照"十三五"规划中国家政策的导向，按照一个矿区原则上由一个主体开发的要求，支持大型企业开发大型煤矿；支持山西、内蒙古、陕西等重点地区煤矿企业强强联合，组建跨地区、跨行业、跨所有制的特大型煤矿企业集团。

首先，A公司属于大型煤炭企业，其次，A公司处于国家政策指明大力发展大型煤矿企业集团所在的地区，最后，A公司拥有煤制油、杭锦旗化工等化工产业。A公司以顺应国家发展规划为契机，大力发展煤炭及煤化工。

2）以建设大型企业、集团为核心，强化其主体作用

从"十三五"规划中可以看出：优化煤炭发展布局，加快煤炭开发战略西移步伐，强

化大型煤炭基地、大型骨干企业集团、大型现代化煤矿的主体作用。发挥实力强大企业在稳定国内市场及参与国际市场竞争的作用；积极培育先进产能，提升煤炭有效供给能力，确保产能与需求基本平衡，促进结构调整和优化升级。A 公司属于国家大力支持和扶持的范围内，以国家政策引导为基础，通过技术创新等提升企业的综合实力。

3）我国经济中高速发展带来的契机

我国经济中高速发展给煤炭工业发展迎来诸多历史机遇。我国经济发展进入新常态，从高速增长转向中高速增长；"一带一路"建设、京津冀协同发展、长江经济带发展三大国家战略的实施，给经济增长注入了新动力；国家将煤炭高效开发利用作为能源转型发展的立足点和首要任务，为煤炭行业转变发展方式、实现清洁高效发展创造了有利条件；国家大力化解过剩产能，为推进煤炭领域供给侧结构性改革、优化布局和结构创造了有利条件；现代信息技术与传统产业深度融合发展，为煤炭行业转换发展动力、提升竞争力带来了新的机遇。经济的发展离不开能源的发展，综合来看，煤炭行业发展仍处于可以大有作为的重要战略机遇期。

4）我国煤炭仍处于主体能源地位

我国能源资源具有"富煤、贫油、少气"的基本特点。因此，长期以来，煤炭始终是我国的主要能源。煤炭占我国化石能源的 90% 以上，是稳定、经济、自主保障程度最高的能源。我国现阶段仍处于工业化、城镇化加快发展的阶段，加之三大国家战略的提出，能源需求总量仍有增长空间。虽然，以后煤炭在一次能源消费中的比重将逐步降低，但在相当长一段时间内，煤炭将一直作为保障我国能源安全的基石，主体能源地位不可取代。

5）宁夏、内蒙地区煤化工的快速发展给化工用煤带来了机遇

近几年宁夏和内蒙地区的煤化工迅速发展，在"十三五"期间将进一步推动相关企业上线大的煤化工项目，由于 A 公司洗煤厂的便利及煤质的特点，煤化工用煤也将成为 A 公司煤炭产品的一大出路。

6）政策的支撑，助力公司转型升级

大力发展煤化工产业十三五期间，中央和自治区将以更大的力度推进改革，新常态蕴含着新机遇，进一步激发经济社会发展的内生动力和活力。国家为治理大气污染、保障能源安全，正全力推进煤炭清洁利用；自治区和我市把建设"保障首都、服务华北、面向全国的清洁能源输出基地""全国重要的现代煤化工生产示范基地"和"国家级煤化工中高端产业生产基地"提上战略高度，这些政策措施，为公司大力发展煤化工，加快产业转型升级提供广阔空间。

（4）威胁

1）煤炭行业未来发展将面临较大压力

煤炭的使用、燃烧对环境污染造成了很大的影响，我国是二氧化碳排放量最大的国家，加之人们对清洁空气、清澈水质、清洁环境等生态产品的迫切需求，我国已将环境保

护确定为基本国策，煤炭行业发展的生态环境约束日益强化，必须要走安全绿色开发与清洁高效利用的道路。同时寻求、使用更安全更环保的替代能源成为世界各国都在积极进行的课题。从国际看，能源结构清洁化、低碳化趋势明显，煤炭消费比重下降，消费重心加速东移，煤炭生产向集约高效方向发展、企业竞争日趋激烈，外部风险挑战加大。从国内看，经济发展向形态更高级、分工更优化、结构更合理的阶段演化，能源革命加快，生态环境约束不断增强，煤炭行业提质增效、转型升级的要求更加迫切，行业发展面临历史性拐点。

2）煤炭市场竞争激烈

随着煤炭行业的发展及国家政策的制定，加之国外煤炭对我国煤炭市场的影响，使得我国煤炭市场竞争愈发激烈。随着小煤矿的退出，大煤矿的兼并、重组等使煤炭企业分化现象越来越明显，煤炭市场细分、差异化产品经营及大型煤炭企业逐步多元化的发展，都无形中加大了现在煤炭市场的复杂性、竞争性。

3）煤炭价格机制尚待进一步完善

我国煤炭超 80% 是供给电企，且部分地区电煤市场存在合同价格低于市场交易价格的现象，所以我国这方面的机制尚需进一步完善；受国家对煤炭生产安全、技术、环保、资源保护等方面影响，煤炭企业生产成本不断增加，从而盈利能力不断降低，加之煤炭市场存在的贩煤商会影响煤炭价格。而电力、煤炭行业直接关系到国家、人民利益，所以，煤炭市场价格机制需要不断进行完善。

4）煤电联合经营趋势愈来愈强

现阶段，世界煤炭消费比重下降，外部风险挑战加大。我国也受世界经济不景气的影响，加之，我国经济发展进入新常态，从高速增长转向中高速增长的现状，导致煤炭市场上的竞争变得更加激烈。部分煤炭企业为了提升自身竞争力，立于不败之地，与电力企业通过参股、收购等方式联合经营，互惠互利，如 2006 年中国华能集团与山西焦煤集团签订的《投资意向书》；中国国电集团开发建设鄂尔多斯煤电一体化等项目。这种经营方式提高了企业的竞争力。

（5）煤制油项目耗费大量的煤炭和水资源

根据有关研究数据可知：通过煤制油的方式生产一吨油会消耗 4 吨煤炭，同时还需要消耗大量的水。因此，大量的煤炭和水是 A 公司发展煤制油项目所面临的困难。

（6）我国推行可持续发展战略带来的挑战

可持续发展非常注重长远性，从一定程度来说属于一种经济增长模式。目前制约我国可持续发展的因素有很多，主要包括区域发展不协调、社会发展相对滞后、资源消耗量巨大、生态环境破坏性较大等。煤炭企业的绿色经营、节能、环保及废水处理等是需要投入大量资源做支撑的，因此，可持续发展会给煤炭企业带来巨大的挑战。

第七章　新时期煤炭市场细分和企业目标市场选择

第一节　煤炭市场需求和购买者特点分析

一、煤炭市场的需求分析

中国是世界最大的产煤国，约占世界产量的一半，煤炭储量名列世界第一位，是一个名副其实的煤炭大国。

煤炭在中国经济社会发展中占有极重要的地位，煤炭是国民经济的重要支柱产业，全国 70% 的工业燃料和动力、80% 的民用商品能源、60% 的化工原料都由煤炭提供。

中国煤炭资源丰富，北方包括内蒙古、山西、陕西、宁夏、甘肃、河南等煤炭资源量大于 1000 亿吨以上，其资源量占全国煤炭资源量的 50% 左右。南方包括贵州、云南、四川等煤炭资源量之和占中国南方煤炭资源量的 90% 以上，其探明保有资源量也占中国南方探明保有资源量的 90% 以上。

1.2020 年煤炭市场行情回顾

2020 年突如其来的一场疫情，让煤炭供给紧张，但是年后煤矿企业随着复工复产，产量不断增加，使原本不平衡的供需逐步达到紧平衡。

在产量方面，全年煤炭产量达到 38 亿吨，同比增长 0.5 亿吨，同比增长 1.3%，2020 年 1~10 月煤炭产量实现了正增长，这是在疫情影响下很喜人的一个成绩。

在进口方面，全年煤炭进口量下降至 2.7~2.9 亿吨，2020 年 1~10 月进口 2.53 亿吨，同比下降 8.3%。

在需求方面，全年煤炭消费约为 39.6 亿吨，同比下降 0.1 亿吨，同比下降 0.3%。2020 年 1~10 月消费 32.5 亿吨，同比下降 0.6%，但全年煤炭主要消费行业已经恢复至正常水平。

在价格方面，动力煤价格已度过寒冬，自 9 月份以来煤价已经超过去年同期水平。动力煤价格先下降后回升，截至 11 月 30 日超过去年同期水平，全年均价同比下降 20~30 元/吨。但焦煤价格仍低于去年同期水平，截至 11 月 30 日仍略低于去年同期水平，全年均价同比下降 200~300 元 / 吨。

2. 煤炭产业发展中的影响因素

（1）疫情短期影响，产量弹性逐步恢复

受疫情的影响，使煤炭生产企业的人员、原材料等难以到位，导致煤炭产量下降，特别是 2020 年年初产量，1~2 月煤炭产量下降 6.3%，3~4 月上游复工复产加快恢复。短暂影响后，在保供应政策支持下，3、4 月原煤产量同比分别增长 9.6%、6%，6~9 月煤炭生产稳中有降，考虑需求整体缓慢复苏，但 2020 年 1-10 月煤炭产量仍实现正增长，供给弹性逐步恢复。

（2）受市场影响，煤炭生产积极性下降

随着煤矿库存量的饱和，再加之煤炭市场需求不旺，产能建设超前，进口规模增大，在这诸多重要因素的影响下，国内煤炭市场供大于求的矛盾日益突出，使价格下滑，使效益下降，最终直接导致煤炭企业经营、成本等方面压力加大，煤炭企业生产积极性有所下降。

（3）受政策调控，非法产量得到遏制

近年来国家对非法违规煤炭企业加大整治力度，对违法违规生产建设煤矿、不安全生产煤矿、超能力生产煤矿等严格整治，并限制劣质煤炭生产与消费，使原来煤炭产量盲目增长的势头得到了有效遏制，使原煤产量大幅度下降。

（4）晋陕蒙产量维持不变，内蒙受"倒查 20 年"影响较大

从统计数据来看，2019 年晋陕蒙三省合计原煤产量 26.4 亿吨，占全国原煤产量的 70.50%。2020 年 1-10 月份，晋陕蒙三省产量占比为 71%，原煤生产继续向晋陕蒙集中。但产煤大省内蒙古的产量却明显下降，主要是受到"倒查二十年"国家政策的影响，从目前形势分析来看，内蒙古的产量要恢复，还得经历很长一点时间。

3. 煤炭市场行情预测

2020 年经过一年的疫情影响，2021 年国内经济将进入复苏期，煤炭下游将持续保持韧性。同时，从历史数据看，煤炭消费、电力煤炭消费、发电量基本与 GDP 变动一致，呈现较强的相关性。

根据国际货币基金组织预测，预计 2021 年中国 GDP 增长 8.2%，因此，可以得出 2021 年动力煤将呈现供需两旺的格局。

（1）从供给和消费数据预测

煤炭供给方面，对比 2020 年数据，可以预测出 2021 年全年煤炭产量预计达到 38.5 亿吨，同比增长 0.5 亿吨，同比增长 1.3%。全年煤炭进口预计下降至 2.5-2.7 亿吨，同比进

一步下降。

煤炭需求方面，对比 2020 年数据，可以预测出 2021 年全年煤炭消费预计达到 40 亿吨，同比增长 0.4 亿吨，同比增长 1%。

煤炭价格方面，对比 2020 年数据，可以预测出 2021 年动力煤价格预计稳中有涨，同比上涨 10~20 元 / 吨，2021 年预计温和上涨，同比上涨 100~200 元 / 吨。

（2）从电力化工需求预测，钢铁建材需求平稳

2021 年燃煤发电仍处于复苏趋势中，预计火电发电量增速约为 3%，发电耗煤约 22 亿吨。

（3）从化工用煤需求预测：化工用煤将保持平稳增长

2021 年，随着需求恢复和国际油价回升，化工产品需求回升，化工用煤需求增长，大部分产能利用率提升。同时，考虑到新建化工项目给煤炭消费带来消费增量，预计 2021 年化工行业煤炭消费量 3 亿吨。

（4）从钢铁用煤预测，钢铁煤炭消费继续保持平稳

2021 年，预计钢铁需求仍将维持高位，钢铁行业煤炭消费微增到 7.4 亿吨。

（5）从建材用煤预测，建材煤炭消费继续保持平稳

2021 年，预计地产和基建投资平稳，建材用煤将维持当前消费水平，煤炭消费 4.8 亿吨。

（6）从内循环预测，优质炼焦煤和高热值动力煤供需可能面临区域性时段性紧张局面

从进出口统计数据来看，从 2020 年以来煤炭进口量开始下降，各月煤炭进口量呈现先高后低的趋势。因此，预计 2021 年全年煤炭将主要以内循环供应为主，由于煤炭供给侧改革要实现行业脱贫、解困，将进一步使煤矿行业发展质量、矿井生产水平、规模等提升，能源供应能力有所提升，预计 2021 年进口量进一步下降到 2.5-2.7 亿吨。

4. 煤炭产业投资预测

（1）煤炭能源多数兼并重组，产能集中度提升，要关注产能规模效益化

时隔多年，煤炭企业兼并重组再获政策强力加持。国家发改委、财政部等 12 部委联合发布《关于进一步推进煤炭企业兼并重组转型升级的意见》中明确提出，支持有条件的煤炭企业之间或与产业链相关企业实施兼并重组，到 2020 年底，争取在全国形成若干个具有较强国际竞争力的亿吨级特大型煤炭企业集团。

因此，通过兼并重组，一方面可以将煤炭的产能进一步集中。另一方面煤矿数量将大幅度下降，预计到 2022 年煤矿数量下降到 4000 处。例如神华与国电合并、中煤接管涉煤央企煤矿、山能与兖矿合并、焦煤吸收合并山煤、组建晋能控股等等，这些龙头企业的兼并重组将进一步提升煤炭企业的集中度。

这样的诸多龙头企业数量增加，且规模显著提升，未来相关上市公司有望受益资产注入。

（2）国内焦煤产能及价格预计有望进一步增长

我国优质主焦煤相对稀缺，目前我国每年进口的焦煤占焦煤消费比重高。从 2019 年统计数据来看，进口焦煤约 0.75 亿吨，约占进口总量的 25%，且进口炼焦煤中以优质的主焦煤为主，因此，动力煤的缺口可以依靠陕蒙优质动力煤基地很容易补充，但是焦煤只能依靠进口来补充。因此，国内焦煤产能及价格预计将在未来很长一段时间一直处于增长趋势。

（3）在开发煤炭产品的综合利用下，可以关注煤化工行业的商业价值

科学技术日益突进的今天，煤炭不再是单一品种的能源了，煤化工行业逐步崛起的煤制油、煤制天然气、煤制甲醇、煤制烯烃、煤制乙二醇等产品，可以替代部分石油产品，新产品的开发利用将在很大程度上减少石油对外的依存度。这些煤制新产品在当前较高油价下具有很明显的经济性效益。

因此，近几年来随着国际油价的上涨，国内煤化工产品从产能、产量、价格等方面一直处于上升趋势，这也使得煤化工相关企业的利润将更加显著和改善。

二、煤炭购买者特点分析

随着市场经济的日趋完善及企业经营管理水平的逐步提高，参与煤炭购买的人员和购买组织也在不断地发展变化，由采购部门确定采购方案逐步向采购、技术、使用等部门都参与购买过程转变。电厂行业将随着竞价上网方案的实施，有更多的电厂参与到购买活动中来；冶金行业多部门参与购买的行为已经明朗化，订货会议上，已经到处看到各大钢厂、焦炭生产等部门人员的身影。其他用煤行业的采购也在悄无声息地发生着这种变化。

1. 影响着购买方案形成的主要人员

（1）使用者

如冶金客户中，焦化厂的负责人和技术人员；电力客户中，电厂的负责人和技术人员。他们往往是最初提出煤炭供应单位的人员，这些人员对煤炭产品的性能、规格、品种及各种煤炭的优缺点了如指掌，对采购方案的形成起着重要的决定性作用。

（2）影响购买决策的人员

即企业内部或外部直接或间接影响购买决策的人员。如企业的技术研究部门专门对采购方案进行论证并提出调整意见；另外，同行业在煤炭使用中的技术或经验，也影响着采购方案的形成。

（3）采购者

即具体执行采购任务的人员，他们负责选择供应商并与之进行谈判。煤炭客户中，焦化行业负责此项工作的主要是企业的原料部门；电厂行业负责此项工作的主要是各电力燃料公司。其他客户主要是各厂的燃料科、供应站等部门。这些部门对供应商的选择和采购方案的形成起着重要的作用，特别是在可替代煤种方面，供应商主要由采购者决定。

（4）决策者

即企业中有权做出购买决策的人员。在例行的日常采购工作中，采购者就是决策者，但在企业采购方案的形成过程中，决策者通常是企业的主管或分管领导。决策者在对所采购方案的质量、价格、运输方式、服务方式、货款支付方式、交货保证等情况进行综合对比分析的基础上，对采购方案作出决策。

（5）信息控制者

即在企业内部或外部能掌握煤炭市场信息并为决策者、使用者做参谋的人员。如采购代理有权阻止供应商的推销人员与煤炭的使用者或决策者见面。其他控制者还有企业的技术人员、采购人员甚至秘书等。由于供应商的质量、价格等信息不能传达到决策人员手中，导致供应商难以进入购煤企业决策层的范围。优秀的营销人员应当设法了解客户的采购组织的制度和工作程序，了解谁是主要的决策参与者，以便采取适当措施，传递自己企业的产品、价格等信息，从而促进和谐稳定与客户的供需关系。同时，还应当留意各大客户近几年来采购组织的变化趋势。

综合分析这种变化趋势主要体现在以下几个方面。

2. 煤炭采购的变化趋势

（1）企业中越来越多的采购部门地位升格，采购人员素质提高

无论冶金、焦化行业还是电力行业，采购部门都经营着企业超过一半的消耗，特别是焦化、电力企业，煤炭消耗占到企业消耗的 70% 以上。许多企业提高了采购部门的级别，有的企业采购部主任由分管副总经理兼任，并且采购人员的素质也逐步提高。这就要求要相应提高煤炭营销人员的素质和级别，以应对新的购买者的商务谈判。

（2）企业煤炭采购的集中化

在一个集团公司内部，由于各分、子公司需求不一，过去常常是不同的部门来采购煤炭。如山东铝业公司，作为用煤大户的下属水泥厂，有独立采购的权利。随着市场经济的逐步完善，很多企业正在探讨煤炭集中采购的可行性，如各大电力企业，自 1997 年以来，已经实行煤炭集中采购。厂网分离和竞价上网方案的实施，使更多的煤炭使用者参与到采购方案的形成过程中来，但集中采购的格局不会打破。煤炭集中采购，将增加抵御市场变化，调剂市场的能力，形成对煤矿价格上升等营销策略调整的强大阻力。这种变化趋势意味着煤炭营销人员将与更少，但素质更高的购买者打交道。因此，煤炭企业必须有良好推销队伍和良好的营销计划，来应对煤炭采购的集中化。

（3）大型用煤企业与煤矿都签订长期协议，建立战略伙伴关系

近几年煤炭市场的反复波动，使供需双方越来越认识到，建立稳定的供需关系对双方都非常重要。当煤炭市场紧张时，煤矿优先保证稳定直供大户的煤炭需求，使客户避免用煤的后顾之忧；当煤炭市场供大于求时，客户给煤矿支持，使煤矿有稳定的市场份额。因此，为应对市场的大幅波动，稳定煤炭供应，煤矿与客户之间，已开始签订长期的购销协

议，供需双方着手建立长期的战略伙伴关系。由此使签订协议的谈判更为重要，客户不断将一些谈判专家充实到采购部门中去，这样一来，煤炭企业也不得不相应地增加一些熟练的谈判人员。

（4）用煤企业更注重对其员工采购业绩进行评价

近几年来，一些经营陛公司或煤炭消耗企业，为降低采购成本，已经建立起一套采购激励系统，借以奖励那些有特殊业绩的采购人员，奖励方式同销售人员的推销业绩是一致的。这些激励系统会促使采购负责人和采购人员为获取最佳利益而向煤矿施加压力，特别是煤炭出现供大于求时，采购人员可能会不断筛选，有时会丢弃长期合作关系于不顾，进行择优选购。要求煤炭企业的营销人员，不断地与购买决策者沟通信息，了解购买企业的内部情况，适当地调整营销策略。

3. 从参与煤炭购买的人员及购买组织的变化趋势看煤炭订货

综上所述，在用煤企业中，许多部门和人员都将参与或影响煤炭订货方案的形成，而且随着购买组织的变化，传统的订货方式将受到冲击。因此，为更好地适应这种变化，煤炭企业的订货思路也应当作出相应的调整。

（1）为客户提供更好地服务和技术支持

在煤炭订货会议期间，为客户提供更好地服务和技术支持。煤炭订货会是展示企业形象、创出产品品牌的最好时机。因此，会议期间，煤炭企业要积极与客户进行交流，让参与采购决策人员和更多人了解煤炭企业与产品，从而达到"巩固老客户、开发新客户"的目的。同时，煤炭企业还要细致地了解客户的生产经营、生产工艺技术和企业发展等情况，听取客户对煤炭产品质量、服务等方面的意见或建议，了解客户需求，做到知己知彼，心中有数，从而在谈判中争取主动。

（2）与客户签订长期协议

在煤炭订货期间，应着手与客户进行签订长期协议的谈判。供需双方签订长期协议，是煤炭采购组织变化的一种趋势。这对供需双方都有利，对于与客户建立战略伙伴关系这是一次难得的机遇。同时，签订中长期协议，要有选择地进行，签订中长期协议的重点放在冶金、电力等重点用煤行业的用煤大户上。中长期合同的内容应包括年用量、煤种、质量及其他条件等。

（3）提高与客户谈判的规格

提高与客户谈判的规格，与客户进行高层次接触。从近几年参加煤炭订货的人员分析，订货会期间，客户的采购决策者基本上都到会，这就为煤炭企业最终与客户签订合同创造了条件。目前煤炭市场供求偏紧，使煤炭企业在谈判中处于较为主动的位置，煤炭企业要紧紧抓住目前的市场机遇，积极与客户进行高层接触，解决争议，达成一致。

（4）完善合同条款，明确双方的权利和义务

随着市场经济的逐步完善，合同在企业的经济往来中越来越重要，企业依法经营的意

识逐步强化。煤炭购销合同一经签订，煤矿就有按合同规定的数量、质量规格和供货时间等合同条款均衡组织发运的义务；客户也应当承担按合同规定验收和付款的义务。因此，订货会期间，应根据不同客户的情况，按照《合同法》的要求，进一步完善合同条款，并明确客户不按合同规定接煤、付款；煤矿不按合同规定的时间及质量发煤，应承担的违约责任。从而，增加合同的严肃性，提高合同的兑现率，为煤矿实现以销定产创造条件。

三、煤炭企业客户价值分析

煤炭在国民经济中占据着重要的地位，在资源紧缺的大环境下，煤炭企业的发展也一直是社会关心的重点。客户价值作为推进煤炭企业发展的重要部分，人们正在积极地加深对其的关注和了解。

1.客户价值的内涵

客户价值理论是市场营销理论内容的核心部分，在不断发展的过程当中慢慢

地在完善。客户价值是从客户的角度去进行对价值的研究，与过去着眼于企业本身的价值的研究的方法不同。对于客户价值的内涵，不同的学者和专家有着不同的看法，主要有可感知的价值理论、顾客生命周期价值理论和顾客关系价值理论等。对于客户价值的具体含义，只能综合全面地进行认识和了解。

2.客户价值的特征

随着对客户价值研究的不断深入，人们对于客户价值的认识也越来越全面。有专家认为，客户价值主要包括了价格、产品的质量和服务的质量这三个方面。

（1）动态性

人具有感官功能，而客户以人为主体，因此感官价值是随着客户的具体变化

而产生变化的，不同的客户或是同一个客户在不同的时期对于产品的主观感受或是产品的期望值是不同的，会随着外在条件或者主观意识的变化发生各种变化。这是由客户的个性决定的，每个客户的价值观和需求感受都不一样，因而客户的价值也是随着这些不同而不同，随着这些变化而变化的。客户价值处于动态中。总的来说，客户价值的变化有以下的三个方面：①客户价值要素在企业评价上产生了变化；②客户价值要素在重要性上发生了变化；③客户价值的要素有一些旧地消失了，有一些新的出现了。

（2）层次性

有学者认为，客户对于产品或者服务的认识存在着层次性。客户在购买产品

的时候会从产品的性能属性开始然后结合自己的期望价值对目标的形成能力也形成期望和作出判断，慢慢地有层次性的通过自己的感受和期望来完成对一件产品的评价过程。

（3）多样性

不同客户对价值因素的要求也不同，这就决定了客户价值肯定是多样的。企业在对客户价值进行理解的时候，一定要充分了解客户的价值期望，并结合自身的能力使客户价值

提升到最大。

3.煤炭企业客户价值分析

在煤炭行业中可将客户价值分为当前价值和潜在价值这两种。当前价值可从煤炭的价格、煤炭的数量和煤炭的增量方面得到了解；潜在的价值则可以从客户购买煤炭的稳定程度和其他企业的发展状况等方面知道情况。煤炭企业在对客户价值进行充分了解，其根本的目的就是要提升客户的价值，以利于自身的发展和壮大。

（1）煤炭企业提升客户价值的必要性

在当今，有不少的人认为煤炭在市场上供不应求，煤炭企业是处于市场的有利位置的，不用对客户价值进行提升，其实这是认识的误区。在国内，上市的煤炭公司并不多，但是经营状况有很大的不同，在管理水平上体现出了差距；其次，煤炭的重要性和不可再生，更加需要加强与客户的管理和交流节约能源，发展出客户潜在的更大的价值。

（2）提升客户价值的对策和方法

在新的经济时代，客户已经成为企业发展的最要资源，甚至是企业成败的关键所在。市场营销更关注的是与客户发展并保持长期的满意关系，企业在为客户提供高规格的产品和服务的同时获得回报和发展。煤炭企业也应及时地发展这一健康和有益的企业与客户关系，提升客户价值。

1）充分全面地理解客户

理解客户可以从两个方面入手，首先是去理解客户的需求，这是对客户价值进行管理的第一个步骤。只有找出客户的喜好和明确的需求，才能明白企业自身处于一个什么样的竞争地位，有什么样的竞争优势。其次分析客户的价值，找出合适发展合作关系的客户，就煤炭企业来说，当然是那些大规模又需要长期合作的客户更具有合作的价值。

2）树立顾客让渡价值观念，增加客户让渡价值的产品

客户让渡价值是客户总的价值和成本之间的差额。客户购买产品和服务所期望得到的利益叫客户总价值；而客户在这一过程中的物质和精神上的总的付出叫客户总成本。企业要吸引更多的客户就要增加客户让渡价值的产品，提高客户对于产品和服务的满意度，从真正意义上提升客户价值，

3）制定合理的政策和科学的流程

目前在全世界，煤炭基本上都是属于紧缺的状态。所以，首先就要先保证对大客户煤炭需求的供应。科学的工作流程主要是说在销售的各个环节做到尽量简化，为客户着想，方便客户，工作流程在适合企业的同时也要适合客户，提高工作效率。

在目前的市场条件下，一定要保证煤炭价格的稳定性。煤炭企业可能会针对不同的销售对象和市场有不同的价格，这在符合市场原则的情况下是没有问题，但是一定要保持煤炭价格相对的稳定，价格差异维持在一定的幅度之内。因为如果煤炭价格差距过大，很容易引起其他客户的不满，继而影响到市场的稳定和煤炭企业自身的发展。

企业对市场的抢占关键已经变成与如何让客户满意，如何管理好与客户的关系了。煤炭企业一定要以客户为优先，维护客户的利益。迅速及时地了解客户的需求，增加彼此间的信任，发展良好的合作关系，实现客户价值的同时实现企业价值。

4）收集客户的反馈信息

任何一项产品和服务都有可能引起某些客户某方面的不满意，一旦出现这样的状况，就会影响到产品的销售和企业的声誉。所以，一定要及时收集客户的反馈信息，对客户的后续服务积极努力地做好。如果已经出现了不满意的情况，就要从根本上找出原因，及时给客户满意答复，重新建立起良好的关系，维持对客户的忠诚度。

四、从能源结构和强度的视角看煤炭需求

1. 能源结构及能源强度现状

（1）能源结构：以煤为主、多样化发展，受自给率约束

一次能源是指自然界中以原有形式存在的、未经加工转换的能量资源（与由一次能源加工转换而成的二次能源相对应），可分为化石能源和低碳能源两大类，具体包括石油、天然气、煤炭、核电、水电、可再生能源 1（光伏、风电、生物质能等）。

横向对比 2018 年中国、美国、日本、欧盟和全球平均的一次能源结构，可见：

1）从化石能源的合计份额来看，中国与全球平均水平相当（为 85%），美国略低（为84%），日本较高（为 88%），欧盟较低（仅为 75%）。

2）化石能源具体包括石油、天然气、煤炭，由于我国的资源禀赋一直是"富煤缺油少气"，因此我国化石能源大幅偏重于煤炭，直到 2018 年煤炭在我国一次能源中的占比仍然高达 58%，而石油和天然气仅分别占 20% 和 7%。从全球平均水平来看，石油、天然气、煤炭的占比更加均衡，分别为 34%、24%、27%；美国、欧盟的化石能源都更加依赖于石油和天然气，而煤炭占比仅分别为 14%、13%。

3）低碳能源包括核电、水电、可再生能源，中国的低碳能源以水电为主，水电份额（为 8%）高于美、日、欧的水平（分别为 3%、4%、5%）；但中国的核能份额仅为 2%，大幅低于美国、欧盟（分别为 8%、11%），日本在福岛核事故后核电份额大幅下降，目前也仅为 2%；可再生能源方面，欧盟和日本的份额较高（分别为 9%、6%），美国为 5%，中国和全球平均水平一致（均为 4%）。

从 1965-2018 年一次能源结构的变化来看，我国在能源结构的多样性方面已经取得一定改善，尤其是 2010 年以来化石能源的份额从 92% 下降到 85%，其中煤炭份额更是从70% 下降到 58%。

政策方面，2017 年 1 月印发的《能源发展"十三五"规划》和 2017 年 4 月印发的《能源生产和消费革命战略（2016-2030）》中，对能源消费总量、能源结构、单位能耗、能源自给率等方面均提出了发展目标，其中要求到 2020 年煤炭消费占比降至 58% 以下、

非化石能源占比达到 15%，这一目标已经提前完成。

值得关注的是，我国在《能源生产和消费革命战略（2016-2030）》等政策中也提出了能源自给率的目标，要求到 2020 年能源自给率保持在 80% 以上。我国的能源自给率自 2000 年下降至 100% 以下并继续快速下降，到 2016 年已经下降到 79.8%，因此能源自给率成为能源结构变化的重要约束条件。考虑到近年来国际形势的复杂性增加，能源安全的重要性也随之上升。若煤炭在化石能源中的比例快速下降将导致能源自给率的进一步下降，进而影响到能源安全。因此，我们认为煤炭份额的下降速度可能放缓，需要依赖于核能、光伏、风电等非化石能源份额的逐步提升。

（2）能源强度：持续下降但仍然偏高

随着经济快速增长，我国一次能源消费总量也持续增加，对比一次能源消费总量增速和 GDP 增速可见，大多数年份的能源消费增速低于 GDP 增速，因此我国单位 GDP 能耗（能源强度）呈下降趋势。

我国能源强度的下降主要由两方面的因素驱动：

1）经济结构转变，主要体现为二产占比下降、三产占比提高。国际能源署的《世界能源展望中国特别报告》中提到，中国服务行业每个增量的单位能耗比工业低 13 倍。对比 2000 年和 2017 年的 GDP 构成和能源消费总量构成可见，2000-2017 年三产占比自39.8% 提高到 51.9%，增加了 12.1pct；同时，三产耗能占比由 14.2% 增加至 17.6%，仅仅增加了 3.4pct。

2）能效管理改善，尤其是高能耗行业的能耗下降。《世界能源展望中国特别报告》中提到，2000-2016 年中国服务业的能源强度下降了 27%，而工业则下降了 31%。根据发改委 2016 年 12 月印发的《"十三五"节能减排综合工作方案》，到 2020 年我国单位工业增加值能耗下降 18%，各主要工业行业的能耗都将会有不同程度的下降。

从美国经验来看，随着三产占比的提升、主要产业能耗的下降，单位 GDP 能耗也呈现出长期下降的趋势，且近年来的年均下降速度并未放缓。

而美国在煤炭消费量步入下行周期后，虽然其出口煤价随国际煤价而波动，但国内电厂煤价基本保持稳定。

（3）终端用能结构：集中于工业，电力占比逐渐增加

以 2018 年美国能流图为例，各类一次能源一部分直接进入终端部门消费，另一部分则用于发电，接着经由电力的形式进入终端部门消费（与此同时产生能量耗损）。我们在此所探讨的终端用能结构（TFC），指的是终端部门（即工业、运输、居民、商业等）间的能源消费结构，以及进入终端消费的能源种类构成（包括电力）。此外，在终端消费的能源种类中，一次能源直接消费的比例有所下降，而通过电力进入终端消费的能源占比则从 1990 年的 5.9% 持续上升到 2017 年的 23.9%。因此，终端能源消费的种类构成趋势一方面是电力替代一次能源直接消费，另一方面发电的燃料结构也在多元化。

2. 中国能源展望（至2040）

（1）IEA新政策情景的假设与能源展望结果

国际能源署在进行世界能源展望时，对各国的经济增速、经济结构等进行一系列假设，并给出了直至2040年三种情景下的能源展望结果，其中新政策情景为其核心预测情景（新政策情景同时考虑当前已执行政策以及宣布推出的新政策）。

根据IEA新政策情景下的展望结果，我国一次能源需求总量在2040年之前持续增长，增速逐渐放缓；煤炭需求持续负增长，但降幅较小：2020-2025年、2025-2030年、2030-2035年、2035-2040年期间的年均降幅仅分别为-0.2%、-0.4%、-0.8%、-1.1%。

至2040年，我国煤炭需求总量仍然基本稳定，煤炭在我国能源结构中的主要地位并不改变。

（2）IEA新政策情景下的电力展望

根据IEA新政策情景下的展望结果，到2040年我国终端能源消费的种类构成中，电能占比持续上升，成为最主要的来源，电力在能源消费中的主导地位加强，也因此用电需求好于用能需求。在新政策情景和当前政策情景下，即便考虑发电结构的调整，煤电直到2030年之前都维持正增长，到2030年后才逐渐下滑，因此电煤需求略好于煤炭整体需求。由于我国目前的燃煤电厂普遍建成年限较短、效率较高，因此存量的燃煤电厂基本可锁定2030年之前的电煤需求，但新增装机中的可再生能源比例明显增加。

IEA同时也展望了各类发电技术的成本对比，认为：

1）太阳能发电在2020年左右比新建和现役燃气发电都便宜，在2030年比新建燃煤发电和陆上风电便宜。到2040年，太阳能发电成本也将低于在运燃煤电厂的成本，成为中国最便宜的发电方式。

2）陆上风电现在已经比燃气发电厂有成本优势；到2035年其平均成本将低于新建燃煤电厂的成本；到2040年将接近在运燃煤电厂的成本。值得注意的是，这一展望考虑了二氧化碳成本的逐渐上升，若二氧化碳的成本低于情景假设值，则新能源发电形成成本优势的时间或将延后。

（3）其他情景下的能源展望对比

IEA对未来我国的能源发展路径同时给出了三种情景，不同情景下假设的经济增速、人口增速等宏观变量是一致的，区别在于：①当前政策情景。只考虑当前已执行的政策，并作为新政策影响的评估基准；②新政策情景（即核心预测情景）：同时考虑当前已执行政策以及宣布推出的新政策；③可持续发展情景：达到联合国《2030年可持续发展议程》中与能源相关目标措施下的情景。

与IEA相似的是，BP也提供了四种情景下的中国能源展望，包括渐进转型情景、更多能源情景、逆全球化情景、快速转型情景，其中核心预测情景是渐进转型情景。对比BP的渐进转型情景与IEA的新政策情景可见，IEA对于能源转型的进度预期要弱于BP。

对于未来煤炭需求增速，IEA 预计 2016-2040 年 CAGR 为 − 0.57%，而 BP 预计 2017-2040 年 CAGR 为 − 1.3%；对应 2040 年能源结构中的煤炭占比，IEA 的预测为 45%，而 BP 预测仅为 35%。

事实上，截至目前，我国一次能源消费增速和煤炭消费增速都是高于 IEA 和 BP 核心预测情景的。2018 年，我国一次能源消费量增速高达 4.3%，较 2007-2017 年的复合年均增速（为 3.9%）继续上升；2018 年的能源强度仅仅下降了 2.2%，低于 2007-2017 年的年均降幅（4%）。对于煤炭而言，2018 年的煤炭消费增长 0.9%（BP 口径），继续正增长。同时，IEA 的报告中也指出目前水泥和粗钢产量的下降较预测出现延迟。

3.2019 年煤炭行业回顾：长协价基本稳定，竞争格局优化

（1）国内产量：全国产量同比上升，核心产区增速较快

2019 年 1~9 月，全国原煤产量同比增长 4.5% 至 27.36 亿吨，继续保持较快的增速。其中，内蒙、山西、新疆的原煤产量在 1~9 月分别同比增长 10.4%、8.3%、16.7%，大幅高于全国平均增速。陕西省的原煤产量受到 2019 年初神木矿难的影响，1~5 月产量累计同比下滑 13.2%，6 月以来逐渐恢复增长，因此 1~9 月累计同比增速为 − 1.7%。

自供给侧改革以来，全国原煤产量从 2017 年起恢复小幅增长，同时随着先进产能置换、落后产能退出，核心产区晋陕蒙新四省产量保持着高于全国平均水平的增速，2019 年 1~9 月的四省产量份额也上升至 76.46%，较 2016 年大幅上升 7.36pct.3.

（2）进口煤：由于内外煤高价差，煤炭进口量大增

年初以来，国际煤价明显下跌，而国内煤价跌幅较小，导致内外煤价差（以广州港到岸价计）飙升，3 月以来大多数时间该价差保持在 100 元 / 吨以上。对比 2017-2018 年，内外煤价差的平均值约为 60 元 / 吨，因此今年进口煤较国内煤在东南沿海地区的价格优势非常明显，导致 2019 年以来的煤炭进口量大增。

2019 年 1-9 月，我国煤炭累计进口量 2.5 亿吨，累计同比增加 9.5%。虽然政策面有进口煤平控的导向（2018 年全年煤炭进口量为 2.8 亿吨），但在目前的内外煤价差水平下，预计 2019 年全年进口煤量大概率仍将超过 3 亿吨。进口煤供给的增长将驱动内外煤价差收窄，对国内煤价形成压力。

（3）下游：电力耗煤负增长拖累煤炭消费量增速

煤炭行业的四大下游为电力、钢铁、化工、建材，各行业耗煤量占比自 2016 年至 2019M1-9 略有变化：第一，电力行业占比自 50% 提高至 54%；第二，钢铁行业占比自 17% 提高至 18%；第三，化工行业占比保持 7%；第四，建材行业占比自 14% 下降至 12%；第五，其他行业耗煤量从 12% 持续下降至 9%。

从煤炭需求的中长期趋势来看，由于电力在能源消费占比的提升，电煤需求大概率将好于煤炭整体需求。但由于 2019 年受到水电的冲击，火电发电量增速大幅回落，电煤需求大幅下滑（从 2018 年的 6.6% 下滑至 2019M1-9 的 − 0.2%），带动煤炭整体需求回落

（从 2018 年的 3.4% 下滑至 2019M1-9 的 0.7%）。我们认为，2019 年电煤需求负增长属于偶然现象，2020 年的火电耗煤需求将好转，带动煤炭消费增速回升至 1-2% 左右。

（4）库存：总量上升，结构向港口和电厂转移

供给侧改革以来，煤炭库存发生了结构性变化：截至 2019 年 9 月，全国煤企库存 5750 万吨，仍处于低位；主流港口库存 9 月均值 6523 万吨，明显上升；全国重点电厂库存 9 月末为 8598 万吨，明显上升。煤炭库存呈现出由产地向中转地和终端转移的趋势。

从库存总量来看，由于 2019 年以来国内产量同比继续增长且核心产区增速较快，煤炭进口量大增，下游电力耗煤负增长拖累消费量增速，因此 2019 年煤炭库存有所累积，各环节库存总量上升，对煤价形成压力。

（5）煤价：长协价基本稳定，现货价回落至绿色区间

供给侧改革以来煤价稳定性得到提高，政策导向的绿色区间基本实现。2019 年 1-10 月，年度长协煤价均值为 556.5 元 / 吨，同比略降 0.45%，全年在 551-562 元 / 吨的区间内窄幅波动。现货煤价方面，2019 年 1-10 月秦港动力煤（Q5500）平仓价均值为 595.8 元 / 吨，同比 -8.74%；截至 2019 年 10 月末，秦港动力煤平仓价跌至 557 元 / 吨，回落至绿色区间内。

（6）产量向优势资源地区和头部

煤企集中供给侧改革以来，我国煤炭产量持续向优势资源地区集中，随着晋陕蒙运输条件的改善、以及坑口电厂等建设带来产地煤炭消费量增加，晋陕蒙地区在煤炭产销方面的核心地位得到持续的强化。

此外，我们统计了近 10 年来煤炭行业前十大煤企产量占全国原煤产量的比例，2008 年至 2018 年，前十大煤企产量占比从 29% 波动上升至 45%，煤炭行业呈现出向头部企业集中的趋势。

中长期看，在全国煤炭产销量持平或微降的状态下，优势地区和龙头煤企凭借市场份额的扩张依然可以保持产销量的稳定或小幅增长。

第二节　煤炭业市场细分

我国煤炭行业产品习惯按照其用途分类，主要可分为动力煤、炼焦煤，其他用途用量较小。其中炼焦煤类占 27.65%，非炼焦煤类占 72.35%；动力煤包括气煤（占 13.75%），肥煤（占 3.53%），主焦煤（占 5.81%），瘦煤（占 4.01%），其它为未分牌号的煤（占 0.55%）；炼焦煤包括无烟煤（占 10.93%），贫煤（占 5.55%），弱碱煤（占 1.74%），不缴煤（占 13.8%），长焰煤（占 12.52%），褐煤（占 12.76%），天然焦（占 0.19%），未分牌

号的煤（占 13.80%）和牌号不清的煤（占 1.06%）。

一、动力煤行业

1. 行业供给情况

我国动力煤供给主要有 4 部分：①动力煤矿井下开采洗选出的动力煤；②焦煤矿井开采洗选出的混煤或者沫煤，焦精煤主要用于生产焦炭；③无烟煤矿井洗选出的混煤或者沫煤，块煤用于化工造气，部分粉煤用于喷吹；④海外进口，主要来源于印尼、澳大利亚和俄罗斯联邦。

（1）国内供给方面

2018 年我国动力煤累计产量为 29.6 亿吨，同比增长 2.99%；总进口量为 1.22 亿吨，总供给量达到 30.82 亿吨，同比增长 2.63%。《2018 年国务院政府工作报告》中明确指出，2018 年再压减钢铁产能 3000 万吨左右，退出煤炭产能 1.5 亿吨左右，淘汰关停不达标的 30 万千瓦以下煤电机组。2016-2018 年去产能已经超过 6 亿吨，接下来两年年均去产能目标低于 1 亿吨，煤炭供给侧改革已经进入收尾阶段，2019 年煤炭供给有望继续稳步回升。

（2）海外供给

2018 年的进口煤总量基本与 2017 年保持一致，11 月 15 日，中国发改委已在通过口头和会议形式通知全国主要港口，在今年年底之前，基本不再安排进口煤炭通关。只有个别为保障冬季供电有紧急需求的电厂，可以通过上述集团公司向发改委进行申请豁免。作为国内煤的有效补充，国家严格执行煤炭进口调控各项政策措施。春节后，国内港口电厂库存持续增加，4 月份，我国首度对一类口岸的进口煤进行限制。包括厦门港、珠海高栏港、广西防城港、广东新沙港等均收到通知，被要求延长通关时间，或外地用户不受理、劝退货物到港、加大抽查力度等，甚至暂停进口煤船靠卸。为了避免出现 2017 年煤价暴涨的局面，该政策并非"一刀切"，而是对南方终端用户实行配额制。12 月 14 日，发改委召集五大电及相关企业召开会议，2019 年进口煤政策实行平控，总量与 2018 年幅度不增不减。根据国内市场供需缺口弹性调节，研究制定精准调控，采取厂矿直接对接的方式，控制好平控总量。

海关总署公布的最新数据显示，2018 年我国累计进口动力煤 7649.96 万吨，同比增加 32.9 万吨，增长 0.43%；进口金额为 67.09 亿美元，同比增加 5.85 亿美元，增长 9.56%。

其中，从澳大利亚累计进口 5126.12 万吨，从哥伦比亚 33.37 万吨，从印度尼西亚进口 870.82 万都你，从俄罗斯联邦进口 1184.16 万吨；四个地区分别占比 67%、0.44%、11.38%、15.48%。

2. 终端消费分析

2018 年我国动力煤消费总量为 32.18 亿吨，同比增长 2.57%。

从我国动力煤的消费结构来看，主要集中在电力、冶金、建材、化工和其他行业。其中电厂行业消费占比最大，水电在夏季出力明显，火电在下半年增速较为乏力。从全社会的用电量来看，2018年全社会用电量68449亿千瓦时，同比增长8.5%。分产业看，第一产业用电量728亿千瓦时，同比增长9.8%；第二产业用电量47235亿千瓦时，同比增长7.2%；第三产业用电量10801亿千瓦时，同比增长12.7%。全年整体的用电量中，第二产业用电量占比最大，对增量贡献最高，为50%左右，这一比例相比2017年有所下滑。季节性因素和错峰要求下，水泥产量近几年来相对稳定，2018年1~12月份，全国规上企业生产水泥217667万吨，同比上升3.0%。2018年1-12月粗钢产量9.28亿吨，累计同比增长6.6%。

固有的用电格局决定，我国发电量呈现明显的周期性波动格局，夏季用电需求旺盛，尽管今年的高温天气不如往年，但发电量仍出现峰值，维持较快的增长走势。作为火电的重要替代品，夏季水电保持快速增长，火电占比出现下降。长期来看，发电结构将逐步优化，除了水电以外，核电、风电等其他清洁能源的发电情况需值得关注。目前而言，煤炭仍是我国的核心能源，在技术不发生突破性进展的情况下，肩负着保障能源安全的重任。

全年沿海六大电厂的耗煤量呈现明显的季节性特征，夏冬季是用电的高峰期，需求持续攀升。春秋季是需求淡季，耗煤量保持偏弱运行。淡季中天气出现异常时也会对耗煤量有不小的影响。总得来看，不论是温度的升高或是降低，全社会的用电量将会增加，占比最大的火电发电量也会随之增加，下游电厂的耗煤量稳步提升，动力煤需求将会增加。

3. 行业价格行情

（1）港口价格

2018年港口动力煤价格在波动中下滑。截至12月末，秦皇岛港动力煤平仓价577元/吨，价格较上月末下跌50元/吨，环比下降7.97%；广州港山西优混、南非煤库提价分别为705元/吨、760元/吨，均较上月下跌10元/吨，环比分别下跌1.40%、1.30%。

（2）产地价格

2018年产地动力煤价格较为平稳。2018年12月份，大同南郊弱粘煤坑口价12月底价格为435元/吨，环比下跌10元/吨；朔州块煤坑口价月底为495元/吨，与上月末持平。神木烟煤末坑口价月内下跌22元/吨，月底价格报收408元/吨；东胜原煤坑口价月内下跌14元/吨，月底价格为324元/吨。

（3）国际价格

2018年国际动力煤价格整体表现为先升后降走势。截至12月底，欧洲ARA港动力煤现货价、理查德RB动力煤现货价和纽卡斯尔NEWC动力煤现货价分别为86.31美元/吨、102.55美元/吨和96.97美元/吨。欧洲ARA港动力煤现货价和纽卡斯尔NEWC动力煤现货价同比分别下跌11.21%和6.65%，理查德RB动力煤现货价同比上涨8.61%；环比分别上涨5.10%、2.60%和7.89%。

（4）期货价格

2018年一年动力煤期货价格走势整体呈现"M"形状。进入10月份以后，动力煤期货整体下行，年末略有回升。截至12月31日动力煤期货价格收于561.1元/吨，较上月末下跌32元/吨，环比下降5.39%，同比下降43.80%。四、行业发展趋势动力煤方面，总的来说，2018年的整体供需情况基本维持平衡，部分时间出现动力煤供需缺口通过国家有关部门协同调控或者进口煤政策适时调整，2019年煤炭行业供给侧改革将进入收尾阶段，供给将继续回升，需求端占比最大的工业用电增速或将放缓，动力煤整体需求也将回落。供需偏紧逐步向供需平衡过渡，煤价运行重心大概率下移，需求淡季下有望打破长协价535的政策底，预计全年整体将维持520-650区间震荡。

二、炼焦煤行业

1. 行业供给情况

（1）国内供给

2018年我国炼焦煤累计产量为4.35亿吨，同比下滑2.4%；总进口量为6443万吨，总供给量达到4.99亿吨，同比下滑3.11%。从单月同比来看，国内焦煤产量4-9月出现连续7个月负增长。自10月份以来也逐渐回升，一举逆转了下降趋势。随着供给侧改革的逐步推进，山西、内蒙古邓生炼焦煤产量持续增加，占比不断提高。但是主要生产省份依旧是：山西、山东、安徽和贵州四省。

1）焦煤修改交割标准使仓单偏紧

2018年7月11日，大连商品交易所对《大连商品交易所焦煤期货合约》、《大连商品交易所交割细则》进行了修改。修改后的合约、规则自焦煤1907合约起施行。总的来说，仓单煤的范围上缩小。通过修改后焦煤交割指标整体得到了提升，山西地"混煤交割"受到制约，增强买方的接货积极性，提升了焦煤整体交割品质，使得盘面焦煤、焦炭标的更加统一了。

2）区域事件冲击及政策压制产量

大商所的焦煤品种标的，按工分指标是指主焦煤和一部分肥煤。在炼焦的实际应用中，单品种煤是无法独自使用的，需要通过配煤的过程，将不同煤种的指标进行协调，达到炼焦所需的指标，各煤种的不匀均分布，意味着各区域供需格局的变化，会直接影响整炼焦煤的供需格局及价格波动。2018-2019年，山西在煤矿安全生产、严禁超能力生产大背景之下，山西省超产预计会成为常态化事件，政策驱动使得全年供给预期依然偏紧。而山东省在2018年四季度频繁的煤矿安全事故，将使得省内供给偏紧局面将维持至2019年1季度甚至更长时间范围。

（2）海外供给

从需求侧看，2018年焦炭企业有意压减焦煤采购量，焦煤市场需求偏弱。海关总署公布的最新数据显示，2018 年 1-12 月累计进口炼焦煤 6489.93 万吨，同比下降 6.4%。此外，2018 年累计出口炼焦煤 108 万吨，同比下降 51.2%。

其中，从澳大利亚进口 2825.78 万吨，从加拿大进口 221.45 万吨，从蒙古进口 2767.65 万吨，从俄罗斯联邦进口 442.72 万吨，从美国进口 197.75 万吨；五地区进口量占比分别为 43.54%、3.41%、42.65%、6.82% 和 3.05%。

2. 终端消费分析

2018 年我国炼焦煤总消费量为 5.11 亿吨，基本与 2017 年持平，需求量在 9-12 月较上 2017 年同期增多。2018 年是焦炭行业去产能元年：2018 年是焦炭行业去产能元年，而环保是促进行业整合的重要手段，从大气污染排放限值，到环保特别排放标准，再到特别排放，焦化行业的环保标准不断提高，伴随着环保标准及要求的提高，符合环保要求的大型焦化企业将进一步发展壮大，而环保不达标的小型焦化企业将逐步退出市场，焦化行业将完成产业的升级，行业的集中度也将逐步提高。从 2018 年 8 月份环保检查开始，焦煤因供给大幅缩减一路上涨，直到 11 月中旬受黑色产业链整体下滑拖累有所下跌。伴随焦炭价格下行，焦企利润有所收窄，对于原料煤的采购积极性减缓。

3. 炼焦煤价格情况

（1）港口价格

2018 年港口炼焦煤价格整体上升。截至 12 月 31 日，主焦煤（山西产）价格收于 1880 元 / 吨，较上月末上涨 10 元 / 吨，环比上涨 0.53%；主焦煤（澳洲产）价格收于 1690 元 / 吨，较上月末下跌 90 元 / 吨，环比下跌 5.06%；截至 12 月底，主焦煤（山西产）价格和主焦煤（澳洲产）价格价差扩大至 190 元 / 吨。

（2）产地价格

2018 年，产地炼焦煤价格上行。截至 12 月 31 日，吕梁（柳林）炼焦煤出厂价、临汾肥煤市场价分别为 1730.00 元 / 吨、1150.00 元 / 吨，环比分别上涨 50 元 / 吨、较上月持平。

（3）期货价格

2018 年，炼焦煤期货价格稳中有升。2018 年炼焦煤期货最高价出现在 12 月 9 日，为 1455 元 / 吨，随后价格开始震荡下跌。截至 12 月 31 日，焦煤期货价格收于 1179.50 元 / 吨，较上月末下跌 150 元 / 吨，环比下降 11.28%。

4. 行业发展趋势

优质焦煤产能在中国十分稀缺，未来的产能增长将十分有限，优质焦煤产能增速会更低。焦炭方面，未来环保高压不减、去产能持续，大量落后焦化产能将面临越来越严格的限制和削减，现代化焦炭产能将从中受益。供给端，2019 年伴随着山西柳林地区低硫焦煤枯竭、山东地区压减煤炭产能、黑龙江关闭年产能 15 万吨以下的小煤矿，国内焦煤产能持续收缩。与此同时，国外焦煤供给增量有限，且进口煤政策不确定性仍有可能影响焦煤进口。需求端，钢铁产能进入大型化置换期，高炉大型化提升对焦炭反应强度的要求，从而促使主焦煤需求长足增长。中长期来看，主焦煤资源稀缺性将加速凸显，主焦煤稀缺将一定程度助力替代品喷吹煤需求增长。

第三节　煤炭业目标市场选择

一、目标市场选择

目标市场就是根据市场细分的结果，采取有效的营销手段，准备以相应的产品和服务去满足现实的或潜在的消费者群体组成的市场，是企业营销活动要满足的市场需求，是企业要决定进入的市场。企业选择目标市场实际上是选择企业要为之服务的目标群体，企业的一些活动都是围绕目标市场进行的。所以目标市场的选择非常重要，企业所有的经营管理活动都必须围绕目标市场来进行。

在现在市场经营中，企业只有在选定目标市场的基础上，针对目标市场的消费需求，有效地利用企业的人力、物力、和财力资源，合理选择企业的经营手段，扬长避短，发挥优势，才能产生相互配合的综合效果，从而增强企业的竞争能力，并生产出满足消费者需求的产品，增加企业利润，提高企业的经济效益。

市场细分是确定目标市场的基础。在市场细分的基础上，企业无论采取什么策略，也无论选择几个细分市场，所确定并最终选择的目标市场必须具有最大潜力，能为自己带来最大的利润。因此，在确定目标市场时，应该遵循以下几个原则：所确定的目标市场必须足够大或正在扩大，以保证企业能够获得足够的经济效益；所选择的目标市场是竞争对手尚未满足的，因而是有可能属于自己的市场；所确定的目标消费者最可能对本品牌提供的好处作出肯定反应；企业在该市场要具有一定的竞争优势；企业应具备进入目标市场的能力。

选择目标市场的过程，要对目标市场做出合理选择，首先要进行市场调查，然后将所有的细分市场进行评估，初步确定企业准备进入的目标市场。在条件许可的情况下进行试投入。

如果试投入的结果和预想的基本一致或超过预想结果，则企业可以将其作业最终的目标市场，这时选择目标市场的过程便告结束。

目标市场包括一组具备共同需求或特性的购买者，他们的购买行业具有很大的相似性。选择合适的目标市场类型是企业采取合适的市场策略的基础。选择目标市场类型有很多种，主要有以下5种：单一市场集中化；选择性专业化；市场专业化；产品专业化；全面进入。

目标市场策略主要包括：无差异性市场策略、差异性市场策略和选择性市场策略三种方式。

选择目标市场策略时，要综合考虑以下几个因素的影响：企业实力；产品特点；产品的生命周期；市场特点和消费者行为；竞争状况；宏观环境。

二、市场定位

市场定位是企业根据目标市场上的竞争者和需求者的状况，针对市场或消费对产品某种特征或属性的重视程度，为自己的产品培养一定特色、树立一定的市场形象个性，并通过一系列的营销努力把这种个性或形象强有力地传达给消费者，从而确立该产品在市场中的位置。市场定位的实质是使本企业的产品与其他企业的产品区别开来，并使顾客明显感觉和认知这种差别，从而在顾客心目中留下特殊的印象，市场定位的目的是为了影响顾客心理，增强企业以及产品的竞争力，从而扩大产品的销售，并最终增加企业的经济效益。

市场定位有利于确立产品的特色；有利于树立和巩固市场形象；是制定市场营销组合策略的基础。企业市场定位的全过程可以通过三大步骤来完成：分析市场的现状，确认本企业潜在的竞争优势；准确选择竞争优势，对目标市场初步定位；显示独特的竞争优势和重新定位。

市场定位的方法：迎头定位、避强定位、转移定位。

市场定位的角色扮演可由以下四大角色加以确立：市场领导者、追随者、挑战者和补缺者。自然，不同的角色定位应有相应的营销策略。企业的市场定位最终必须落实到产品上，定位工作才算完成。不同的产品在市场上有不同的定位，具体的依据和方法有：属性定位；功能利益定位；比附定位；与竞争者划定界线的定位；市场空当定位；质量／价格定位；根据特定的使用场合及用途定位；产品其他特征的定位策略。

三、案例分析

在新的历史条件下，创新、协调、绿色、开放、共享成为国家的发展理念，特别是绿色发展理念不断融入经济社会发展中，强调"低碳"的环保理念，让煤炭市场持续走低，给煤炭企业市场营销提出了新的挑战。美国著名学者菲利普·科特勒（philpkoter）说："营销是企业成功的关键因素。营销一词不应该被认为过去大家认定的销售，而必须赋予新的意义—满足顾客需求。"就是说，在激烈的市场竞争中，企业要转变思路，从顾客自身角度思考问题，制定有效措施，切实满足市场需求。因此，在绿色环保成为时代发展理念的今天，市场对煤炭企业提出了更高要求，煤炭企业应调整自身的市场战略，从市场需求出发，创新市场营销策略，追求自身市场利润最大化，实现企业健康持续发展。

1. 以调研为基础，切实加强销售渠道建设

在煤炭企业市场营销中，传统的销售模式为直接销售，企业在生产的过程中，只管生产水平的高低，不是十分重视销售，销售渠道的拓展没有纳入企业的战略规划。这种销售模式存在单一化，不利于企业的长远发展。知己知彼，百战不殆。开展市场调查研究，深入了解市场情况，才能更好地调整产品结构和进行生产。

（1）企业要在市场结构、市场需求和价格波动方面做足功课，通过调研掌握有关数据，认真进行分析，结合企业实际，准确定位企业生产，不断引进先进技术，改进工艺，切实提高产品质量，适应市场需求，让企业利益最大化。

（2）政府政策对市场具有导向作用，在充分调研市场时，要高度重视政府的有关政策，随时关注政府在政策方面的变化，从利于企业发展方面及时调整生产，使企业的发展紧跟政府步伐，最大限度地降低生产风险。

（3）开展市场调研，还要充分了解竞争对手，要通过各种途径认真研究对手，具体来说，研究对手的生产状况、产品构成、营销手段及客户构成等，做到人无我有，人有我优。这样，扎实的调研有利于决策者做出正确的营销决策。

一般来说，煤炭企业在做足市场调研后，可采取以下手段拓宽市场营销渠道。

1）主动出击保销路

对煤炭企业来说，不仅在市场旺季时要加强市场营销渠道的开拓，在市场淡季时更要注重市场的争取。市场旺季时，企业要充分利用用户资源多的优势，不断拓展人脉关系，不断优化用户结构，抓住时机进一步扩大市场销售渠道，而市场淡季时，企业则要想方设法留住客户。

2）完善售后服务

企业在抢占市场的过程中，还可以在客户所在地设立办事机构，让煤炭企业与市场联系得更加紧密，客户的意见建议得到有效反馈，让企业的真诚服务赢得客户的支持。

3）利用高科技积极拓展营销渠道

在经济全球化和信息多元化的今天，企业要及时汲取高科技的成果为企业服务，才能紧跟时代发展，催生出强大的生命力。具体来说，企业要善于利用互联网、充分利用大数据。互联网可及时传播企业的信息，拉近与客户之间的距离，大数据则可以充分了解市场情况，了解其他企业的相关信息，为企业自身拓宽销售渠道提供帮助。企业还要实施品牌营销战略，企业在吸引先进技术、提高工艺质量同时，企业核心竞争力得到有效提升，客户的认可度得到有效提升。企业在吸引先进技术、改进工艺的同时，还能衍生出煤炭的其他产品，不断丰富煤炭产品内容，让客户有更多的选择。因此，营销渠道的多样化，煤炭产品的结构升级都能拓宽煤炭企业的市场营销渠道，为企业带来丰厚的经济利益，并以此提高煤炭企业品牌影响力。

2.以客户为根本，不断丰富市场营销策略

坚持以客户为中心，全方位为客户做好服务工作，是现代煤炭企业的营销理念。只有始终坚持市场导向，紧跟客户需要，确保产品质量，煤炭企业才能控制风险，实现企业利益最大化和自身的长远发展。以客户为中心，具体要采取哪些策略呢？

（1）注重产品策略

企业要坚持精煤或电煤为自己的主打产品，并根据市场需要及时调整产品结构。企业管理者还要及时评估市场，如果市场精煤需求量大并且能赚到更多钱，企业就应该以此为主要产品。如果电煤市场需求量更大，煤炭企业又能满足市场这种需求，那就应该及时调整，紧跟市场发展，才能让企业在市场竞争中不处于被动地位。一句话，煤炭企业要随时调整自己的主要产品，实现煤炭卖出去了，价格还客观，钱也收回来了。

（2）注重价格策略

煤炭企业要随时关注市场价格变化，确保价格与市场同步。在市场营销中，还要认真分析客户采购数量、付款方式、运输距离、竞争环境、企业规模、商业信誉等因素，对重点客户在定价方面还要适度倾斜。理顺价格体系，将关键指标不同的煤炭品种拉开价格档次，做到优质优价。针对不同客户的预付款、月底结清、滚动结算、长期欠款等结算方式，采取现金（汇票）支付、银行承兑、电子承兑、商业承兑、信用证等方式，同时制定不同的价格策略。

（3）注重渠道策略

煤炭企业要对客户进行分类管理，以主要产品客户为主，不断巩固和扩大直供厂家、钢铁厂、发电厂和煤钢互保的企业客户。要根据情况对直供商、代理商、贸易商、三方合作协议商进行分类。根据运输渠道将客户分为地销客户、火车直达客户、内河水路客户、水陆联运客户、海洋运输客户等，以便让企业更好地为客户服务。

（4）注重促销策略

要实施差别服务对策，企业的主要产品客户，要在市场定价的原则下在数量价格等方面适当倾斜，稳定企业与客户的关系，确保销售如期完成。

（5）注重私人定制化服务策略

要有差别地为客户提供个性化的服务，切实满足客户的真实需求，不断提高客户对企业的认可度。六是注重客户关系维护。煤炭企业要尽可能满足客户的需要，提高产品质量，加强售前售后的服务，让客户在享受服务的过程中，充分信任企业，提升企业形象，进而建立起合作的长效机制，为企业的发展赢得最大化利益。

3.以创新为引领，有针对性地丰富战略路径

（1）创新营销观念

企业的命运在市场，在市场经济条件下，谁占有了市场，谁就获得经济利益的最大化。企业在市场经济下要摒弃传统的销售观念，树立全新的销售理念，要坚持以市场为中

心开展生产，要以销售确定产量，以收到的款项进行生产，紧紧地抓住顾客，按照经济利益最大化对煤矿企业产品结构、营销进行科学化调整。总之，要一切以营销为首要任务，来制定企业的管理制度、人员结构、生产规模绩效核算等。

（2）最大化地实施市场占有策略

在充分调研的基础上，大胆创新措施，对市场客户进行精准分类，采取有效举措留住客户。针对市场客户的需求，大中客户是企业公关的重点，也是营销工作的重点，要最大限度地满足大中客户的需求，始终同大中客户保持紧密联系。与大中客户打交道要以合作共赢的思维开展，从长远利益出发，不要为了利益而不择手段。如果沟通不好或者处理不好利益关系，就会失去企业更多利益。

在营销路径创新中，通过市场实践，形成一些战略。注重知识营销，在充分注重培训的基础上，切实提高营销的知识含量，不断凝练产品的文化内涵，努力使客户成为企业的忠实客户。因此，企业要高度重视人力资源建设，不断聚集优秀的人才为企业服务。注重文化营销，文化营销需要将理论和实践相结合，提高企业的文化管理水平，把创新的理念和产品的特性结合起来，才能提高产品的竞争力。注重绿色营销，与时俱进地加大"绿色产品"开发力度，确保产品从生产到使用、回收处理全过程无害化，产品的营销策略要体现"绿色包装""绿色服务"等，倡导健康营销，获得社会的认可和客户的支持。

总之，在市场经济条件下，煤矿企业只有坚持与时俱进的发展理念，根据市场发展趋势主动地调整营销策略，结合自身特点，不断探究和创新企业的营销模式，才能不断扩充利润空间，推进企业可持续发展。

第八章　新时期煤炭市场营销组合策略

第一节　煤炭业促销方式与策略

促销策略是营销策略一个关键组成部分，对整体营销活动的开展起促进作用。促销是发生在企业与消费者间，企业是主动的发起者，其通过各种渠道让消费者充分感知要传达的信息，刺激消费者的消费欲望、兴趣、好感、信任等，从而使其产生购买行为的活动。促销主要分为五部分内容即广告、人员推销、营业推广、公关关系、直接营销共五方面。

企业以不同的市场环境为前提，充分认识并利用自身的产品特点，根据消费趋势的发展、消费形态的演变、消费行为及心理等特点，发掘并选择最佳的促销方式开展销售活动。促销的主要方式包括直接和间接促销两种。在实际营销过程中经常从广告、人员、公共关系促销等角度来对促销进行分类并使用。因为每种促销方式都存在优劣势，所以企业在实际应用过程中，应结合公司产品及运营实际选择采用一种或几种促销方式，乃至将其中的几种方式进行组合使用，也就是所谓的促销组合。企业在应用促销组合时一定要注意考虑与之相关联的营销因素，如产品、目标、预算、市场环境及人员的培训和激励等。促销策略总体来说包含推动策略和拉引策略两种。

制定营销策略的目的就是为了实现交换，并在此基础上提高企业的资金周转率及现金流等。这就需要企业在营销活动中使用好促销策略，做好产品宣传，引发人们购买兴趣等。

一、利用广告促销

煤炭企业要想打开产品的销路，首先必须让广大消费者了解自己的产品，使企业的产品被消费者所认识以至接受，然后才能说到占领市场。而做到这一点，广告宣传是一种简便快捷的促销手段。因为广告可以通过某种大众媒体向广阔的受众传播企业产品的信息，是一种覆盖范围大、宣传效果及时有效的传播途径，通过这种途径宣传煤炭企业的产品，可以收到比较明显的效果。在利用广告宣传进行促销时，煤炭企业应注意做好以下几方面的工作：

1. 注重广告信息的制作

一个好的广告在传播企业产品的同时，可以为企业带来巨大的财富。这一点已被实践所证实。所以煤炭企业在进行广告宣传时，必须在广告题材的确定以及广告的制作方面下大功夫，既要注意广告的真实性、针对性、生动性、独特性、理解性和激励性，又要强调广告的艺术效果，使广告的受众在广告的内容上获得亲切自然、真实精美的记忆，在视觉或听觉上获得过目难忘的感受。这样的话，煤炭企业的产品便会在消费者的心目中留下应有的位置。

2. 注意选择合适的传播媒体

在报纸、杂志、广播、电视以及现在的因特网等诸媒体和媒介中，选择恰当的传播媒介，可以使企业的广告促销活动起到出人意料的效果。从现在的实际情况看，国在电视的普及程度高，受众范围广大，可视性强，直观效果好，因而煤炭企业在电视上进行广告宣传，效果要优于别的媒体。如近几年在全国叫响的几个企业象TCL、步步高、娃哈哈等，都是通过在中央电视台做广告而广为人知的。所以，煤炭企业在进行广告宣传时，要根据自己的实际情况进行有效的对策，然后选择可行而且容易产生效果的媒体，来宣传并传播企业的产品。

3. 注意对广告效果的测定

煤炭企业在进行广告宣传时，要认识到广告活动是一个复杂的宣传和反馈过程，要注意对广告宣传效果进行专门的调查和了解，对反馈的结果进行测定和研究、分析，找出成功或失败的原因，以便进一步改进广告宣传的方式，使广告宣传在总结中不断完善和完美。

二、利用推销人员

促销利用推销人员进行促销是市场经济中一种常见而且有效的产品销售办法，在目前的市场上，推销人员的促销已经成为了一道引人关注的"风景线"。但企业依靠推销人员促销，必须注重推销人员的整体素质，因为不同素质的推销人员，促销的效果会大不相同。所以，煤炭企业利用人员推销时，就要组织一支训练有素的推销员队伍，这是煤炭企业加强企业营销管理的不可缺少的基本要素。

1. 要注意选拔出类拔萃的优秀推销员

对一个优秀推销人员的基本要求是必须要具备热诚的服务精神；具有坚忍不拔的进取精神与扎实的工作作风；具备丰富的知识和语言表达能力。同时，还要注重对推销人员的培训，要从心理学、行为学、市场营销学以及企业产品资料、市场资料、推销技能等方面对推销人员进行强化培训，使他们在不断地学习中胜任推销工作。因为一名优秀的推销员，既要知道消费者的需要和困难，又要能够帮助消费者解决困难，最大限度地满足消费者的需要。只有这样，推销员的促销作用才可能得到消费者的认同和接受，也才能把煤炭企业的产品推销出去。

2. 要注意制定推销人员的推销计划

就是说，煤炭企业要划分推销人员的推销范围，确定推销任务，并制定出有效的推销措施，使推销人员工作起来有方向，有目标，有责任，有办法。以保证推销人员的工作有条不紊地开展好，并获得明显的效果。

3. 要注意解决好推销人员的收入和报酬问题

要通过科学、合理的产品推销办法以及相应的激励原则，对推销人员的收和报酬进行合理的分配，既要充分调动他们的工作热情，又要使他们安心工作，以确保推销队伍的稳定和工作效率。

三、利用公共关系促销

在当今社会人们日益注重道德观念的人文环境下，企业经营成果的好坏与公共关系的好坏有着密切的关系。具有良好公共关系的企业，能够在消费者的心目中确立企业良好的形象，不但使消费者热衷于购买本企业的产品，而且可以不断扩大自己的影响力，并在市场竞争中占据优势。所以，开展好公共关系，是煤炭企业促销的必不可少的手段。

1. 要注意在产品推销过程中维护公众的利益

这是建立良好公众关系的基础。煤炭企业在经营中，一切生产经营活动都要自觉、积极、主动地维护公众利益，同时，要加强与公众的沟通和联系，及时了解公众的要求和反映，并且及时、坚决地做出妥善处理，赢得公众对企业的理解和尊重，进而在公众心目中确立企业的良好形象。

2. 要注意提高企业的经营能力和经营质量

这是建立良好公众关系的关键。煤炭企业必须以高质量的产品和高质量的服务，来向公众传达一个这样的信息：煤炭企业生产的产品是以消费者的满意为标准的，同时煤炭企业也在真心诚意的消费者服务，并且要让公众真实地体会到这些内容。这样一来，就能使公众同煤炭企业之间有一种浓浓的亲和力，使公众对煤炭企业及产品有一种挥之不去的留恋。

3. 要注意通过各种有效的社会公益活动宣传自己的形象

这是建立良好公众关系的有力措施。煤炭企业可以通过举办形式多样的公益活动，如捐资助学、赞助演出、邀请名人等形式为企业及产品做宣传。特别要加强同新闻单位的联系，把煤炭企业全新的一面通过新闻媒体向大众传播，加深公众对煤炭企业及产品的了解。

四、利用营业推广的方式促销

营业推广的方式也是目前企业促销活动中一种常见的方式。特点是方法直接，并使公众在直接感受到自己受惠的情况下，容易取得较好的效果。因而，这种方式也深得消费者的欢迎。煤炭企业在利用营业推广的方式促销时，应注意考虑以下几点因素：

1.注意推广的对象

不同的对象需要采用不同的方式。如：针对最终消费者，可以采用优惠销售的方式促销。

2.注意产品使用周期所处的阶段

如：产品在导入期，企业可采用免费样品赠送来吸引消费者；在成长期可采用津贴方式，吸引中间商加速推销；在成熟期可采用有奖销售的方式吸引消费者。

3.注意产品本身的特征

如：根据产品的体积和价值，对消费者促销可采用免费试用方式；对高附加值的产品，就宜采用订货会的方式来介绍产品，或者通过提供优质服务等方式来促进销售。

4.注意营业推广的费用支出问题

在众多的营业推广费用中，免费试用及订货会的费用支出较高，这一点煤炭企业要加以注意。

5.注意竞争对手的策略

煤炭企业为了保持市场竞争的优势，要对竞争者的营业推广策略有所了解，同时根据本企业的生产经营和销售能力，积极采取相应的对策，以使本企业掌握竞争的主动权。总而言之，煤炭企业要结合本企业煤炭的产、销、存和煤种、煤质情况，充分考虑市场的承受能力，调整煤炭营销战略。只有如此，才能使煤炭企业通过市场营销赢得市场优势，增强市场竞争力

五、促销实例

"以客户为中心"营销在煤炭销售中的应近年来，我国煤炭市场发生了显著变化。一方面煤炭供应持续增加，国内煤炭企业的产量和进口煤量不断增长：另一方面煤炭需求不断萎缩，煤炭价格大幅下降，煤炭营销成本急剧上升，导致我国煤炭销售市场营销压力加大。面对严峻的形势和激烈的市场竞争。煤炭企业急需将传统的"以生产为中心"粗放型营销模式，转为"以市场为导向，以客户为中心"的营销策略，按照用户的需求来生产适销对路的产品，同时合理定价、搞好分配、促销等工作，全力以赴促发展、增效益。从销售实践出发，阐述了如何将"以客户为中心"全面应用到煤炭销售过程中的新客户开发、合同谈判及执行、售后服务等各个环节。

1. 坚持"以客户为中心"的重要性

（1）企业持续发展的需要

客户资源无疑已经成为企业最重要的战略资源之一，拥有客户就意味着企业拥有了在市场中继续生存的理由，而拥有并想办法保留住客户是企业获得可持续发展的动力源泉。在市场竞争日益激烈的今天，"以客户为中心"已经成为众多企业的共识。

（2）煤炭市场严峻形势的倒逼

煤炭产业发展的"黄金十年"吸引诸多行业进入该领域投资。在煤炭需求放缓、过剩产能难以消化、进口煤持续冲击，运能逐渐释放的形势下，煤炭供求关系日益宽松。煤炭销售领域的竞争更加激烈。因此。建立以客户为中心的销售策略，已经成为煤炭企业提高自身竞争力的必由之路。

2. 如何进行"以客户为中心"的销售

"以客户为中心"的销售不是努力说服客户购买企业的产品或服务，而是通过深入了解客户（以及客户的客户）的需求、批评及价值定位，使企业真正把客户放在中心位置上，然后对客户进行细分。推出适合各类型客户的产品与服务。而这些产品与服务可为公司带来丰厚的利润，并且使之与重要的战略性客户建立长期的双赢伙伴关系。这就要求销售人员应该花费更多的时间和精力去关心客户的需求、问题以及解决问题的方法。"销售帮助"是以客户为中心销售方式的核心思想。要把客户当成一位自己正试图去全力帮助的新朋友，为客户考虑自己的产品或服务是不是能够为他提供最大的帮助。同时。还要以真诚为本，站在客户的｜角度去思考问题。帮助客户寻找解决实际困难的方案。

3. "以客户为中心"的新客户开发

当前形势下。煤炭企业更需要贯彻"以客户为中心"的工作思路去开辟新市场，开发新客户。

（1）煤炭销售的特点

一般来讲。煤炭的主要消费者和购买主体是钢，铁、火力发电、化工、焦化、水泥等行业的企业，客户相对集中和固定，购销需要专业知识的积累，因此，煤炭销售过程中，货款何时支付、堆存期长短、损耗、掺配、质量等等都必须算好细账才能出利润。煤炭作为大宗商品，对运输特别是对铁路运输的依赖性较强，且价格还容易受到供求关系的影响而波动。作为基础能源，和石油一样，煤炭市场需求和整体经济情况密切相关，经济向好，需求增加，反之则下降。同时，由于煤炭市场需求是一种派生性需求，其总需求对价格敏感度较低，一般不受价格变动的影响，特别是短期需求这一现象更为突出。

（2）新客户开发

1）寻找潜在客户

煤炭行业的客户资源相对有限，寻找潜在客户尤其要注意拓展自己的社会关系。尽量多地接触客户群体，才能在更广泛的群体上接触到更多的潜在客户。同时。煤炭销售人员还可以通过港口、存量客户、航运公司、行业协会、政府相关部门等查找相关的资料，从中寻找潜在客户的名单。天津中煤进出口有限公司在开拓块煤市场时，就是通过网络资源，从中国煤炭工业协会公布的行业排名等资料中寻找信息，然后到各公司网站中寻找公开的信息和联络方式，并从中找出 1000 多家块煤用户，促使了销售量不断攀升。

2）整理信息，建立客户档案

得到客户信息后，及时对客户资料进行分析和研究，寻找市场空白点，从中发现最有可能成为现实客户的潜在客户，并建客户档案。

3）联系潜在客户

在和客户第一次接触时，尤其是在电话接触时，销售员必须准备好简练而精彩的产品介绍，并对客户的疑问要有充分的准备。要在心理上克服紧张感，保持自信和开放的心态，同时注意沟通的技巧，声音要自信，语调语速要合适，表述要清楚。

4）接近客户

接近客户是成功销售的第一步，因此要树立积极自信的形象，具有良好的时间观念，努力创造和谐谈话氛围，寻找双方共同点，从中更多地了解客户的信息和需求，引导客户进入销售谈判的正题。同时。还要特别注意掌握提问的技巧，多提研究式的问题，少提封闭式和选择性的问题，并耐心倾听，积极地做出回应。

（3）销售解决方案

"以客户为中心"的销售不是努力说服客户购买企业的产品或服务，而是站在客户的角度，协助客户解决问题，向客户提供问题的最佳解决方案，以达到开拓市场、增加盈利的目的。煤炭销售过程中，经常会遇到这样或那样的问题，这就需要销售人员拓宽眼界和思路，以创新的眼光去寻求解决方案，用创造性的方法解决实践中的问题。力求提升客户满意度。天津中煤进出口公司在销售过程中，经常会遇到一些必须赊销和预付货款的情况。针对该情况。公司通过供应链金融服务帮助其突破了贸易中的资金限制。供应链金融。简单地说，就是银行将核心企业和上下游企业联系在一起提供灵活运用的金融产品和服务的一种融资模式。银行按对中煤的评级向天津中煤进出口公司的客户做授信。

专款专用，仅能用于向中煤购煤，银行通过货代等对物流环节进行监管，在客户还款前保有货物所有权。防范了风险。在公司客户继续销售时，银行还可以向下游客户再延伸服务提供授信，或者做应收账款保理。

此外，针对客户只能用承兑汇票结算这一实际情况，天津中煤进出口公司尝试与企业开户行进行自贴，由客户提供贴息，再由银行向企业汇现金这一方式解决。既避免了与公司有关政策相驳，又降低了客户的财务费用。从国外的经验来看。大宗商品交易市场的发展经历了现货市场、远期交易市场和期货市场三个不同的阶段，且三者并不是相互替代的关系，而是相互补充、相互促进、相互衔接，共同构成完整的商品市场体系。为此，煤炭销售人员应提前学习和介入，掌握其中的规律。并且可以通过煤焦钢互保、煤油及煤化工互保等方式，开展企业间煤炭销售与钢材、石油、化工产品的购销合作。天津中煤进出口公司贯彻"以客户为中心"的营销理念，从理念、组织、营销策略、激励措施、业务各环节进行创新。跳出卖自产煤的小圈子，依靠集团公司及销售板块的集体力量，加快了向煤炭供应服务方案提供商转变的步伐。

4. "以客户为中心"的合同谈判及执行

（1）合同谈判

"以客户为中心"的销售谈判，应把握各行业对煤炭指标的基本需求，以及自产煤适用各行业的优劣势。只有做到知己知彼，才能在谈判中把握主动。为客户提供解决方案。知彼。掌握各行业对煤质的要求。如火力发电厂在转换过程中存在五个方面的热损失，即排烟损失：可燃气体未完全燃烧损失：灰渣未完全燃烧损失：锅炉的散热损失以及灰渣的物理热损失。这些损失愈大，锅炉效率愈低，煤耗也随之增加。减少能量损失是提高热效率的重要手段，掌握煤的各项质量指标对热效率的影响对于满足客户需求非常有益。

知己，了解自产煤质。以中煤集团平朔煤为例，平朔煤具有挥发分高、易点燃、燃烧稳定、发热量高、高灰熔点的特点，可广泛应用于电力、建材、化工、制气等行业。特别是煤灰成分中 $SiO_2 + Al_2O_3$，含量高，在 j 水泥行业使用中可代替黏土作为水泥熟料的原料。但由于平朔煤硫分高，依据《商品煤质量管理暂行办法》，京津冀及周边地区、长三角、珠三角限制销售和使用硫分（St, d）≥1% 的散煤。因此，天津中煤进出口公司一方面努力开拓高硫煤市场，另一方面依据中煤 1 集团目前的硫分优惠政策，积极向客户提供相应的解决方案和建议，如利用前脱硫，包括洗选和配煤，选择适合的人洗工艺和煤种掺配等。实验数据表明，平朔一煤与蒙煤掺烧可达到烟气降硫功效，固硫率约为 9.33%：煤炭转化过程中脱硫，即向流化床锅炉中添加石灰石或白云石和煤颗粒，达到脱硫的效果：在锅炉尾部电除尘后至烟囱之间的烟道处加装脱硫设备，实现烟气脱硫。这些解决方案使客户获益颇多，实现双方的合作共赢。

（2）合同执行

合同执行过程中，煤炭企业要重点关注货源计划的对应，运输的保证，质量控制，港口航运调度，装船作业，商务结算等环节。及时做好相关情况的记录，从各个环节做好客户服务。

（3）销售分析

煤炭企业应定期对销售业务进行各项指标的汇总分析，一方面对客户执行情况进行总结，从中找出规律，更好地提升服务水平和对客户的增值服务能力：另一方面，明确下一步市场开发的重点地域和行业，并依据销售人员绩效量化考核方案，评选优秀。将其销售经验总结分享给团队。

5. "以客户为中心"的售后服务

以客户为中心的售后服务，应从规范化、精细化、个性化三个层次逐步提升。"规范化"是指企业的客户服务制度是否完备，员工能否遵守，执行是否严格。"精细化"是将复杂的问题简单化，简单的事情流程化，流程的过程定式化，定式的对象信息化。"个性化"则是更高的服务要求。按需保证煤炭供应、资金融通、燃烧技术支持、市场信息服务等等都是个性化服务方向。从细节入手，有效解决客户的需求并提供超过其预期的服务，提高客户忠诚度。此外，互联网＋传统产业发展模式已成为风口，煤炭企业还可以开通 App 信息共享平台，客户只需用手机上网，就能方便快捷的查询、办理相关业务，满足客户的潜在需求，更好地提升服务质量。坚持"以客户为中心"的营销策略。稳定供需关系，巩固市场份额。提高市场占有率，从而形成一种长期稳定的战略合作伙伴关系，对于煤炭企业抵御市场冲击、牢牢占领市场具有十分重要的意义。

第二节 煤炭业产品策略

产品策略，作为 4P 的核心，是营销策略制定的基础，是指包括产品定位（诉求点、质量、档次等因素）、产品品牌、产品价格、产品生产、产品生命周期等在内的一整套如何保证产品从生产到销售到服务顺利进行以获取最大收益的策略方针。

产品是企业生产经营活动的核心，企业必须有效且及时地将消费者需要的产品投入市场，才能在满足消费者需求的情况下实现自身利益乃至企业发展的目标。产品的形式分为有形和无形的两种。产品的广义概念：可以满足人们需求的载体；产品的狭义概念：被生产出的物品。从产品功能形式等角度的不同，将产品划分为五个不同的层次，即核心产品、形式产品、期望产品、延伸产品和潜在产品。

此外，可以根据不同的标准对产品进行分类，每一种产品类型应该有与之相适应的营销组合战略，这是产品营销策略实施的基础。

一、煤炭企业品牌战略的构想

根据品牌战略的内容结合煤炭企业品牌战略的影响因素和煤炭企业的经营战略和理念，我们用品牌的属性、结构、内容、范围与管理机制等内容构建煤炭企业品牌战略的研究框架，意图为煤炭企业实施品牌战略提供一些有益的帮助。

1. 煤炭企业的品牌化决策

品牌战略的品牌化决策环节，解决的是煤炭企业品牌的属性问题。在煤炭企业品牌创立之前解决好这个问题，实际上就决定了煤炭企业品牌经营的策略，预示着煤炭企业品牌发展的道路与方向。总之，煤炭企业依行业的特点与企业所处的不同阶段应采取相适应性的品牌化决策。虽然目前大多数煤炭企业都选择了品牌经营，但并未花大心思去进行品牌化决策，这对煤炭企业来说是致命的弱点，以此建立起的品牌模式是经不起市场考验的。现实中煤炭行业无品牌的煤炭产品对售价较高的品牌煤炭产品构成了严重的威胁，并成为煤炭企业品牌经营的一大挑战。在这样的背景下，煤炭企业使用品牌决策主要出于以下几个方面的考虑：

（1）品牌名称可以使用户比较容易处理订单并解决一些问题。

（2）煤炭企业的品牌名称和商标会对产品独特的特性提供法律保护，防止竞争者仿冒。

（3）品牌化有利于培养吸引用户的忠诚度。

（4）强势品牌有助于树立公司形象，更容易获得消费者的信任和接收。

基于以上方面的考虑，煤炭企业应坚定地走品牌战略之路。但煤炭产品的高度同质以及产品的创新较难等因素，又使煤炭企业大多做出接受企业品牌为主，产品品牌和服务品牌相配合的品牌化决策。

2. 煤炭企业品牌模式的选择

煤炭企业品牌模式的选择，解决的是煤炭树立品牌的结构问题。一个清晰、协调且科学的品牌结构，对于整合有限的资源、减少内耗、提高效能和加速累积品牌资产是至关重要的。

煤炭企业在品牌化决策后，还应根据自身的长远发展目标和市场竞争程度来选择恰当的品牌模式。在选择品牌模式的过程中，企业有很多的备选战略，比如菲利普·科特勒就提出了包括单一品牌战略、分类品牌战略和多品牌战略在内的五个品牌战略；有些学者或相关研究人员甚至提出了十个品牌战略。

可见煤炭企业的品牌模式的选择是丰富多彩的。

对煤炭企业而言，以上品牌战略并没有好与不好之分，只有适合与不适合之别。煤炭企业在设计自己的品牌战略时，应充分考虑自身的条件和外部的环境。就目前而言，大多数煤炭企业的品牌战略属于单一品牌战略和一牌多品战略。做出这样的模式选择是完全基于煤炭行业的特点，其实这也是目前阶段我国大部分煤炭企业所选择的品牌战略。需要我们注意的是，以上所列出的品牌战略，正分别对应不同成长阶段的企业和产品。因此，当煤炭企业在产品扩展上已经成熟时，必将推出新品牌的产品，这个时候，煤炭企业应该采取什么样的品牌战略就值得重视了，这也反映了品牌战略是一个不断变化的过程，没有永远正确或者合适的战略，必须随着企业的发展适时地加以调整。

3. 煤炭企业的品牌延伸

煤炭企业随着企业规模的扩大和多元化的经营，需要对品牌进行拓展。围绕主营业务，大多数煤炭企业选择在产品线和品牌两方面扩展。

（1）产品线扩展

煤炭企业在现有产品类别中增加新的项目（如新含量、新包装、新配方等），并以同样的品牌名称推出。产品线的扩展方式有多种多样，既可以采用创新，也可以采取仿制，还可以采取更换包装。但不管采取何种方式，最主要的还是通过抑制竞争者产品销售来获得企业产品销售的增长，从而增加产品的市场占有率，增加企业利润。

（2）品牌扩展

即煤炭企业在现有品牌产品的基础上推出新的产品。品牌扩展需要考虑以下几方面的因素：品牌核心价值与个性、新老产品的关联度、行业与产品特点、产品的市场容量、企业所处的市场环境、企业发展新产品的目的、市场竞争格局、企业财力与品牌推广能力等。而上述众多因素中，品牌核心价值与个性又是最重要的。一个成功的品牌，可以使新产品迅速为市场所识别和接收，可以节约大量促销费用。但品牌扩展也具有一定的风险，假如新产品不能令顾客满意，则会损害企业现有品牌的声誉，品牌滥用也会破坏接受者心目中的特定定位。除了围绕主业进行品牌扩展，煤炭企业还应根据自身条件和外围环境在更广泛的领域扩展品牌，提升品牌的效应。

1）从旅游方向扩展煤炭企业品牌

旅游产业是目前世界上第一大经济产业，也是绿色、环保、最有活力的朝阳产业。随着人民生活水平的提高，旅游消费呈现出多元化、个性化的特点，游客已不满足于单纯的观光游、健身游等传统项目，需要更多的新型旅游产品。煤炭工业旅游的开发，必将激起人们极大的兴趣，进而为企业品牌添加活力，使其声名远播。大型煤炭企业由于规模大、开发与建设历史时间长，矿区中的很多事物都可以作为旅游亮点进行开发。煤炭资源作为一种最普遍的能源使用于千家万户源，人们对它的用途可以说是家喻户晓，但是大部分人对它的开采过程却不了解，尤其是对于正在学习阶段的青少年，对煤炭的历史演进、开采过程、加工过程进行了解，既是一个娱乐的过程，又是一个学习的机会。

如山西省大同市就开办了"井下游"，深入煤海井下300m，让人们通过自身的亲身体验来了解工业文明的发展史，吸引了不少中外游客。这是典型的利用体验实现品牌差异化的成功例证。同时，矿区地上、地下都是开展旅游活动的场所，矿井、矿渣、露天采场、煤炭传输系统、大型排土场、选（洗）煤场区、厂房建筑、职工生活区都可以作为可开发的旅游资源。在我国，煤炭资源最为丰富的几个地区，都拥有丰富多彩的文化资源，如河南省义马矿区附近不仅有举世闻名的龙门石窟、仰韶文化遗址、古秦赵会盟台，还有三门峡、小浪底黄河水利枢纽工程；山西省著名的煤都大同市拥有世界文化遗产云冈石窟等。因此，将矿区的旅游工业与古人类文化内涵结合起来，将极大地丰富矿区的旅游内涵，同时也丰富煤炭企业的品牌内涵。

2）从绿色环保方向扩展煤炭企业品牌

由于资源利用效率不高、生态环境较为脆弱等原因，环境污染和破坏已经成为我国经济可持续发展的主要障碍。大型煤炭企业应树立绿色环保的企业品牌，这不仅符合社会发展潮流，而且容易引起人们的共鸣，对企业的品牌诉求产生认同感。在实施绿色环保的企业品牌扩展时，企业首先应该大力倡导绿色技术，生产环保、节能型产品。绿色技术为煤炭企业开发提供了广阔的发展前景，但绿色创新技术成本较高。如果只将绿色技术用于初级产品的生产，对企业的资金和技术则是巨大的浪费。因此，大型煤炭企业应将绿色创新技术用于产品的深加工和产业链的扩展，使煤矿生产中的各种废弃物得到综合利用，减少污染源并增加经济效益。其次，企业应倡导绿色营销。实施绿色营销是我国煤炭企业走向世界的重要途径。具体到煤炭营销领域，绿色营销可以理解为煤炭企业与社会及用户共同承担起减轻燃煤造成的环境污染的责任，从绿色环保的高度对待煤炭生产与营销的过程，在生产环节减少对作业区域的污染，着力开发对环境相对有利的低污染煤炭，在营销中大力宣传绿色环保、减轻污染的意义，争取将生态由于燃煤污染付出的代价降到最低，使煤炭绿色营销成为人类保护环境所作努力的一个有机组成部分。消费者一般都认为绿色产品具有更高的价值，愿意为此支付较高的价格，因此，实施绿色营销能够提高产品的附加值，并且符合国际煤炭市场潮流。最后，企业应对已破坏区域进行复垦绿化，塑造秀美环境，打造"花园式矿井"。对采空区进行回填与复垦，然后进行绿化，美化矿区公共场所，还可以将复垦区建成养殖场所，逐步发展成为集种植、养殖、加工为一体的产业链，加速产业化进程，成为促进矿区经济繁荣，改善矿区职工生活条件的重要保障，如神华煤炭神东公司就将复垦区打造为国家级旅游景区，在为企业带来大量经济效益的同时，大范围提高了企业的品牌认知度。

（3）从社会责任方向扩展煤炭企业品牌

国际大品牌都非常重视社会责任。社会责任（CSR）是指企业在创造利润，对股东利益负责的同时，还要承担对员工、对消费者、对社区和环境的社会责任，包括遵守商业道德、生产安全、职业健康、保护劳动者的合法权益、保护环境、支持慈善事业、捐助社会公益、保护弱势群体等。煤炭行业是高风险的行业，瓦斯、煤尘、地质灾害等目前在煤炭行业还属于世界性难题，在煤炭生产中还不能做到百分之百的避免事故。因此，对煤炭企业来说，除经济责任外首要的社会责任就是保障煤炭生产的安全性、最大限度的保障煤矿职工的安全。我国煤炭产量占世界35%，但矿难死亡人数却占世界的80%，煤矿百万吨死亡率是美国的100倍，南非的30倍。因此，承担保障安全的社会责任对我国大型煤炭企业来说尤为重要。煤炭企业经营管理者要意识到履行社会责任是法律的强制性要求；要改善煤矿职工的工作环境与福利、重视人权，尊重职工的劳动和合法权益。主动承担社会责任和正确承担这些责任对品牌的成长和培育有着很重要的作用。

社会责任并不是指传统的"企业办社会"的责任。理性的社会责任品牌战略是在企业的经济利益、职工的各项福利得到保障的前提下，可以有选择地承担一些支持慈善事业、捐助社会公益、保护弱势群体等活动。这些活动对企业的发展起着四两拨千斤的作用。企业的人权、关爱等这些价值观可以给人们带来精神上的巨大满足感，让消费者对企业产生情感上的依赖，这样这个企业品牌就可以建立客户的忠诚度，为企业带来终身价值。

煤炭企业不管从主业还是大范围扩展品牌，都是希望能够在品牌延伸中尽量发挥品牌的效益，提升企业的价值。

4. 煤炭企业品牌的识别

煤炭企业品牌识别的界定，解决的是煤炭企业品牌的内涵，也就是煤炭企业希望消费者所认同的品牌形象，它是整个品牌战略内容的重心所在。一个强势品牌必须有一个清晰、丰富的品牌识别。为此我们先对品牌识别系统进行构建，以帮助我们更好地对煤炭企业品牌识别进行界定。

（1）煤炭企业品牌识别系统的构建

根据品牌识别的相关内容我们从以下几方面进行品牌识别系统的构建：

1）煤炭企业品牌识别的构成要素

基于艾肯品牌识别系统，目前多数煤炭企业的企业品牌识别过于片面，基本上只专注于品牌命名、品牌标志等视觉方面的符号识别，对其他三个方面的识别却没有更多的研究和投入。煤炭企业的品牌只有从企业、产品、个性和符号四个角度建设品牌识别系统，才能有助于煤炭企业着眼于未来，从长远角度指引煤炭企业品牌的发展和顾客对品牌的感知，产品才会在质量、服务、功能配套等方面得到更好地改进，企业形象才能在消费者的心目中得到更好的提升，品牌与顾客之间的关系会得到更好的改善，才不会使品牌识别陷入只从短期考虑品牌形象的战术策略。

2）煤炭企业品牌识别的驱动性理念界定

品牌识别的核心是一个驱动性的理念，一个好的驱动性理念能推动品牌的发展，它可以通过创造外观形象、联想物和关系来建立品牌；与消费者产生共鸣和打破常规这三个方面得以实现。许多情况下，驱动性理念是受到消费者动心之处的启发。产品的目标顾客为这个理念所吸引。因为策划能让消费者动心，煤炭企业在实施品牌战略的过程中就应从目标顾客的需求深度挖掘，设计出让消费者动心的品牌。创意的品牌驱动性理念是打破常规的关键，为品牌战略的实施确立了核心思想。为此我们应从煤炭企业的产品和经营中找到品牌和消费者最重要的方面。对煤炭企业的品牌来说，这些内容包括品牌形象和识别（包括个性、符号、品牌精髓、价值取向和品牌定位）。对消费者来说则包含有行为、爱好、价值观和信仰等。但前提是要搞清楚什么是潜在的"动心之处"。

从上述导出的概念和想法的基础上定义可能的驱动性理念，然后通过创意研讨会等形式进行比较评估，最后选择适合于企业经营和发展的驱动性理念。

3）煤炭企业品牌识别的价值体现

煤炭企业品牌识别的关键因素就是识别煤炭企业品牌的核心价值。因为煤炭企业品牌的核心价值是煤炭企业品牌的精髓，代表了煤炭企业品牌最中心且不具时间性的要素。煤炭企业品牌最独一无二且最有价值的部分，通常会在核心价值上体现。是否拥有核心价值是煤炭企业实施品牌战略能否成功的重要环节。因此，我们有必要进行煤炭企业品牌核心价值塑造。煤炭企业品牌核心价值的塑造可以从以下三个方面着手：

①寻找差异

煤炭行业侧重于品质的价值。煤炭企业品牌的核心价值要考虑行业今后的发展方向和政策的价值取向，要与今后的整体趋势一致，否则难以长久延续，且煤炭企业品牌核心价值要与竞争者有所区别。为此我们首先要寻找煤炭企业的不同之处，通过不同之处再寻找煤炭企业的核心价值。

②寻找共性

煤炭企业在实行多元化经营发展战略时，不可避免地会出现一牌多品的现象，这时就需要在多品身上寻找它们的共性以找到煤炭企业品牌的核心价值。

③寻找精神感召力

煤炭企业品牌的核心价值关键是发掘出能兼容具体产品的理念，而不是具体产品的物理特征。因此煤炭企业应从技术、品质、亲和力以及精神方面凝结核心价值。塑造煤炭企业品牌的核心价值对于成功创建煤炭企业品牌认识系统具有举足轻重的作用。因此，在品牌识别的过程中一定要把握核心价值的内涵。

4）煤炭企业品牌识别的多元化

煤炭企业大多采取多元化经营发展战略，相应的希望品牌也能适用各种场合，这样在品牌的传播上更容易、更经济，而且也有利于与企业文化和经营思想吻合。为了尽量与企业的经营战略相适应，品牌识别时可采用通行的联想物，其中一部分联想物是属于核心识别的，一部分针对不同的用户识别内容可以有所差异，但必须保持与通行的品牌元素协调一致，这样才能满足企业发展和实施品牌战略的需要。

（2）煤炭企业品牌识别的实施

煤炭企业品牌识别要反映煤炭企业的真实面貌，不是简单地树个品牌形象或做做广告，仅仅有效地向消费者传播一个清晰、独特的品牌视觉形象是不够的。围绕煤炭企业品牌识别的内容庞杂而繁琐，需要管理者用系统的思维去驾驭品牌识别的内容。在实施煤炭企业品牌识别时，特别要注意煤炭企业品牌核心识别和品牌精髓的把握。具体可以从以下几方面入手：

1）将品牌识别与经营策略挂钩

煤炭企业品牌识别蕴涵着企业对消费者的承诺，体现着煤炭企业的实力、资本和经营理念。如果煤炭企业缺乏实现体现在品牌识别中承诺的能力和意愿，承诺将会浪费资源或消耗品牌资产。煤炭企业为了在市场中取得品牌竞争的优势，光靠品牌的名称、定位和个性或增加新的视觉内容本身的作用是有限的，品牌竞争的胜负取决于谁的品牌识别更具有实质性。而品牌识别的实质是煤炭企业的经营策略的表现形式。当经营策略在煤炭企业浓郁的文化背景下清晰地呈现出来时，实施品牌识别的工作就比较容易。如果企业组织的经营策略和文化精神比较混乱，品牌识别的制定工作也会举步维艰。因此品牌识别要能够反映煤炭企业的经营策略，只有把品牌战略和经营策略进行整合和兼容，才能取得品牌识别理想的效果。

2）采用角色模式进行传播

把煤炭企业品牌识别内容列成条文进行传播可能会产生歧义，形式十分枯燥，因为这些条文无法展现煤炭企业品牌的情感内涵和视觉形象。角色模式能丰富煤炭企业品牌的传播内容，使其富有感性，从而促进和引导品牌工作。在采取角色模式传播时我们可以通过内部角色模式和外部角色模式两条渠道进行。

内部角色模式中，我们可采用体现品牌识别内容的煤炭企业传奇故事、活动和人员。传奇故事比清单更有声有色，歧义更少。它既反映品牌，也影响了企业文化。比如大同市吴官屯煤矿的美丽传说吴煤传奇等，它能使煤炭企业品牌识别得以传播，给人们以启发和感动。而人员给品牌识别战略的人格化，如煤矿工人昼夜奋战确保任务的完成等，使战略内容在基本原则的调控下更容易实施。

由于内部角色模式仅在企业内部传播，影响力受到局限。要想使煤炭企业品牌更具影响力，更有想象力，必须借助外部角色模式传播。可供寻找的品牌外部角色模式的范围很广，可以从企业品牌的内涵及诉求点中获得启发。比如针对诚信的诉求，河南焦化煤炭有限责任公司用谢延信来体现。找到外部角色模式之后，应将焦点放在于品牌的核心识别元素上，全面地从不同背景考察核心识别的元素，从不同角度来看品牌形象所呈现的方式。

3）运用视觉标识体现内涵

视觉标识往往能反映出一个简单概念后面的丰富意蕴。配合品牌策略的视觉标识能向涉及实施品牌识别的人有力地说明核心识别的内容。为此在实施煤炭企业品牌识别时首先要分清视觉标识代表的到底是品牌还是品牌识别含义，接着要把视觉标识进行分类和排列，寻找与品牌识别要素的相近因素，然后分析选择视觉标识，找出适合企业的品牌战略及其传播活动的视觉标识。

4）运用品牌联想物进行传播

煤炭企业品牌识别作为对品牌全方位的展示，本身是一个庞杂的系统。品牌的联想物可以反映产品属性、品牌个性、组织联想、符号和使用者的印象等多方面内容。

品牌识别的每项要素都要与历史的和现行的识别形象进行比较，从而使传播工作能具体化和有针对性。在排列品牌识别各要素的次序时，关键要明确是要修订现有的联想物，还是借改变这些联想物之势推动新的品牌战略。在决定品牌策略是要以现有的联想物为基础还是要开拓新的方向时，要权衡每个识别内容对引起消费者的兴趣和培养忠诚度的影响。这种影响反过来又受到各项内容的差异化特征和与消费者共鸣程度的制约。差异性是品牌发展的重要动力。通过不同的解释和相应的联想物，即使在品牌识别基本元素上有共性的竞争品牌也会寻找到差异点。随着概念的不同，品牌也呈现不同的个性，相应的实施内容也有差异。品牌不仅要能够让自己与众不同，还要保持差异，否则差一点也就失去了价值。

煤炭企业以现有的联想物为基础意味着强化和提醒消费者已经熟悉和信任的东西，这显然比较容易，但也容易涉及信用问题。如果原有的联想物仍很有效，但略显乏味，那么可以更新实质内容，创造新的竞争优势。

寻找新的联想物事关煤炭企业品牌未来的市场发展，因为它可能成为未来市场的核心。如果煤炭企业觉得值得去关注和强调能起激励和启发作用的联想物，那么就应寻找新的联想物。

5. 煤炭企业品牌的经营

煤炭企业品牌在进行了品牌识别和品牌传播后，需要随煤炭企业的发展而发展。在经营过程中需要建立一套完整的体系，以使煤炭企业品牌形成完整的动态构架，促使企业持续稳健的发展。根据煤炭行业的特点，本文从煤炭企业的产品、服务、创新和形象四个方面进行经营架构，以期寻找到煤炭企业品牌经营的实质。

（1）产品体系

煤炭企业的产品是煤炭企业品牌经营战略的基础。煤炭企业的主要产品是煤炭能源，为此我们先看一下煤炭能源的基本情况以便为我们下一步设计产品体系提供依据。煤炭能源依不同的标准有以下三类划分：

1）根据表征煤化度的干燥无灰基挥发分 Vdaf 的不同，在煤炭分类总表中将腐植煤划分为褐煤、烟煤和无烟煤。无烟煤根据干燥无灰基挥发分 Vdaf 和干燥无灰基氢含量 Hdaf 两个指标作为表征煤化度的参数，细分为 3 个小类：无烟煤 1 号 – 3 号。

而烟煤采用煤化度和工艺性质两种参数来确定类别（牌号）。表征煤化度的指标采用干燥无灰基挥发分 Vdaf，表征工艺性质的指标采用粘结性，并根据粘结性的大小不同以粘结指数 G 为主，并辅以胶质层最大厚度 Y 或奥亚膨胀度 b 指标，来确定烟煤的类别。依标准共分为 12 个大类（不设小类），即：长焰煤、不粘煤、弱粘煤、1／2 中粘煤、气煤、气肥煤、1／3 焦煤、焦煤、瘦煤、贫煤、贫瘦煤和贫煤。

褐煤采用透光率 PM 作为表征煤化度的指标，将褐煤细分为两个小类：褐煤 1 号和 7 号。

2）根据使用目的的不同，煤炭可划分为动力煤和炼焦煤两类。

我国动力煤的主要用途归纳起来主要在冶金、化工和动力三个方面。同时在炼油、医药、精密铸造和航空航天工业等领域也有广阔的利用前景。各工业部门对所用的煤都有特定的质量要求和技术标准。

炼焦煤的主要用途是炼焦炭，焦炭由焦煤或混合煤高温冶炼而成，多用于炼钢，是目前钢铁等行业的主要生产原料，被誉为钢铁工业的"基本食粮"。

3）根据体制和政府调控的原因将煤炭产品分为电煤和商品煤。

电煤是根据体制和政府调控的原因由煤炭企业将按低于市场价的价格供电力企业使用的煤炭。

商业上，将商品煤分为原煤、筛选煤和洗选煤等。原煤是从矿井或露天矿采出没有经过加工的煤；筛选煤是原煤经过筛选加工分级，去除部分煤矸石，并根据煤的粒径大小分为大块煤、中块煤、小块煤和粉煤；洗选煤是原煤经过水洗加工，除去煤中大部分矿物杂质的产品。根据洗选后煤中灰分的不同，分为洗精煤、洗中煤、煤泥和尾矿（也称洗矸）。其中洗精煤灰分最低，是质量较好的煤，一般用作炼焦原料；洗中煤灰分较高，多作为电厂燃料；煤泥因粒径很细，含水分和灰分又较高，只能作为民用或一般锅炉燃料；尾矿则废弃不作商品，但有些矿区也作为劣质燃料用。

就目前市场上煤炭的交易过程，用户和煤炭企业大多按其物理特征进行，而很少采用品牌形式。一方面由于煤炭产品的特性，另外也是由于用户的认知程度。为此我们建立品牌的产品体系时，一方面在煤炭产品的特性中寻找差异，另外也要培育用户的认知程度。通过对煤炭产品及用户的需求分析，不同用户对煤炭都有特定的质量要求和技术标准。但优质是所有用户所追求的，是使消费者产生信任感和重复购买的最直接的原因。而质量素来被视为品牌的生命，是品牌的基础。煤炭企业产品体系包含主业产品（煤炭）、辅业产品（煤层气、电力、挖掘设备）和服务产品（运输、售后）等，但不论哪一组成部分都需围绕质量来展开。煤炭质量影响焦炭质量，焦炭质量影响生铁质量，生铁质量决定着钢材质量，因此煤炭特别是炼焦煤质量的稳定性和服务的技术性十分重要。煤炭质量从广义上包括煤炭核心产品质量、形式产品质量和附加产品质量，即包括煤炭的内在品质、焦化特性和灰分、硫分、水分等质量指标的等级程度，也包括售前、售中、售后服务质量。狭义仅指煤炭产品的核心质量。我国的煤炭企业大多产业结构单一，煤矿的效益向后续加工业转移，尽管有些企业积极转变经济增长方式，利用原煤、煤层气、矿井水等资源积极打造煤电、煤焦、煤化工等产业链，但对多数煤炭企业来讲，其主要产品还是煤炭，其品质主要表现还是煤炭的内在品质。由于煤炭产品受地质条件不稳定的影响，质量往往参差不齐。质量控制成为煤炭企业经营管理的一大难题。保证优异和可靠的产品质量，关键在于全体职工高度重视，企业应树立精品意识和质量就是效益的经营理念，通过强化源头控制，严格执行"超灰扣产、超水折吨"的管理规定，加大洗选力度，努力控制和提高煤炭质量。同时应抓住外部有利机遇，把好品质关，完善质量控制体系和质量检测手段，杜绝忽视产品质量的做法，以优质的产品和优良的服务赢得用户的青睐和信任。

平煤集团改变过去的单一考核利润的管理模式，把生产矿和选煤厂作为成本控制的中心，下达成本控制体系，形成了与之对应的计划、销售、供应、财务、质量管理、供销挂钩考核奖惩管理体系。同时针对市场需求变化的基本情况，实现质量成本浮动考核办法，把煤炭产品质量和核定目标成本挂钩，确保煤炭产品品质稳步提高。这些措施充分体现煤炭企业对产品质量的重视程度。煤炭企业在抓好煤炭产品质量的同时，应加大科研的投入力度，开发与煤炭相关的新产品，完善和提升现有产品的附加值，形成抵御市场风险的产品系列。

（2）服务体系

煤炭企业的服务是煤炭企业品牌经营战略的灵魂。煤炭企业仅有高质量的煤炭产品，而无企业文化、营销理念等作为产品灵魂，产品生命力是不会长远的。只有附加企业文化、营销理念等无形价值的产品，才能区别于其他产品而独具内在品味，进一步扩大和增加顾客的让渡价值。煤炭企业应从紧紧抓住销售这一环节提升自身的服务品质，通过多种方式提升煤炭企业的服务水准。如何能使用户方便快捷地获得煤炭能源是煤炭企业的服务水准的体现。如煤炭企业对地销煤实行了资源配置，签订合同制定售价，结算货款开具发票"五统一"，设立煤炭交易大厅，形成"大户直供直销、协商定价，小户公平交易、招标定价"的销售特色；与运输企业达成矿区铁路升级、路局管线改造、点对点百万吨级直达通道的合作协议，重组销售港码头，建立了矿、路、港、航一体化煤炭运输通道，使销售渠道更加通畅，服务方式更加快捷；注重加强信息化建设，实现信息共享，服务透明化等等，都可以使用户方便快捷地获得煤炭能源，提升煤炭企业的服务水准。

（3）创新体系

煤炭企业的创新是煤炭企业品牌经营战略的支柱。煤炭企业应紧紧抓住技术创新，全面提升品牌内涵。因为技术驱动着品牌的诞生，又是品牌长盛不衰的动力。通过不断的技术创新，持续地为消费者提供更好更新的产品，满足更高层次和多样化的需求，是企业得以长久存在的基础。需要强调的是，技术创新必须以市场为导向，创新的成果必须满足市场需求。否则，无论技术有多么先进，都会失败。煤炭产品自身差异性很小，仅因地域禀赋不同及开采方法、加工转化的技术装备不同而略有差别，实现产品迅速更新换代的可能性较小。煤炭企业实施技术创新的根本途径，一方面在于依靠科技进步，加大开采工艺的研发力度，促进新技术新工艺的不断推陈出新，提升企业的核心竞争力；另一方面在于按照市场的需要，通过引进和吸收国内外的新技术、新工艺、新设备和先进经验，及时改变煤炭产品的形态和状态，开发和生产适销对路、具有高附加值的新产品，调整产品结构，不断保持和提升企业的品牌优势。

为了适应瞬息万变的市场，煤炭企业应以观念创新为先导、以战略创新为方向、以组织创新为保障、以技术创新为手段、以市场创新为目标，以使煤炭企业品牌保持长久不衰之势。

（4）形象体系（CI体系）

煤炭企业形象是煤炭企业品牌经营战略的表现。它通过塑造产品、服务和企业三个层次的形象加以表现。

煤炭企业受长期计划经济的影响，品牌建设尚处于起步阶段，企业形象仍然与高劳动强度、粗放经营、低技术含量、高危险程度相伴，在诉求方面依然是以体现企业的豪情和实力为主，失去了品牌诉求的初衷。煤炭企业形象的设计和传播必须依托企业文化，通过文化管理、文化沟通、文化导向和文化创新，充分挖掘企业文化特有的生命力和扩张力，达到文化、产品、服务和企业形象相互交融、相得益彰的良好境界。为此企业：

1）要培育共同的价值观，树立正确的企业价值目标，培育具有本企业特色的企业精神。

2）要着力塑造企业良好形象，打出企业品牌，宣传企业品牌，让用户信赖产品，让市场认可企业，不断提高企业知名度和美誉度。

3）要树立以人为本的观念，贯彻尊重人、理解人、关心人、信任人的原则，在员工中建立起共同的理想目标、价值观念、形成企业持久的向心力和凝聚力；四是要着力创造优美的内外部环境，内增凝聚力，外强竞争力，最终提高企业的市场占有率。

我们借鉴 CI 系统的内容对煤炭企业品牌进行形象体系设计，即用理念识别（MI）、行为识别（BI）和视觉识别（VI）三方面进行设计。

理念识别（MI）是煤炭企业独具特色的经营理念的体现，是煤炭企业生产经营过程中生产、营销、服务、管理等经营理念的识别系统，是煤炭企业对当前和未来一个时期的经营目标、经营思想、营销方式和营销形态所作的总体规划和界定，主要包括企业精神、企业价值观、企业信条、经营宗旨、经营方针、市场定位、产业构成、组织体制、社会责任和发展规划等。它属于煤炭企业形象设计的意识形态范畴。

行为识别（BI）是煤炭企业实际经营理念与树立煤炭企业形象的准则，是对煤炭企业运作方式所作的统一规划而形成的动态识别形态。它以经营理念为基本出发点，对内建立完善的组织制度、管理规范、职员教育、行为规范和福利制度；对外则开拓市场调查、进行产品开发，透过社会公益文化活动、公共关系、营销活动等方式来传达企业理念，以获得社会公众对企业识别认同的形式。

视觉识别（VI）是以标志、标准字、标准色为核心展开的完整的、系统的视觉表达系统。它在 CI 设计中最具传播力和感染力，最容易被公众接受。煤炭企业可以通过 VI 设计实现对本企业员工的认同感、归属感、加强企业凝聚力；对外树立企业的整体形象、整合资源，有效地将企业的信息传达给受众，通过视觉符码，不断地强化受众的意识，从而获得认同的目的。煤炭企业希望塑造出与公众良好的具有亲和力的形象，建立起与用户的良好联系，以期实现自身的目的。而煤炭企业的产品形象是煤炭企业品牌是否能够生存和发展的关键。在塑造煤炭企业形象的过程中，不仅需要考虑企业的形象，更应关注产品的形象。煤炭企业的产品、服务、创新和形象四个方面环环相扣，相互依存，相互影响，形成一个完整的体系，共同维系着品牌的经营战略。

6. 煤炭企业品牌的传播

煤炭企业确定了品牌识别后，关键是让用户了解和接受，这就需要煤炭企业对其进行有效传播。煤炭企业品牌的有效传播要求煤炭企业的品牌识别要有冲击力，令人过目不忘、重点突出，具有启发性。煤炭企业品牌识别从设计阶段进入传播阶段容易使品牌诉求脱离整体的策略。通过广泛审查和清晰诠释品牌识别，企业才能丰富其内容，厘清其结构，从而引导传播工作走向高效和协调。

煤炭企业品牌的传播包括企业品牌传播、产品品牌传播和服务品牌传播三个层次。传播的沟通渠道和形式多种多样，网络、报纸、电视、公关事件、展览会、赞助、招标会、销售及服务等，由于煤炭产品的特殊性，传播的渠道比一般的消费品更具有针对性。煤炭企业在进行品牌传播之前，要以自身的核心能力和核心资源为基础，根据不同传播工具的特点和成本与达到特定目标受众的能力，选择适合自己企业和产品的传播工具组合。在品牌传播过程中，煤炭企业应围绕品牌核心价值展开，让消费者从不同的传播渠道听到一个声音，使各个传播渠道的营销宣传形成整合传播的效果和累积的传播效应，为煤炭企业的品牌传播服务。

二、提升煤炭企业品牌战略的对策

以上我们对煤炭企业实施品牌战略进行了探讨，对煤炭企业品牌战略内容进行了初步的构建。但由于煤炭企业的规模和外部环境的不同，在实施品牌战略的过程中会因企而异。为了使煤炭企业实施的品牌战略更符合企业的实际需要，每个企业必须结合自身情况和外部环境针对性地实施煤炭企业品牌战略，提升煤炭企业的品牌战略。在实施品牌战略时，煤炭企业需把握以下几方面展开煤炭企业的品牌战略的构建。

1. 以企业核心竞争能力为中心展开品牌战略的构建

核心竞争能力是煤炭企业获取持续竞争优势的来源和基础，是煤炭企业独树一帜的能力，它有助于实现客户最为看重的核心的、基础地和根本性的利益，而不是一般的、短期的好处。正因为如此，煤炭企业品牌战略的构建必须把企业核心竞争力作为第一位的原则来遵循。

2. 以创新展开品牌战略的构建

煤炭企业需要不断体现自身持续发展的形象，以适应市场的需求，为此煤炭企业应以形象创新带动企业的理论创新，从而全面提高企业制度创新、文化创新和科技创新的水平。煤炭企业形象创新的目的：

（1）真正使企业在形象塑造上敢于解放思想，与国际一流企业相比较，找差距。

（2）本着实事求是的原则，从实际出发，寻求切实可行的形象操作路径。

（3）建立持续形象创新的机制，使企业能够真正保持与时俱进的精神状态，进而使品牌建设成果达到不战而屈人之兵的征服力。同时，根据中国特色社会主义市场经济的要求，以理论创新为指导，坚持本土文化特色，挖掘企业优良传统，在哲学高度上，深刻总结企业理念，总结企业先进的、在企业成长过程中曾经发生过巨大作用的价值观，以创新的形式予以表现，真正地传承起来，有效地传播出去。把文化建设同提高企业核心竞争力相联系，营造良好的品牌氛围，最终实现独具魅力的企业品牌文化。

总之，科学的品牌战略会引领煤炭企业持续发展，由于煤炭企业的差距使企业在提升品牌战略时选择不同的品牌战略。作为具体的煤炭企业在实施品牌战略时应综合考虑品牌战略的适用性和企业品牌战略的影响因素，制定有针对性的品牌战略。

第三节　煤炭业价格策略

价格策略是指企业通过对自身成本的分析和对顾客需求的估量，选择一种能吸引顾客、实现最优市场营销组合的策略。企业在进行其价格策略的选择和确定时，一定要在维护生产者和消费者共同经济利益的基础上，本着尊重科学规律、注重实践经验的原则，把消费者利益放在首位，顺应市场的变化，灵活调整，并由消费者和生产者共同决策。另外，在激烈的市场竞争中，企业的新产品能否及时开辟新的销售渠道，进而打开市场，并占据一定市场份额从而获取可观的利润，关键在于企业在采取正确的产品策略的同时如何灵巧地配合使用产品的定价策略，尽快达到目的甚至产生事半功倍的效果。

企业应依据自身情况、生产能力、成本、竞争情况及市场需求、市场潜力等因素综合考虑，何时如何选择营销策略。

定价方法有多种，选择权、决定权在企业，不同的产品、不同的企业实力、不同的企业战略、不同的营销环境况等使企业选择、应用定价方法的方式也多种多样，当然也会产生不同的结果。所以，定价方法没有最好，只有最合适，同样的方法，不同的企业应用，就会产生截然相反的效果。常用的定价方法有三种即成本导向定价法、竞争导向定价法和顾客需求导向定价法。重点在于企业根据自身实际情况如何来选择应用，才能助力企业长远发展。

一、煤炭价格市场化以来的定价方法分析

中国经济进入"新常态"以来，供大于求的市场局导致煤炭价格持续下跌。作为中国煤炭价格标杆的环渤海动力煤价格指数，从 2011 年的最高点 853 元 /t 降至 2015 年 12 月最低点 371 元 /t，降幅达到 56.5%。在这个阶段，缺少市场化定价经验的煤炭企业，不断摸索和尝试各种不同的定价方法，希望能够有效缓解甚至扭转煤价快速下跌的局面。本文从定价周期、定价主体和定价方法 3 个方面，对近年来应用在市场上的煤炭定价方法，进

行归纳和分析。

1. 定价周期

2012 年煤价实现市场化以后，煤价的定价周期也出现了改变，在传统的年度定价失效后，出现了季度定价、月度定价、还有月内多次定价等。

（1）年度定价

年度定价主要是指每年 12 月份举行的年度订货会，或者年度煤炭交易会上确定的年度合同价格。年度合同谈判的价格直接影响到全年的煤炭价格，可以认为年度合同价格是全年价格的基准价或参考价。但随着煤炭价格的持续下跌，煤炭年度合同谈判举步维艰，近两年其作用越来越被淡化，几乎同年度订货会一样逐步退出了历史舞台。2012 年重点合同煤名义数量为 7.5 亿 t，占全年电煤消费量的 37% 左右。实际上大部分合同是有量无价，甚至无价无量。

（2）年内短期定价

年度合同的失效导致煤电双方开始实施短期的定价策略。从 2012 年至今曾出现过季度定价、月度定价，甚至出现过月内多次定价的情况。季度定价因周期过长而仅实行短暂的一段时间后便被取消。月度内多次定价的方法被采用过一段时间，这种定价方法基本实现了煤价的随行就市、机动灵活，但是负面影响就是煤电博弈的周期变得更短、博弈也变得愈发激烈，市场波动剧烈，即不利于煤炭企业的稳定生产，也不利于电力企业燃料稳定供给。月度定价相对来说较为折中，既不会因为周期过长而不能紧跟市场变化，又不会因为周期过短而加剧煤电博弈，而且能够与煤炭企业和电力企业的月度生产，或采购计划周期保持一致。经过近年来的实践，月度定价被煤炭企业和电力企业广泛接受。目前大部分煤企均采用月度定价的方法。

2. 定价主体

中国煤炭行业的产业集中度低，CR4 仅有 18% 左右，而美国、澳大利亚、俄罗斯的煤炭产业集中度 CR4 分别高达 67%、57% 和 93.5%。可以说，我国煤炭产业集中度偏低的直接外在表现形式是呈现"小、散、乱"的格局。环渤海港口地区是我国西煤东运、北煤南运的中心。2016 年上半年，神华、中煤、同煤、伊泰四大煤企在环渤海港口的市场份额高达 70.3%，即该区域的 CR4 可以达到 70.3%，表明环渤海港口的煤炭市场属于寡头竞争型市场。

（1）煤企独立定价

在市场化定价初期，煤炭企业采取相互独立的定价策略，通过激烈的内部竞争甚至是恶性竞争来抢夺煤炭市场。这种恶性竞争加剧了煤价的下滑。环渤海煤炭市场的寡头竞争结构，导致煤炭定价主体分为价格领导者和价格跟随者。煤炭行业龙头神华集团作为市场份额高达 40% 以上的寡头，是行业的价格领导者。而其他三大煤企和市场散户则充当着价格跟随者的角色。价格跟随者又可以分为两类，中煤、同煤、伊泰三大煤企紧跟神华定价，而其他市场散户则是制定能够与四大煤企抗衡的低价策略。

（2）煤企联合定价

为了减缓煤价下跌的速度和幅度，神华、中煤、同煤、伊泰开始尝试建立价格联盟，以形成较为强大的寡头市场势力与下游电企抗衡。四大煤企在环渤海煤炭市场的份额高达70%，这种强大的市场势力，足以影响煤炭供给的稳定性和市场价格走势，这种价格联盟在抑制煤价过快下跌上，起到了一定的作用。但是四大煤企之间的内部竞争，并没有因为联盟而弱化，竞争始终是供给过剩的市场行情下四大煤企之间的主题。因此，这种自发的价格联盟并不稳定，总是有企业，尤其是市场份额相对较小的三大煤企（中煤、同煤、伊泰），率先打破联盟政策。这种充满竞争、缺乏激励的主动联盟，是不稳定的、不可持续的。

（3）煤企和协会的"4+1"联合定价

2014年10月底，中国煤炭工业协会召开会议，提出下水动力煤采用"4+1"模式定价，4指神华、中煤、伊泰、同煤，1则是指中国煤炭工业协会。这种由煤炭工业协会主导的"4+1"联合定价模式，解决了四大煤企主动联盟时的不稳定问题。中国煤炭工业协会每月底组织四大煤企召开专门会议，研究当前的市场供需关系，确定一致的价格政策和行动计划。从2015年和2016年上半年的煤价走势来看，"4+1"联合定价模式，增强了煤炭行业的内部凝聚力和市场势力，在一定程度上遏制了煤价的下跌速度和幅度。

3.定价方法

（1）客户差异化定价或折扣定价

煤炭企业的客户可以大致分为两类：长协客户和市场散户。为了提高销量，同时鼓励下游用户签订长期合同，煤炭企业会在煤炭供应和煤炭价格上给予长协客户适当的优惠。比如煤炭企业每月发布的价格包括市场价格和长协价格，长协价格普遍较市场价格低10~20元/t。这种价格政策在某种程度上，类似"市场煤"和"计划煤"的双轨制模式，但是两者的价差不大，而且是煤炭企业为了增加销量，而主动采取的营销策略。

（2）煤质差异化定价

煤炭品种的划分主要分为两个方面：一是通过热值来划分。还有就是根据煤炭的形成时期和特点来划分，如侏罗纪煤、石炭煤等。不同的发电负荷下，电力企业的经济性燃煤品种是不同的。因此，发电企业通常会在不同时期采购不同的煤种来降低其发电成本。此外，为了压制煤价，电厂经常会主动减少作为价格参考煤样的5500kcal/kg的动力煤采购量，以达到压低整体煤价的目的。因此，煤炭企业也会根据市场需求和营销策略，对不同的煤种制定相对不同的价格，而不是采用单卡热值的平均定价法。

（3）指数定价法

无论是煤企独立定价还是联合定价，能够解决涨价与否，以及涨价幅度最好的办法，就是寻找一个参考或者标杆。神华集团在 2013 年采用环渤海动力煤价格指数为参考价格，来进行月度定价，以当月指数价格为参照而制定下月的价格。这种定价方法类似于印度尼西亚的指数定价法。但是，神华的指数定价法非但没有稳定煤价，反而加剧了煤价的下跌，这是由于环渤海动力煤价格指数本身制定过程中的缺陷造成的。这种环指定价法在持续了半年后也被取消。

（4）月内最低价定价法或低价政策

在煤炭企业恶性竞争的阶段，一个月内煤炭企业多次下调煤价，导致月度价格的作用同年度价格一样形同虚设。为了抢占和守住市场，煤炭企业出台了月内最低价结算的定价方法，即当月采购的煤炭产量在月底进行统一结算，结算价按照市场最低价来进行。月内最低价结算的定价方法的主要目标，是通过低价来保证或者抢占有限的市场，单纯追求销量或市场份额不考虑销售利润和盈利能力，是恶性竞争的表现，注定不可持续，在短暂的尝试后以失败而告终。

（5）效益价格政策

企业的根本目标是追逐利润。因此，企业在制定价格政策时，势必要考虑到企业的盈利能力。效益定价法关注企业每年总体利润，以某个利润底线作为制定价格的依据。无论利润的构成如何，只需要完成总利润目标。以环渤海动力煤为例，煤炭的成本包括煤矿生产成本和运输成本。对于普通的煤炭企业而言，其利润构成仅有煤炭销售利润。而对于煤炭、铁路、港口产运销一体化运营的企业而言，可以牺牲煤炭销售利润，来换取路港运输利润。

二、煤炭业的定价策略

从 2012 年煤炭价格完全市场化以来，煤电双方博弈的焦点集中在煤炭价格上。煤炭与电力行业之间、煤炭行业内部的竞争和博弈愈演愈烈。煤炭企业一直在探寻不同的定价方法，但都没能有效地遏制煤价下跌的大趋势。

1. 目前定价方法存在的问题

（1）恶性竞争加剧煤价下滑

在供大于求的市场环境下，价格跟随者往往制定略低于价格领导者的价格，以达到抢市场或保市场的目的。中国的煤炭产业集中度较低，月内最低定价方法不仅加剧了四大煤企之间的竞争，也加剧了四大煤企与市场中小供煤商的竞争，导致了恶性竞争的加剧，最终导致煤价加剧下跌，所有煤企的利益均受到损害。

（2）缺少定价参考或标准

对于价格跟随者来说，他们可以以价格领导者制定的价格为参考价格，来制定自己的价格政策，但是价格领导者就难以找到价格参考样本。神华曾经一度以环渤海动力煤价格指数为参考来定价，却以失败收场。原因之一是指数编制的缺陷。李宁、马俊（2013 年）

对该问题进行了详细的分析，认为环渤海动力煤价格指数的时效性、真实性，以及价格发现功能上存在缺陷。

1）环指是上周的港口成交价为基础进行编制的，如果以环指制定下一期的煤炭价格，势必出现"助涨助跌"的作用。

2）环指在编制过程中，对港口的权重、对煤炭品种的权重相对固定，而市场的变化又导致现实中这些权重在不断的变化。因此，环指并没有完全真实反映出价格变化。

3.对煤质的价格惩罚机制弱化，导致劣币驱逐良币

虽然在煤炭购销合同中，往往规定了对煤炭质量的价格奖励和惩罚机制，但是在实际的执行中，更多关注的是对热值的价格奖励和惩罚，对水分、硫分、灰分的价格惩罚并不严厉。相反，高硫分被煤炭企业用作营销和竞争的手段，以高硫分为借口来变相降价。电力企业为了降低成本、追逐短期利润，也不惜冒着违反环境保护法规的风险来低价采购高硫煤。这导致市场上高硫分的竞争力增强，低硫优质煤反而常常出现滞销的劣币驱逐良币现象。

2.煤炭定价的建议

（1）长期协商，煤电联动

由于中国煤炭定价的周期短而频繁。煤企频繁面对调价幅度与方向的棘手决策问题。煤电双方应建立长期合作机制，谈判和商定中长期的协议价格，减少短期内的价格波动，避免双方将过多的精力花费在价格博弈上。煤电价格博弈的主要筹码是库存，频繁的价格博弈造成全社会煤炭库存持续攀升，造成了社会资源的浪费。

（2）期货定价

当前煤炭企业定价往往参考价格指数。而这些指数仅包含历史信息，对未来市场供求关系、宏观经济走势没有预判功能。大连期货交易所和郑州期货交易所已经开发出焦煤与动力煤期货合约，每个煤种都由未来 12 个月合约组成。由 12 个由近及远组成的信息组，可以判断未来整周期市场供需情况，较单纯参照历史指数定价更为合理。期货定价法还可以配合人民币国际化，以人民币计价在我国交易所交易的进口煤合约，从而通过货币供给影响进口煤价格。

三、产品价格策略案例

1.WD 公司煤炭产品 STP 分析

（1）市场细分

市场细分具体指的是企业应该根据消费者不一样的需求，将整个市场划分成不一样的消费者群的过程。这一概念的提出，对于企业的发展具有重要的促进作用。根据 WD 公司煤炭营销的特点从一下三个角度进行市场细分。

1）按照地理细分

市场 WD 公司位于晋陕蒙交界地带，且距离特大中心城市如北京、天津等较近；加之公司有自己的铁路、码头、船舶及配套完善的运输体系，作为营销体系中的一大优势，为产品销售提供了很好的支撑和保障作用。

WD 公司煤炭产品的市场范围如图 8-1 所示。

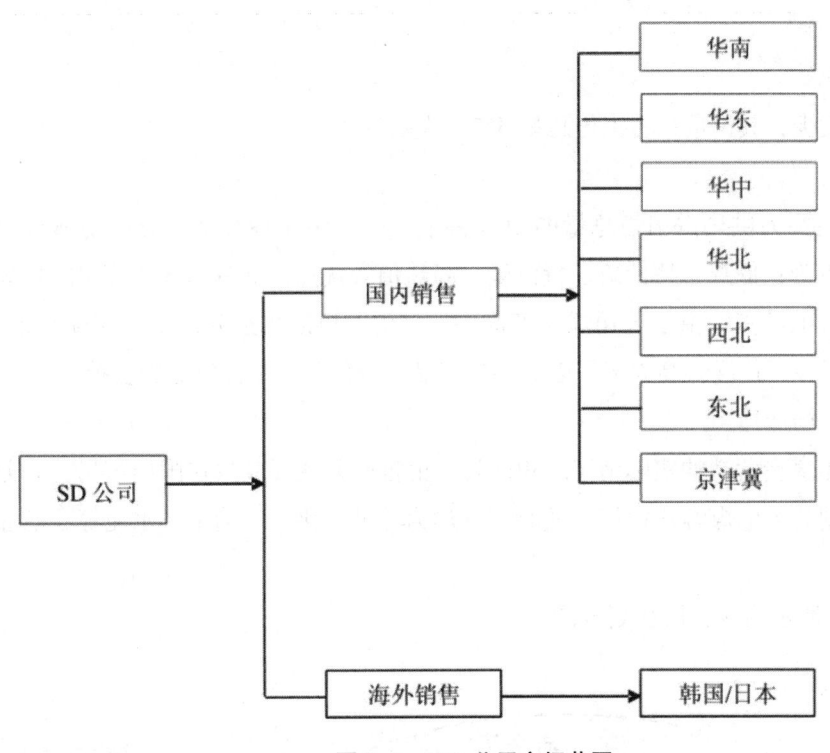

图 8-1　WD 公司市场范围

WD 公司的煤炭产品销售渠道可以分为两部分：国内销售和海外销售。

①国内销售

国内销售大致占煤炭产品销售总量的 98%，其中国内销售主要有华南、华东、华中、华北、东北和西北地区；主要包括铁路直达和港口平仓两种方式。客户以电力为主、部分冶金客户、供热客户、煤制油及煤化工客户。

②海外销售

目前我公司海外销售占比较小，大致占公司煤炭产品销售总量的 2%，主要销往韩国和日本。客户以电力为主。今后公司应进一步加大国外市场的拓展，充分发掘国外市场，不仅仅局限于东亚，还应开发东南亚及西亚市场。

2）按照用户类型细分

市场按照类型的不同可以将 WD 公司的用户分为四类：

①电煤用户

电煤用户是 WD 公司的主要用户，分长协客户和市场客户。长协客户一般是指签订年度合同，明确定价机制类型的客户；市场客户一般是指不固定量和价格的客户。购买量随其需求临时确定、价格随行就市。这类客户的销售量占销售总量的 70% 左右。主要为五大电力公司及各省主要发电企业。

②化工用户

主要为公司内部化工企业，其销量占销售总量的 3% 左右。主要供给煤制油、煤化工的用煤。

③冶金用户

这类用户很少，其销量只占销售总量的 7% 左右。

④其他

这类用户主要为供热占销售总量的 20% 左右。c.按照品种类别细分市场 WD 公司煤炭产品总体特点为：低灰、特低硫、特低磷、高热值等优点。此外，WD 公司的块煤具有热量高，硬度好的特点。由于公司煤炭产品中"优混"煤的用途和混煤的用途相差无几，而且价格上优混并不比混煤高太多，因此考虑产品结构优化，将优混品牌去掉。

（2）目标市场选择

根据近几年煤炭营销的实际情况，WD 公司销售业务主要应放在国内市场，并兼顾国外市场。客户划分为电煤客户销售为核心，供热为辅助，化工、冶金、水泥等零散业务销售三类。

如下图 8-2 所示为业务层次划分图。

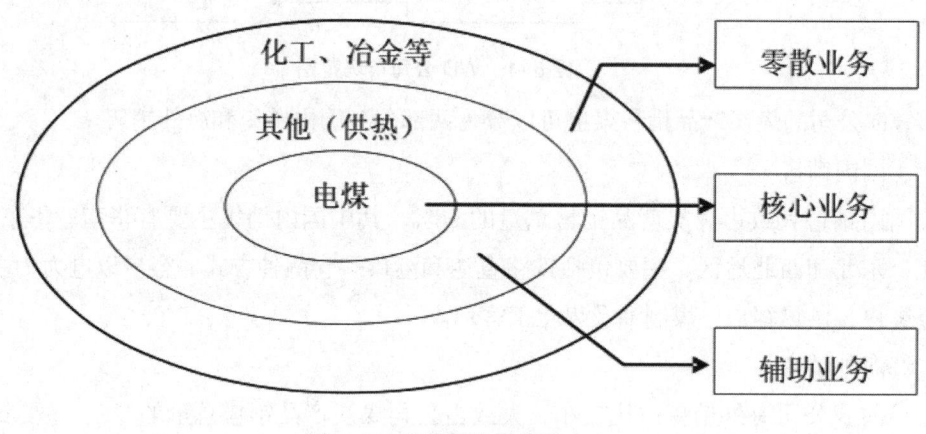

图 8-2　业务层次划分图

1）电煤销售客户

电煤客户是公司最核心的业务。主要国内及海外等地。煤电双方在国家指导下并在双方都能接受的合理范围内签订长期协议，其中会约定定价模式及合同数量，合同期间的价格不会出现大幅波动，这对双方的稳定发展起到重要的作用。

2）供热

约占销售总量的20%左右，这类用户主要为供热：如港口、码头在京津冀周边等用户。

3）化工、冶金等销售

约占年销售总量的10%左右。化工用户：主要为煤制油及煤化工公司，其销量占销售总量的3%左右。冶金、水泥等用户：这类用户很少，其销量只占销售总量的7%左右。现阶段，WD公司公司煤炭产品的目标市场为国内市场。这类客户的销售量占销售总量的82%左右，其中绝大部分客户属于长协客户。国内市场主要为电煤的销售，也包括很少量的冶金。

如下图8-3所示为WD公司煤炭产品目标市场。

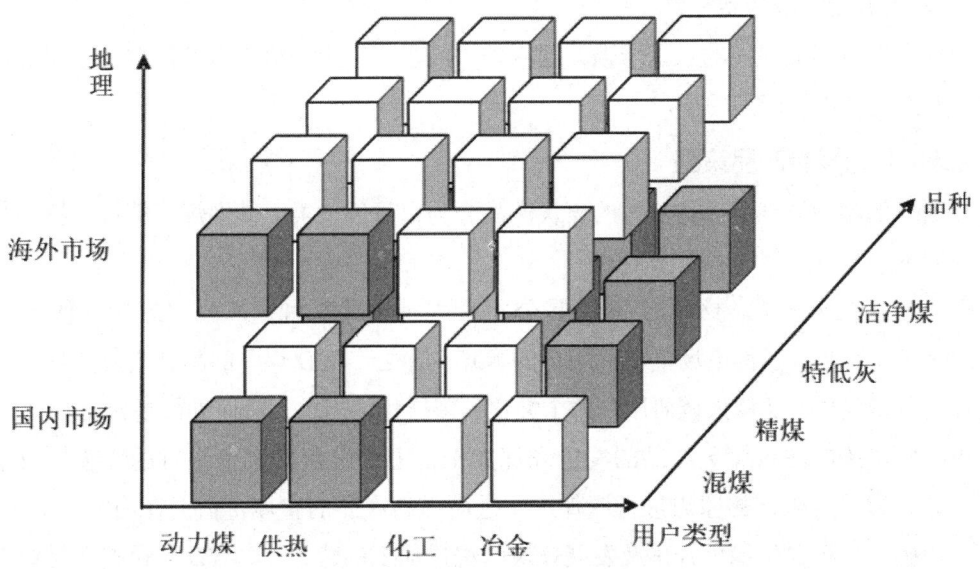

图 8-3　WD 公司煤炭产品目标市场

（3）市场定位

WD公司，主打产品有混煤、精块煤、特低灰及洁净煤。根据上文的目标市场可以得出：电煤大客户，此类客户对煤炭产品要求主要是发热量要高。其次是供热客户主要为取暖用煤和小型锅炉用煤，此类客户对煤质的要求主要是含硫低，发热量高。三是冶金、化工用户，根据用途不同他们对煤质的要求不同，需要煤炭具有灰分低、硫含量低、胶质层薄、煤的可磨性及燃烧性好等特点；化工用煤，主要是煤制油、煤化工公司，需要煤炭具有挥发分高，固定碳含量高及灰分含量低等特点。

（4）WD公司营销目标

1）建设高素质的营销队伍

竞争是当前社会的特征之一，而人优势企业竞争的决定性因素。面对竞争越来越激烈的煤炭产品市场，一支高素质的影响团队是不可或缺的。公司必须在人员选拔、聘用和培训上下功夫，培育一批既懂经营管理又会销售的人，营销队伍不仅要研究本企业产品的特点与共性，而且还要研究客户的需求，尽最大的能力满足开关要求，从而使公司达到市场营销效益最大化的目标。

2）保证市场占有率

提高公司的利润公司应该尽最大力度保证现有的市场占有率，做好市场调研工作，努力挖掘潜在市场及客户，提高产品销售额，提高公司的利润。

3）提高高端产品的市场份额

WD公司煤炭产品中"特低灰"和"洁净煤"是特殊的高端产品，产品销售价格也比其他产品要高，因此公司应提高高端产品的产量，努力开拓高端产品市场，提高高端产品的市场份额，从而实现公司总利润的增长。

4）努力开发高端产品客户

随着人们对环境保护的意识增强，国内外"洁净煤"市场潜力有待挖掘，公司应拓展市场，开发高端煤炭产品的客户。

2.WD公司煤炭产品策略

根据煤的品种类别可以将公司的煤炭产品分为以下四大类：即混煤、精块、特低灰及洁净煤四种。

通过以上煤炭产品的组合，混煤是公司最大销量的品种，占公司煤炭总体销量的74%，以其高发热量赢得市场上电厂用户的青睐。加之"WD煤"的品牌基础，只是今后需要煤炭营销人员广泛深入调研用户的个性化、多样化的需求，从而进行差异化的供应。

WD公司还应注重煤炭产品的洗选和深加工，主要是指煤炭企业通过洗选的技术手段、工艺流程等对生产的原煤进行深加工，进而提高产品的整体价值。在国家"十三五"规划中明确要推行煤炭绿色开采及发展煤炭的洗选加工的背景下，WD公司迫切需要在煤炭产品深加工这方面上下功夫。

WD公司一直致力于煤炭新产品的开发，根据目前的煤炭市场上，大部分煤炭企业都是销售混煤，很少有企业能够做到高端煤生产和销售。所以，WD公司可以利用公司拥有的现代化的选洗技术提高煤炭选洗加工，拓展高端煤产品及市场，从而增加企业的综合收益。尤其，在预测后续煤炭仍在一定程度上存在供大于求的市场环境下，更要注重用户的需求，公司应采用高品质的产品以及高质量的服务来稳定公司在目前市场中的地位。

3.WD公司煤炭产品价格策略

产品价格策略，在整个市场经济活动中扮演着非常重要的角色。煤炭行业市场化进程加快的大环境下，产品定价关系到公司销售任务能否完成、利润目标能否实现、甚至是企业的生死存亡。目前国内煤炭供需供大于求。但2016年以来，煤炭价格经历了过山车一样的跌倒起伏，由于煤炭行业供给侧深入推进，各煤炭企业严格执行限产政策，于7月份夏季耗煤高峰到来，煤价开始了上涨步伐至480元/吨，到10月份煤价已持续上涨到700元/吨，随着北方进入取暖期，耗煤量增加，到11月初煤炭价格达到了785元/吨。此时，国家加大抑制煤价过快上涨的政策和措施相继出台，且9月份以来限产政策放宽，产能持续释放，国内煤炭市场由紧平衡想供需基本平衡转变。

（1）地理定价策略

公司所处的地理位置在晋陕蒙三省交界地带，且距离特大中心城市如北京、天津等较近，距离东南沿海地区相对较远。销售煤炭有铁路运输、船舶运输两种运煤方式。产品定价的重要因素之一是产品的运输成本，而运输成本的大小又决定于运输方式，因此对于运输距离长的地区的定价应当比运输距离近的地区的定价高。以弥补长途运输和装车、装船成本。

（2）折扣定价策略

煤炭产品价格一般都是由市场决定，同时受国家政策调控的影响，由于其特殊性，一般很少实行价格折扣策略。但因为近几年来煤炭市场供大于求的状态，部分煤炭企业会选择采取一定的价格折扣的营销策略。具体折扣策略分类如图8-4所示。

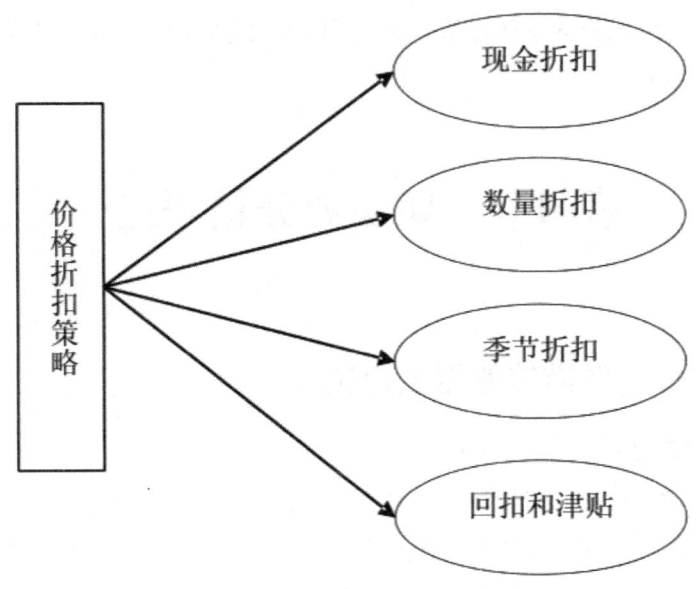

图8-4　价格折扣策略图

1）现金折扣

现金折扣是指对于某些按照约定的日期付款或者能够提前付款的客户可以给予价格上的折扣。如表8-1所示为WD公司现金折扣情况。

表 8-1 WD 公司现金折扣

付款情况	优惠额度
提取付款	5%
一个月内付款	3%
两个月内付款	2%
超过两个月及以上	无优惠

2）数量折扣

公司对于大客户，即所谓的签订购买数量大的合同的客户给予不同的折扣。现阶段我公司的数量折扣办法，如表 8-2 所示。

表 8-2 WD 公司数量折扣

客户规模	销售价格
50 吨以上的大客户	煤炭价格下浮 6%
20-50 万吨的中客户	煤炭价格下浮 4%
10-20 万吨的小型客户	煤炭价格下浮 2%
10 万吨以下的散户	价格不变

3）季节折扣

由于煤炭产品，有销售淡季和旺季之分，所以煤炭企业应根据销售淡季和旺季的不同来执行不同的价格策略。

第四节 煤炭业分销渠道

一、煤炭分销渠道策略相关理论

1. 分销渠道行为理论

1969 年，Stern 开创的渠道冲突理论奠定了渠道行为研究的理论基础，其提出的理论主要是针对渠道内部的冲突、权利及合作关系，这一理论的开展，为渠道研究融合到组织理论和社会心理学从而形成渠道行为理论奠定了基础。

由于渠道中的权力、冲突与合作是密切相关的，他们共同根植于渠道成员之间的相互依赖。首先，渠道合作是渠道成员关系中的永恒。因为渠道的建立本就是基于成员之间的具有共同的目标以及对资源的需要，即渠道成员之间的相互依赖性，所以渠道合作既是渠道建立的目标又是渠道存在的基本原因。其次，渠道合作与冲突和渠道成员之间的依赖性密切相关。当渠道成员 A 对另一个成员 B 越依赖时，B 对 A 就有越大的权力，A 也越是愿意与 B 合作，并且感觉到的冲突也就越少；而当双方依赖性不是那么大的时候，双方的合作意愿就会越弱，双方的冲突就会越多或者越频繁。最后，渠道冲突产生于渠道成员之间在目标、预期、价值观和对各自所承担角色的认识等方面的差异以及在利益分配上的不均衡，而这些都源于渠道权力的非均衡，也就是对于成员之间资源依赖性的不同程度导致的。如第二点所说的，如果成员之间依赖性很强，则渠道冲突很少发生，成员之间的合作性会很好；但是，当成员之间依赖性发生改变或者倾斜的时候，渠道成员就会在资源和利益分配等方面出现矛盾导致冲突的爆发。

对于渠道权力理论，该理论主要是从社会权力着手，界定渠道权力的定义、性质和属性等。斯特恩和艾·安萨利认为，在某个固定渠道内，渠道内成员实际拥有的权力高低，主要取决于，在无相关权利时，甲成员在行使个人权利，要求乙成员作出相关行动时的干预能力高低。尽管在渠道权力理论方面，不同学者之间尚未形成统一的定义界定，但大多数定义都明确了，渠道权力是人对人之间的干涉和控制。当影响力和干预率相对较强时，渠道权力也相对较高。反之，渠道权力则相对较低。目前，这个观点已经被诸多渠道理论研究者所高度认可。

由于渠道权力的定义已经得到了普遍认可，渠道权力理论的应用也涉及到多个方面。一般来说，渠道权力主要是指干预其他成员或控制成员行为时所形成的影响力。而影响干预能力的因素则包括成员关系、成员地位、成员属性等相关要素，其中既包括有形要素，也包括无形要素。对于渠道成员而言，他们由于拥有某项资源要素，能对他人起到一定的渠道权力。渠道权力的高低主要取决于渠道成员所拥有资源的数量和规模，当渠道成员的资源数量相对较多时，他们拥有较高的渠道权力，反之，渠道权力则会相对较低。

同时，渠道控制也是渠道行为理论中的重要组成部分。由于投机行为常会出现在渠道交易的整个程序中，因此要对渠道交易进行严格的把控。进行渠道控制是为了能够通过建立控制机制或者利用特殊的手段对渠道投机行为进行控制或者降低一些渠道中可能出现的损失。

2.分销渠道结构理论

（1）分销渠道的长度结构

我们可以按照是否存在中间环节，将分销渠道进一步划分为间接渠道和直接渠道两种情况，而这里中间环节的数量，我们将其称之为渠道长度。实际上，分销所需要的环节越多，那渠道也就越长，两者之间有着直接的正比例关系。分销渠道的具体长度情况。我们一般情况下将直接分销渠道称之为零层渠道，也就是说中间不通过任何渠道，直接将所生产的产品传递到消费者手中。从本质上来说，零层渠道是一种产销相结合的分销渠道，一般需要产品的生产者直接设置销售终端和销售部门，我们生活中所常见的直销、上门推销等，都是零层渠道的重要表现形式。

同样，间接分销渠道也同样是当前应用最为广泛的一种销售方式，主要是指涵盖一个以上的中间环节。按照中间环节数量上的不同，我们还可以将其进一步划分为一层渠道、二层渠道等多种形式。在实际的应用过程中，间接渠道对于销售效率的提升有着直接的促进作用，也同样可以帮助商品的生产者快速地打开市场、抢占更多的市场份额，但是如果中间渠道的数量过多，那么不仅会影响商品生产者的利润空间，同时也将导致市场信息传递的困难以及管理上的种种问题。

（2）分销渠道的宽度结构

分销密集度即为本文所论述的渠道宽度，主要是指单个渠道中，中间商的横向数量。一般情况下，我们在制定渠道宽度决策的过程中，可采用如下三种方式：

1）独家分销

这种方式是当前市场上非常普遍的分销方式，通过某一区域选择单独的代理商来开展销售。在大型成套设备或者有自身较强独特性的产品分销过程中，这种方式的效果较为理想。独家分销不仅有效地降低了渠道费用，同时对于商品生产者更为高效的控制市场提供了必要的帮助和支持。不过这种方式也同样存在过分依赖中间商的问题。需要做好风险防控工作。

2）选择分销

选择一个以上的经销商来开展分销活动，是目前市场上最为常见的做法。选择分销一般适用于售后服务较多、质量要求较高的商品。在实际应用过程中，这种分销方式可有效地降低销售成本，但是对企业的综合管理能力要求较高。

3）密集分销

在部分文献资料中，密集分销也同样被称之为广泛分销，通过最大限度地拓展销售商的数量来抢占市场份额。这种方式在应用中，更为适用于通用商品的市场销售，具有销售及时、市场占领率高的特点，不过对其进行有效控制更为困难。

（3）分销渠道的广度结构

渠道广度结构，从本质上来说是典型的分销多元化策略的产物。公司通过综合运用多种分销渠道，对自身的产品进行市场销售。我们可以根据渠道类型的多少，将分销渠道的广度结构划分为单渠道和多渠道两种情况。前者在分销过程中仅有一条渠道；而后者则采用多种渠道共同开展分销活动。

（4）分销渠道的系统结构

我们还可以根据渠道成员之间的联系情况，将其进一步划分为整合渠道和一般渠道两种情况。其中，一般渠道主要是指除了生产者和消费者之外，只有中间商的一种分销渠道。实际上，传统渠道成员之间一般情况下不会有较为紧密地联系，并在市场中为了获得更多的经济利益而开展竞争。这种情况显然不利于商品生产者更好的抢占市场份额、提升市场竞争力。而整合渠道作为一种新兴的渠道模式，在传统渠道中强化了渠道成员之间的联系。一般来说，包括水平渠道和垂直渠道两种。其中，水平渠道主要是指渠道成员之间构建良好的横向联系，减少竞争；而垂直渠道则将整个供应链成员整合起来。除此之外，还有多渠道系统，利用多种分销渠道开展细分市场的销售活动。

二、煤炭分销渠道策略的具体实践

影响分销渠道的因素有很多，制定分销渠道策略要对企业产品、市场情况、企业生产及销售状况等因素进行综合考量。比如，什么样的产品适合直销，什么样的产品适合引入中间商，还要对企业新增的分销渠道进行必要性分析，什么样的市场环境应该扩大分销渠道等等，同时要权衡不同分销渠道的经济性问题，要确保食业效益最大化。

1.制定适合企业实际的分销渠道策略

根据企业生产运行及下游用户结构，通过这些年的实践，我们主要采取如下三种策略。

（1）将直接销售作为企业的销售主渠道

煤炭生产有其自身特点，一般情况下生产不能间断，遇有市场变化也必须保持产销基本平衡。这就要求不论产品质量如何变化，也不管市场环境如何变化，都要求销售按计划完成，企业库存应保持在合理范围内，底线是不能影响生产。直接销售可以简化流通过程，缩短流通时间，节约流通费用。直接销售对象大多是国内主要大型钢厂及重点电厂，这些用户需求量大，且需求相对稳定，双方都是多年合作的老用户，有的还结成了战略合作伙伴，因此，接货量受市场、价格等因素变化的影响较小。稳定住了这部分市场，整体销售业务就有了基本保证。

（2）允许有条件的经销商进入精煤分销渠道，进一步拓宽市场

近年来，随着国内市场供过于求，重点冶金用户签订的年度合同量在逐渐下降，唐山区域受节能减排及环境治理影响，需求也出现了一定的萎缩，精煤销售压力总体有所加大，充分利用中间商渠道开发新市场显得尤为必要。如，山东济钢、辽宁凌钢等用户都是近年来通过经销商渠道与我公司建立的购销关系，尽管发运量不大，但在资源过剩背景下，对缓解销售压力也具有一定作用。

（3）与有实力的代理商合作，促进电煤销售

电煤市场引进代理商是市场大环境及我公司产品特点决定的。电煤市场持续疲软，销售压力持续增大，一些用户减量发运甚至拒绝接货。另一方面，我公司电煤绝大部分是洗煤副产品，热值明显低于市场正常水平，许多用户都不愿接受。而代理商在协调运输、组织配煤资源、协调解决供需双方在供货中的问题、积极催收货款等方面有着明显优势，通过与有实力的代理商合作，充分发挥其在煤炭流通领域中的作用，我们稳定和扩大了市场份额，避免了电煤合同量的大幅下滑。

2.规范中间代理行为，降低市场风险

尽管中间商在收集信息、提供资金、协助销售及节约流通费用等方面具有合作优势，在连接生产者和消费者方面发挥着不可替代的作用，但由于中间商多为民营公司或个体企业，与国企相比，具体操作上有时不太规范，因此，应高度重视和规避合作风险，以免给

企业造成经济损失。

（1）严格市场准入

在确定进入公司分销渠道之前，要详细核实中间商的各种资质，认真考察其经营实力、开发市场、疏通用户等方面的能力以及公司的商业信誉，达不到要求的公司坚决不能进入分销渠道。

（2）谨慎合作、规范运行

要以合同、协议的形式规范代理行为，明确双方的权利、义务。内容要全面，条款要细化，表述要清晰，执行要严格，出现问题要及时处理。

（3）建立代理商资信评价制度

根据公司有关规定，建立代理商资信程度评价体系，依据合作情况，划分资信等级标准及相应合作方式，形成竞争机制。对信誉差、不能严格规范合作的中间商及时淘汰出局。

三、煤炭分销渠道的案例

1. 煤炭分销渠道优化策略

（1）煤炭分销渠道结构优化

1）构建煤炭分销渠道新格局

根据 WH 集团目前的发展可知，WH 集团在常规建设过程中，凭借煤炭直销渠道和分销渠道的共同作用，已经基本实现了对当地煤炭市场的有利位置的占据。但要想在后续发展过程中，适应 WH 集团的发展所需，达成良好的发展效果，就应该密切跟进 WH 集团的集团发展需求，构建煤炭分销渠道新格局。由于在刚接手分销渠道新格局构建时，WH 集团对于煤炭分销渠道整体格局的把握还不够到位，因此，新格局的构建仅仅是基本模块的搭建，这样的构建未能契合 WH 集团煤炭分销渠道策略优化的实际需求，容易存在一定的局限性。因此，在具体优化分销渠道策略时，对于分销渠道新格局的构建，往往应当从基本模块着手。对于有条件的直接关联的部门而言，他们在强化 WH 集团煤炭分销新格局构建时，可以深入到 WH 集团的煤炭直销渠道及分销渠道中，确定有效分销商的数量及规模。而对于无条件或未与之形成直接关联的部门，则应该尊重直接关联部门的观点和意见，仅对煤炭分销渠道新格局的构建起到建议权和监督权。

在基础模块搭建完成后，直接关联部门和非直接关联部门应当针对新格局构建的规则体系作出进一步的疏通和整理。其中，直接关联部门仍然占据主导地位，负责在深化 WH 集团分销渠道策略优化时，起到关键性的引导和决策作用。由于考虑到直接关联部门中也有基层员工对新格局构建不够了解，因此，规则体系的具体制定仍应该是多方监督、共同参与的。此时，非直接关联部门作为客观公正的"旁观者"，能够以更加冷静沉着的态度参与其中，因此，在规则制定环节，非直接关联部门重要管理人员的参与系数将有所提升。最后，完成了基础模块选择和规则体系制定的 WH 集团，已将煤炭分销渠道的新格局构建了大概，WH 集团的负责人在最终环节，往往更侧重于对新格局的修正和优化。

此时，直接关联部门和非直接关联部门仍然需要恪尽职守，将自身的工作落实到位。对于直接关联部门来说，他们已经在构建新格局的初期和中期，为新格局建设投注了较多的精力和心血，因此，在最后环节，直接关联部门应当退居二位，由非直接关联部门来加强对新格局的调整。而非直接关联部门则应该及时有效地认清其身份地位，保证自身部门人员能在第一时间把握新格局构建的缺漏和漏洞，并由此做出改正。

2）建立煤炭分销渠道选择的机制体系

没有规矩则不成方圆，中小企业尚是如此，大型企业和集团公司更不例外。除了在构建新格局时，WH 集团需要实现煤炭分销渠道规则体系制定以外，WH 集团也需在常规发展过程中，建立煤炭分销渠道选择的机制体系。一般来说，机制体系的建立包括以下几个方面。首先是管理机制。WH 集团作为一家大型集团，直销渠道和分销渠道的数量都不容小觑。在强化煤炭分销渠道策略选择的细化和优化时，相关负责人员需要积极跟进分销渠道管理，实现管理机制的有效建立。

对于 WH 集团负责煤炭分销渠道策略优化的高层管理人员而言，管理活动是贯穿于集团发展始终的，因此，管理机制的建立也应从细节着手。对于管理人员的配备，为了尽可能提高煤炭分销的效率和效果，每条煤炭经销渠道应当配备不同职能层次的管理人员。其中，既要包括已经在 WH 集团煤炭分销渠道长久任职的老员工，也要包括刚刚进入 WH 集团并参与煤炭分销的新员工。而由于新员工对于分销渠道选择的实际管理经验较为匮乏，因此，在具体强化对新员工的管理时，对于新员工应当做出特别的培训和指导。对于多次培训还未能正确理解分销管理的重难点的新员工，则可以尝试通过一对一辅助的方式，强化对管理人员的有效配备。

对于管理流程的选择，应当充分考虑煤炭分销渠道选择的重要性和必要性，并根据煤炭分销的特殊性来做出抉择。倘若在强化 WH 集团煤炭分销管理过程中，对于煤炭分销渠道选择体系的建立，存在一定的局限性或制约性，那么，管理流程应当尽可能从简安排。而倘若 WH 集团的管理人员对煤炭分销渠道选择已经有了一定的经验借鉴，那么，实际的管理流程编排则可以根据煤炭分销渠道的实际选择需要，作出进一步的完善或修正。

但需要特别注意的是，对于 WH 集团而言，煤炭分销渠道的选择是一项较为复杂完整的工作，管理流程的选择稍有不慎，就可能会直接影响到煤炭分销渠道的实际销售效果。因此，管理流程的具体选择还应该循序渐进、因人而异。

3）探索完善煤炭线上交易渠道

随着互联网＋时代的到来，电子交易逐渐成为一种时尚，也逐渐改变了人们的生活习惯，给人们的生活带来了便利。WH 集团作为全国最大的煤炭企业，辐射范围广、市场占有率高，虽然建立了电子交易平台—WH 煤炭交易网，但是交易数量还远不及预期。线上交易作为分销渠道中比较新型的一种模式，将商品信息直观地展现在客户面前，给人们带来便利，在不久的将来势必会引领时代的潮流。

根据煤炭行业特点，可以探索建立以下两种交易模式：煤炭现货竞拍交易、煤炭现货挂牌交易。现货竞拍可以将资源投放到华东、华南等煤炭消耗量较大的区域，设置销售栏标价格，以电话、发函、网站公告等方式邀请客户参与竞拍，根据报价确定中标客户。挂牌交易在煤炭消耗低或者竞争者较多的区域开展，类似于目前的淘宝、京东等购物平台，将煤炭煤种信息、投放数量、价格等挂在电子交易平台上，客户可以根据自己的需求，交易相应的煤炭产品。考虑到大宗商品交易的特殊性，在客户注册上，可以适当提高准入门槛，以降低交易风险，此外，在合同签订上，可以尝试网上签订电子交易合同，以缩短交易周期。在确定电子交易模式后，应加大电子交易平台的宣传，通过广告、向客户推介的方式将煤炭交易平台推广出去，前期可以利用价格折扣、优先发货等促销工具给客户提供便利，让客户慢慢形成交易习惯。

4）根据区域特点，实行不同的分销渠道策略

虽然 WH 集团煤炭销售触角已延伸到除西藏、云南、青海以外的所有市场，但是分销渠道策略还过于单一，不同地区差异化策略体现不明显，这就导致了一些问题出现，例如华中地区，以直销的方式销售的煤炭较多，煤炭从北方四港通过海运、江运到达客户手中，中转时间 15 天左右，如果煤炭市场处于下行，在两周时间内煤炭可能会有一个大幅度降价，这就可能造成客户拒收或者客户满意度下降等不确定情况发生。所以，我认为，WH 集团应该根据区域市场特点，制定相应的分销策略。

①陕蒙地区及京津冀大客户，市场份额较高，转运时间短，转运成本低，可以以直销为主，充分利用年度长协、月度长协等价格策略，不断提高区域竞争力。

②山东、河南、安徽等传统煤炭大省，煤炭储量较丰富，当地煤炭企业在本地区销售煤炭占用诸多优势，WH 在开拓这些市场时会面临很多困难。在这种市场，我认为应该采取直销与选择性分销相结合的方式，直销主要面对五大电力公司的长协户，其余市场可以通过当地有优势的贸易商合作，把利润让出来一部分给他们，充分调动贸易商积极性，达到开拓市场的目的。

③四川、广西等偏远市场，转运时间长、成本高，可以适当提高分销渠道的宽度，选取较多的分销商参与煤炭销售，产品上可以选用成本较低的外购煤种，在保证煤炭数量供应的同时，实现利润最大化。

5）加快直达地区煤炭中转基地建设

利用 WH 自有铁路优势，在沿线站点建立中转基地，实现煤炭的二次分销。朔黄铁路是中国 WH 控股的铁路，线路自神朔线上的神池南站向南引出，在"三晋"黄土高原上蜿蜒东南行，在原平南站与北同蒲铁路相交后，沿滹沱河北岸东行，过太行山北段，进入河北省境。经平山、灵寿、行唐县境，在定州南站与京广铁路交汇后继续向东延伸，经安

国、博野、蠡县，在王佐站（原肃宁北站）与京九铁路相汇。然后向东至沧州与京沪铁路交汇，终点抵达渤海西岸的黄骅港。建设中转基地，可以通过"三线南下"即通过朔黄铁路南下京广、京九、京沪铁路，将销售腹地迅速扩大到山东、河南等沿线市场，与沿线各地贸易商合作，形成铁路沿线煤炭分销系统。

6）建立京津冀地区清洁煤炭分销渠道

近几年，京津冀地区雾霾严重，不管是国家还是政府层面都对三地环保提出了非常严格的要求。以保定为例，有关研究表明，PM2.5 约 60% 来源于燃煤，机动车燃油，工业使用燃料等燃烧过程，23% 来源于扬尘，17% 来源于溶剂使用及其他。由于保定市集中供热未能全面普及，能源使用一直以煤为主，尤其是燃煤量最大的冬季仍是每年污染最严重的时期。可见农村散煤燃烧对环境污染还是十分严重的。WH 集团作为一家煤炭央企，一直肩负着治霾的重任，2014 年推出洁净煤系列产品，给京津冀地区治霾带来了曙光。

近几年也一直在民用煤市场推广洁净煤中，并与 2+4 城市（北京、天津、保定、廊坊、沧州、唐山）签订了合作协议，但我认为，在民用煤分销渠道上仍存在很多不足，需要优化。民用煤市场农户多、市场散乱，煤炭的直销模式在这种市场中完全发挥不了作用，因此，民用煤市场开拓需要选取密集分销模式，不但要增加分销渠道的长度，还要增加分销渠道的广度，迅速开拓市场，形成市场全覆盖。在这种情形下，WH 集团要控制渠道商行为，加到渠道管理力度，避免渠道内无序竞争。

（2）煤炭分销渠道行为优化

1）规范渠道内成员行为，避免恶性无序竞争

随着 WH 集团煤炭分销渠道不断多元化，渠道内成员越来越多，为避免渠道内恶性竞争，就必须规范渠道内成员行为。①在原有渠道中间商准入条件的基础上，加大准入难度，在国家企业信用信息公示系统中有污点的企业禁止准入，不诚信的企业及时剔除。②划定渠道商煤炭销售区域，在合同签订时注明，控制同一区域内渠道商数量。③制定渠道商退出机制，建立完整的渠道商评价系统，根据评价得分，严格落实退出方案。

2）优化渠道内成员激励与奖惩措施，保障分销渠道系统健康发展

虽然 WH 集团是国内最大的煤炭销售商，但是近几年面临煤炭产能严重过剩，同行之间竞争激烈的现实，如何利用渠道激励策略开发和维护更多的客户，构建以企业为主导的营销价值链，是决定企业能否脱颖而出的核心利器。结合 WH 集团发展现实，我认为应建立煤炭销售量化的直接激励措施及加强渠道商培训指导的间接激励措施，直接激励通过降低煤炭采购价格，季度返利的形式进行，并在季末、年末通过颁发一些优秀合作商、最佳销售奖等奖项；间接返利，通过定期组织优秀渠道商培训，组织渠道商开展联谊、旅游等活动。在激励的同时，也要制定处罚措施，将处罚条款写入销售合同内，形成有奖有罚的渠道商管理新机制。

2. 分销渠道策略优化实施保障措施

（1）与社会机构达成良好的渠道关系

WH 集团高度重视对煤炭分销渠道策略的优化和整合，因此，在后续发展过程中，要想保证煤炭分销渠道策略的优化，是能够与 WH 集团的整体建设相互吻合的，就应该从 WH 集团的合作单位着手，与社会机构达成良好的渠道关系。一般来说，达成良好的渠道关系主要包括，渠道政策与市场信息的支持、增进双方共同利益的合作，以及培育渠道成员信任度这三种。

1）加强渠道政策和市场信息的有力支持

初步发展阶段，WH 集团的负责人员对于分销渠道机构构成还没有足够的认知，他们的实际发展是存在一定的局限性和限制性的。而要想保证双方的合作关系能在原有基础上更加密切，推进 WH 集团和社会机构之间的交流沟通。通常，需要由 WH 集团出手，让 WH 集团与分销渠道机构形成友好的合作往来，保证 WH 集团能在给予子分销渠道良好的政策保障的同时，也能为他们提供相应的市场信息，保证营销团队的整体建立，是符合 WH 集团的市场发展定位的。

2）增进双方的利益合作

WH 集团在预期规划过程中，他们对于煤炭行业的整体发展是较为重视的，而要想真正适应 WH 集团煤炭分销渠道策略优化，就应该根据 WH 集团的实际发展，科学预测其发展轨迹，并针对 WH 集团的运营模式、地区分布、企业实力等相关要素做出细致的评判，了解 WH 集团在具体落实煤炭分销过程中所持有的企业竞争力。而 WH 集团也应该及时地将自己的相关信息告知给合作方，确保对方了解自己即将采取的广告营销、公关营销等相关促销活动，并实现双方之间的有效合作，必要的时候，也可以通过原始消费动机的形成，开拓新的发展市场。

3）培育渠道成员的信任度

对于合作双方而言，渠道关系是否融洽，会直接影响最终的合作效果和合作质量。要想在现有基础上，实现进一步的营销发展，就应该明确以客户为导向的市场理念，保证渠道成员的信任度能有进一步的提升。由于企业单位的诚信程度，也会影响到合作双方合作的稳定性和持久性。因此，WH 集团应当尽可能推进诚信营销，保证 WH 集团的对外企业形象和企业信誉，是能够符合经销商和分销商的合作需要的。

（2）推进社会机构对煤炭分销的参与

众所周知，社会作为一个系统的整体，往往分为不同的结构和分支。在强化 WH 集团煤炭分销渠道策略优化过程中，要想真正实现煤炭市场及煤炭产业的整合运作，就应该在强化政府宏观调控和财政扶持的基础上，有力推进社会机构的参与。由于考虑到，在初步接触煤炭集团及煤炭分销渠道时，社会机构对于煤炭分销的了解程度相对较低，因此，推进社会机构对煤炭分销的参与，应该是循序渐进的。在初步发展阶段，WH 集团和社会机构间都不够了解，此时，WH 集团应当根据不同的社会机构构成，判断其重要性和次要性，随后，将社会机构分为若干个类别。

对于较为重要的社会机构，WH 集团应当与其展开积极的沟通交流，保证双方的信息互动是及时流畅的；而对于相对次要的社会机构，则是以将相关资料告知于对方为主。只有在对方无法了解或无法完全了解 WH 集团煤炭分销渠道策略优化的计划和安排时，WH 集团的负责人员才需要对这些社会机构作出必要的讲解或解释。而在发展进入到成熟稳定阶段后，WH 集团对于社会机构的参与和辅助愈加重视。此时，要想保证 WH 集团煤炭分销渠道策略优化，能够按照既定计划有效实施，就应该在原有基础上进一步推进社会机构的有效参与。

对于较为重要的社会机构，应当在原有的积极交流沟通的基础上，进一步实现对双方信息交流平台的有效搭建，保证煤炭分销的参与者能够对煤炭分销本身有更多地了解和认知。而对于相对次要的社会机构而言，他们在常规强化 WH 集团的社会机构参与时，往往是以数量和规模上的填充为主。因此，要想保证社会机构对煤炭分销能够最大化，就应该积极跟进 WH 集团煤炭分销渠道策略优化的实际需求，选定合适的社会机构数量和类别。

在煤炭分销的淡季，就可以适当降低社会机构的数量和规模，保证 WH 集团煤炭分销市场的实际经营运作是能实现供需平衡的。考虑到 WH 集团煤炭营销的旺季和淡季难以判断，因此，在具体强化社会机构对 WH 集团煤炭分销的参与时，应当尽可能秉承宁缺毋滥的基本理念。

（3）优化煤炭分销的人才队伍建设

随着经济建设和社会发展推进，WH 集团对于优秀人才的吸引和保留都是较为重视的。而要想在后续发展过程中，深化煤炭分销渠道策略选择，就应该优化煤炭分销的人才队伍建设，保证煤炭分销能够从人力资源、物力资源和财力资源着手，实现多种优秀资源的融合和汇聚。一般来说，优化煤炭分销的人才队伍建设包括三个方面：

1）对于优秀人才的储备

这主要是考虑到 WH 集团作为一家大型集团企业，对于优秀人才的需求量肯定是相对较大的，而要想在后期发展时，促进煤炭直销渠道和煤炭分销渠道的共同作用，就需要从基层做手，深化对优秀人才的培养和引进。例如到人才市场进行招募和招聘时，WH 集团的相关负责人员，就可以采取相对具有竞争优势的人才引进方案，来吸引人才市场中的优秀人才。必要的情况下，还可以通过高额的薪水和福利补贴来吸引优秀人才的引入。但需要注意的是，优秀人才对于企业环境的反向评估并不仅仅局限于资金方面，因此，WH 集团还应该对这些优秀人才提供舒适稳定的就业环境和工作氛围。

2）对优秀人才的保留

对于 WH 集团这种大型集团企业而言，优秀人才能否进入到公司，与能否保留在公司，并不是等同的概念。一般来说，能吸引优秀人才进入到公司的往往是公司的薪酬水平以及外在形象等，而能否留住优秀人才则是取决于公司的整体工作氛围和人文环境是否良好。要想在后续发展过程中，深化 WH 集团人才队伍建设，就应从人文环境的有效打造着手。由于初步发展时，WH 集团仅仅能够注重物质环境的打造，加强硬件设施和软件设施的强化，但在发展进入到成熟稳定阶段后，WH 集团就应该加强对人文环境改造的关注和重视。必要的情况下，他们还可以有效借鉴其他优秀集团企业，吸取相应的成功经验并加以借鉴。而需要注意的是，不同集团企业的人文环境建设各有各自的要求，因此，在具体强化人文环境建设过程中，例如 WH 集团等大型集团企业，就应该针对自身企业的企业文化，来作出系统完整的整合处理。

3）对优秀人才的提升

对于 WH 集团而言，尽管 WH 集团已经吸引了大量的优秀人才前来就职就业，但对于优秀人才的需求，仍然是有着较大的空缺的。在这样的客观前提下，要想真正推进 WH 集团的有序发展，就应该在吸引和保留优秀人才的同时，尽可能提升优秀人才，保证 WH 集团的煤炭分销优秀人才数量和规模在原有基础上进一步提高。一般来说，WH 集团可以尝试通过线下培训和线上指导共同参与的方式，实现对优秀人才队伍的整体建设。

（4）员工跟进煤炭分销的培训讲座

无论是高层管理人员还是基层员工，他们对于 WH 集团的发展效用还都是较为明显的。因此，要想真正推进 WH 集团煤炭分销渠道策略选择的优化和深化，就应该要求 WH 集团内部的员工跟进 WH 集团煤炭分销的培训讲座，实现对公司运作的有效参与。但尽管高层管理人员和基层员工都普遍关注到 WH 集团的整体发展路径，并针对直销渠道和分销渠道作出了细化管理，但要想保证在后续发展过程中，WH 集团的煤炭分销渠道能够获取更好的发展效率和效果，就仍然应当针对煤炭分销，加强对不同人员的差异化管理。通常来说，WH 集团员工方面跟进培训讲座分为三个层次。

第一个层次是基层员工层。他们在具体参与 WH 集团煤炭分销的培训讲座时，WH 集团对这部分员工的培训要求相对较低，往往只要他们基本了解和理解煤炭分销的渠道经营流程和手续即可。而在培训讲座完成后，WH 集团对于基层员工的培训反馈也仅仅局限于培训讲座的笔记和报告等。可见，基层员工在具体参与 WH 集团煤炭分销的培训讲座时，往往是以参与者的身份参与其中，尽管 WH 集团煤炭分销的渠道种类之多、渠道选择难度相对较大，但由于考虑到基层员工的身份和地位相对较弱，因此，强化对该员工的培训讲座，也是以企业文化的灌输和煤炭分销管理的实战经验为主。

第二个层次是部门经理层。相比较于基层员工而言，部门经理人员具有更高的职称和地位，因此，他们对 WH 集团煤炭分销渠道选择所承担的权利和义务也有所提升。要想保证部门经理人员能够正确适应 WH 集团的常规发展需求，实现对煤炭分销培训讲座的有效跟进，就应该在后续发展过程中，加强对部门经理人员的权责认定。一般来说，考虑到部门经理人员起到承上启下的过渡作用，因此，对于该人员的煤炭分销培训讲座，则不仅仅局限于理解和认知煤炭分销渠道经营流程和手续，还需要在原有基础上，加强对煤炭分销渠道选择的思考和考虑。而为了与培训讲座的内容与内涵相互适应，也为了进一步反应部门经理对培训讲座的理解和认知能力，对于该部分员工的跟进效果反馈，就应该以口述报告为主。而在口述报告中，除了基础的内容呈现外，还需要融入自己的思想和想法。

第三个层次是高层管理层。WH 集团作为一家大型集团企业，对于优秀人才的储备还是相对较多的，而在 WH 集团中担任高层管理人员的，往往是优秀人才中的顶尖人才。对于这部分员工的培训指导，并不能仅仅限于自身企业内部的直接指导，而是应该通过从企业外部吸引优秀企业家或知名人士前来培训指导。必要的情况下，还可以聘请同行中合作竞争较为密切的集团企业进行沟通交流。而在沟通交流完毕后，高层管理层应当针对本次培训讲座，作出系统完整的发展规划。

（5）员工积极参与关于煤炭分销的交流讨论

随着经济建设的不断推进，WH 集团的整体发展可谓是充分适应高层管理人员、部门经理和基层员工的整体发展诉求，实现了员工与客户之间的有效交接。而要想在后续发展过程中，更进一步推进 WH 集团的集约发展，实现 WH 集团煤炭分销渠道选择的优化和深化，就应该要求员工积极参与 WH 集团关于煤炭分销的交流讨论。而通常情况下，员工参与煤炭分销的交流讨论包括两个方面：

1）线上渠道的交流

这主要是考虑到，在工作日期间，员工往往会在各自的工作岗位任职，他们有不同的工作任务和工作安排，因此，关于煤炭分销的交流讨论往往相对受限。此时，为了更好地推进员工参与 WH 集团煤炭分销的交流讨论，就可以尝试通过 QQ、微信等公众平台，实现个人与个人之间的信息沟通。而由于考虑到 QQ 和微信等公众平台的信息交互讲究及时性，而部分时候，会由于时限超额而出现信息失效的问题，因此，对于重点问题的讨论还可以尝试通过电子邮件发送的方式以保留相关记录。需要指出的是，WH 集团的线上交流作为推进煤炭分销渠道策略选择不断优化的重要交流渠道，在得到高层管理人员与基层员工普遍重视的同时，还应当深化对交流讨论的制度管理。在线上交流过程中，员工与员工之间不能盲目拘束，他们应当在可允许范围内，尽可能地表达个人观点或观念，保证彼此的想法表达能够实现信息流通。而可允许范围的具体控制，WH 集团作为大型集团企业，对于高层管理与基层员工的约束和管制还是较强的，为了分别维护双方权利，基层员工的交流和讨论，仍然不能以触犯高层管理人员为代价。他们需要通过客观得体的语言表达方式，来将个人观念大方陈述。

2）就是线下渠道的交流

尽管 QQ 与微信等公众平台的搭建，方便了人与人之间的交流与沟通，保证 WH 集团内部无需由于时间与空间的限制而出现交流不便的问题，但由于部分重点问题的交流与解答，仍然是以当面沟通为好，因此，日常的工作例会也是员工积极参与交流沟通的重要渠道。在管理层的会议中，高层管理人员和部门经理都应该分别陈述各自的观点和意见，从公司宏观层面或从部门微观层面作出考虑。而在部门会议中，部门经理就应该带头发言，并积极鼓励部门内的基层员工，表达陈述个人的想法和观念见解。

第九章　新时期煤炭企业营销发展战略

第一节　市场渗透

一、煤炭企业市场营销计划

1.市场营销计划内容

在现实的市场营销活动中，市场营销计划的内容是广泛的，有时指企业的整体计划，有时仅仅指企业整体计划的一部分，如产品决策计划。事实上，凡是企业营销活动中制定的与实现营销目标相关的计划都是市场营销计划的组成部分。这里讲的营销计划一般包括以下内容。

（1）企业计划，指企业全部营销活动的整体计划，包括企业的营销任务、营销目标、发展战略、营销组合决策、投资决策等，但不包括整个业务单位的活动细节。企业计划既可以是年度的计划，也可以是长期的计划。

（2）部门计划，指企业内部的各部门在企业整体计划指导下制定的分计划，包括营销、财务、质检、生产制造和人事等部门的计划。从时间上说，分计划也有短期、中期、长期计划。

（3）产品计划，指产品决策计划，包括新产品的开发、老产品的更新换代与淘汰、产品结构调整和产品最佳组合、产品管理和出口产品销售计划等。产品计划的主要内容是围绕特定产品的开发制定相应的战略和具体战术。

（4）市场信息、调查、预测计划，包括市场信息收集、处理、存贮、传输计划、市场营销信息系统建立规划、市场调研和预测计划等。其主要目的是选择特定的目标市场，找准企业营销的市场机会。

（5）促销与分销计划，包括人员促销、广告促销、营业推广和公共关系、促销策略组合、分销渠道选择、销售网络建立和发展、流通渠道完善化计划等。其主要目的是缩短产品销售时间，节省销售费用，提高企业的经济效益。企业市场营销计划是一个完整的计划体系，在现实的市场营销活动中，必须把上述计划全部组织在计划体系之中，进行综合平衡、全面安排，使之能统筹兼顾、相互协调。同时，还要体现市场营销计划体系的目的性、全面性、完整性及系统性，把营销观念、营销方针、目标、战略、市场营销因素及组合等定性计划，以及提高企业市场营销竞争能力、市场开拓能力、适应环境能力、提高经济效益能力等方面的措施列入计划，组成综合营销计划。

2.市场营销计划的编制

一般由下列八个步骤构成。

（1）内容提要营销计划

首先要有一个内容提要，即对主要营销目标和措施的简明概括的说明。

（2）当前营销状况在内容提要之后，营销计划的第一个主要内容是提供该产品当前营销状况的简要而明确的分析，包括：

1）市场情况

市场的范围有多大，包括哪些细分市场，市场及各细分市场近几年营业额的多少，顾客需求状况及影响顾客行为的各种环境因素等。

2）产品情况

产品组合中每个品种的价格、销售额、利润率等。

3）竞争情况

主要竞争者是谁，各个竞争者在产品质量、定价、分销等方面都采取了哪些策略，他们的市场份额有多大以及变化趋势等。

4）分销渠道情况

各主要分销渠道的近期销售额及发展趋势等。

（3）威胁与机会

它概述企业外部的主要机会与威胁、企业内部的优势与劣势，以及在计划中必须注意的主要问题。

（4）营销目标

营销目标是营销计划的核心部分，是在分析营销现状并预测未来的威胁和机会的基础上制定的。营销目标也就是在本计划期内要达到的目标，主要是市场占有率、销售额、利润率、投资收益率等，如市场占有率要提高 15%，销售利润率要增加 20% 等。

（5）营销策略

营销策略是指达到上述营销目标的途径或手段，包括目标市场的选择和市场定位策略、营销策略组合等。

1）目标市场

在营销策略中应首先明确企业的目标市场，即企业准备服务于哪个或哪几个细分市场，以及市场定位。

2）营销组合

企业准备在各个细分市场采取哪些具体的营销策略，如产品、渠道、定价和促销等方面的策略。

3）营销费用

根据上述营销策略确定营销费用水平。

（6）活动程序

营销策略还要转化成具体的活动程序，内容包括：要做些什么？何时开始何时完成？由谁负责？需要多少成本？按上述问题把每项活动都列出详细的程序表，以便于执行和检查。

（7）预算

营销计划中还要编制各项收支的预算，在收入一方要说明预计销售量及平均单价，在支出一方要说明生产成本、实体分配成本及营销费用，收支的差额为预计的利润（或亏损）。上层管理者负责审批预算，预算一经批准，便成为购买原材料，安排生产、人事及营销活动的依据。

（8）控制

营销计划的最后一部分，是对计划执行过程的控制。典型的情况是将计划规定的目标和预算按月份或按季度分解，以便于企业地上层管理部门进行有效的监督检查，督促未完成任务的部门改进工作，以确保营销计划的完成。

二、煤炭企业营销组织

1. 市场营销组织的演化

现代理想的市场营销组织是经过长期演化而来的产物。从20世纪30年代开始，销售部门在西方企业中从处于无足轻重的地位发展到今天这样具有复杂的功能，并成为企业组织中的核心部门，其间可划分为五个阶段，至今我们还可以找到处于每个阶段的组织形态。

（1）简单的销售部门

一般说，企业建立之初都是从财务、生产、销售、人事、会计五个基本职能部门开始发展的。在这个阶段，企业通常以生产作为经营管理的重点。生产什么，生产多少及产品价格主要由生产和财务部门制定。销售部门通常只有一位销售主管率领几位销售人员，销售经理的主要职责是管理推销员，促使他们卖出更多的产品。

（2）销售部门兼其他营销职能

随着公司规模扩大，它需要经常进行市场调查、广告宣传及顾客服务等方面的工作，此时，销售经理可聘用一位市场主管，指挥、控制那些非推销职能。

（3）独立的市场营销部门

公司继续扩大，其他市场营销功能相对于推销工作来说就更为重要；最终，公司总经理看到了建立一个独立于销售部门的市场营销部门的必要。在这个阶段，市场营销和销售在公司中是两个独立和平行的部门。

（4）现代市场营销部门

虽然销售和市场营销部门的工作应是目标一致的，但平行和独立又常使它们的关系充满竞争和矛盾。如销售经理注重短期目标和眼前销售额，而市场营销经理注重长期目标和开发满足消费者长远需要的产品。由于二者之间冲突太多，最终导致公司总经理将它们合并为一个部门。

（5）现代市场营销公司

一家企业即使设置了现代市场营销部门，也并不意味着它就是以市场营销原理指导运行的公司。如果公司成员仍将市场营销等同于销售，那么，它就还不是一家"现代市场营销公司"。只有公司成员认识到了企业所有部门的任务都是"为消费者服务"，"市场营销"不只是公司内某个部门的名称，而且是公司的经营理念时，这家公司才能成为真正的"现代市场营销公司"。

为保证市场营销理念在公司内得以贯彻，企业组织结构上应有如下安排。

1）设置独立的市场营销调研部门，以确定消费者的需求及企业应提供什么样的产品或服务来满足这些需求。不过，目前大多数企业（包括西方国家的许多企业）都还没有设置市场研究部门或专职的市场研究人员。

2）营销部门应参与新产品的开发。在企业内，市场营销部门对消费者的需求了解最多，而在现代市场上，新产品商业性开发成功的最重要因素，在很多情况下不在技术先进程度，而在是否符合消费者需要。因此，市场营销部门在决定开发产品的种类、功能结构、款式、规格、花色等方面均负有指导性甚至决定性的责任。

3）应给营销主管以相当于副总经理的地位和权力，直接向总经理报告工作，参与决定企业的经营战略。而这些只有市场营销理念在企业里扎了根的情况下才能做到。

4）市场营销部门应统一负责企业的全部市场营销职能，而不应将其中一部分职能分散到其他部门负责。

2. 营销部门的组织模式

随着情况变化，市场营销部门本身的组织方式也在演化。概括而言，所有的市场营销组织都须适应四种意义的基本的市场营销活动，即职能的、地理区域的、产品地和市场的。因此，有四种基本的市场营销组织模式：职能式组织、地区式组织、产品型组织和市场管理式组织，另外还有产品／市场式组织和事业部组织，为从事多角化经营的企业采用。

（1）智能式组织

这是最常见的组织模式。营销副总的工作就是协调各专业职能部门的活动。职能部门的数量，可以根据需要增减。智能式组织的最大优点是简便易行。不过，随着公司产品种类增多，市场扩大，这种组织方式可能损失效率。因为没有一个职能部门对某一具体的产品或市场负责，每个职能部门都在为获得更多的预算和更有利的地位而竞争，致使营销副总经常处于难以调解的纠纷之中。

（2）地区式组织

在全国范围或跨国销售产品的企业通常按地理区域组织其销售力量。地区经理掌握一切关于该地区市场环境的情报，为在该地区打开公司产品销路制定长、短期计划，并负责计划的贯彻实施。

（3）产品管理式组织

如果一个企业生产多品种或多品牌的产品，并且各种产品之间的差别很大，则适于按产品类型设置营销组织。这种组织结构于1927年最早在宝洁公司出现，如今，在为满足快速发展的消费品市场需求而生产的企业中较为多见。产品管理式组织的优点体现在这样几个方面：①能够将每个产品品牌的营销策略组合的各方面协调一致；②能够对市场上出现的问题迅速做出反应；③这种组织形式使年轻的经理们能涉足到经营活动较为广泛的领域，多方面地锻炼了他们从事经营活动的能力。然而，产品型组织也存在很多缺点。①产品经理之间的良性竞争有时会导致一些适得其反的结果，甚至形成冲突；②这种管理体制滋生了新的管理层次，从而加大了管理成本。

（4）市场管理式组织

该组织形式类似于产品式组织结构，上设一位市场总经理，下辖若干分市场经理，每位分市场经理负责制定行业专业市场的长短期市场计划，分析市场状况与趋势，并负责组织实施营销计划。例如从家具制造企业的营销组织设置可了解此组织结构的一般形式。

（5）产品/市场式组织

这是一种矩阵式组织，是将产品式与市场式结合起来的组织形式。产品经理负责产品的销售利润和计划，为产品寻找更广泛的用途；市场经理则负责开发现有和潜在的市场，着眼市场的长期需要，而不只是推销眼前的某种产品。这种组织形式适于多角化经营的公司，麻烦是冲突多、费用大，有权力和责任界限不清的问题。

（6）事业部组织

随着产品品种增加和企业经营规模扩大，企业常常将各产品部门升格为独立的事业部，各事业部下设职能部门。根据企业是否再设立营销部门，可将该类组织划分为3种情况。

1）公司总部不设营销部门，营销职能完全划归于各事业部分别负责。

2）公司总部设立适当规模的营销部门，主要承担协助公司最高层评价营销机会，向事业部提供营销咨询指导服务，宣传和提升企业整体形象等职能。

3）公司总部设立强大功能的营销部门，直接参与各事业部的营销规划工作，并监控其营销活动。因此，各事业部营销部门实际是营销计划的执行部门。总之，一个公司要想取得理想的市场成绩，不仅需要出色的营销部门，还需要在企业确立真正以顾客和市场驱动的营销理念；构建顾客导向与竞争导向的企业组织形式；公司的所有部门和员工都高度重视顾客关系，承担着一定的营销责任。

三、煤炭企业市场营销控制

市场营销控制是对市场营销计划执行情况的监督和检查，其目的是指出计划实施过程中的缺点和错误，以便加以纠正和防止重犯，并采取必要的对策，保证营销战略目标的实现。营销控制包括年度计划控制，盈利能力控制，战略控制和市场营销审计。

1. 年度计划控制

年度计划控制，是指企业在本年度内采取控制步骤。检查实际绩效与计划之间是否有偏差，并采取改进措施以确保市场营销计划的实现与完成。年度计划是由企业高层管理者和中层管理者负责控制的，其目的在于确保企业达到年度计划规定的销售、利润及其他目标。年度计划控制的中心是目标管理，控制的步骤（见图9-1）分为四个阶段。

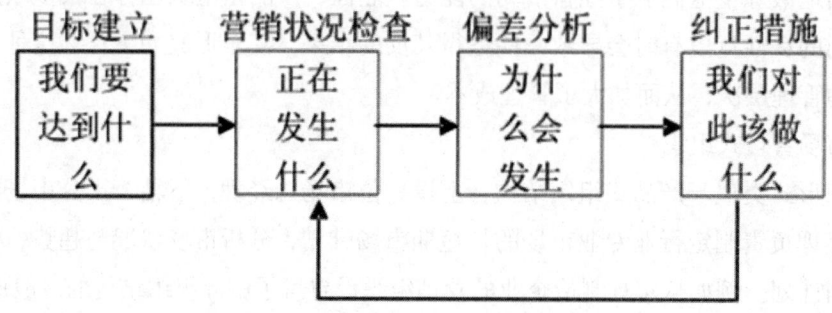

图 9-1　年度计划控制过程

图 9-1 具体地反映出四个问题。

（1）管理者必须把年度计划分解为每月或每季的目标；

（2）管理者随时跟踪掌握营销情况；

（3）管理者必须对任何严重的偏离做出判断；

（4）管理者采取措施，或改进实施方法或修正目标本身，弥合目标与实际执行结果之间的差距。这一控制方式适用于企业及企业内各个层次，区别在于最高主管控制的是整个企业年度计划的执行结果，而企业内各部门控制的只是各个局部计划执行的结果。

2. 盈利能力控制

企业必须对其不同的产品、销售地区、顾客群体、分销渠道、订货规模的盈利能力进行衡量，从而决定各产品或营销活动是扩大、收缩还是取消。对盈利能力控制时，需要关注两个方面的问题：

（1）营销成本

一般地说，企业营销成本包括五个方面：直接推销费用，包括直销人员的工资、奖金、差旅费、培训费、交际费等；促销费用，包括广告媒体成本、产品说明书、印刷费、赠奖费用、展览会费用、促销人员工资等；仓储费用，包括租金、维护费、折旧、保险、包装费、存货成本等；运输费用，包括托运费用等；其他市场营销费用，包括市场管理人员工资、办公费用等。

（2）分析企业获利能力

利润等于销售收入减去销售成本及其他费用后的余额。

表 9-1　产品获利能力分析表

	产品 A	产品 B	产品 C	产品 D
销售收入	30	30	60	50
制造成本	15	23	38	35
毛利	15	7	22	15
费用	8	10	15	13
净利	7	-3	7	2
销售收益率	23.3%	-10%	11.7%	4%

从表 9-1 中可知各产品的获利情况，其中只有产品 B 是亏损的，若企业要求销售收益率在 5% 以上，则产品 A、C 已完成。对于产品 B、D 应进行详细分析，是由于销售价格太低、费用太高，还是制造成本分摊不合理？必须找出产品收益低的原因，再采取相应的对策，如降低销售费用和制造成本。如果经过这种措施以后仍未能扭转亏损，那就舍弃它们。

3. 战略控制和市场营销审计

（1）战略控制

战略控制是指市场营销管理者采取一系列行动，使实际市场营销工作与原规划尽可能一致，在控制中通过不断评审和信息反馈，对战略不断修正。营销审计是战略控制的主要工具。任何企业必须经常对其整体营销效益作出缜密的回顾评价，以保证它与外部环境的协调发展。因为，在营销这个领域里，各种目标、政策、战略和计划过时、不适合市场情况是常有的。因此，企业必须定期对整个营销活动进行监测。

（2）市场营销审计程序

营销审计是对企业的营销环境、目标、战略活动所作的全面的、系统地、独立地和定期的检查，其目的在于决定问题的范围和机会，提出行动计划，以提高企业的营销业绩。营销审计的基本程如图 9-2 所示。

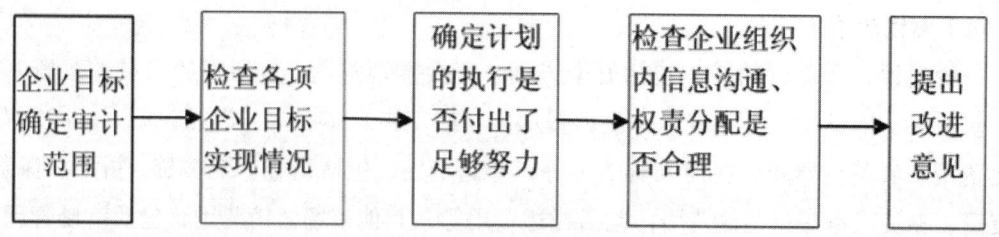

图9-2　市场营销审计程序图

（3）市场营销审计的内容

营销审计一般由公司高级管理人员主导进行。它不仅要收集内部资料，而且要访问顾客、经销商等。营销审计的内容，包括六个主要方面。营销审计在于发现各个层面中存在的问题和症状，分析各种现象之间的因果关系。例如，当出现销售下降或利润减少的问题时，必须审视数字背后隐藏的原因，寻找解决问题的方法

第二节　市场开发

现如今，煤炭企业的生存和发展主要依赖于市场，要占领市场争取市场主动权，不断拓宽产品销路，就必须摆脱传统的生产导向性观念，树立起现代市场营销理念，注意根据企业产品特点和市场行情制定相应的营销组合策略，即通过巧妙地运用煤炭产品、价格、分销、促销等四大营销因素组成一种系统化的整体优势，去适应不断变化的市场环境，以提高竞争力度，确保企业的生产经营按照预期的目标运行。

一、适应市场需要的产品策略

产品是营销策略组合的第一要素，煤炭企业的经营活动首先是以向市场提供与市场用户需要相适应的产品开始，其做法为：

1. 依据市场容量，确定煤炭产品

买方市场条件下，煤炭产品量的多少并不能说明经济效益的好坏，效益只能在产品销售后获得。因此，采取以销定产，根据企业现有及潜在市场容量大小确定煤炭的产出量方为明智之举，否则产量越大，效益越差。所谓市场容量即指在一定时间、一定价格水平下企业产品的可销量或用户对本企业产品的容纳量。企业可根据对目标用户所在省区的市场调查，了解其对煤炭品种、规格、数量等需求的满足程度和竞争状况，然后考虑自己的运销条件确定本企业在某些地区可能达到的销售量，再把在这些地区的可销量进行加总，并结合目前企业库存煤的积压情况，最后计算出一个具体可行的市场容量作为生产量的依据。

2. 提高煤炭质量，优化煤种结构

实践证明，一些质量好、品种对路的煤炭不仅畅销，而且供不应求。因此，质量和品种是煤炭企业生命力的保障，是提高经济效益的基本前提。这就要求企业必须瞄准市场，不断优化自己的产品结构和提高质量。具体来说，煤炭企业可根据用户对煤种及其质量的不同要求，进行煤炭的洗选和筛选，并做好对不同煤的粗加工、精加工和深加工工作，这不仅能以多品种、高质量的煤炭给用户以更大的挑选余地，而且可以减少大量的无效运输，节约运力，并能减轻用户消费过程中带来的环境污染，既提高企业效益，又提高社会效益。

3. 增强服务意识，完善服务体系

产大于需的市场状态，使用户有着很大的挑选余地，特别是在 WTO 环境下，我国煤炭企业还要应付国外煤炭企业进入国内市场的强劲竞争，因而要参与市场角逐，就必须树立市场经济中的整体产品概念，深刻认识到，产品不仅是指有形的实体，而且包括各种无形的服务。企业只有采取产品等于实体加服务的系统销售策略，才能更多地争取到用户。

（1）增强服务意识，树立"顾客至上"、"顾客是上帝"、"爱你的顾客而非爱你的产品"等现代市场服务观。只有具备了较强的服务意识，才能产生良好的服务行为，强烈的服务意识将变成取之不尽的服务动力和效益源泉。

（2）开展多种多样的服务活动。想顾客所想，急顾客所急是开展服务活动的基本要求。煤炭企业应把服务贯穿到经营活动的各个环节，为用户提供售前、售中、售后服务。在售前要及时为用户提供有关信息，介绍本企业的生产能力、经营业务及煤炭的品种、质量、价格档次等，使用户坐在家中即可明确采购的基本方向，避免采购人员四处奔波，减少盲目性，节约采购费用。在售中则根据用户要求，力所能及地解决其生活和业务活动中遇到的实际问题。例如：煤炭企业作为当地户的卖方，比外来户的买方更熟知周边环境，门路多、关系广，应热情地为其解决工作和生活中遇到的一些麻烦。在业务方面可根据情况开展代储代运，为用户提供便利条件，并做到计量准确，提供质量保证等，让用户买时放心，用时安心。在账款结算中，可根据用户的资信情况和商业担保采取分期付款，延期付款等灵活的付款方法，以解决用户资金暂时周转不开的问题等等。售后应经常走访用户，在保管和使用技术方面提供指导，及时了解其使用情况和满意程度，准确掌握反馈信息，对出现的问题要及时给予满意答复，真正把用户的需要放在第一位。

国外研究表明，老顾客是最好的顾客，失去 20% 的老顾客就等于失去 80% 利润，而优质服务则是留住老顾客，增加新用户的重要手段。

二、灵活的产品定价策略适度的价格

应该是既能使企业获取满意的销售量并实现利润目标，又能使用户接收且具有市场竞争力的价格。因此，煤炭定价不仅要看成本，还要考虑市场供给、需求和竞争等多方面情况，采用适当的定价方法和灵活的定价技巧是营销组合的又一重要策略。

1. 按质论价

根据不同种类煤炭发热量的高低，煤的筛选、洗选和加工程度，规定不同的价格标准，合理确定煤炭的质量差价，适当拉开价格档次，以利于竞争和用户选择所需档次的煤炭产品。

2. 折扣定价

可根据不同情况给予以下几种折扣：

（1）付款方式折扣

即以对方的资信担保规定一个付款期限，结合煤炭市场的价格状况分别实行现款价、托收付款价、延期付款价等，从中给予不同比例的优惠，以鼓励用户尽早付清货款。

（2）数量折扣

根据用户的一次购买量多少规定不同的价格，如大量购买价、中量购买价、少量购买价。实行地不分南北，人不分公私，用户不分大小的销售方式。

（3）季节折扣

由于煤炭地下储藏的不均匀性和生产环境、环节的不同，煤炭的月、季产量往往不均衡，在生产旺季可实行薄利多销，通过折扣优惠等营销策略鼓励用户多购，减少企业库存，加快资金周转，保持生产的均衡稳定。

（4）户主折扣

根据用户回顾本企业的购买次数多少给予不同比例的价格折扣，对于能给企业带来新用户的老用户给予适当奖励，以鼓励他们对本企业的贡献，从而稳定和扩大供需关系。

3. 按运送方式定价

根据运输成本，分别实行买方自运价、双方联运价、进货价、地产地销价等，使定价合情合理，符合双方利益。

4. 心理定价

生产者市场虽没有消费者市场的感性诱导力强，但希求廉价的心理却是两种市场上的购买者都存在的，特别是在企业资金普遍不宽松的情况下，决策者更要注意以较低的价格买到满意的产品。鉴于此，煤炭企业采用某些心理定价策略也不失为进行价格竞争的明智之举。

例如，市场吨煤价为230元，本企业可定为229.80元/t，这对于大量购买者来说将具有较强的吸引力，且会使他们在心理上产生吉祥、便宜且定价合理的感受。总之，定价是一种灵活性很强、技巧很高的策略，企业应本着的原则是：不求在各方面都以较高的价格获得最大的利润水平，而是适当地选择一个适应特定环境的短期目标来定价，这个目标也许与长期目标存在某些偏离甚至有时得不偿失，但只要能成为实现长期目标的必要有效手段就是可取的，简而言之，就是以合理的价格推动产生需求量和销售量的规模效益。

三、合理的分销渠道策略

任何产品从生产者转移到消费者手中都要经过一定的渠道或途径，经营者必须根据不同产品特点选择合适的分销渠道。煤炭产品属于大宗物资，在分销时企业应当遵循环节少、周转快、消耗低、费用省、效益高的原则，实行以直接渠道为主，间接渠道为辅、多种渠道综合利用，抓住一切机会保证产销顺利通畅。主要的渠道选择可考虑以下几种：

1. 生产者—消费者

即直接渠道，特点是环节少、周转快、费用省，物流最合理，并且节约运力和运输工具占用量，利于提高企业、用户及社会效益，应作为煤炭销售的主渠道。

2. 生产者—经销商—用户

这是煤炭企业通过买卖中间人向用户供货的一种主要的间接渠道。这种渠道虽然多了一层环节，但经销商的参与减少了生产者与众多中小用户的交易工作量，企业能够集中精力抓好生产以及搞好与大用户之间的交往。况且，中间商的参与还可为企业提供可靠的市场行情，利于企业及时调整产品结构和经营方向，因此，这也不失为煤炭销售的一种比较简单、实用、有效的渠道。

3. 生产者—中介人—用户

这是现代市场经济生活中发育出的一种新型的营销渠道，在一些发达国家应用的比较普遍。在某些情况下，使用中介人要比经销商更为有利。这是因为：

（1）中介人不接触产品实体，不搞货物吞吐，只起双方媒介作用，从中收取一定的佣金或手续费，能大大降低第二种方式的物流和商流费用；

（2）中介人主要靠市场信息从事交易，因此对各地产销情况了解最多，信息可靠，能正确指导企业的生产经营活动；

（3）中介人能为企业找准市场，打开销路，避免推销人员满天飞，并能为企业今后自行销售，建立与新用户间稳定的供需关系打下基础。所以，从某种意义上讲，中介人能起到推销产品、寻求客户、提供信息的多重作用，应作为煤炭企业积极发展的一种方式。

4. 煤炭期货市场

煤炭企业可适当参与期货交易，利用投机者的投机行为，躲避市场变动的风险，提高风险意识，使煤炭的预期价格利益和销路有较为可靠的保证，并且还可在期货市场上取得灵敏的信息，这对开展煤炭现货交易也很有益，应作为煤炭企业的一种补充渠道选择使用。四、强有力的促销策略在竞争激烈的市场环境下，煤炭企业的市场开拓不仅要生产出适销对路、品质优良的产品，制定富有竞争力的价格，选择环节少、周转快的销售渠道，而且还要以各种方式使用户及时、充分地了解企业及其产品和服务等情况，从而诱导用户对本企业产品产生购买动机和行为，进而发展为癖好。促销是现代企业开拓市场的重要策略，也是适应和满足市场用户不断变化和增长需要的客观要求。

（1）广泛收集市场信息

收集信息，是知己知彼开展促销活动的基础。只有提前了解到用户对煤炭的品种、质量、价格、服务等方面的要求，才能有针对性地发布用户易于接受的信息，提高由信息产生的促销力度。因此，煤炭企业应广泛地开辟信息回收渠道，建立各具特色的办事处、咨询处，还可聘请有经验的兼职信息员、企业顾问、公关行家等以广泛征集意见，并运用现代化信息处理加工系统（自有或租用）进行去伪存真，去粗取精，以准确、可靠、快捷地掌握煤炭运销、用户评价及经济发展趋势，特别是要注重耗煤量大的电力、冶金、水泥、建材、化工等行业用户的产需信息，这对促进销售是非常重要的。

（2）实施最佳的促销手段组合

企业掌握了大量可靠的市场信息之后，接下来就是运用信息开展促销活动，通过促销，提高企业知名度，创立良好的企业形象，促使外界了解、信赖并购买本企业的产品。促销的方式有多种，煤炭属生产资料，人员推销应占主要位置，同时要采用非人员推销相辅佐，成功地运用各种促销手段，协力搞好促销活动。

四、营销战略案例

1. 蔚州煤炭运销集团 STP 分析

（1）市场细分

市场细分有利于企业发掘市场机会，将企业现有的资源合理利用到目标市场，也是选择目标市场的基础。在选定产品的市场范围后，根据市场的细分变量便可以对市场进行细分。按照产品种类、市场区域、用户规模、用户类型对市场进行了细分，具体情况如下：

1）按照产品种类细分市场

由于用户行业不同的生产特性，所以决定了不同客户对煤炭品种的不同需求。根据公司所处县域煤矿的情况，公司采购的产品可以分为两类：

①贫煤

有着挥发分低、高发热量的特点，主要用途是动力用煤和民用煤燃料，在瘦煤供应不足，而粘结组分足够时，可作为瘦化剂配入贫煤炼焦。

②贫瘦煤

有煤化度高、挥发分低的特点，主要用途是炼焦。同时也是民用和动力的好燃料。

2）按照市场区域细分市场

受煤炭大宗商品特性的影响，运输成本在煤炭销售中占了相当大的部分。同时受不同区域煤炭销售成本的影响，煤炭价格的制定受市场区域的影响。为了使资源配置更加合理、运输成本更加清晰，所以要按照市场区域细分市场。蔚州煤炭运销集团根据市场区域细分有省内市场和省外市场。省外市场的区域有山东、河北、辽宁等，主要包括铁路发运的公路发运两种方式。省内市场的区域比较小，主要为公路运输。可以看出来公司的市场主要集中在北方市场，其他市场有待开发。

3）按照用户规模细分市场

根据用户的经营规模、购买时间、购买数量、购买能力、购买的持续性可以判断用户的规模，蔚州煤炭运销集团按用户的规模分为终端大用户和市场小客户。

终端用户目前有山东信发集团、山东魏桥集团、中铝山东分公司、齐鲁石化公司、华能济南黄台电厂、平山敬业冶炼公司、邢台德龙钢铁公司等七家。这些用户占公司销售量的80%以上。这些用户每年的需求量是稳定的，每年年初会与公司签订年度合同，确定全年的需求量。

市场客户是一些中间的贸易商，这类用户往往都是短期用户，销量占10%～15%左右，购买量随需求而随时确定。但是这类用户市场比较广泛，区域跨度大，间接提升了公司的市场占有率，起到了辅助作用。

4）按照用户类型细分市场

蔚州煤炭运销集团根据用户对煤炭的需求不同，可以将产品按照用途细分为电煤、冶金、供热这三类。

电煤用户是公司的重要用户，其销量占公司的绝大部分，是公司主要的消费市场。如山东信发集团、山东魏桥集团、齐鲁石化公司、华能济南黄台电厂等。

冶金用户这类用户很少，在公司的销量也微不足道，不是公司的主要市场。

供热用户有一定的季节性，公司销量占比很小，用户流动性很大。

（2）目标市场选择

蔚州煤炭运销集团隶属的集团公司是山西的大型煤炭企业，一般采用全方位的目标策略，但蔚州公司属于县级子公司，有一定的局限性，所以在选定目标市场的时候要有所侧重。结合市场细分的结果，蔚州煤炭运销集团的目标市场范围是以山东和河北两个地区；目标市场的行业在稳定电力市场的同时向新型煤炭需求行业发展；用户的类别选择主要以终端用户为主。

（3）市场定位

关于产品的定位应该是高热量、高品质的清洁能源。

1）分析选择的目标市场得出

公司的主要客户，也就是电力用户主要需求高热量的煤炭产品；而公司的市场小客户，对煤质的要求根据用途而变。

2）蔚州煤炭运销集团通过销售高品质的煤炭产品可以在市场树立良好的品牌，从而扩大市场；最后，在经济发展新常态的背景下，蔚州煤炭运销集团应该把发展清洁能源放在首位，而不是一味地追求利润。蔚州煤炭运销集团在产品销售方面应该采用集中型的营销战略，依托基础优势，重点发展终端用户，与用户稳固战略合作关系的同时，努力与其他有实力的客户合作。

2. 蔚州煤炭运销集团营销组合策略

在经济新常态和供给侧改革的背景下，蔚州煤炭运销集团要克服自身困难，增加销售量，实现公司的稳定发展就必须制定出完善的营销策略。然后从制定多元化的产品策略；制定出及时、合理的定价策略；建立现代化的电商渠道；采取新奇、别致的促销策略这几个方面制定营销组合策略，确保在竞争中占据一席之地。

（1）蔚州煤炭运销集团产品策略

1）以市场为导向，拓宽煤炭资源

蔚州煤炭运销集团目前的产品主要采购于县域五大煤炭集团，主要为优质的动力煤，但随着市场竞争加剧，用户对煤炭品种的需求也日趋多元化，为确保产品供给公司可以从以下几方面突破。

①加快建设公司自有煤矿的建设

公司的富东煤矿目前处于停业建设中，践行"绿水青山就是金山银山"的理念，对于富东煤矿煤炭开发要从煤炭绿色开发的基本原理出发，在煤矿的建设中应当先进行生态的治理，来增强矿区生态环境的抗扰动性；同时在施工建设过程中要及时掌握水文地质地动态，以确保能够顺利完成绿色智慧煤矿的建设。富东煤矿建成后，井田面积达10.2893km²，可开采煤层：8#、9#、12#、15#、15# 下，矿井能力达 90 万吨 / 年，确保了公司的煤炭产量。

②根据市场信息有计划地购入

煤炭公司采购部门要加大市场调研力度，准确把握市场需求。依托公司的信息采集平台运用"互联网 +"的技术及时掌握县域各煤矿生产销售情况，利用季节及时间差，在煤炭价格将近探底时抢抓煤价低位运行机遇，积极购进原煤仓储及时购进、存储，然后时刻关注市场变化，时刻捕捉有利信息，价格回升时及时售出，以增加吨煤利润。同时根据掌握的用户库存余量、需求信息，利用蔚州煤炭运销集团的运输优势购进省外煤炭，以此为依托来拓宽公司的煤炭资源，用以解决公司无自产煤的问题，提高市场占有率。

2）做优产品，打造品牌

①加强产品质量以树立品牌

产品质量的好坏决定了用户对企业的信任度和归属感。蔚州煤炭运销集团要严格把控产品质量，把煤炭的质量放在首位。应运用公司先进的化验设备和专业的技术人员，对采购的煤炭产品进行实时性检测并提供相关检测信息，对产品质量进行预估提供产品质量报告，强化煤质管理。一方面可以帮助营销人员进行销售；另一方面可以减少用户关于煤炭质量方面的产品纠纷。煤质的提升可以带动整体的发展，更有利于产品的营销，实施品牌吸引，用优质的产品稳定公司在当前市场中的地位。

②以定制化产品树立品牌

客户对煤炭的种类和品质有不同的要求，资源采购部门可根据用户的需求开展配煤业务，对煤炭进行有效初加工，生产适销对路的煤炭产品。

首先，可以对不同煤种和价格的原煤、矸石、中煤、煤泥进行配选，生产出电厂所需求的高热低硫、价格合理的"动力配煤"。

其次，采购陕西、内蒙等地的煤炭与本地煤进行混配，增加煤炭品种，增加效益。通过丰富公司的煤炭品种，确保用户的需求，树立良好的品牌形象。

3）加快产品研发，发展清洁能源

国际能源结构已向着清洁低碳转型，我国煤炭急需实现绿色开发利用，而创新是煤炭绿色开发利用的根本，按"延伸煤"的思路，蔚州煤炭运销集团要全面推动煤炭产品升级、产品创新和产品转型，确保公司煤炭产品的清洁利用。

①产品的深加工

根据"十三五"规划的要求，再结合目前的煤炭市场，蔚州煤炭运销集团应推进煤炭的清洁使用，大力发展煤炭的洗选工艺、发展洁净煤加工技术。企业不能依旧停留在销售原煤产品的阶段，而是要生产、销售高端的洁净煤炭产品。因此，蔚州公司可以利用公司先进的洗选技术来改善洗煤和加工，对原煤中的硫分、灰分和矸石进行改造，使产品具备环保、节能的特征，从而扩大高端煤炭产品和市场，增加公司的综合收益，延伸企业的价值链。

②开发蔚州煤炭运销集团乙二醇项目

乙二醇是重要的、战略性的大宗化工基本原材料，用途广泛。可用于制造聚酯涤纶、湿润剂、增塑剂、染料、抗冻剂、炸药等。我国聚酯工业的发展拉动了乙二醇的消费，但乙二醇目前的产量仍不能满足市场需求，依赖于进口。近年来，煤制乙二醇技术迅速发展，生产成本低，所以一直受到中国煤化工产业界高度重视。蔚州煤炭运销集团可以引入草酸酯法、甲醇合成法以及直接合成法的制作工艺，生产乙二醇，把握先机。相较于其他传统的煤炭化工产品，乙二醇具有较高的产品附加值，而且需求量保持高速的增长，销售前景乐观。

③发展光伏发电清洁能源

蔚州煤炭运销集团隶属的集团公司运营研发了光伏发电项目。该项目有着清洁、安全、使用广泛等优点，是公司可以重点发展的清洁能源。蔚州煤炭运销集团的上级公司目前已经具备了生产太阳能电池和组件的生产能力，目前以实现了高效背钝化单晶、高效多晶硅太阳能、超高效异质结这些组件的量产。蔚州煤炭运销集团应革新自身技术和生产能力，拓宽产业链，依托集团上级公司的现有条件，致力于发展绿色能源，发展光伏发电新项目。

（2）蔚州煤炭运销集团价格策略

在市场经济条件下，煤炭作为商品，其价格变化主要取决于供需关系。但煤炭有别于一般商品，产品价格还受政策导向、物流运输等影响。根据影响煤炭的因素，以及蔚州煤炭运销集团的实际问题，主要的价格策略有：

1）根据市场变化制定价格

①增强市场信息采集分析

企业在制定价格时应随时关注行业的动态，并以市场调研的信息为基础调整价格。所以必须加强信息的采集、分析。依托于公司的现有信息采集平台，加强对信息的采集，不仅仅停留在县域煤矿的信息，有效地利用互联网技术扩大市场信息采集面。同时要明确专门部门和专门人员定期对信息进行收集、整理、研判，形成及时报告和反馈的机制，确保信息的时效性，为价格策略的制定奠定基础。

②根据需求制定价格产品市场的供求变化决定了价格的波动。

当煤炭产品需求良好时，适当的上调价格，但应该在市场可以承受的范围内；当煤炭市场产能过剩，需求放缓，煤炭企业销售出现瓶颈，发展不景气。公司可适当降低价格，同时对于客户的需求进行深入了解，分析用户目前的产品缺口，优化公司的产品和服务，促进公司库存商品的销售。

③建立及时的定价机制

蔚州煤炭运销集团目前对市场价格反应慢，各个部门之间、营销部门人员之间信息不流通，对煤炭价格的预判决策都存在偏差，造成了煤炭采购、销售价格上利益的流失。公司应建立专业的委员会，结合信息采购部门的信息报告，定期及时召开经济分析会，对产品的价格进行预判，统一决策。

2）差异化定价

根据对蔚州煤炭运销集团市场细分的结果，充分考虑市场区域和客户类型的不同，要保证产品价格水平的合理性，应设置多样化的定价方法满足不同用户的差异化需求。

①根据不同的用户定价

一类是长期合作终端用户。这些用户规模比较大、购买力强、稳定性强，采买数量占蔚州煤炭运销集团总销量的80%以上。这些用户的综合实力也很强，所以可结合客户接货能力、支付能力、产品需求、区域运距等因素，来设定长协价格，价格参照上一年最后一期合同，并给予一定的价格优惠，当市场变化较大时再签订补货合同。守住既有市场份额，稳住主体市场，巩固合作。

另一类是市场散户客源。这些用户的规模比较小、购买力比较低、稳定性不高，采买数量占蔚州煤炭运销集团总销量的10%～15%。这些公司可以承受比较大的价格浮动，当需求发生变化时，公司可根据这些客户的状态进行价格调整，但由于这些公司流动性高，要采取现货价格的形式。

②根据地理区域定价运输成本

在煤炭交易中占了很大一部分，间接影响到产品的价格，所以根据地理位置的不同，应实施差别定价。为弥补装车成本和长途运输的损失，蔚州煤炭运销集团采取分区定价的方法。根据用户所处区域距离的远近，将市场分为不同区域，万方数据蔚州煤炭运销集团营销策略研究 34 同一区域价格相同。一般对于运输距离长的用户价格会高于运输距离短的用户。

（3）蔚州煤炭运销集团渠道策略

1）夯实运力，优化物流体系

煤炭运输占据了销售渠道的主要环节，外运能力一定程度上决定了公司发展。公司地处陕、蒙、冀三省交界地，且距离北京、天津、济南等城市较近，公司目前有铁路运输、公路运输两种运输方式。要实现公司的持续发展。必须夯实公司运输运力，打通销售渠道。

①大力发展铁路运输渠道

由于公路运输煤炭产生大量的扬尘，对空气质量造成影响较大。所以国务院常务会议要求调整运输结构，占 75% 的全国煤炭产量将在三年内实现公转铁。可见铁路运输已占据成为煤炭物流的主导地位。平舒、草沟煤站将是公司煤炭贸易物流主营业务的核心竞争力。随着环保全密闭工程完成建设，两站在地理位置、发运能力、仓储能力、环保达标等方面将显现出其他发煤站无可比拟的优势。

除此之外，公司必须加强和铁路部门的沟通，加大对太原铁路局的攻关力度，确保公司铁路运输渠道的通畅、促进公司铁路外运上的发展。公司具备铁路专用线，中铁标准站台的优势，从长远的战略的高度出发，公司值得下大力气发展铁路运输。

②构建低碳绿色物流体系

其一，为顺应日益严格环保形势，环保部门要求铁路发煤站进行全封闭发运作业。为此 2018 年 6 月，公司投资概算 1 亿元，对公司两大发煤站开始实施全密闭改造工程。改造后，将集环保、安全、高效、智能等特点为一体，成为县域高标准的花园式煤炭发运站，成为满足绿色环保规定的运输渠道。

其二，需要关注公路运输车辆尾气排放量问题。用于公路运输煤炭的柴油汽车，会造成一定程度的环境污染和过多的碳排放。公司应该尽量添置新能源车辆，有效降低污染物的排放，促使环保节能工作圆满完成。

2）发展电子商务，丰富营销渠道

随着网络技术的进步，发展电子商务是传统产业升级的重要一步，作为一种伴随互联网发展的新渠道，线上销售结合传统销售的煤炭营销，提高了营销的效率，增强了竞争优势。

首先，可以借鉴神华、中煤等企业的模式，学习其先进经验，尝试开展电商业务；

其次，逐步建立电脑加手机的企业信息网站，在网页和微信平台上定期发布蔚州煤炭运销集团的市场信息，包括公司的产品信息、近期价格、优惠政策等，以促进公司的销售；最后，尝试建立蔚州煤炭运销集团的交易平台，通过互联网将产品信息、物流信息、用户信息等资源整合，利用互联网高效快捷的发布信息的特点，为用户提供全面的服务，开拓营销渠道。需要注意的是煤炭是大宗货物，和一般的产品有一定的差异，因此使用的运输方式以及支付方式也较为特殊，运用 B2B、B2C、C2B 等电商交易平台存在局限性。所以公司在进行线上产品的网络销售和采购时，还需要对互联网产业能很好地把握。努力实现传统交易模式向现代商品交易模式的转变，帮助企业在激烈的市场竞争中占得先机。

3）完善中间商的管理

①选择可靠的中间商

蔚州煤炭运销集团的煤炭主要采取对电力用户直接销售的渠道，而对于中间商这类间接销售的用户还很少，所以在选择中间商的时候要选择可靠的用户。

a. 中间商要有一定的存储能力，确保产品的存放。

b. 由于煤炭产品的特殊性，在买卖过程中会涉及大量的资金，这就要求中间商有一定的实力，确保贸易的正常进行。

c. 中间商还得具备运输煤炭产品的能力，保证煤炭的正常销售。

d. 中间商要有良好的声誉，增强用户的购买意愿。

②中间商的激励

蔚州煤炭运销集团对于中间商也要给予一定的激励。

首先，公司应该确保煤炭产品的质量和清洁性。

其次，为缓解那些常年合作、声誉好中间商的资金压力，可以采取先供货后结算的方式。

最后，蔚州煤炭运销集团可以承诺在市场供不应求时，优先提供给那些销量比较大的中间商。

（4）蔚州煤炭运销集团促销策略

1）人员促销

人与人之间最有效、最直接、最传统的交流就是面对面的交流，也是促销方式中最人性化的促销模式。营销人员在促销中所起的作用是举足轻重的。当前蔚州煤炭运销集团销售对象主要是用煤企业和经销商，且主要采用订货会合同制销售和客户上门订货的形式。随着煤炭市场环境竞争愈发激烈，人员促销也势在必行。人员促销有灵活性强、针对性强、适于推销复杂的产品、便于建立合作关系等优势，所以人员促销不仅仅可以增加蔚州煤炭运销集团的产品销量，而且可以宣传公司的品牌，塑造公司良好的形象。

①要努力提高销售成员的业务能力。

为促进公司业务的发展，人力资源部门要积极配合市场营销部门的需求，招聘相关业务员并加大对营销人员的培训。主要包括以下几个方面。

a. 要提高销售人员的专业知识。通过对营销人员专业、道德、文化修养方面的培训，提升业务能力。

b. 实行薪酬激励制度，调动起销售人员的热情，激发他们的潜力。

c. 营销人员结合实际情况，为客户提供合适的煤种。

②营销部要把主要精力放在"服务终端用户、维系终端用户、巩固终端用户"上来。要切实树立"为用户服务"的理念，与用户建立层层定期沟通机制与跟踪服务机制，营销人员要及时掌握用户需求，想用户所想，急用户所急，尽己所能为用户排忧解难，使用户深切感受到我们不是单一的煤炭供应商，而是"贴心的服务者"。

2）广告促销

广告促销是通过展示公司产品信息让用户深入了解，从而促进购买的行为。不同于人员促销、公共关系等促销手段，效果不是立竿见影而是有一定的延续性。同时广告促销的结果也不单纯体现在具体的数字和利润上，广告促销也可能带来消费者的心理变化、态度转变等一系列难以测定的变化。

可见，广告促销带来的作用不容忽视。蔚州煤炭运销集团可以通过多种宣传平台对公司进行宣传，加大正面宣传和舆论引导力度，宣传公司专业销售一流煤炭的供应商身份，吸引潜在客户。公司可以采取的广告促销策略有：通过集团公司自有的新闻中心，在报纸上进行投稿、宣传企业的煤炭产品，定期发布报纸；同时可以加大与相关宣传部门的沟通，在行业内的其他报刊上宣传；现在已进入了新媒体时代，公司可以将宣传重点放在论坛、微博、微信公众号等平台，定期发布公司相关信息，把公司的品牌、综合实力等宣传出去，让消费者及公众更多地了解公司情况。

3. 蔚州煤炭运销集团营销策略实施保障

（1）加强营销建设

1）完善公司信息系统公司

目前的信息系统不健全，内部不同部门之前存在沟通障碍，信息的有限资源不能很好地共享。所以要统一对收集市场上有关产品的信息、相关政策、竞争者情况和替代品的信息。同时建立客户信息数据库，整理客户提出的意见和建议，并完善客户情况分析机制，搭建起客户和企业之间的信息沟通平台，方便企业服务用户，以满足用户的需求。信息系统地建立完善了公司的营销体系，通过线上、线下的密切配合，为公司制定营销决策和应对市场突发情况提供可靠信息。在市场营销的过程中起到了关键的作用。

2）规范营销管理体系

要规范营销工作，首先要加强企业制度建设，废除不合时宜的规章制度，与时俱进地建立科学、高效的营销管理体系。由于公司之前着重行政管理职能，营销人员对市场往往是被动接受，没有很好地走向市场。现在要通过制度和资源调配，运用现代的营销理念，建立专业的管理系统，通过营销服务帮助公司更好地抓住市场机遇，灵活应对市场，增强竞争力。

（2）完善薪酬制度

蔚州公司切实强化绩效考核力度，完善岗位绩效工资制度。从2018年开始，公司结束了参照事业单位工资结构发放薪酬的历史，开始执行切合企业性质的岗位绩效工资制度：

1）修订完善了《岗位绩效工资实施方案》及配套考核文件，将企业效益好坏与个人绩效挂钩，当月考核，次月兑现，用"收入差别"激发全员推进降本增效的主动性和积极性，提升企业效益。

2）推行《业务提成办法》，每单业务公路高出7元/吨、铁路高出20元/吨（含站台费用）贸易差价的部分，按税后70%的比例兑现提成，用收入激发全员营销、全员创业的热情；

3）推进岗位动态管理和干部末位淘汰机制，重点提高一线岗位薪酬，激发全员争取机会到一线的主动性，不断强化营销力度，提高煤炭贸易物流业务运行效率。同时，坚持"能者上、平者让、庸者下"的选人用人机制，致力打造"踏实干事、勇于担当、能创效益"的中层干部队伍，建立了以"日常工作指标+职代会民主测评"为考核依据的干部评价体系，对考核不及格者，及时进行调整，确保企业运营始终保持生机和活力。

（3）加强贸易风险防控

1）健全公司法律事务部

为了进一步保障公司的营销中的合法权益，有效规避企业营销活动的风险，公司建立了法律事务部。一方面，部门健全和完善公司各项管理制度、起草并签订合同、开展法律宣传和教育的工作；另一方面，聘请专职法律顾问，对公司经营活动提供法律支持，对销售、采购合同严格审核把关，并全程跟踪合同执行情况。

2）严控合同风险

在进行煤炭营销的过程中，企业的相关部门、相关人员、相关领导要严格按照公司《合同管理办法》规定，以高度负责的态度履行职责。公司的法律事务部门要严格把控"文本审查关"和"签订审签关"两个关口，制定并不断完善公司"贸易合同范本"，原则上要求贸易合同一律使用公司范本，严格把关，杜绝有损公司利益的条款存在；同时，要严格审核用户资质确保合同的有效性，防范合同风险。

3）严控业务运行过程中各环节风险

企业结合煤炭营销的业务特点，对公司所有制度和工作流程进行了全面梳理，从用户选择、合同签订、采购、运输、储配煤业务、资金使用、安全和环保、信息舆情管理、公文处理等方面全部找出了风险点，制定了防控措施，实现了内控体系全覆盖。公司在营销活动中，应严格执行有关风险防控的相关规定。

4）严控货款回收风险

财务部门应严格控制资金使用，经常性的分析、研判用户经营情况，密切关注、跟踪用户的资金情况，以便及时调整供应计划，提高资金使用效率，确保营销业务正常运行。财务部门要细化用户管理：针对终端用户，合同中要约定回款期限，业务人员要及时关注用户生产经营情况，确保货款及时顺利回笼；对于其他用户及新增用户，必须足额预付货款及相关费用后才能签订合同开展业务。通过分类管理，防范货款回收风险的发生。

4. 控制成本，重视资金管理

（1）要控制成本，强化"全面计划、全面预算"管理

围绕经营指标，企管部牵头制定年度、季度、月度工作计划，将任务指标分解到季度、月度，并制定工作措施，保障任务指标完成。财务部根据年度、季度、月度任务指标，下达年度、季度、月度费用预算，将可控费用按实际情况分解至各部门、单位，由各部门、单位在保障业务正常开展的前提下，精打细算，严格把控。

（2）由于煤炭行业之间的交易所涉及的资金量较大，而且销售的周期比较长

所以，在营销过程中的关键是确保资金的回款，并且要高效的利用现有流动资金。相关部门要严控货款回收风险。对"终端用户"，合同中要约定回款期限，并设置欠款红线，同时业务人员要及时关注用户生产经营情况，确保货款及时顺利回笼。对于其他用户及新增用户，吨煤毛利必须高于"终端用户"且必须足额预付货款及相关费用后才能签订合同开展业务。公司财务部要解决好货款回收的问题，规范财务管理，为公司营销提供资金保证，让企业朝着信息化、现代化、专业化的方向发展。

5. 加强关系营销

（1）加强用户沟通和服务

1）了解需求，要建立以用户为中心的营销机制，促使销售人员换位思考，站在使用户满意的角度，例如，广远公司要按照魏桥集团实际需求，继续积极在邹平煤场开展配煤业务，精心测算，精心操作，保持无缝对接，保持信息对称，争取对魏桥集团的供应量有大的突破，有质的提升。

2）主动服务，运用良好的信息系统和先进的技术，针对用户销售前后的各个环节主动为顾客提供各项服务，特别是遇到突发情况时，及时为用户提供应急措施。通过优质的服务与客户加强感情上的沟通，提高用户的归属感，使得用户对公司具有更高的忠诚度，争取让客户获得超值服务和体验。

（2）优化公共关系

企业生存发展离不开公共关系的维护，对于蔚州公司而言：

1）要维系好与地方政府的关系

公司在县政府的支持下，先后成立了"县域煤炭销售信息采集"和"县域煤炭公路运

输统一结算"两大服务平台，促进了县域煤炭经济的持续健康发展，公司也得到了社会各界的认可。

2）要得到集团公司的支持

这样就可以依托与山东信发、魏桥集团长期以来形成的合作基础，借助推行混改政策的契机，与两大用户在资金、煤源、物流通道、供应需求、地方优势等方面开展战略合作，力争成为两大用户在县域乃至市地区的采购总代理，进一步提高对大用户的市场占有率。

3）要处理好与太原铁路局的关系

向铁路部门提出自己的意见建议，取得铁路部门的理解，分管车皮计划批复的员工要与车站相关人员建立定期沟通机制，发扬专劲和韧劲，尽可能多的争取车皮计划，争取确保公司铁路运输渠道的畅通。

4）蔚州公司要处理好两大煤站与周边居民的关系，以保证煤炭的正常发运。

第三节　产品开发

一、新产品开发概述

1. 新产品概述

企业进行新产品开发时，需要对新产品的概念有一定的了解。产品所包含的属性是它所包含的内容、提供的服务能够被顾客接受并满足顾客的需求。产品在现代管理学中被定义为营销人员对能够满足潜在或者已经存在的顾客需求有形或者是无形利益的供应，这种供应的设计是以满足市场需求为目标设置的。对现代产品定义在提高市场营销和新产品开发方面具有十分重要的意义。它体现了市场营销以市场为中心的观点。产品是一种实体服务，一种意识（如价值）或某种有机结合，包括工厂产品附带的各种售前、售后服务。部分产品组件是一种多属性组合，不但包括产品实体本身，还包括包装、品牌和企业声誉等。

核心产品是产品的最基本的层次，它提供满足顾客需要的最基本的使用价值。形式产品是产品的第二个层次，是核心产品的载体。企业的设计和生产人员将用户的核心利益转变为有形的产品才能出售给顾客。即形式产品是满足顾客需要的各种具体产品形式。附加产品是产品的第三层次，指的是客户购买产品得到附加的服务或利益。如安装、交货、售后服务等。例如，核心产品主要由冰箱制冷功能和电路控制系统组成，形式产品主要由外观造型设计和外壳材质组合，附加产品为送货上门、安装、维修、售后服务等。总之，从整体来考察，新产品的概念在产品概念、设计、制造、销售的整个过程是功能创新，形成创新、服务创新多维交织的组合创新，如图9-3所示。

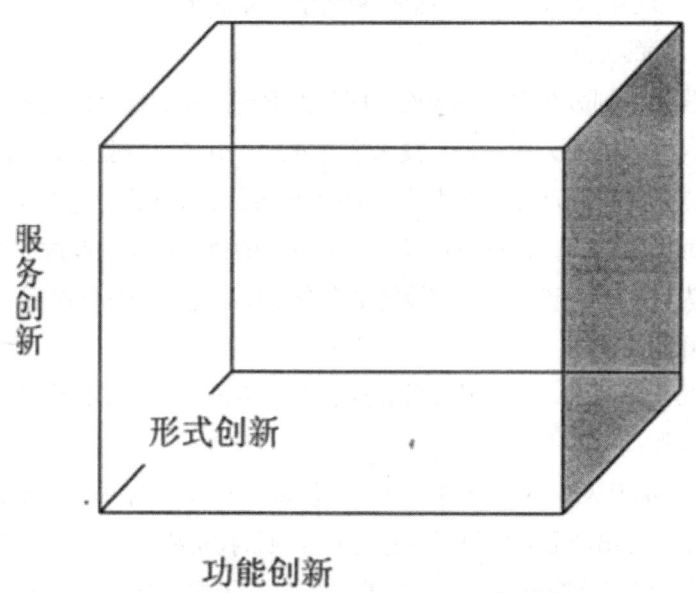

图9-3　新产品的三维概念

了解新产品的概念，可以使产品开发人员和管理者们摆脱传统产品的理解模式，才能真正从不同层次的消费者心理需求。综合考虑产品的开发和设计角度来看待产品开发，从而从根本上促进和提高产品的市场竞争力，有效保障企业利润。

2. 新产品开发概述

（1）新产品开发的过程特征

1）阶段性特征新产品的开发过程，包括创意的产生、研究与开发、产品的流程设计、试制、生产、销售以及其他环节。每个环节都有它自己的特点，需要分成不同的阶段进行。

2）专业性特征新产品开发过程中每一个环节都需要相应的知识和技能，因此需要具备科研、开发、设计、营销等专业知识的人才，并且需要各专业的人才进行合作。

3）全面性特征在新产品开发过程中每一个阶段，每一个专业都有紧密地联系，他们不是支离破碎的个体，而是各个部分联合在一起，具有一定的关系并进行互动合作的一个整体。只有各方面的密切配合，才能够达到成功顺利地开发新产品的目的。

（2）新产品开发的主要内容

企业新产品开发活动主要包括三个方面的内容：

1）开发新工艺、设备、原材料、降低成本、提高质量和效率。

2）根据消费者的需求，通过改变产品设计或增加一些功能，以此来扩大企业产品市场范围，增强企业的市场定位。

3）强化新产品的研究和发展，企业应当注重技术管理、知识产权、科技创新软环境的发展。新产品开发活动的战略性或是战术性的选择，需要一定的条件支撑。这些条件包括技术创新条件、市场创新条件、资源集聚和优化组合条件。

（3）新产品开发的方式

新产品的开发因为划分标准的不同而不同。根据新产品的概念形成和获取创新的信息来源不同，新产品开发方法分为三种：技术推动方式、市场竞争驱动方式和市场需求拉动方式。这三种方式多是以新产品的开发为目的的新产品开发方式，能够提高以企业经营绩效为目的的新产品开发能力，促进以市场定位为目的的核心产品的改进，以创造和开发新产品的技术平台为目的的新产品开发，最终培育企业核心能力开发新产品。

（4）新产品开发的程序

尽管各种产品千差万别，产品开发的方式也各有不同，但开发程序则大同小异。一般可分为以下六个步骤：

1）调查研究产品开发中的调查研究是在市场调查和技术调查的基础上，确定企业产品开发的基本战略，提出产品开发目标，鉴定开发项目投资机会。

2）新产品构思在产品构思过程中，要集思广益，不拘一格地广泛搜集各种构思和设想，力争做到"想别人未曾想到的，注意别人容易忽视的"问题，这样可以使开发的新产品既有自己的特点，又高人一筹。在构思的方式上，既要鼓励商家百花齐放，又要提倡从功能出发，进行功能结构设计，同时还要注意运用消费工程等科学方法进行产品构思。

3）产品开发决策所谓产品开发方案，就是根据新产品开发的要求，对未来产品的基本特征和开发条件进行必要的描述，包括结构形式、主要参数、目标成本、销售预测、开发投资、企业现有生产条件利用程度和实施方案等。

4）产品设计和产品工艺准备

①产品设计新产品开发方案决定后，由企业或主管部门组织有关单位，根据可行性研究报告提出的最佳方案中有关结论的意见和参数，整理并编制出设计任务书。设计任务书是产品的选型阶段，是指导产品设计的基础文件。产品设计是根据设计任务书的要求进行的。

②工艺准备工艺（工装）准备主要是对产品设计进行工艺性分析审查制定工艺方案，编制工艺文件，设计和制造工艺装置等，这些都是产品批量试制工作的重要组成部分。

5）试制鉴定并投入生产新产品试制一般分为两个阶段；样品试制和小批量试制。样品试制的目的主要是考验产品的设计质量，检验并修改设计图纸。小批量试制则主要是考验新产品的工艺性能，检验工艺（工装）设备的有效性。

6）市场开发新产品的市场开发包括样品试用市场。样品使用的目的是通过它来检验本产品的技术功能，并取得反馈信息。市场试销是将新产品先置于小型市场环境中，以便根据试销情况进行市场预测该产品的价格，并在经济分析的基础上制定产品推销策略，如广告、包装装饰和销售服务等。

（5）新产品开发的战略意义

1）企业竞争优势的来源企业的竞争优势不仅在于产品的创新，而且在于创新的速度。在新的世纪里，开放的市场经济使得企业竞争逐渐面临国际化、市场需求的多样化，以及产品更新高速化的压力。在这种情况下，新产品的开发显得尤为重要，成为关系到企业生命的一个重要发展战略。

2）加强新产品开发的战略优势新产品开发的研究，本质上是在研究企业的一系列组织和行为如何导致卓有成效的新产品开发，这些组织和行为包括战略制定、管理制度、组织设计、策略选择和一些常用的技巧。

3）新产品开发可以充分利用生产和经营资源企业生产和经营资源包括设备、技术、人员、资金、信息、营销渠道等，这些资源常常处于不平衡和闲置的状态，产生许多浪费现象。新产品开发过程中，也会出现各种各样如边角料、副产品等。企业利用现有资源，充分挖掘潜力，在新产品开发活动中就可以为企业创造出更多的经济效益。

4）新产品开发保持企业研究与开发能力企业研究开发能力的保持和提高是在实践中实现的。企业持续的新产品开发活动可以调动各方面的力量，激励技术人员、生产人员和管理人员加强学习。企业的技术能力、制造能力、营销水平也会因此不断地得到提高。而企业研究开发能力的提高又推动了企业新产品开发活动的开展，由此形成良性循环。

5）开发新产品有利于加速新技术、新材料、新工艺的传播和应用新技术、新材料和新工艺可以提高产品性能，增加产品的新功能，降低成本，创造出新的需求等。新产品的开发为新技术、新材料、新工艺的应用和传播提供了一条重要的途径。

6）开发新产品企业更好地适应环境的变化在社会飞速发展的今天，企业面临的各种环境条件也不断发生变化，这预示着企业的原有产品可能会衰退，企业必须寻找合适的替代产品，从而产生的新产品的研究和开发。

7）新产品开发能够提高企业形象是社会公众对企业的整体印象和综合评价，其中产品形象是企业形象的重要组成部分。良好的产品形象涉及产品的功能、质量、包装、服务等各方面。企业不断的产品创新包括功能、形式和服务的创新不仅能给人以朝气向上、追求卓越的良好印象，更能体现企业为顾客服务、尽社会职责的经营理念。

（6）新产品开发中重点考虑问题

罗伯特·G·库伯在其《新产品开发流程管理》中总结出了新产品开发的关键点和难点：

1）在新产品开发和推广中，仅靠先进的技术是不够的，满足顾客的需求，给予顾客独一无二的产品体验远比市场中其他东西要好得多。

2）建立一个从项目构思到产品上市的合理的有步骤的活动流程。

3）多兵种的互动及各个方队之间紧密的联合是项目成功的关键。

难点：

1）将实验室研究出来的产品转入小规模生产进而大规模生产的困难是普遍存在的，因此克服技术问题是新产品开发的难点。

2）资源配置问题也是新产品开发的难点之一。

对新产品进行资源配置的评估，决定有多少人／天数和多少金钱要花在新产品革新的各个职能部门，决定在哪里和怎样进行分配，在活动和项目上细分。唐清泉教授等通过问卷调查研究和分析，发现要成功实现新产品开发，需要有效地处理6个配置关系：

①处理好人力资源与财务资源的配置关系。

②处理好开发战略与开发团队的配置关系。

③处理好开发速度与开发方法的配置关系。

④处理好感知客户能力与可执行力的配置关系。

⑤处理好风险评估与防范的配置关系。

⑥处理好创新性与可行性的配置关系。

二、煤化工技术的现状和发展方向

近年来，我国煤化工技术发展十分迅猛。煤化工是将煤炭通过相应技术进行焦化、液化、气化的过程进而达到高效利用的过程。

1. 我国煤化工技术的特点

随着我国国内煤化工技术的迅速发展，煤化工技术所呈现出来的特点有三，①规模化，②技术化，③转型化。规模化主要指的是通过对国内大型煤炭企业进行整合，集中力量发展煤化工技术，这样可以在很大程度上节省企业内部消耗，增强煤化工企业的综合实力。煤化工企业的发展需要强有力的基础后盾，因此，利用多个煤炭企业的资源和技术整合进行煤化工技术发展可以在短时间内将煤化工企业上升一个层次。

技术化主要指的是将国内煤化工在技术领域攻坚克难使其达到一个更高的标准，进而将我国煤炭产品和清洁能源意识推向一个更高的领域。技术化在煤化工中主要体现的是将煤炭资源通过技术整合进行提纯，将煤炭整合过程中产生的废气进行优化利用，这样就可以通过技术将煤炭资源变成化工用品或其他产品。转型化主要指的是将煤炭以煤炭衍生物的形式面向市场，由于煤炭是一种不可再生资源，人们想要对其进行高效利用就必须将煤炭进行转型，这样才能提高煤炭的利用率，比如，将煤炭进行焦化、液化、气化，生产出市场需求较大的煤炭化工产品，这样就可以在很大程度上提升煤炭的经济效益。由此可见，煤化工的规模化、技术化、转型化是我国国内煤化工技术的主要特点，通过煤化工技术多种形式的改变，可以提升煤炭资源的利用率，增加煤炭资源的经济效益，进而迎合市场发展、实现煤炭经济化转型。

2. 我国煤化工技术的现状及不足

由于我国国内煤化工技术还处于发展阶段，在很多方面存在着不足，需要人们对其进行优化和攻克。煤化工技术的现状和不足是相辅相成的，在某种程度上来讲，煤化工的不足预示着煤化工发展方向。

（1）从我国煤化工技术的现状进行分析

对于我国国内煤化工技术的现状来讲，其主要可以分为四个部分，煤的炭化、液化、气化和多种联合工艺。煤的炭化主要指的是将煤利用高温工艺对其进行炭化，目前，通过煤的炭化可以缓解我国冬季燃料问题，由于煤炭化的过程中会产生大量的热，技术人员也充分利用这部分热能对炭化之后产生的杂余物质进行燃烧。在煤化工技术中，煤的炭化技术是最为成熟的，其通常被用于锻造钢铁等多个领域。但由于我国煤化工技术中，煤的炭化技术未完全实现绿色节能和自动化生产，导致这种技术存在一定程度的环境污染，其还需有较大的改进空间。煤的液化主要指的是通过特殊工艺将煤炭直接进行液体提炼，提炼生成的液体主要有汽油、煤油等。汽油、煤油是我国现有代步工具的主要能源供给者，因此，煤的液化产物在我们日常生活中随处可见，其与我们的生活息息相关。煤的气化主要指的是利用特殊工艺将煤炭进行提炼进而生成气态衍生物的过程，比如天然气。天然气可以为工业提供热能，其具有十分便捷的特点，因而被广泛应用于工业供热和生活供热。煤的多种联合工艺主要指的是通过多种合成技术将煤炭合成多种化工制品，化工制品可以打破煤炭衍生物的局限性，其可以被应用于各行各业，提升煤炭的生产利用率。

由此可见，我国国内煤化工技术主要是针对煤炭合成衍生物进行的，需要人们针对更为宽阔的领域进行探索，拓展煤炭合成技术范围。我国煤化工主要是从煤炭焦化、气化、液化多个角度向整个煤化工领域进行辐射的。由于国内煤化工内容的多样性，导致相关技术人员在对其进行研究时要分门别类针对性地做出合理化措施和建议。

（2）对我国煤化工技术的不足进行分析

虽然我国国内煤化工技术的发展相对成熟，拓展领域也相对广泛，但其中也存在着诸多不足，比如污染较大、产品推广难度大、行业投资风险大等。由于我国煤化工技术在应用于煤炭提纯过程中工艺较为不完善，导致其所排废物污染较大，无法满足企业的环保要求。煤炭的主要成分是以碳元素为主，其余的杂质也含有较多的硫，因此，在处理过程中会较为棘手，有些合成工艺企业技术和设备不达标，导致煤炭合成工艺所产生的废气污染环境，相关企业应重视此类问题，始终秉持"既要金山银山也要绿水青山"的环保理念对煤化工技术进行改进。对于煤化工产品推广难度大的问题，煤化工产品与其他合成产品不同，煤化工产品所使用的原料是以煤炭为主，煤炭作为我国的不可再生资源在对其进行提纯时要充分考虑产品利用率的问题，但人们对煤炭产品的接受程度较低，因此，其产品推广难度大。相关企业应积极拓展煤炭产品的种类，这样才能提高人们对煤炭产品的接受程度，进而促进产品推广。

对于行业投资风险大的问题，由于煤化工企业所涉猎的范围较广，人们在对其进行承接时要进行一系列的衔接问题落实，消耗大量的人力物力，存在极大的行业投资风险。煤化工企业的资金链较长、运转周期较大，导致行业投资风险猛增。由此可见，我国国内煤化工技术存在着很多不足，需要相关技术人员针对各类问题进行解决和突破。我国国内煤化工技术的不足主要表现在煤化工工艺落后和对煤化工高素质人才的忽视，相关企业只有通过引进先进技术设备和招聘大量高素质人才的方式，才能从根本上打破我国国内煤化工的技术现状。

3. 新时期我国煤化工技术的发展方向

随着煤炭资源被大量应用于各个领域中，煤炭的高效利用也成为了人们关注的热点问题。煤化工技术随着人们的需求进行不断改革、发展，最终在液化、气化、焦化等多个领域进行拓展，以下就从三个方面展开对煤化工技术发展方向的拓展延伸。

（1）向煤炭液化方向发展

在工业或日常生活中，人们对石油的需求量较大，我国每年石油进口需求也较多，这为煤炭液化方向的发展提供了空间。目前，煤炭可以通过液化技术产生石油、汽油。相关企业可以根据国内的石油需求量，针对性地提升国内煤炭液化技术，这样在有效缓解大量石油需求的同时，也可以增加企业本身的经济效益。目前，国内煤炭液化技术较为落后，无法满足现有的石油需求量，因此，相关企业应联合其他科研机构，提升我国国内的煤炭液化技术，这样才能从根源上提升煤炭液化的产量。我国石油资源匮乏，为煤炭液化技术的发展提供了广阔的空间。通过煤炭液化技术可以增加我国提纯石油产量，弥补国内石油资源匮乏的缺口。因此，通过石油匮乏这一现象，可以预知煤炭液化发展的主要方向。对于煤炭液化发展，相关企业应针对煤炭液化技术较高的企业进行资源联合，通过融资的方式对企业内部液化技术进行整合，进而实现多个企业的互利共赢。

除了和其他企业进行技术联合，相关企业也应积极提升企业内部的液化技术。通过招聘大量的高素质人才对液化技术进行专业性研究，提升企业内部煤炭液化产品的产量。高素质人才是企业发展的预备军，有重视人才的引进和先进设备的应用，才能为煤炭液化打下坚实的前提与基础，为煤炭液化后续发展提供足够的力量。由此可见，煤炭液化在我国极具应用前景，人们应对其引起足够的重视。

（2）向煤炭气化方向发展

对于煤炭气化方向的发展，目前，我国国内汽化的发展方向种类是最多的。多硫水煤喷枪气化和干粉煤气流床气化是国内气化的主要方式。煤炭气化的方式要因地制宜，根据煤质、煤的种类进行气化分类，这样才能通过利用煤的性质，实现煤炭气化利用最大化。山西是我国的煤炭资源大省。煤炭在进行气化处理时，对煤炭数量消耗较大，因此，要有足够的煤炭资源作为支撑。

相关企业在建立煤炭气化基地时，要充分考虑运输成本，在山西省内或邻近省建立相应的煤炭气化基地。在对煤炭气化的技术方向进行研究时，应对煤炭种类进行多多采样，这样才能发掘真正适合煤炭气化的煤炭种类和煤炭技术。煤炭气化的发展方向是多种多样的，因此，煤化工煤炭气化技术的发展极具前景和空间。相关技术人员应充分利用这一特性，对煤炭气化技术进行充分研究，这样才能最大程度的对煤炭气化技术种类进行深入挖掘。由于煤炭气化在我国煤化工行业中占据的比重较大，因此，相关技术人员应对其给予充分的重视，这样才能从根本上解决煤炭气化发展所遇到的瓶颈。虽然我国煤炭气化发展的方向较多，但我国煤化工气化技术较为薄弱，无法满足煤炭气化的需求，相关技术人员应针对此类问题进行提升，进而优化整个煤炭气化行业的技术和基础。

由此可见，煤炭气化技术的发展势必会成为煤化工行业未来发展的主流之一，相关技术人员应对其投入足够的人力物力。

（3）向煤炭焦化方向发展

自20世纪90年代以来，国内就开始重视煤炭焦化技术的发展，这与国外关闭小型煤炭焦化企业的决策是息息相关的。由于前期国外要针对性地关闭落后、小型的煤炭焦化企业，实现煤炭焦化企业综合发展，导致国外煤炭焦化企业的发展陷入低迷状态，这为我国大型煤炭焦化企业的发展迎来了新的机遇。大量的大型煤炭焦化企业在我国建立，这是为了缓解国内外对煤炭焦化企业的缺口。煤炭焦化主要是利用干馏、高温等工艺对煤炭进行物质分解，进而产生焦化煤和其他化工产品的过程。煤炭在焦化过程中会产生大量的废气污染物对大气环境造成破坏，相关技术人员在对煤炭焦化生产时应额外注意煤炭废气产生的问题。

煤炭焦化技术在我国化工企业领域的发展是非常有局限性的，这主要是由煤炭焦化技术始终处于低标准、低质量所导致的。因此，相关企业应重视煤炭焦化技术的发展，通过植入煤炭焦化核心技术的方式提升煤炭焦化的质量和标准。煤炭焦化是煤化工产业中焦化产品最多的技术，通常相关企业会利用煤炭焦化技术合成聚酯乙醚或其他合成化学产品，因此，煤炭焦化产品的开发会成为煤炭焦化发展方向的一大亮点，相关企业应对这一亮点进行充分开发，研究出销路最广、销量最多的煤炭焦化产品。煤炭焦化在我国煤化工发展企业是历史最为悠久的煤化工技术。由于煤炭焦化技术的不完善性，导致其发展方向和领域受限。相关技术人员应针对煤炭焦化技术中所存在的问题进行处理，这样才能解决煤炭焦化污染大等问题，进而实现煤炭焦化在煤化工行业的快速发展。

三、产品开发项目管理的对策

1. 煤化企业新产品项目管理

以A煤化企业为例，主要介绍A煤化企业新产品项目的基本情况及其管理技术、方法及过程。

（1）A 煤化工企业新产品开发项目概况

1）当前我国煤化工企业新产品开发的方向

中国的煤化企业不少，但没有一个是传统的单一的化肥厂，大多数已经成为以煤为原料的综合化学企业。除化肥工业以外，煤化工企业均朝着精细化工、石油化工、农药等方面延长产业链条；形成了煤制石油、芳烃、烯烃和二甲醚等产业格局。下面是当前煤化工企业进行新产品开发的主要方向：

①煤制烯烃

目前主要是甲醇制 MTO 和 MTP 技术，是煤经过甲醇这一中间产品生产乙烯、丙烯和丁烯。

②煤制二甲醚

由于在国内市场上，天然气与液化石油气等主要燃气的价格基本上与国际上持平，前一期产品已经基本上具备了于尿素产品相似的市场条件，但其市场还是在政府的宏观调控政策的管制下。二甲醚的原料生产路线与其他主要燃气不同，因此产生了巨大的市场前景，在利润方面存在相当的空间。

③煤制油

煤制油主要由两部分组成，分别是直接液化制油与间接液化制油。一般 3.5t~4t 煤炭生产 1 吨油，在石油价格上升至 6000 元 / 吨 ~7000 元 / 吨的情况下，明显的有一个很大的投资吸引力。但也有很高的投资和环境保护压力的存在。煤直接液化大规模生产工业的驱动需要神华工程项目的验证，一旦神华工业示范成功，它有望成为一个被市场推广的技术。煤炭间接液化技术在南非已相当成熟，南非萨索公司在中国已有技术的提升。煤制油为国内石油的产量开辟了第二原料路线，煤制油的成本与石油路线油品成本之间的差额决定技术的生命力，彼此间的差距越大，煤制油在中国的成功率越高。

2）A 煤化工企业新产品开发现状

A 煤化工企业是 B 集团的控股子公司，也是宁夏回族自治区优势骨干企业。A 煤化工企业共有二级生产经营单位 44 个，其中煤炭生产单位 15 个，洗煤厂 3 个，矿井建设筹建单位 7 个，其他单位 19 个。经营范围涉及煤炭开采及洗选、煤炭深加工、煤化工、电力、房地产开发等。

A 煤化工企业基地是宁夏的"一号工程"，A 煤化工企业是 A 煤化工企业基地建设的主力军，承担着建设 A 煤化工企业基地和宁夏实现小康社会目标的重任。为了实现这个光荣而神圣的使命，按照产业关联度强、生产集约度高、资源节约、环境友好的原则，以打造煤炭、煤化工、煤炭深加工及综合利用、铁路为四大支柱产业的现代化、可持续发展的大型能源企业集团为目标，确定了建设符合科学发展观要求的国际一流的能源化工基地和建成亿吨煤炭基地的战略目标。

经过多年的大规模开发建设，一大批煤矿、煤化工、电力、铁路、煤炭深加工项目相继开工建设并投产。其产业布局、经营管理、企业创新有了重大突破。越大，煤制油在中国的成功率越高。

（2）A煤化工企业二甲醚开发项目简介

我国天然气资源量为54.54万亿立方米，最终可采储量为14万亿立方米。我国煤炭探明储量1145亿吨，位居世界第三位。以天然气和煤为原料生产洁净二甲醚（DⅧ）燃料，作为石油资源的补充，对我国具有重要的战略意义，同时也具有广阔的市场前景。目前中国和日本无论在二甲醚工艺开发和规模化装置建设方面，均走在世界前列。在原料方面日本主要利用中东廉价的天然气资源，中国则主要利用国内较丰富的煤炭资源，此外也包括部分天然气资源。目前我国已经具备建设百万吨级两步法工艺二甲醚装置的能力。我国两步法生产二甲醚的全套技术拥有完全自主知识产权，其技术水平已达到世界先进水平。

（3）二甲醚生产过程

1）甲醛气相催化脱水工艺（二步法）

甲醇气相催化脱水工艺（也称二步法）的原理十分简单，如图9-4所示：

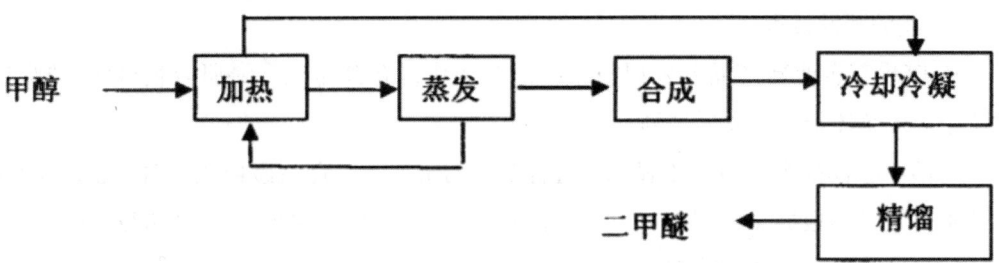

图9-4　甲醇气相催化脱水工艺原理

在目前的工艺中，催化剂一般选择为氧化铝或是硅酸铝。在甲醇脱水过程中，一般要经历三个阶段：二甲醚形成，轻烃的生成和芳构化。因此对于实际工艺来讲，除了第一个阶段，其余轻烃和芳烃的生成均属于副反应。此工艺甲醇单程的转化率一般在70%~80%之间，二甲醚的选择性高于90%，制得的二甲醚的纯度可达到99.9%。

2）合成气直接合成二甲醚

在甲醇脱水工艺过程中，由于涉及过多中间环节，使得热效应降低，同时不利于大规模生产二甲醚，因此合成气直接合成二甲醚法（也称一步法）工艺受到了广泛关注。其基本原理如图9-5所示。合成器经压缩、净化和加热后进入合成反应器内，从顶部出来的气体与合成器换热冷却后，进入吸收培内，通过精馏得到二甲醚。

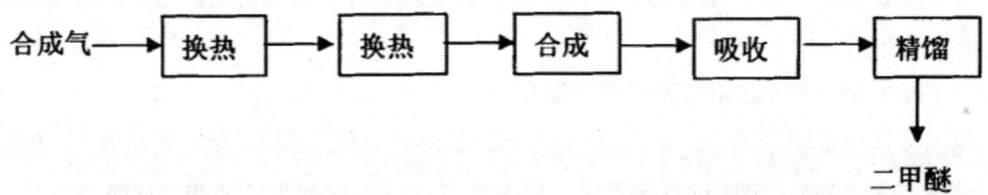

图 9-5　合成气一步法合成二甲醚基本原理

在甲醚生产中，希望通过催化剂选择性地促进前两个反应，而抑制副产物二甲醚的生成，而在合成气一步法中，则希望所选的催化剂能同时促进这三个反应，并使二甲醚的产量最高。一步法与二步法相比，具有流程短、设备少、投资省、耗能低、成本低、单程转化串高等优点，有很强的市场竞争力。

（4）A 煤化工企业新产品开发管理与特点

1）新产品开发的组织构架

该产品开发的组织构架是职能划分式构架，项目经理为技术中心主任，团队职员来自各职能部门。

2）产品的开发过程

①A 煤化工企业新产品开发以技术中心为牵头，有针对地和科研院校合作，制定 A 煤化工企业的整体新产品发展规划；

②营销中心根据企业的总体规划，通过市场调研来了解存在市场潜力的产品，与此同时，技术研发中心根据总体规划以及正处在研究过程中的产品的情况，从市场、研究和发展的反馈角度筛选出拟开发的产品。

③以技术中心为核心，组织对新产品情况的调研，对其可行性进行论证。

④调研小组将调查论证的结果上报上级领导，通过领导审批后组织项目立项，并将该新产品开发项目列入 A 煤化工企业的技术研发项目；由技术中心组建新产品开发项目组，具体落实新产品的研发。

3）新产品项目进度控制

项目进度控制。由项目经理通过例会的形式，对项目的事中、和事后过程计划进行动态式封闭控制，是发挥个人影响力的管控。

4）A 煤化工企业新产品开发特点

①类似产品，沿用原装置工艺线路，根据原料不同做必要的工艺技术改进。

②新产品开发的来源与科研单位完成产品研发的市场调查一致，提交总公司审核后开始研发，并在市场上申请准入证。

③A 煤化工企业新产品开发瞄准市场需求。

④A 煤化工企业自主创新能力的不强，开发速度慢。

2.煤化工企业新产品开发中存在的主要问题

A 煤化工企业新产品开发中存在的主要问题如下：

（1）新产品开发项目管理待改进

新产品开发项目管理的模式是我国国内传统的管理模式，其组织架构为职能划分型。没有专职的项目经理，职员又来自不同的部门，身兼数职；部门的协调工作比较困难，项目管理风险大。

（2）管理没有真正落实到位

关键职能设计没到位，其项目经理的决策权、指挥权、否决权和资源分配权没有真正落实到位，对项目经理综合素质要求比较高。

（3）人力资源管理存在不足

大部分公司员工认为自己的薪酬待遇是"一般"，希望公司能够给予足够的培训机会，这说明公司在薪酬激励、培训激励等方面存在缺陷，还应改进。尤其是缺乏一个科学有效的系统培训体系，人员素质有待提升；同时 A 煤化工企业激励机制也不完善，一定程度上不利于项目成员积极性的提高。

（4）开发项目了解不够

虽然，从分析的结果中看出，大部分员工认为新产品开发项目进展顺利、组织架构合理，说明员工对新产品开发项目抱有好感和期望。公司新产品开发项目在公司内部传达不够清晰。尤其是对于普通员工来说，他们对公司新产品开发项目的了解得分最低，表明其对开发项目还不够了解。

（5）信息不畅

调查结果表明，新产品开发项目信息通畅得分较低，说明新产品开发项目信息流不通畅。A 煤化工企业新产品开发投资大、结构复杂，对项目的信息流通和传递要求高；A 公司信息管理上没有有效的管理，导致信息不对称的现象更加凸显，最终导致了项目决策和项目实施有一定的负面影响。

（6）项目总结不够

新产品开发进度如何，是否达到预期目标？有何成功的经验？存在哪些不足？如何采取必要的措施？这些问题都需要及时加以总结，不断完善。A 企业在这方面总结不够，需要持续改进，以便更好地做好新产品开发的进度控制。

3.完善 A 煤化工企业新产品开发项目管理的对策

项目的成功与项目进度管理存在很大的联系，项目进度管理是影响项目运行的最重要的因素，在实际的应用中，除了项目进度管理以外，企业还需要对新产品开发项目实施一定的措施，通过措施来完善项目管理。

（1）完善项目管理模式项目组织具有鲜明的特征，一是工作量大，二是目标单一，三是临时性，四是高效性，五是采用经理负责制，最后是项目组织建设的周期长，它涵盖了从设计、运行、组织变动、项目终结。

一般而言，项目管理组织结构有如下几种：

1）工程指挥部类型

它具有明显的优势：沟通协调能力强，解决问题快，效率高，比起早期的松散的管理组织结构，确实是个进步。不过，这个组织结构也有行政命令色彩比较浓厚等不足。

2）职能组织类型

这是比较典型的组织结构，经常被称为金字塔形组织，广泛应用于不同的企业组织单位。职能组织类型的组织结构形式是把组织的管理机构和人员分为两类，一类是直线领导机构和人员，按命令统一原则对各级组织行使指挥权；第二类是职能机构和人员，按专业化原则，从事组织的各项职能管理工作。职能组织类型的组织结构的特点是实行垂直式领导，职能部门是参谋和助手，优点很突出：集权和分权相结合；不过其也有不足之处：各个职能部门间联系和协调较难度较大。

3）矩阵组织模型。

矩阵组织最先采用于 20 世纪 50 年代末美国洛克西德飞机公司、休斯飞机公司等大型企业。它是在传统的直线职能制纵向领导系统的基础上建立起来的一种按产品、项目或课题划分的横向领导关系，纵向领导系统与横向领导关系有机统一就构成了矩阵组织。

其优势在于：

①加强了各职能部门及上下级之间的协调和配合。

②大大提高专业人员的集中度而不增加新的编制。

③组织结构相对稳定和企业任务多变。

④组织的综合管理和专业管理有机统一。矩阵组织模型也有其不足之处：实际管理起来需要很高的组织能力。比较适合临时性科研和攻关工作。

上述几种职能结构类型各有其优缺点和适用范围，不可生搬硬套，要根据管理任务、管理实践和管理环境灵活采用。项目管理的经验证明，新产品开发的进度管理比较适合。因此，A 煤化工企业的二甲醚新产品开发项目就采用了矩阵组织模型，实践证明，矩阵组织模型可以充分整合 A 煤化工企业的资源，有效协调了个职能部门和管理部门等单位的关系，集中力量全力搞研发。不仅确保了二甲醚等新产品的研发，而且能够做好项目后期工作，保证研发成员在工作结束后顺利能够回到各自原单位继续开展自己的工作。

A 煤化工企业的"矩阵型"职能结构如图 9-6 所示：

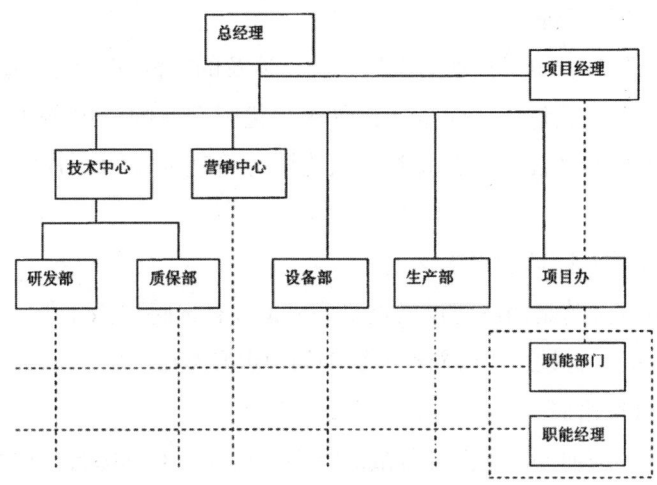

图 9-6　产品开发项目组织结构图

（2）对新产品开发成员充分授权

A 煤化工企业在二甲醚新产品开发中，要加强项目进度管理，注意加强对团队成员充分授权，授根据员工的岗位性质和新产品开发能力，结合员工个人素质开展授权，特别是注意给予团队员工重要问题的决策自主权，自己对新产品开发过程和结果负责。

1）有利于项目经理运筹帷幄

任何人都不是全能管理者，新产品开发项目经理的精力是有限的，没有必要也不可能事必躬亲，事无巨细，亲力亲为。要从繁琐的具体事务中解放出来，集中精力统筹好新产品开发大计。

2）提高团队成员的满意度

有关统计表明，过半数的团队成员认为领导充分授权能提高工作安定感，对二甲醚项目成员做过摸底调查，78%员工认为领导充分授权的会大大增强其工作满意度。

3）激励团队成员

项目经理通过授权，可以增强团队成员的工作责任心和工作热情，激励他们积极向上的工作积极性。

4）实施人才战略，加强梯队建设

新产品开发是个系统复杂工程，不可能一蹴而就，也不是少数人的精英行为，需要多数人的长时间协同作战。因此需要充分授权，实施人才战略，锻炼团队成员的工作能力，尤其是独立工作能力，既给团队成员提供发挥才干、大显身手的平台，同时也给项目经理发现人才、培养人才、加强梯队建设提供了机会。

5）理顺管理关系

项目经理实施授权，可以调动团队成员的积极性，理顺管理关系，形成和谐的团队文化。实践证明，在 A 煤化工企业的二甲醚项目中，领导大胆改革，充分授权，使得项目进展顺利。

（3）加强人力资源管理

二甲醚项目开发属于知识技术密集型项目，涉及的能源和煤化工专业知识较为广泛，技术难度大，所需人才数量大，质量高，在 A 煤化工企业的二甲醚开发项目中，加强人力资源管理是二甲醚新产品成功的保证。人力资源管理涉及面比较广，重点是做好下面工作：

1）加强招聘工作和团队建设工作

项目团队成员的选聘是团队建设的重要一环，只有选聘到德才兼备的专业技术人，团队建设才能顺利完成，这是二甲醚新产品成功的前提和基础。

2）加强人力资源培训

除了正常的基础培训外，注意加强战略培训，培养出有前瞻性的研发人员，保证新产品的顺利进行。

3）建立人才激励机制

A 煤化工企业要建立和健全二甲醚项目人才激励机制，既要注意物质激励，也要针对知识密集型团队的特点进行精神激励，提高项目组成员的工作积极性，有效的保证二甲醚产品的顺利开发。

（4）加强项目的管控

加强项目的管控，重点首先是加强项目的前期管理，其次是加强项目的进度控制，这两个方面对于 A 煤化工企业新产品开发特别重要。

1）完善项目前期管理

主要是加强新产品的前期工作，使得 A 煤化工企业新产品开发项目前期工作顺利开展。

2）加强项目进度管理的控制，重点加强进度控制的措施力度。A 煤化工企业在项目有效的项目前期管理和进度控制，确保了项目施工进度的快速推进，为项目的整体目标完成奠定了坚实的基础。

（5）加强项目信息管理

现代社会是信息社会，离开信息，新产品开发是一句空话。考虑到二甲醚项目是个巨大的复杂系统工程，对信息的数量和质量的需求特别大，过去，二甲醚项目组对此重视不够，应予加强。在新产品的研发中，新产品进度管理人员应当加强对新产品相关信息进行收集，不仅如此，还要注意对采集的信息进行加工处理，去伪存真，由表及里，层层筛选过滤，提取有用信息，及时用于研发工作。通过一段时间的工作，A 煤化工企业建立健全了信息管理体系，有力促进了新产品的研发工作。

（6）加强项目管理总结工作

A 煤化工企业的二甲醚开发项目从进行二甲醚产品的调研开始实施，二甲醚开发项目组在项目进度管理工作中，狠抓管理，不断进行总结，找出不足，及时整改。

1）项目管理的不足之处

①项目管理中存在外包现象，影响项目进度

在二甲醚项目实施的过程中，A 煤化工企业采取项目生产外包形式，项目的施工工作也承包给施工单位去做，但是施工单位参差不齐，有的不能保证质量，有的不能保证工期，一定程度上影响产品研发进程。

②项目周期过长，跟踪工作没有及时跟上

二甲醚项目总工期为 1991 天，这样长的工期导致项目的后期跟踪与信息数据处理量很大，使工作更加复杂，后期工作没有及时跟上。

③新产品开发项目的进度管理较大，管理控制板块太大，管理协调沟通的难度非常之大。

2）项目管理改进

针对存在问题，及时采取措施加以改进：

①打造卓越团队文化，加强团队合作。

②加强外包管理，坚决清除不合资质要求和诚信度不高的外包施工单位与个人。

③优化进度管理，加强对项目实施的追踪，发现问题及时反馈、及时控制、及时处理。

④推进组织创新。A 煤化工企业在二甲醚新产品开发中坚决抛弃不合时宜的组织架构，转而采用切合实际的矩阵式组织结构，并充分发挥该组织结构的优势，最大限度地解决了职能部门之间的沟通困难的问题，有效提高了二甲醚开发项目的效率。

3）整改效果

通过项目总结，效果明显。从项目进度的管理情况来看，二甲醚项目的预算总投资为 6000 万元，在项目进度管理中，资金还存在剩余，项目节约成本在 200 万元左右，在进度管理中有效地进行了工期与资源的优化，使项目能够在最优的时间内实现资源配置的最大化，节约的成本主要是由市场、研究、工期等方面而来。项目已于顺利完成，同时为 A 煤化工企业创造了可观的效益。虽然项目管理在 A 煤化工企业的新产品开发上取得了一定的成绩，但是在后期的保证工作中还需要 A 煤化工企业进行精心的规划，新产品研发是系统的复杂大工程，今后的路很长。要加强管理，不断总结经验教训，注意扬长避短，不断完善新产品开发管控工作。

第十章 煤矿企业整合营销与供应链管理的整合策略

第一节 市场营销简介

随着我国市场经济的深入发展，营销观念在企业中越来越受到重视，有更多的煤炭企业管理者认识到，过去计划经济时代的那种"皇帝女儿不愁嫁"的日子已经一去不复返了。现在是学习者智，学习者强，学习者胜。"好酒也得常吆喝，会吆喝"，才能运用市场营销的理念促进煤炭的销售，实现企业的最大经济效益。

一、煤炭市场的特点

煤炭市场属于产业市场，其主要购买者集中在冶金、电力、化工、建材等工业企业。煤炭市场有以下几个方面的特点：

（1）煤炭市场购买者（消费者）数量少，购买规模大，购买者往往集中在部分地区或个别行业。

煤炭的主要消费者和购买主体是钢铁、电力、化工、焦化、水泥等企业。其中发电用煤占全国煤炭消费量的40%左右，冶金用煤每年1亿吨以上。

（2）煤炭市场的需求是派生需求，煤炭购买者对煤炭的需求是从消费者对消费品需求中派生出来的。电厂对煤炭的消费量取决于发电量的多少，钢铁产量的多少决定钢厂对煤炭的消费量。

（3）煤炭属于大宗能源原材料产品，对运输的依赖性强，特别是对铁路运输的依赖性，没有铁路运输的保证，煤炭的物流难以实现。

（4）煤炭市场的需求是缺乏弹性的需求。煤炭市场的需求对价格不敏感。一般不受价格变动的影响，特别是短期需求。正如粮食市场的需求一样，人们不会因为粮食涨价而少吃饭，也不会因为粮食市场降价而多吃饭。煤炭价格主要受供求关系影响。当供大于求时，价格会下降；当供不应求，价格则上涨。价格的变化又会影响供给的变化。

（5）煤炭市场的需求是波动的需求。由于煤炭市场需求是一种派生性需求，所以消费者市场的少量变动会引起煤炭市场的巨大波动。这种必然性被西方经济学家称为"加速理论"。有时消费者市场发生10％的增减变动，会引起产业市场200％的升降，最终还可能导致整个社会的繁荣或衰退。

（6）专业人员采购。由于煤炭产品使用的技术性强。通常由受过专业训练的、内行的专业人员负责采购，参与采购的人员也多，许多用煤单位对煤炭的采购已经进行了改革。由直接的用煤单位（车间）、技术中心（配煤中心）和采购部门联合采购煤炭。

（7）直接采购。煤炭购买者往往直接向生产者采购所需产品，一般不通过中间商。

（8）互惠。购买者和供应商互相购买对方的产品，互相给予优惠。煤炭企业需要钢材、水泥、化工原料和电能等，而这些产品的生产厂家又是煤炭用户。这样相互依存，互惠互利。

二、市场营销贯穿于煤炭生产销售的全过程

市场营销就是按照市场需求进行产品设计，生产和销售以及包括售后服务在内的全过程。市场营销始终贯穿各个具体经济运作环节，如：市场调研、市场分析、市场细分化、选择目标市场、设计新产品等。还包括生产过程完成以后的一系列具体的经济活动。做好市场营销应把握市场需求这个中心，做到优质产品和优质服务，注重抓好调研、产品质量和产品价格三个环节，应具体做好以下几个方面的工作：

（1）选择适当的时间和地点

当企业准备生产的时候，应根据市场的需求，按照不同生产矿点生产适销对路的产品，满足用户的需求。

（2）准确的信息和灵活的促销手段

信息的准确性在企业营销中起着关键的作用，它贯穿于营销的全过程。首先通过市场调研获得准确信息。企业根据反馈的信息适时安排生产，然后把生产出来的产品，再运用灵活的促销手段，把产品送到用户手中，达到销售的目的。销售的完成并不等于最后的终结，还要进行售后服务，了解用户对产品的要求和意见，把信息反馈回来，再指导下一步的产品生产。

（3）以合理的价格，向新老用户提供合格的产品和优质服务，用户的需求就是我们的工作目标，销售的目的就是为了获得利润。所以，制定合理的价格，让供需双方都满意，只有这样才能保持供需双方长久的合作关系，也就达到了长久占领市场的目的。

三、加强市场营销观念在煤炭销售中的作用

1. 采取积极的销售策略，加大销售力度

（1）坚持"市场第一，用户至上"的营销理念

市场是商品实现其价值的基础，是营销工作的关键。要以用户的需求定义企业各部门的工作内容。组织各项生产经营活动。要把提高用户满意度作为我们的经营宗旨，把确保企业在市场的份额作为销售工作的重心。

（2）以人为本，提高营销人员素质

采取积极的销售策略，必须有一支与其相适应的营销队伍。首先要引入竞争机制和激励机制。把有销售经验、政治思想素质好，有一定业务水平的员工充实到营销队伍中去。要对营销员的聘用、培训、考核、评定、淘汰、增补做出明确规定。提出具体详细的要求。其次要不断学习新知识。提高业务能力。改革的深化、现代企业制度的建立、市场的经常变化，需要营销人员有全新的知识。第三要有很高的政治、道德素质，要自我约束、遵纪守法、树立营销人员的良好形象。

（3）完善制度，强化营销操作规范

1）加强领导明确责任。

各级领导组织需明确分工，各项经济指标要层层分解。

2）建立健全内部管理制度，例如煤炭销售合同、销售费用、销售成本的管理办法等制度。

3）要加强考核、奖惩。要开展营销竞赛活动，对各项指标完成情况逐月考核。累计结算，调动全体营销人员的积极性。

4.适应市场变化，创新营销操作

（1）要主动适应市场、实现企业与市场的快速联动。竞争力不仅取决于适应市场的力度，更取决于适应市场变化的速度，可以说适应市场变化的速度决定了市场营销工作成功的程度。

（2）要有科学的销售结构。坚持不断调整，在运行中调整产品结构、运力结构、销售结构，形成多品种、多方式、多销售渠道，相对稳定，又具有可替代性的营销格局。

2.认清形势，把握市场规律，搞好市场营销

把市场营销观念运用到煤炭销售中，并不是一个简单的事情。它必须了解当前煤炭市场的形势，搞清楚存在的问题和解决的办法。从现阶段来看，煤炭市场存在着以下问题：

（1）我国现阶段是多种所有制并存，一些不法生产者的掺杂使假，投机钻营.严重扰乱了煤炭市场的健康发展。

（2）铁路运输能力的制约，限制了煤炭生产企业的生产经营。

（3）营销机制不能适应市场经济的需要，对市场缺乏了解和预测，摸不清市场行情，在优化煤炭产品结构，营销策略，缺乏过硬措施。

（4）一部分营销人员缺乏市场开拓精神，没有按照市场经济的要求去调整思路。

3. 加强市场营销运作能够推进国有煤炭企业的改革和发展

加快以建立现代企业制度为目标的煤炭企业改革，必须采取自上而下，自小而大，上下结合的运作方式，让市场营销观念在煤炭销售中发挥作用，加快煤炭产品结构调整，彻底打破以我为中心的销售模式，进一步降低成本，提高企业的竞争能力，大力开拓市场，激发企业内部的生机和活力。搞好市场营销，企业必须把销售工作放在龙头的位置加以重视，树立白活龙头全盘皆活的新观念。切实抓好营销队伍的建设，建立完善的市场营销体系，开展市场调研，选择目标市场，策划营销战略，制定销售政策，提出新产品开发计划，为科学决策提供市场依据。市场部门应成为企业发展的信息中心、分析预测市场中心，并建立适应市场经济的营销机构，在用煤矿较为集中的地区设立煤炭营销办事处。扩大覆盖面，形成集中市场开发，售后服务、信息反馈为一体的营销网络。同时进一步加强营销队伍建设，树立全新的市场营销观念，真正把营销工作摆在"龙头"的重要位置来抓。

第二节　煤矿物资企业当前所处的形势

一、全球化物资供应

1. 全球化物资供应的内涵

全球采购，一般是指不包括企业行为的"官方采购"，如联合国、各种国际组织、各国政府等机构和组织，为履行公共职能，使用公共性资金所进行的货物、工程和服务的采购。采购的对象包罗万象，既有产品、设备等各种各样的物品，也有房屋、构筑物、市政及环境改造等工程，还有种种服务。全球采购不再是什么新鲜事物，跨国公司在全球采购元器件和产成品已有数年经验。最近，经济的不景气更是为这一趋势推波助澜。降低成本成为大多数公司21世纪以来的首要任务，这使低成本国家的供应商变得非常具有吸引力，中国是这一趋势中的最大受益者。

（1）全球化物资供应的特点

1）全球范围内采购

采购范围扩展到全球，不再局限于一个国家一个地区，可以在世界范围内配置自己资源。因此，我们充分和善于利用国际市场、国际资源，尤其是在物流随着经济全球化进入到全球物流时代，国内物流是国际物流上的一个环节，要从国际物流角度来处理物流具体活动。

2）风险性增大增强

国际采购通常集中批量采购，采购项目和品种集中、采购数量和规模较大，牵涉的资金比较多，而且跨越国境、手续复杂、环节较多，存在许多潜在的风险。

3）采购价格相对较低

因为可以在全球配置资源，可以通过比较成本方式，找寻价廉物美产品。

4）选择客户的条件严格

因为全球采购，供应商来源广，所处环境复杂。因此，制定严格标准和条件去进选和鉴别供应商尤其重要。

5）渠道比较稳定

虽然供应商来源广，全球采购线长、面广、环节多，但由于供应链管理的理念兴起，采购商与供应商形成战略合作伙伴关系，因而采购供应渠道相对比较稳定。

（2）全球化物资供应的实施条件

1）实现企业采购管理模式的转换

中国传统的采购模式有六大问题：一是采购供应双方都不进行有效的信息沟通，互相封锁，是典型的非信息对称博弈过程，采购成了一种盲目行为；二是无法对供应商产品质量、交货期进行事前控制，经济纠纷不断；三是供需关系是临时的或短期的合作关系，而且竞争多于合作；四是响应用户需求能力迟钝；五是利益驱动，暗箱操作，舍好求次、舍贱求贵、舍近求远，是腐败温床；六是生产部门与采购部门脱节，造成大库存，占用大量流动资金。

现代采购模式有六大优势：①可以扩大供应商比价范围，提高采购效率，降低采购成本。④实现采购过程的公开化。有利于进一步公开采购过程，实现实时监控，使采购更透明、更规范。③实现采购业务操作程序化。④促进采购管理定量化、科学化。⑤实现生产企业为库存而采购到为订单而采购。⑥实现采购管理向外部资源管理转变。

特别是采用电子商务采购，为采购提供了一个全天候超时空的采购环境，即 365×24 的采购环境。降低了采购费用，简化了采购过程，大大降低企业库存，使采购交易双方形成战略伙伴关系。电子商务采购可以讲是企业的战略管理创新，充满着无限的活力。

企业采购管理模式的转换，就是从为库存而采购转变为订单而采购，减少库存，加快流转速度；从对采购商品的管理转变为对供应商的管理，建立战略联盟，形成供应链管理；从传统的采购方式转变为现代采购方式，以公平、公开、公正原则，降低采购成本；采购管理从企业的一般问题提升为提高企业应变力与竞争力的战略问题；优化企业管理资源，实行流程再造，设立统一的采购部门，配备精明的采购总监。

2）熟悉与掌握电子商务采购模式

全球采购系统是一种电子商务采购模式，企业要进入全球采购系统就要熟悉和掌握电子商务采购模式。电子商务的产生和发展跟物流与采购活动是密切相关的。

电子商务的产生使传统的采购模式发生了根本性的变革。在现代市场经济条件下，有三种采购方式可以进入电子商务，即政府采购、企业采购与个人采购。不管它是 B2B（企业与企业之间）、B2C（企业与消费者之间）还是 C2C（消费者与消费者之间），也不管它是国际的还是国内的。

电子采购商务系统目前主要是四个系统：第一，网上市场信息发布与采购系统；第二，电子银行结算与支付系统；第三，进出口贸易大通关系统；第四，现代物流系统。

3）成为合格供应商与选择合格供应商

对供应商评估主要是价格、质量、交货与服务四个方面。此外，还要考核这个供应商所在地的环境，即我们常说的跨国采购的四个基本要素，即价值流、服务流、信息流与资金流。

例如，麦德龙跨国连锁集团提出过如何成为它的供应商的四条基本要求，即：①必须拥有完善的供应体系和商品执照。②公平、道德的贸易（商品供应可靠，商品质量保证，致力于长期的商务发展）。③商品流通能力（有能力将商品运至指定的商场，并愿意使用指定的物流公司）。④商品规格符合麦德龙公司的要求（质量保证、合理定价、风格独特、支持广告和促销活动）。

同时，麦德龙也回馈给供应商四个好处：①共同提高供应商商品的包装、外观和质量标准；②帮助供应商的产品进入全国及国际市场；③双赢的伙伴关系；④尊重厂家的合法品牌权益。

4）参透跨国公司的采购程序与要求

以 IBM 为例，IBM 已有 90 年历史，年销售收入 900 多亿美元，全球有 30 万名员工。2001 年的全球采购额为 45 亿美元。

IBM 提出了采购的五大要素：①持续提供一个兼具成本效益及竞争优势的采购体系。②建立和保持一个完善的供应商网络。③创造性地开发与运用电子采购系统，以保证全球领先地位。④核心于提高客户的服务水准。⑤吸引与培养一流的采购专业人才。

IBM 坚持以采购为核心，带动财务和物流系统。

5）了解国际采购通用规则

全世界公认采购法则有四，即《联合国采购示范法》《WTO 政府采购协议》《欧盟采购指令》《世界银行采购指南》。在加入 WTO 时，中国政府并没有参加 WTO 政府采购协议。但中国政府承诺在 2020 年以前，中国向 APEC 成员开放政府采购市场。联合国采购、企业之间的国际采购则按游戏规则进行。

以联合国采购为例，1998 年为 30 亿美元，2000 年为 40 亿美元，2001 年为 50 亿美元，2002 年为 100 亿美元。采购范围涉及运输车辆、包机服务、通信设备、办公用品、电话及软件、专业仪器、各类工具、救灾物资、医疗设备、农产品、食品、药品以及服务等众多领域。

6）企业练好内功

在经济全球化与信息化时代，企业的综合素质主要集中体现在五个方面：时间（T）、质量（Q）、成本（C）、服务（S）和柔性（F）。"时间"这里指的是对市场的反应速度。但要实现这五点，主要靠企业家素质。在一定的环境下，有一个充满活力和创造力的企业家决定一切。

2. 煤矿企业实施全球化物资供应的现状分析

全球采购活动进入中国，同时也对中国煤矿企业和经济政策、贸易制度提出了许多挑战。例如，企业的产品种类、质量与标准能否满足跨国公司全球生产体系和国际市场的要求，企业如何了解和适应国际采购的规则和方法，国内相关服务行业和基础设施是否能够适应国际采购中心运作的要求，经济体制和贸易政策中还存在着那些不利于企业参与全球化竞争的内容，目前主要表现在以下方面：

（1）不了解全球采购的规则、办法

中国煤矿企业传统采购模式存在以下问题：①采购供应双方没有进行有效的信息沟通，信息互相封锁，是典型的非信息对称博弈过程，采购成了一种盲目行为；②无法对供应商产品质量、交货期进行事前控制，经济纠纷不断；②供需关系是临时的或短期的合作关系，而且竞争多于合作；④响应用户需求能力迟钝；⑤利益驱动，暗箱操作，容易产生腐败；⑥没有明确的采购计划，缺乏对采购需求的分析，采购上随意性很大，并且缺乏部门间必要的沟通与衔接，没有进行详细的市场调查。

不注重长期供应商的关系管理。采购中只注重谈判、比价、压价，缺乏从关注谈判向建立战略合作伙伴关系转变，更没有从一味压价向建立双赢机制转变。

（2）没有把物资供应管理上升到事关公司存亡的战略性高度来考虑

不重视物资供应管理，没有把采购策略和合作伙伴（第三方服务供应商）的选择评估标准应作为企业整体战略中的一部分。很多企业的管理者单纯地认为采购只要钱花得少就是好，公司还有其他诸如市场、销售、研发等等重要的工作来做，公司的低成本扩张和谋求更大发展空间才是最重要的，采购只是后勤部门的小事，不会影响发展大局。

（3）集团企业的分散采购忽略了整体利益的最大化

在一些大的企业集团中，最初的模式是由专职采购部门执行统一的采购，公司集团壮大了，许多子公司开始自行组织采购，特别是在实行了全面经营核算的集团公司里，子公司不满意统一采购而自行采购的情况非常普遍。管理者以为是相互间存在制约是件好事，但实际上分散了采购量带来的价格和售后优势，忽略了整体利益的最大化，其表象下的实质是公司内部权力争夺，企业的管理者如果不在最初就予以严厉制止，其后果是不仅是资源的浪费和人工成本的增加，还会给企业文化带来不利影响。

（4）企业缺乏有效的工具和信息平台进行采购跟踪、评估、分析和科学决策

究竟什么样的采购才是符合企业利益的？到底采购价格为多少才是合理的？在普遍

存在采购阴影的大环境中怎样实施有效的监督检查？怎样才能事前控制而不是亡羊补牢？等等问题每天都在困惑着管理者，其根本原因在于没有找到一个有效的工具进行采购的跟踪、评估、分析和科学决策。

（5）服务行业、基础设施还不适应全球采购的需求

经济体制、贸易政策还需要进一步完善。在金融、证券、保险、展览等相关服务行业以及交通条件、物流集散能力等基础设施方面还不能满足全球采购的需要，贸易促进体制还不够完善，信息服务体系还不够健全。

（6）企业的综合素质还比较低

在经济全球化与信息化时代，目前主要集中体现在五个方面：时间（T）、质量（Q）、成本（C）、服务（S）和柔性（F），对市场的反应速度比较慢，质量和服务还比较差，成本比较高，柔性还要加强，要实现这五点，要进一步提高企业的综合素质。

3. 煤矿企业的实施全球化物资供应的发展对策

面对全球采购的形势，中国煤矿企业应该以积极的心态和全新的观念进入全球采购系统，有以下主要的途径：①建立企业自身的全球采购系统；②成为国外企业的（包括生产企业与流通企业）供应商，进入国外企业的全球采购系统；③成为跨国公司在中国设立的采购中心的供应商；④成为联合国采购供应商；⑤成为国际采购组织和国际采购经纪人的供应商。

由于中国煤矿企业往往不具备资金、技术、管理上的优势，而且产品、种类、质量、标准往往不适应国际市场的需求，因此应当从以下方面入手：

（1）更新观念，实现中国煤矿企业传统物资供应管理模式的转换

实现中国煤矿企业传统物资供应管理模式的转换，就是从为库存而采购转变为订单而采购，减少库存，加快流转速度；从对采购商品的管理转变为对供应商的管理，建立战略联盟，形成供应链管理；从传统的采购方式转变为现代采购方式，以公平、公开、公正原则，降低采购成本；物资供应管理从企业的一般问题提升为提高企业应变力与竞争力的战略问题；优化企业管理资源，实行流程再造，设立统一的采购部门，配备精明的采购总监。

（2）建立现代采购模式

其优势在于①可以扩大供应商比价范围，提高采购效率，降低采购成本；②实现采购过程的公开化，有利于进一步公开采购过程，实现实时监控，使采购更透明、更规范；③实现采购业务操作程序化；④促进物资供应管理定量化、科学化；⑤实现生产企业为库存而采购到为订单而采购；⑥实现物资供应管理向外部资源管理转变。

（3）积极发展电子商务采购模式

要大力发展电子商务采购，建立网上展示平台，从而降低采购费用，简化采购过程，降低企业库存，使采购交易双方形成战略伙伴关系。电子商务采购是企业的战略管理创

新，充满着无限的活力，全球采购系统是一种电子商务采购模式，企业要进入全球采购系统，必须熟悉与掌握这一系统。

中国煤矿企业要健全电子采购商务系统的四个子系统：①网上市场信息发布与采购系统；②电子银行结算与支付系统；③进出口贸易大通关系统；四是现代物流系统。

（4）充分利用联合国对发展中国家的扶持政策

1）注册登记成为供应商

必须先在采购司登记，作为可供列入考虑的供应商。供应商一旦提出要求，可以收到邮寄的登记程序包。采购司收到填妥必要的资料并加签署的申请表之后，将立即加以评审，并将评审结果通知所有申请者。登记的标准包括：供应商提供的货物和服务是否符合联合国的需要以及供应商的国际商业经验和财政稳定性。或者通过联合国技术信息促进系统（TIPS）南京中心申请成为联合国的供应商。

2）关注采购公告

必须关注联合国采购网站发布的采购公告，联合国的《发展业务》和《商机》杂志也都会不定期地刊登联合国的采购需求，应当有专人经常浏览，寻找与自己产品对路的商机。另外联合国各附属机构和特派团都有自己独立的采购权，企业也应与他们保持联系，在它们的数据库中办理当地登记。

3）主动应标

如果产品符合要求，应及时与联合国联系，提供有关产品和报价资料。对联合国的电函，无论竞标与否都必须有回答。联合国规定，三次不回复即取消供应商资格。因此，如企业的地址、电话、传真或电子信箱变更，应及时通知联合国。联合国的做法是，一般来讲3万美元以下采用的是直接询价，不用通过货比三家；3万美元以上就需要货比三家；10万以上的采购项目则有评标委员会。联合国采购整个程序是比较严谨的。所以企业注册了以后，虽然长时间得不到对方的答复，或者是投标了也还价了，但是仍需耐心等待。

4）诚实报价

联合国的采购非常重视公开透明、平等廉洁，而且从来不还价。因此企业报价时一定要报实价，即最终价格。与联合国做生意，必须价廉物美，不能靠一次性暴利赚钱，而要通过建立信誉和长期采购关系获得利润。而且，一旦企业与联合国有过交易记录，联合国对企业的信任建立起来后，一般不会改变采购对象，对企业以后的报价也很少提出异议。因此，与联合国做生意要眼光长远。

5）争取进入短名单

联合国通过长期与供应商接触，认可了一些优秀的供应商。在进行一些较小的金额采购时就不进行大规模招标，而主动与短名单内的供应商联系，并立即拍板成交。能进入短名单的一般是某种产品前十名的企业，相当于在比赛中直接进入了决赛，对中标非常有利。当然，这要靠企业本身的素质和产品的质量争取。

6）加大中小企业联合采购的力度

面对跨国公司在采购方面所拥有的种种优势，我国的中小企业要加大联合采购的力度，通过行业协会、采购经纪人等组织联合采购，使我国的中小企业在激烈的市场竞争中找到生存空间，进一步得到生存和发展。

7）建立采购经纪人制度

国际专业化的采购组织和经纪人近年来也纷纷到访中国，在一些国际性的展览上经常可以看到这些采购经纪人或国际采购团，与很多的国内企业进行接触，寻求与中国煤矿企业合作的机会，并将中国煤矿企业纳入它们的全球采购网络。因此，我们同样可以借鉴国外采购经纪人的这种形式，建立我国的采购经纪人制度，建立中国煤矿企业的全球采购网络，促进中国经济的发展特别是出口的增长。

二、战略采购实施

1. 战略采购概述

（1）战略采购的定义

目前各个领域对于组织间进行的联合、合作采购的行为存在着不同的表达形式，如"战略采购"（Purchasing Consortium）、"联盟采购"（Consortium Purchasing）、"合作采购"（Cooperative Purchasing）、"共同采购"（JointPurchasing）、"联合采购"（Pooled Purchasing）、"购买者联盟"（Buying Consortium）、"集中采购"（Group Purchasing）等。对于这种行为不同的定义，其内涵都是战略采购，只是在不同的领域、部门或国家其定义的名称和表述略有差异。通过对国内外文献的查阅，发现被国内外绝大部分学者广为接受的定义是"Purchasing Consortium"即"战略采购"。国内外学者主要从战略采购的最终目的、组织性质、战略意义等不同角度对战略采购进行了描述，但是到目前为止，仍然没有一个统一的、全面的、准确的有关战略采购的定义。

综合学者们的定义，其中托马斯. 亨德里克（Thomas E.Hendrick）的定义较为完整、准确，被引用的次数最多。

Thomas E.Hendrick 将战略采购定义为"两个以上的独立的企业通过正式的、非正式的或独立第三方等多种形式联合起来的采购行为，其目的是通过整合所有成员各自企业对物资、服务的采购需求，向外部供应商争取比单独采购时更多的价格、服务和技术等方面的增值"。

结合国内外学者对战略采购的界定和描述，可以认为战略采购的含义主要包含以下几方面内容：

1）战略采购是一种水平的、横向的合作联盟形式，是一种建立在同行业企业间的协同采购方式。

2）战略采购建立的目的是通过采购规模效应实现采购的经济性，从而大幅降低采购成本，稳定供应商产品、服务质量，提高采购的市场主导地位，最终提高采购企业的综合竞争力。

3）战略采购的组织形式和组织结构多种多样。可分为正式的、非正式的；也可分为核心成员委托式、成员协同式、新建合资组织式、第三方代购委托式等。但大多数战略采购是一种松散的中间组织，它不同于一般的市场交易关系，但也远未达到所有目标一致的程度。

4）战略采购是一种建立在战略层面的合作－竞争关系。战略采购中的同类企业是合作模式的竞争关系。企业间的同业竞争与采购合作是并行存在的，但二者却没有相互冲突。企业为了竞争而协同，通过协同来竞争。目的都是为了增强各自的竞争力，从而在更大范围、更高层次进行竞争。

（2）战略采购的形式

战略采购是一种由多个联盟成员形成的复合型组织结构。战略采购的组织形式与一般企业的组织形式不同，具有其松散组织的特殊性。战略采购成员的组织形式通常有以下四种形式：核心成员委托式、成员协同式、新建合资组织式和第三方采购委托式。

1）核心成员委托式

战略采购内的其他成员企业委托一个成员企业以该成员企业的名义进行采购，并全权负责与供应商的相关谈判和商务环节。一般情况下，联盟内存在一个核心成员，这个成员企业的物资采购量比较大，而其他成员企业的物资采购量相对核心企业较少，独自进行采购无法获得优惠的价格，因而委托采购量大的核心成员企业进行采购更具优势。也有可能核心成员企业拥有相关的采购渠道，比如一些特殊设备的进口途径，而其他成员企业没有，因而委托拥有采购渠道的核心成员企业代为采购。在煤矿企业物资采购中，以钢材采购为例，可以以开滦集团为主体同唐山钢铁集团、鞍山钢铁集团等进行合作；以淮南矿业集团为主体同马钢集团、杭州钢铁集团等进行合作；以中国平煤神马集团为主体同武汉钢铁集团等进行合作，其他成员单位将自己的需求汇总起来让上述三个核心成员进行委托采购。

由核心成员负责采购的联盟在合作过程中，其他成员由于没有直接接触到采购的具体环节，因而很难全面地掌握采购信息。同时核心企业一般都是规模较大的国有企业，存在着国有企业固有的效率低下的问题，办事程序繁琐、工作效率低，势必在一定程度上影响了联盟采购的效率。此外，由于核心企业采购量大，话语权大，很难有效重视其他成员的采购要求，也不能对其他成员的需求变化做出迅速的反应，这些问题都可能成为联盟合作失败的导火索。

2）成员协同式

战略采购的所有成员企业之间共同协作，在一个松散联盟的名义下实施联合采购，各个成员企业通过共同谈判、统一定价、各自签订合同的方式与供应商进行采购。成员企业建立某个战略采购，各成员企业在整合采购需求后以战略采购的名义向供应商发起采购。一般情况下，采取这种形式主要是由于成员企业之间没有明显的采购优势差异，各个成员的采购量相当，且成员企业都拥有自己的采购组织和采购人员，均可以独自完成采购行为并获取一定的优惠政策。但为了追求"1+1>2"的效果，成员企业在自愿参与的前提下共同建立一个物资战略采购，在战略采购的名义下进行协同采购。这种模式中战略采购随意性较大，自愿参与的联盟成员具有相当大的不确定性，可以把这种战略采购定性为临时的组织或者虚拟组织。供求信息的传递直接在供应商与购买企业之间进行传递，战略采购中每个联盟企业都可以独自进行信息沟通和采购行为。因此这种联盟组织形式不可能长期稳定存在，每次联盟行为只会针对具体的采购目标设立，如果目标发生变化则战略采购的成员组成就会发生相应的变化。这样联盟内的成员就处于不断的变化增减之中。这种不固定的组织形式形成了战略采购运作的不稳定因素。

3）新建合资组织式

战略采购的成员企业共同出资成立一个独立的法人经营实体，专门负责战略采购的联合采购全过程的运作，由该新建企业完成成员企业的采购业务，与供应商进行相关的谈判和合同签订。出资企业的合作建立在风险共担、利益共享的基础上。一般情况下，采取这种形式主要是因为成员企业间的采购合作实施起来比较复杂和繁琐。如果采用比较松散的成员协同方式，战略采购的存在缺乏长远的稳定性，而且可能存在联盟成员间沟通不畅，企业横向协同效率低下等情况，因此为了加强合作，紧密沟通，谋求更大的联盟效益，可选择合资成立一个独立采购组织来深化联盟的合作层次。但这种模式也缺乏相应的灵活性，根据调查，目前最常见的合作形式仍是核心成员委托式和成员协同式这两种基于契约形式的合作联盟。

4）第三方代购委托式

第三方采购委托式是一种第三方的战略采购，由一个第三方的采购服务提供商为成员企业进行采购，综合所有成员单位需求形成较大的采购订单，获取采购的规模优势。第三方企业直接与供应商进行谈判和交易，减少了中间环节，大大降低了物资流通成本，并且物资质量也得以保障。第三方企业作为营利性组织，依靠专业的采购服务为成员企业提供采购的便利性，势必会对成员企业和供应商的各自利益都有所保障，对供应商生产的产品进行监督检查，对所收集的产品信息进行专业化处理并提供给有需要的购买者。在这种方式中，成员企业间不需要更多的协同，而只需要通过参加战略采购和采购组织就可以获取相对优惠的价格；通过听取拥有专业化知识的第三方提供的采购经营决策建议，就可以方便地进行科学决策。这种第三方战略采购的方式为中小型成员企业采购提供一个门槛相对较低的战略采购形式。

以上四种战略采购的组织形式各有优势和局限，采购企业需要根据自身的特点选择适合的运作模式以及组织形式。在联盟采购操作的过程中，尤其要注意是否联盟行为的决策、采购信息的传递、模式运作过程中联盟伙伴的选择、联盟各要素之间的利益分配等问题，因为这些要素直接关系到战略采购运作成功与否，关系到战略采购的存在与发展。只有使成员企业和整个战略采购都得到好处，达到多赢局面，才可以实现战略采购的稳定和长期合作。

2.煤矿企业物资采购横向协同的可行性

从煤矿企业生产经营的角度看，降低生产成本是煤矿企业提高企业利润的重要手段，而物资成本是生产成本中的最大部分，占到生产总成本的60%以上。建立战略采购，以更低的价格、更少的费用获得质量更好的物资，将成为煤矿企业获得成功的重要途径。而且在煤炭资源整合、大型煤炭集团兼并重组以及煤矿企业产业多元化发展等复杂背景下，煤矿企业物资供应的品种、数量、范围不断增加。其物资采购具有煤炭行业的独特特性，采购目标也不同于其他行业，这些内容在上章中已经做过分析和介绍。虽然煤炭物资采购具有不确定性因素多、品种多的特点，但煤矿企业在物资采购中还是会有很大一部分相同或类似的物资品种，而且采购源于相同的供应商。但由于信息不对称，煤矿企业各自独立采购，造成不同煤矿企业向同一个供应商采购相同物资的价格不同，彼此事前并不知情，白白损失了节省采购成本的机会。也有可能出现相同规格产品存在较大产品质量差异的情况，容易产生物资质量引发的安全隐患。总体来说，现在煤矿企业物资采购普遍存在采购数量小、议价能力低、采购管理成本高、采购风险大和信息共享不畅等问题。因此，煤矿企业为了获得更好的效益和发展，有必要不断加强煤炭行业的区域联合，有必要建立煤矿企业间的供应商、采购价格和采购质量等信息的交流和互通机制，有必要联合起来发挥市场优势、区域优势、批量采购优势以及融资优势，通过实现"信息资源共享与建立战略采购"，提高煤矿企业物资采购的管理水平。在信息资源共享的基础上实施联合采购，对煤矿企业来讲是一种互惠和双赢的合作采购模式。煤矿企业物资战略采购的主要意义和优势如下：

（1）通过联合统筹需求形成规模效应，降低采购价格。通过煤矿企业联盟成员间的需求统筹，扩大采购量，集中采购规模，很容易达成规模经济。利用采购规模是有效要求供应商降价的砝码，能够向供货商争取最大幅度的让利，以此节约采购资金。

（2）通过联合增强供应商的重视程度，提高产品及服务质量

战略采购形成后，增加了购买者的谈判力。供应商不仅仅满足于当前的交易结果，势必更注重于从战略采购获取长期的利益。为了长期拥有战略采购这个大客户，战略采购还可以跟供应商进行除价格外的其他谈判，包括供货时间、供货柔性、付款方式、售后服务水平等方面的进一步要求。这种联合可以加强和巩固煤矿企业与战略物资供应商的合作关系，从而降低供应市场的风险。

（3）通过联合实现采购优势互补，提高整体的采购能力

煤矿企业拥有的采购能力各有不同，有的企业和钢厂有资本合作具有独特的采购优

势，有些企业与国外设备厂商有长期的项目合作经历。这些优势靠企业独自积累很难达到或需要较长时间，而且有些优势是不能够复制和模仿的。战略采购形成后，各个成员企业的采购能力实现优势互补，优势从单个企业扩展到联盟企业，通过贡献彼此的优势能力，从而提升整体联盟的采购优势。

（4）通过联合促进煤矿企业物资供应的全面合作

通过联合采购，煤矿企业之间应该创建共同的信息交互共享平台。随着各个企业高级管理层的参与和采购合作的频繁实施，应不断扩展物资供应合作范围和内容，从单一的合并需求、联合采购，向全面的物资信息共享的虚拟企业转变。通过充分的信息交流，最大限度地实现人力、物力、资金、供应商、品种、库存等信息资源的共享，提升煤矿企业的采购效率、物资快速反应能力和供应风险抵御能力。我们可以看出联合采购模式使合作企业在成本、服务等方面获得比独自采购更大的优势。然而近些年，煤矿企业兼并重组以及区域集团化已成为发展趋势，多个超大型煤炭产业集团相继成立。集团所属企业在煤炭销售、物资采购、资金统筹等方面都实施了集中式管理，很大程度上实现了规模化经营。在这种情况下，企业内部已经实现了物资集中采购，采购规模也十分巨大。那么战略采购是否还有其建立的意义呢？

煤矿企业战略采购与集中采购的区别与意义：

1）战略采购利用的采购资源更加丰富，规模效应更明显

集中采购由单一企业发起，是针对集团内部需求进行的采购。而联盟采购的发起方为多家企业，是针对联盟中各企业之间的共同需求而进行的大批量采购，相对来说对采购方更有利，对供应商则产生压价作用，如果联盟足够大将达到控制物资供应价格的程度。而且由于企业间采购资源的共享，使原本单打独斗很难实现的采购变得更加容易，联合采购范围更广泛。

2）战略采购对采购的物资种类和供应商定位不同

集中采购由于内部管理成本较低，可以将内部企业有共同需求的大部分物资进行需求合并、集中采购。而联合采购更多的是关注物资价值高、供应商处于垄断地位的采购。例如钢材、大型采装设备等，这些物资的供应商处于寡头垄断地位，甚至是跨国经营的国际大公司。单凭一家煤矿企业的采购规模无法获取供应商的重视，因此必须建立行业性的联盟组织，争取更大的话语权。

3）战略采购的目标除降低成本外更注重控制供应风险

企业集中采购有利于利用本企业资源，合理降低采购成本。而且行业联盟采购可以利用行业规模，防止各企业之间的无序竞争，使供应市场保证基本稳定。二者主要不同是集中采购的重点是以降低成本为主要目的；而战略采购的侧重点应当是建立于强势供应商的平等对话权，保证其供货稳定。也可以认为，当供货市场是买方市场时，集中采购更有利。反之，战略采购效果更明显。通过对煤矿企业战略采购产生原因的综合分析，我们认

为煤矿企业战略采购形成的最终目的是：在行业范围或区域范围内进行统一考虑，实现联盟成员的采购成本降低，最大限度地将联盟规模优势和个体优势转化为联盟的整体竞争优势。因此战略采购在煤炭行业建立不但是可行的，而且是十分必要的。

3.煤矿企业建立战略采购的途径

要建立煤矿企业战略采购，实现人力、物力、资金、供应商、品种、库存等信息资源的高度共享，是一个相当复杂的系统的工程，需要成员企业共同参与、循序渐进。由于不同的成员企业所处的地理区域不同，拥有的采购资源和优势不同，物资供应管理模式不同，这造成了不同企业的采购焦点可能不同。但最终采购目标和参加战略采购的目的是一样的，需要在不同中寻找相同之处，共同寻找煤炭行业物资战略采购的实施途径。

从以下几方面对煤矿企业战略采购的实施途径进行了概括：

（1）战略采购成员伙伴的选择

战略采购建立的首要问题就是选择横向合作的伙伴，看哪些企业在优势资源上与本企业存在互补性关系或者联盟成功的可能性较大。对横向伙伴或战略采购要考察的内容包括：成员间的物资采购品种是否具有相当的重叠部分；成员企业和本单位是否在区域位置上有毗邻优势，方便联合采购和库存共享；成员企业是否存在本单位不具备的资源互补性结构；成员企业资源优势是否对本企业有良好的借鉴价值，对企业采购有重要意义。

因为战略采购的建立是自愿的双向的，在企业考虑伙伴选择的同时，其他成员也同样在思考相同的问题，以防止因联盟成员分歧过多造成的协同采购效率降低问题。也就是说，战略采购的成员并非越多越好，也不是成员企业规模越大越好，而是需要根据自身的需要选择合适自己的战略采购，才可以达到采购目标的最大化。煤炭行业已经开始了一些尝试，实行区域内的战略采购模式，如安徽省建立了以淮南矿业集团、皖北煤电集团、淮北矿业集团、国投新集能源公司四家煤炭集团为主的战略采购。联盟联合采购的物资采购总额每年超过20亿元。由于成员企业同属安徽省，距离较近，具有信息互通和物资调剂等方面的便利。通过发挥各自的采购资源优势，建立联合采购的规模优势，实现了联合采购的预期目标。

随着国有企业战略采购的运作成功，还可在公平互惠的基础上积极吸收周边的中小煤矿企业，在150平方公里的范围内形成物资需求量更大的战略采购。物资战略采购是一种松散型的联合，当发展到一定时期可以通过组建区域物流中心占领周边地区的煤炭物资市场，根据联盟内矿区的位置、交通、仓储等条件合理设立物流配送中心。这种一体化的物资采购配送联盟将具有交易成本更低，专业化水平更高的优势。

（2）战略采购的组织形式选择

根据战略采购常见组织形式的优缺点，成员协同式的组织模式比较适合初期阶段的煤矿企业战略采购，尤其是成员企业规模大体相当的情况。虽然这是一种松散的联盟形式，但也必须要有专门的组织机构负责日常事务的协调和信息处理。可以考虑以下三种形式实现：由各成员企业指派专业采购人员共同组建战略采购工作组；由各成员企业轮流牵头组织，形成轮值主席单位模式；由具有市场、信息、资源等相对采购优势的成员企业牵头组织。需要注意的是第三种方式有别于核心成员委托式，非其他成员委托采购，而且在优势企业牵头下共同参与的模式。

（3）战略采购物资品种的选择

由于每个煤矿企业使用的物资不尽相同，而且不是所有物资都具有规模采购优势，因此选择哪些物资品种进行联合采购要从成员们的实际情况出发。本着"自愿、高效、灵活、先易后难"的基本原则，可以先从价值最大、风险最高、业务影响明显的战略物资着手，分析各成员企业在采购中所具有的优势，实行联合采购。初期阶段可以选择具有较强的采购优势、买方优势、便于集中需求、规格型号统一的物资品种，如钢材、钢丝绳、电缆、坑木、通用设备等。

（4）战略采购的操作方式

选择战略采购在具体操作上有以下几种方式，可以根据物资的特点和供应商情况进行灵活选择。战略采购通过品种综合选择确定联合采购物资品种，统一向供应商签订订单进货，获取更高的价格折扣和运输优惠，适合成员企业位置集中的联盟；战略采购成员以联盟的名义直接向供应商签订订单，供应商直接发货至最终的物资使用单位，战略采购根据所有成员的采购总量与供应商进行议价或返利计算，适合成员企业位置分散且物资可事后结算的情况。以上两种方式对物资的质量要求较高，比如钢材，可以统一向大型钢厂供应商直接采购。另外，还有一些市场供应充足的通用长线物资，可以在分析战略采购所有供应商资源优劣后，选择最优的供应商，实行邀请反向拍卖，签订长期采购协议，获取较低协议价格。

（5）战略采购的资金支付方式

战略采购的资金支付形式是和战略采购组织形式相互关联的。如果是委托式采购包括核心成员委托式、新建合资组织式和第三方委托式，都是成员企业将资金应统一集中支付给委托采购的企业或第三方服务商，再由其统一支付给供应商。若是成员协同采购，则由各成员企业直接支付供应商。相比较而言，后一种的资金支付程序较为简单实用，是目前煤矿企业战略采购常用的资金支付方式。

（6）战略采购联合采购的时间安排

战略采购应该综合考虑各成员企业的需求情况和供应商生产情况，兼顾各成员企业的正常生产经营，尽量减少因采购周期不同带来的影响。对于日常消耗多、采购批量大的物资，如木材、钢材可以采用年度或月度联合采购定价，按月分期、分批采购到货的方式，既减少了采购资金的占用，又有效协调了成员单位间的采购时间差异。

（7）战略采购成员间的契约互信

煤矿企业战略采购必须有明确的各方工作内容及权利义务的契约协议，参与者之间达成有一定约束力的正式协议，所有成员必须严格遵守并执行合作契约的相关约定。联盟成员的组织结构和管理模式都保持不变，只通过契约协议约定在采购领域的合作内容和时间安排。成员之间发生采购行为时以书面形式向采购主体提交联合协议，便于在发生采购纠纷时依据共同签订的契约协议予以解决，以法律形式保障战略采购成员间的互信和长期合作。

三、供应链贸易业务

1. 供应链管理模式

（1）传统供应链管理模式

传统供应链管理模式是指企业将供应链按照职能进行划分管理的模式。职能的划分使得供应链管理具有分割性，每个职能部门从自己利益出发进行管理，虽然公司主管负责统筹管理供应链，但是很难真正提高供应链管理的绩效。传统供应链管理模式虽然有了供应链管理的思想，但是实质上没有真正提高供应链管理绩效，反而增加才成本和重复劳动，在管理上也容易产生部门冲突。传统供应链管理模式存在以下几个主要问题：

1）企业还没有认识到供应链管理的本质，供应链管理需要协调和统一各个部门的思想，而传统的供应链管理设计反而造成了部门之间的冲突和矛盾。

2）传统的供应链管理模式将供应链管理按照职能进行划分，部门分权管理，没有将各部门形成"链"，反而造成了"链"脱节。

3）传统的供应链管理模式各部门各自为政，往往容易造成了利益的冲突、物流的不协调，信息的扭曲。

4）传统的供应链管理模式历史阶段，由于信息技术水平有限，很难达到供应链对信息、资金、物流等资源的统一协调，在供应链管理技术实现了存在缺陷。

5）传统的供应链管理模式无法享受供应链管理带来的便利，因为资源、信息、资金等资源无法共享。比如说库存，很难实现库存动态管理。

6）传统的供应链管理模式还处于供应链管理理念的初级阶段，还没有建立供应链绩效评价指标体系和评价模型。没有建立有效的市场响应、用户服务、供应链管理等方面的评价标准与激励机制。

7）企业与企业或部门与部门之间的协调性不好，很难及时响应市场的变换和顾客的需求。企业和各个供应商没有协调一致的计划，每个部门各搞一套，只顾安排自己的活动，影响整体最优。

8）由于理解模糊、技术有限，没有建立供应链管理绩效评价、管理、反馈系统。

9）企业与企业或部门与部门之间，往往只总自己角度出发，没有考虑企业的整体长远利益，容易丧失彼此之间的信任。

（2）一体化供应链管理模式

传统供应链模式没有给企业的绩效带来真正的提高，研究者开始反思它存在的问题和缺点，意识到供应链作为一个整体不能将"链"进行分割，需要进行统一、合并、整体地进行组织和运作，并进行了一体化管理的尝试。一体化供应链管理改变了传统供应链按照职能划分和分权的模式，对供应链的业务流程进行了重新地安排和设计。在一体化供应链管理模式下，企业对供应链管理绩效取得长足的进步，但是还是存在不足，因为它只是将分散职能的传统供应链进行了简单的合并和统一，没有对原有业务流程进行细分，在信息技术快速发展的今天和经营环境的变化下，已经不能适应目前企业对供应链管理的要求。很多企业在对一体化供应链管理模式的改进进行了尝试，例如 HP 公司、IBM 和 DELL。它们在改进过程中不仅促进了供应链管理理论的发展，也为研究者带来了新的启发，国内很多企业供应链管理都是参照它们来设计的。相对于传统供应链管理模式，一体化供应链管理模式主要有以下特点：

1）一体化供应链管理模式从企业整体出发，站在战略高度进行设计，涵盖了企业业务流程的各个环节，包括：原材料采购、生产制造、销售等。

2）非常重视企业与企业之间、部门与部门之间的节点协调，真正降低了企业的经营成本，减少无形浪费，避免了重复劳动，对企业赢得市场份额和满意顾客都有极大帮助。

3）它体现了供应链管理的集成思想，不仅仅是节点简单的连接，渗透到企业经营的各个环节之中。

4）一体化供应链管理模式站在企业战略高度来进行管理，它面向的市场更大，通过与外部企业的紧密协作和提高企业内部管理绩效，从而达到其目的。

（3）电子商务（BTOB）供应链模式

随着网络技术和信息技术的发展，使得企业间的联系更加紧密，企业内部的流程更加顺畅，这也极大地促进了供应链管理效率，电子商务（BTOB）供应链模式开始出现。电子商务供应链模式对供应链节点之间的协调和沟通更加顺利，它把不同的企业集中起来以联盟的形式出现，通过供应链来与竞争对手竞争。电子商务（BTOB）供应链模式的实现也需要不同企业节点之间的互相信任、高度资源和信息的共享。

电子商务（BTOB）供应链管理模式需要拥有一个非常先进的信息管理系统，它的竞争对手不是其他企业，而是系统自身。对电子商务（BTOB）供应链管理模式而言，资源和信息共享是核心，有效的信息共享和资源协调，可以最大限度地实现企业虚拟化，达到简化内部流程，缩短活动时间、减少经营成本等目的。

电子商务（BTOB）供应链管理模式的主要特点有以下几个方面：

1）物流平台

电子商务（BTOB）供应链管理模式强调的是虚拟化，物流是这种管理模式最大成本，如何有效地搭建物流平台，是该模式成功与否的关键。通过信息化系统的减少，提高库存管理的效率，减少物流和库存的成本，在全国或全球范围内进行资源合理的配置，达到物流平台的最佳状态，是电子商务（BTOB）供应链管理模式核心竞争力所在。

2）物流外包

电子商务（BTOB）供应链管理模式可以将物流交给第三方进行运作，通过与外包企业的紧密合作，降低企业的风险和节约成本的目的。物流外包也关系到顾客的满意度，所以电子商务（BTOB）供应链管理模式下，需要对外包企业进行持续的绩效评价，以达到最佳组合的效果。

3）与供应商紧密合作

电子商务（BTOB）供应链管理模式在原材料采购方面需要对供应企业进行有效评估和紧密协作，不仅对原材料的质量、供应的及时性和库存的优化等方面进行资源和信息的共享。与供应商关系需要站在战略高度，建立共同战略目标，共进退，同患难，无私交换数据信息，共享机遇和共同承担市场的风险。

4）现金流的稳定

随着信息技术安全性的提高，现在现金流开始网络化，交换的速度也在加快。电子商务（BTOB）供应链管理模式充分利用这个优点，在加速现金流动的同时，最大程度保障现金流的安全。

（4）全球化背景下的供应链管理

全球化背景下的供应链管理，需要在世界范围内考察消费者的需求变化，对原材料采购、生产制造、物流、销售等环节进行整体规划、协调和优化，从而满足全球消费者的需求。全球化供应链管理需要站在全球的高度进行原材料的采购、运输、制造和销售，是一种综合性的跨国经营模式，它具有以下特征：

1）核心目标是满足全球消费者的需求

企业经营范围延伸到世界各个角落，市场潜力巨大，消费者呈指数级增长。通过市场细分，为不同消费者提供不同的产品和服务，将消费者的满意度作为企业绩效考核的标准，通过在全球范围内资源的合理配置，来降低企业的经营成本，提高竞争力和利润。

2）全球化供应链管理重视合作竞争理念

通过企业与企业之间的合作和企业内部流程的优化，实现"双赢"。全球化供应链管理认为各个企业都是一个庞大系统的一部分，通过互相合作，共同开发市场，来实现利润最大化。

3）全球化供应链管理以信息化技术为基础

通过 MRP 和 ERP 等技术的发展，使得供应链全球化管理成为可能，使企业可以在全球范围进行采购、运输、制造、销售和分发等行为。在全球范围内，企业与企业之间可以共享信息和有机结合，最大限度地来满足消费者的需求。目前，全球化供应链管理越来越受到企业的重视，现在企业面临的国际竞争，其实主要还是供应链之间的竞争。根据美国的一项调查研究发现，跨国经营企业在供应链中产生的费用，占国际总销售额的40%。如何站在全球的高度，有效地对供应链进行管理，已经是决定企业生存的关键因素。

2. 企业集中采购管理

（1）集中采购理论

集中采购是指企业在原材料采购时，对采购价格、招标、供应商选择等进行统一的管理；对总公司和子公司的需求进行统一协调；对供应商服务、性价比和产品质量等进行统一绩效评价；对采购、库存和结算进行统一控制，从而实现在原材料采购时获得最大的利益，以达到减少企业经营成本，增加企业竞争力的目的。

集中采购由于采购量巨大，可以跟原材料供应商进行协商谈判，以获得更低的价格和更好的服务；可以对供应商和原材料采购进行集中管理，统筹安排；可以缩减采购人力成本和购买次数；可以规范采购流程、提高供应链采购管理绩效；可以对供应商进行有效绩效评估，对供应商实行优胜劣汰的政策；可以最大程度与供应商的共享信息，掌握原材料的市场动态；可以对原材料进行有效的价格控制和库存管理。目前集中采购的形式主要可以分为两种：①零售行业，针对客户需求比较分散的集中采购，采购团购或采购联盟形式。②大型的制造企业或政府采购形式，这种采购有详细的规章制度、采购计划和采购流程等，它是企业整体战略规划的一部分，企业需要通过降低采购成本来提高企业经营绩效，是提升企业竞争力的一种重要方式。

（2）企业集中采购业务流程

企业集中采购业务流程是一系列相关的计划活动的组合，其主要目的是确保原材料的可靠供应，包括时间、地点、产品数量和质量、运输等。集中采购业务流程需要企业站在战略的高度来制定规章制度和流程规范，它包括：

1）采购组织机构

企业需要建立专门的采购组织部门和组建一个专业采购够团，来负责企业集中采购业务，只有这样才能有效减少企业的采购成本，以相对较低的价格采购企业所需求的原材料。采购组织机构需要与供应商保持密切的联系，信息互通，对市场具有较强的敏感性，它的工作将直接影响到企业的生产和生产成本。

2）原材料供应商管理

企业需要对供应商提供的产品和服务、价格、技术水平等进行筛选，挑选出符合企业要求的供应商，确保企业原材料交货准时、物美价廉、稳定可靠，在此基础上提供市场信息，运输、仓储等资源，建立起长期合作的战略同盟关系。

3）采购计划

采购计划包括：年度采购计划和临时采购计划。年度采购计划是由采购组织部门企业根据年度生产计划来制定的，包括采购物资的种类，数量、金额预算，需要有详细的采购计划报表。零时采购计划是企业在实际生产过程中需要采购的物资，它不包括在年度采购计划呢，企业可由采购组织部门根据生产部门的需求进行零时采购。

4）采购合同和协议管理

企业与原材料供应商就供应的产品和服务、价格、时间等方面达成协议，以合同的方式进行确认。企业需要在充分评估原材料供应商资质和实力的情况下签订合同。

5）集中物资的验收与保管

集中采购物资由供应商负责运输，企业根据合同约定对货物进行验收，对合格产品进行入库。完成验收入库手续后，采购组织部门需要将物资信息录入到 SRM 管理信息系统中，对验收材料进行保存入档。如果原材料供应商未能按期或按质提供原材料，则需要及时将信息反馈给采购组织部门，企业根据合同，追究供应商相关责任。

6）不合格品的控制

在对供货商的货物进行验收过程中，一旦发现不合格产品，则需要对货物进行封存，及时通过采购组织部门。采购组织部门可以按照合同规定，对货物拒收、部分接收、退货或要求货物供应商进行赔偿等措施。

7）结算及付款

由采购组织部对货物验收完毕后，负责将货物进行录入到 SRM 信息系统，生成入库单，并将货物发票一起提交给财务部。财务负责对货物信息进行核对，核对无误后，在一定时间内开具发票，结算货款。

8）采购过程监督与评审

采购组织部门定期对供应商提供的货物信息进行汇总、比较和分析，评价各个供应商的绩效，编制统计报表和分析材料等书面报告，定期交给企业高层管理评审。

第三节　现代的市场营销理论在煤矿物资企业中的应用

一、煤炭销售企业营销供应链管理的概念和特征

国内外学术界对煤炭企业供应链管理的理论研究普遍不足，煤炭销售企业作为煤炭企业的一部分也不例外，但出现上述情况的原因在国内外学术界截然不同。在国外，煤炭生产、销售存在市场化、专业化的分工，大宗商品销售作为贸易服务业的供应链管理共性理论研究已经成熟，因而就大宗商品项下的石油、煤炭、矿产品、粮食等特定行业不会再有具体的供应链管理理论研究。在国内，煤炭行业买方市场下只要多产煤就有利润，学术

界和企业界普遍不重视供应链管理；煤炭行业买方市场下，学术界和企业界开始重视供应链管理，但由于煤炭生产企业，特别是国有煤炭生产企业在我国煤炭行业中处于优势地位和主导地位，供应链管理的核心企业始终局限在煤炭生产企业，供应链管理改进和优化的出发点和立足点往往都是降低成本、增加利润、想方设法要把企业自身生产的煤炭销售出去，因而供应链管理理论研究多集中物流、仓储、生产单个环节。鉴于学术界和企业界缺乏从煤炭企业的行业高度、从煤炭产品的经营特性角度去研究供应链管理，论文在本章突破上述限制，揭示煤炭的快消品和大宗商品属性，界定煤炭销售企业为煤炭企业供应链管理的核心企业，对煤炭销售企业营销供应链管理概念和特征进行了理论分析，为下一步煤炭销售企业营销供应链管理的改进和优化奠定理论基础。

1. 煤炭销售企业营销供应链管理的相关概念界定

（1）煤炭销售企业营销供应链管理概念的由来

与煤炭相关的企业从广义上都可以称为煤炭企业。煤炭企业供应链管理涉及的企业可以分为煤炭生产企业、销售企业、加工企业、仓储企业、运输企业、煤炭需求企业。大型煤炭企业下属的自建热电企业和化工企业可以看成是煤炭需求企业。煤炭加工企业、仓储企业因为涉及环境评估因素一部分是由大型煤炭生产企业和运输企业开设，另外一部分是独立的煤炭加工企业、仓储企业设在靠近煤矿和交通枢纽的地方，对外承揽市场化的煤炭加工订单和仓储订单，这些煤炭加工企业、仓储企业煤炭与需求企业不存在买卖合同关系，一般是按照生产企业、销售企业的委托进行加工和储存，收取加工或仓储费用后由运输企业提货，其供应链管理具有明显的加工服务业特点和仓储服务业特点。运输企业包括海运、铁路运输、河运、公路运输等企业，由交通、铁路、路政等部门实施牌照管理，大部分是专门设立的独立企业，少部分是煤炭生产企业设立（例如中国神华集团）；这些运输企业存在三个特点：①全部对外承揽市场化的运输订单；②运输货物种类繁多；③船运、铁运、汽运分工明确、互不深度渗透；这些运输企业一般是按照生产企业、销售企业、需求企业的委托将煤炭运输到需求企业，其供应链管理具有明显的运输服务业特点。剔除以上三类企业，煤炭企业还包括煤炭生产企业、销售企业、需求企业，按照煤炭最终物理形态消耗可以把煤炭企业分为煤炭供给企业和煤炭需求企业，尽管煤炭生产企业与销售企业也存在买卖合同关系，但在煤炭需求企业面前，煤炭生产企业与销售企业都是煤炭供给企业。

与一般工业企业的生产相比，煤炭生产非常特殊，主要表现为：①生产前期需要进行勘察设计；②生产过程受自然条件和地质条件影响很大；③煤炭产品质量受煤层变化影响很大；④煤炭生产的连续性、稳定性受自然灾害、人为事故等安全因素影响很大；⑤生产后期需要考虑坑道回填、煤炭回采、植被恢复等环境保护因素，因而论文在界定煤炭企业供应链管理概念时还不能简单地把煤炭生产作为煤炭企业供应链管理的一个环节，只能把煤炭企业供应链管理分为煤炭生产企业供应链管理和煤炭销售企业供应链管理。

煤炭生产企业是指主业从事煤炭采掘的企业，属于工业采掘业；煤炭销售企业是指主业从事煤炭销售的企业，属于贸易服务业。在经营过程中，两类企业并无绝对界限，煤炭生产企业往往设立销售公司或销售部门进行煤炭销售，例如我国煤炭国企都是先获得煤矿资源进行生产，然后进行销售；煤炭销售企业达到一定销量规模后，往往收购煤矿、掌握煤炭资源、从事煤炭生产。例如我国很多拥有煤矿的民企都是从煤炭销售起家，全球煤炭供应链巨头嘉能可公司也是如此。煤炭生产企业从自身角度出发，以煤炭生产企业为核心企业，以设备商、原材料供应商、电力公司等为上游企业，以加工企业、仓储企业、运输企业为平行企业，以煤炭销售企业、煤炭需求企业为下游企业，从而形成了煤炭生产企业供应链管理。

煤炭销售企业从自身角度出发，以煤炭销售企业为核心企业，以煤炭生产企业为上游企业，以加工企业、仓储企业、运输企业为平行企业，以煤炭需求企业为下游企业，从而形成了煤炭销售企业供应链管理。

（2）煤炭销售企业营销供应链管理的定义

供应链是从原材料、辅料、零部件的采购开始，经过在产品的加工、制造、组装和产成品的仓储、运输、分销，到最终满足客户需求的全部过程，通过对商流、物流、资金流、信息流的控制，将全部参与环节链成一个整体并利益共享的网链结构。

煤炭供应链，是煤炭企业供应链的简称，是围绕煤炭核心企业，从煤炭生产物资采购开始，历经开采、洗选配加工、仓储、运输等，最终把煤炭产品销售到煤炭需求客户，通过对商流、物流、资金流、信息流的计划、协同、控制，将全部参与企业链成一个整体并利益共享的网链结构。

供应链管理是从一个企业自身出发，以市场为导向，以客户为中心，以客户最满意、成本最小化、流程最优化为目标，对采购、生产、仓储、运输、销售的全部过程、企业内外部的全部资源以及这些过程、资源所呈现的商流、物流、资金流、信息流进行计划、集成、协同、控制并持续不断地改进、优化。

煤炭供应链管理，是煤炭企业供应链管理的简称，是从煤炭核心企业（供应链主体）自身出发，以市场为导向，以客户为中心，以客户最满意、成本最小化、流程最优化为目标，对煤炭供应链进行计划、集成、协同、控制并持续不断地改进和优化。煤炭销售企业营销供应链管理是煤炭销售企业作为核心企业和供应链主体，从煤炭销售企业的角度出发，以市场为导向，以客户为中心，以客户最满意、成本最小化、流程最优化为目标，依托商流、物流、资金流、信息流的综合运用，对煤炭供应链进行计划、集成、协同、控制并持续不断地改进和优化。

（3）界定煤炭销售企业营销供应链管理概念的意义

供应链起源于价值链，供应链管理的本质就是发现价值链的增值环节。从价值链看，煤炭生产因供应链管理、降低成本、提升利润而带来的增值空间非常有限，煤炭销售因供应链管理、降低成本、提升利润而带来的增值空间非常广阔。煤炭生产时，煤矿的自然条件，例如煤层深度、地质构造等基本决定了煤炭的采掘成本，例如坑道建设、设备投资、能耗成本、运输成本等基本属于常数，变量只有生产原材料采购成本和人工成本等，这决定了煤炭生产因供应链管理而带来的增值空间有限。煤炭销售过程的变量因素较多，规模化采购、数字化加工、集约化运输都可以大幅度降低成本、增加利润。由此分析可以得出结论，在供需平衡市场，煤炭供应链价值链的增值主要体现在营销供应链，在买方市场下煤炭供应链价值链的增值主要依赖于营销供应链，只有在卖方市场下煤炭供应链价值链的增值体现在生产供应链。当前我国煤炭行业已经进入供大于求的买方市场，营销供应链成为煤炭供应链价值链增值的重心，煤炭销售企业实施供应链管理时必须把营销供应链作为供应链管理改进和优化的重心，这对于煤炭生产企业也是如此。

2. 煤炭销售企业营销供应链管理的特征

（1）以客户满意最大化为供应链管理最高目标

供应链管理强调以客户为中心。煤炭销售企业营销供应链以煤炭需求客户为中心，以客户满意为最高目标、最优先目标，即煤炭需求客户对煤炭产品服务的满意程度比成本控制、流程优化更为重要。与面向的全社会的终端消费品不同，煤炭是周转次数高、消耗数量大的能源材料和工业原材料，煤炭需求客户的行业分布、地域分布非常清晰。如果煤炭产品质量或服务出现问题，煤炭销售企业就会被煤炭需求客户从供应链名单中剔除，很难重新建立交易。从与煤炭需求客户建立新交易和维持长期交易的角度来看，煤炭销售企业必须牢固树立服务意识和品牌意识，以信息、价格、质量、效率、个性化服务为竞争策略，实现对客户需求的快速、动态反应，不断提高客户满意度、强化客户认可度。近期，在持续强化的买方市场下，煤炭需求客户对煤炭交易拥有越来越大的订单发言权和决定权，拥有市场知名度和服务品牌效应的煤炭销售企业可以连续、稳定地获得客户订单。

（2）以煤炭销售企业为供应链管理核心企业

供应链管理强调核心企业的作用。当前，我国煤炭行业的主力军一直是煤炭生产，但煤炭生产企业已经无法承担供应链管理的核心企业角色。从煤炭供求看，煤炭生产企业单矿生产的煤种和指标单一，大型煤企下辖的多矿生产的不同煤种物流半径又不一样，煤炭需求集中在热电、冶炼、化工、建材四大行业，同一行业客户存在于不同地区，同一地区存在不同行业客户，单一煤炭生产企业既无法提供多品种多指标的煤源，也无能力去发掘、识别、维护不同行业、不同地区的客户；煤炭销售企业以区域划分为主、行业划分为辅，设立采购网络和分销网络，既能组织多品种多指标的煤源，又能维护区域内的跨行业客户，能够高效率、低成本、大信息的链接供需双方。由此分析可以得出结论，在供需平衡市场，煤炭销售企业应当成为煤炭供应链上下游的核心企业，在买方市场更是如此，只有在卖方市场下煤炭生产企业处于供应链核心位置。当前我国煤炭行业已经进入买方市场，煤炭销售企业应当自信地担当煤炭供应链核心企业，煤炭生产企业应当把销售部门作为供应链管理的核心部门，这对于我国为数众多、规模巨大的国有煤炭生产企业而言是实质性的思想转变和观念更新。作为核心企业，煤炭销售企业应当主导煤炭供应链的运行机制。

（3）供应链管理节点企业之间属于互补型的战略合作关系

供应链管理强调供应链节点企业的合作关系。煤炭销售企业营销供应链上下游或节点企业改变过去煤炭买卖的交易对手关系，取而代之的是一种新型利益共享的合作互补关系。一方面，供应链上的企业分工明确、互补合作，单个企业专注于做好自身的核心业务，发挥分工带来的专业化优势并强化这种专业优势，再通过供应链管理将多家企业的单项专业优势拼凑成为供应链整体业务优势，消除单个企业的业务短板，提升供应链整体竞争力；另一方面，供应链企业利益共享、风险共担，通过供应链信息共享来消除交易信任成本、控制交易摩擦成本，降低供应链总成本。合作互补关系是煤炭营销供应链必须的生态进化，通过分工协作，整个供应链的价格、质量、效率、服务不断改进和优化，有利于煤炭销售企业维持、发展更多的煤炭需求客户。

（4）煤炭销售企业主导供应链管理的利益分配和调节

供应链管理强调在客户满意的前提下追求成本最小化、流程最优化，最终获得是供应链价值最大化。煤炭销售企业作为煤炭营销供应链管理的核心企业，应当依据市场化原则主导供应链企业之间的利益分配并根据条件变化对利益分配进行调节和让渡。煤炭销售企业在利益分配过程中必须正确处理自身利益与供应链利益、短期利益与长期利益的关系，在市场出现变动时及时对利益分配进行调节，在市场出现异常波动时煤炭销售企业作为核心企业应当敢于减少和牺牲自身利益，增加和保全非核心企业的利益，以增强供应链的整体竞争力，最终获得更高的市场份额、更大的长远利益。在核心企业的调节下，供应链节点企业不再把彼此之间的甲乙方合同作为唯一利益来源，而是通过供应链整体利益最大化来增加自身的效益。

（5）归核化战略成为供应链管理的必选项

供应链管理强调专业突出、分工协作，即归核化战略。基于共享经济和社会化分工，供应链节点企业不能什么环节都自己做，必须实施归核化战略，集中做强优势业务、放弃劣势业务，按照互补性战略合作关系寻求专业公司成为供应链节点伙伴，通过业务外包弥补自身的短板业务。对于煤炭销售企业，在考虑优势业务、劣势业务时，还要考虑成本、牌照、环保等因素，要因企业自身条件而异。例如煤炭物流存在货运量大、运输距离长、运输方式叠加（例如远洋、近海、内河、铁路、公路等多式联运）、运输前需加工（例如在运输某些煤炭品种时，由于运输距离长，为了降低运输成本需要提前进行脱水、筛选、提质等处理），因而物流成本占供应链总成本比例非常高，约占到煤炭销售价格的30%~50%，一般是运输距离越长、运输方式越多，所占比例就越高，这给供应链管理带来操作空间，煤炭销售企业供应链核心企业经常会把物流或物流管理系统作为自身的核心业务。

（6）供应链金融成为煤炭销售企业营销供应链的核心业务

供应链管理强调资金流价值。煤炭属于快速消费的工业原材料，市场消耗量大，买卖交易量大，资金交易额大，属于典型的大宗商品，大宗商品交易背后的资金流体现了供应链金融特色，巨额资金流动的时间价值可以确保供应链金融成为煤炭企业供应链利润的重要来源，在供大于求的买方市场甚至成为煤炭企业供应链利润的主要来源。在全球发达国家外汇资金跨境周转流动和资金成本高度差异化的背景下，供应链金融成为煤炭销售企业营销供应链管理的核心环节。

（7）供应链参与企业需要建立信息共享、管理协同机制

供应链管理强调参与企业经营一体化。煤炭煤源供应商和需求客户众多，供销环节多、运输半径长，交易资金大，形成信息负载量非常大的合同、文件、报表、数据等，管理流程复杂、从企业管理的角度看，供应链管理是对产品流动中的所有经济往来环节加以规划，是对各个环节之间合作交流的一种管理，具备明显的交流互动性质。煤炭销售企业在供应链管理过程中对供应链中各相关活动过程实行周密细致的计划、协调、控制，包括客户需求签约、订单执行、煤炭采购、海运、河运、铁运、汽运等运输方式与洗选配煤炭加工的时间匹配、地点匹配、仓储匹配、分销匹配等过程的管理，甚至气候、安全和环保等也成为煤炭营销供应链管理过程中必须考虑的因素。面对巨大的物流、信息流、资金流以及之间的交互特征，煤炭销售企业需要借助于节点企业之间的信息完全共享、管理高度协同，以实现高效率的运营。

（8）供应链参与企业需要形成动态交互反应系统

供应链强调供应链主体具备对市场变化做出快速反应的能力。面对持续变化的客户需求和市场环境，煤炭销售企业需要实时化、常态化地对供应链管理实施交互性的监控和测评，营销供应链管理体现了动态交互反应的特征，主要表现在：①实时修正性。与其他产品不同，国内外煤炭价格随时处于变动状态，由数量众多的国内外煤炭价格指数全天候发布。目前全球煤炭价格指数主要有澳大利亚 BJ 价格指数、英国麦克洛斯基煤炭价格指数、纽约商品交易所煤炭期货价格指数、普氏公司 PLATTS 煤炭价格、环球煤炭（ Global coal ）价格指数、美国 augus 煤炭价格；国内煤炭价格指数主要有环渤海动力煤价格指数、郑州期货交易所动力煤期货价格指数、太原煤炭交易综合价格指数、陕西煤炭价格指数等。煤炭销售企业的供应链采购与销售环节需要根据市场报价变化情况随时做出反应和调整；②重构进化性。煤炭销售企业需要对供应链管理的质量、效率、成本、效益实施常态化的监控、规范和考核，如果未能达到供应链预期目标，就必须考虑重构供应链、完成供应链自我进化。例如，煤炭销售企业根据供应链节点企业在供应链的表现进行考核，同时完成对供应链节点企业所在行业的先进企业的分析和评估，对比先进企业差距，对供应链节点

企业提出改进和优化建议，如果节点企业整改没有效果，则需要淘汰、更换供应链节点企业。

二、市场营销理论在煤矿物资企业中的应用策略

煤炭销售企业营销供应链管理的改进和优化应当从目标、客户结构、竞争优势、供应链企业战略合作关系、管理协同一体与信息共享集成机制、激励机制、创新机制、外部智力支持八个方面推进。

1. 营销供应链管理目标的确立

随着供应链管理不断走向成熟，煤炭销售企业在整体供应链管理中需要考虑所有前向关系和所有后向关系。业务流程和营销模式只有在良好的供应链运作水平的支撑下，才能促使企业形成长期积累并不断自我完善，其最高境界就是煤炭销售企业与供应链的各个节点伙伴形成一个有机并不可分的整体，同时能够伴随外部市场环境的变化进行自我调整和优化，从而促进供应链各个成员企业之间的协调运行，达到合作共赢的目的，煤炭营销供应节点企业应当具有一致的最高目标，即客户满意最大化，具体表现在五个方面。

（1）客户服务最优化

在市场竞争日趋激烈和煤炭买方市场的情况下，煤炭销售企业只靠打价格战、质量战是远远不够的，尽管许多企业都能在价格、特色和质量等方面提供相类似的产品，但却忽视了优质化的客户服务能给企业以独特的竞争优势这一条，即使认识到优质服务的重要性，却在从认识到实践的转化上做得不够或欠缺。纵观当前的每一个行业领域，从计算机、服装到汽车，再到大众性其他日常消费品，消费者都有越来越宽松地选择权利，没有一家企业能够承担与顾客渐行渐远的代价。公司提供的产品质量、服务水平，对影响企业的市场份额、经营成本乃至整体利润作用不可低估。企业实行煤炭营销供应链管理，就是在整合各个外部资源的基础上，提供高质量的产品和服务，吸引和稳定回头客，增强客户黏性，实现效益最大化，增强市场竞争力。

（2）供应链总成本最小化

在煤炭销售企业连续经营过程中，采购、运输、生产、库存成本以及其他成本费用之间是密不可分的。为了使营销供应链管理达到预期目标，煤炭销售企业就应将各个节点企业，例如煤炭生产企业、加工企业、仓储企业、运输企业作为一个整体来看待，从而实现煤炭生产与采购、供应与物流、加工与物流、配送与物流、分销与物流之间能够实现有机统一和兼顾。因此，总成本最小化不但要求煤炭销售企业降低采后成本、控制加工、运输费用，减少库存成本，或其他有关经济往来和经营管理活动的成本最小化，更加提倡各个环节之间动作与管理的总体成本最小化。

（3）供应链总存货成本最小化

煤炭存货是销售企业开展经营活动的必要手段，企业与其关联企业在具有差异化的市

场环境中开展交易活动仅仅是实现了库存的转移，而社会总体库存仍为原来的基数。煤炭销售企业应确保整个供应链的库存保持在最低限，这就是通常说的"零库存"。总库存最小化目标的实现，依赖于供应链各个节点企业之间的综合库存的优化组合与控制，依赖于运输动态库存对仓储静态库存的替代率，依赖于对煤炭需求客户库存的利用率，不能简简单单认为只是单个节点企业的存货水平最低；同时结合交易数据的累积、通过对价格、需求、客户分布的大数据处理，煤炭销售企业应确定和调整库存的时空布局。

（4）供应链产品周期最短化

随在市场竞争日趋激烈和煤炭买方市场的情况下，煤炭销售企业之间的价格竞争已经转变成供应链之间的服务竞争、流程竞争，效率竞争、应变能力竞争，只有最大限度地缩短煤炭交货周期，提供最优服务，才能在竞争中取胜。而供应链管理系统的有效设计，无疑会通过增强各个环节的有效配合、无缝衔接，从而缩短交易时间，降低流转成本，提高运营效益。

（5）供应链工作流程最优化

煤炭营销供应链是煤炭销售企业内部各个部门之间或供应链不同环节企业之间通过合作，进一步提高采购效率、加工效率、仓储效率、运输效率、配送效率，通过物流、资金流、信息流将企业不同部门和供应链不同环节企业之间整合起来，改变各方在利益上形成的不统一状况，充分有效在整个业务交易中建立起合作共赢的一种信任机制，将从供应链起始到终端用户的各项经营活动看作统一的有机体来全面规划协调，自始至终站在全面的角度、全新的高度开展相关业务往来，实现供应链节点企业的经营成本最低化、运作效率最优化，实现供应链各个环节的有效组合并发挥最大效用，实现全流程、全方位的最优化。从传统的管理角度上看，企业市场活动的各个目标之间存在着矛盾，即周期的缩短、服务水平提高、交货品质的发送必然以库存及成本的增加为前提，达到同时的缺乏一定基础。但只要在企业供应链管理中使基本工作流程得到改进，就能不断提高工作效率，减少成本支出，提高客户满意度。

2. 营销供应链管理煤炭需求

客户群体的建立以客户为中心、以市场为导向说起容易做起难，尤其对于已经习惯了卖方卖炭市场和煤荒抢煤的煤炭销售企业来说，煤炭需求客户的市场需求极度分散、无从下手。2010年我国销售30亿吨煤炭，对应煤炭销售企业20万家，除去神华、中煤等几家大型企业占据了50%的市场份额，剩余15亿吨煤炭市场被20万家企业瓜分，平均每家煤炭销售企业不到1万吨；剔除国企，最大的煤炭销售民企销售煤炭不超过1000万吨，占全国市场比例不超过0.3%。如此分散的市场占有率说明煤炭销售企业基本上没有建立很大规模、很稳定的煤炭需求客户群体。就企业而言，即使获得了优质客户群体，甚至是垄断的市场份额，如果不能以市场为导向、以客户为中心适时进行改进和优化，也会走向没落。以芬兰诺基亚手机公司为例，该公司曾经连续15年荣登手机市场占有率第一，2008

年全球手机的市场份额超过 50%，股票市值最高 1585 亿美元，其在功能手机上的技术开发优势、产品质量优势、品牌形象优势是公认的核心竞争力，形成了庞大的需求客户群体。但此后由于忽视客户消费偏好的改变，被苹果、三星、HTC 等智能手机公司反超，股票市值最低仅为 61 亿美元，最终被美国微软公司收购。

以客户为中心、以市场导向就是要求煤炭销售企业深入到客户的锅炉、焦炉、电炉、反应炉、储煤场所，寻找客户，识别客户，发展客户，稳定客户；煤炭销售企业应当前瞻性地建立和完善煤炭采购网络和煤源数据库，根据客户对煤炭品种、数量和质量的需求，以最高的效率、最快的时间计划、组织、协调、控制供应链内外部全部资源，进行原煤采购、洗选加工再到运输配送，把符合客户品质要求的煤炭产品，以准确的数量，在恰当的时间送到确定的地点，最大限度地提高客户满意度，从而构建高忠诚度、高黏度的煤炭需求客户群体。

3. 营销供应链管理竞争优势的确立

SWOT 分析法是煤炭销售企业发现和明确竞争优势、劣势、机会和威胁的一种行之有效的科学分析方法，在此基础上制定和实施归核化战略。

（1）发现机会，找到优势，培育和打造核心竞争力

煤炭营销供应链管理要求煤炭销售企业找到自身特有和行业特有的业务优势，并将这种优势形成自身特有的核心竞争力。核心竞争力最早由美国密歇根大学普拉哈拉德（C. K. Prahalad）和伦敦商学院加里. 哈默尔（Gary Hamel）在 1990 年合著出版的《公司核心竞争力》提出："在一个组织内部经过整合了的知识和技能，尤其是关于怎样协调多种生产技能和整合不同技术的知识和技能"。企业借以在市场竞争中取得领先优势、继续扩大优势、最终取得垄断优势的决定性力量就是核心竞争力。

例如，日本本田汽车公司的发动机设计及制造能力，美国联邦快递公司的全球包裹运送追踪与控制能力，都使这些企业在同行业的市场竞争与业务博弈中处于优势和领先地位。煤炭销售企业的核心竞争力是企业在煤炭销售过程中已经积累和获得的竞争优势能力，这种竞争优势能力已经通过经营业绩和时间验证，可以由企业长期拥有且竞争对手难以模仿的独特技术或能力，这种竞争优势能力还可以帮助企业在原有产品领域以外的行业或产品继续获得竞争优势能力。找到优势业务、确立核心竞争力，煤炭销售企业要把主要精力放在具有核心竞争力的关键业务领域上。同一类企业的核心竞争力并不相同，例如，与嘉能可公司齐名的另外一家全球大宗商品供应链巨头美国嘉吉公司（Cargill）则是从农产品运输起家，作为其核心竞争力的物流管理能力可以与沃尔玛媲美。

同一家企业在不同时期的竞争力有时也不相同。例如，全球大宗商品供应链巨头嘉能可公司的核心竞争力最开始是政治灰色交易，然后是供应链金融和遍布全球 40 多个国家的营销网络，目前是供应链金融＋资源垄断。煤炭销售企业发现和识别自身核心竞争力有四项标准：①价值性，企业所具有的核心竞争力可以满足煤炭需求客户特殊的需求、实现

煤炭需求客户所看重的价值，例如，对于一家堆场储煤能力不大的发电企业，小批量、多批次的准时供货成为发电企业最看重的服务，如果要满足客户需求，煤炭销售企业必须具备精确配送和物流监控能力，具有并长期保持这种能力就是核心竞争力；②珍稀性，核心竞争力应当既珍贵、又稀少，一个行业中只有少数的企业拥有核心竞争力，一个企业只有在少数领域拥有核心竞争力；③延展性，核心竞争力一般不会表现有形资产，例如机器设备等有形资产非常容易被仿制，核心竞争力更多表现为无形资产，可以帮助企业在进入其他产品或业务领域时催化产生新的核心竞争力；④独特性，核心竞争力应当是企业所特有的，是竞争对手难以模仿、无法通过其他能力来替代，能够为企业赚取超级利润。

煤炭销售企业的核心竞争力的培养和确立不仅仅要考虑企业自身的独特情况，更为重要的是还要考虑企业所处行业的独特情况。当企业经营达到一定规模时，供应链金融都会成为企业增加利润的手段，例如企业对供应商每月固定期限结账或延长固定期限结账都是供应链金融的初级形态。煤炭具有快速消费品和大宗商品的双重属性，煤炭销售属于典型的大宗商品贸易服务业。以年销量250万吨的煤炭销售企业为例，每年销售金额达到12亿元，平均每个月1亿元，这么巨大的资金流在采购、加工、库存、运输、分销任何一个环节的停留都会产生资金效益。因而结合煤炭行业特点，供应链金融成为煤炭销售企业培养和确立核心竞争力的必选项。与煤炭营销供应链商流、物流对应的仓单融资、预付款融资、应收款融资，与煤炭生产企业、加工企业、需求企业对应的设备融资租赁，与煤炭物流企业对应的运输工具融资，再到低成本资金的供给、综合金融服务的升级、个性金融产品的定制等，供应链金融在煤炭营销供应链管理中增值空间极其巨大，但其本质很简单，就是在不违反金融业务许可的前提下把原本属于金融机构的业务和利润转移到煤炭销售企业来做。在煤炭行业供求平衡时期，供应链金融可以给煤炭销售企业带来丰厚利润；在煤炭行业供小于求时期，供应链金融的经济效果存在但不明显；在煤炭行业供大于求时期，供应链金融成为煤炭销售企业的救命稻草，在煤炭需求企业压价采购、煤炭生产和销售没有利润的情况下，供应链金融可以为煤炭销售企业带来可观的利润，煤炭销售企业依靠这部分利润可以维持供应链全部节点企业度过最艰难的时期，对内不断调整、巩固、优化供应链节点企业的战略合作关系和供应链运行效率水平，对外持续填补其他煤炭销售企业退出经营所腾出的市场空间，迅速做大煤炭销售规模，形成采购、加工、运输的议价能力，从而带动整个供应链达到新的层面。

（2）排除威胁，发现弱点，外包非核心业务

煤炭营销供应链每个节点企业在重点业务之外，其他的所有环节和做法都具备"外源"性。煤炭营销供应链管理的原则就是要求煤炭销售企业发现自身的弱点，果断迅速把非核心业务外包给合适企业并与之建立供应链战略合作关系，实施外包的煤炭销售企业可以获得更多的竞争优势，因为外包业务选择的客户往往是这一领域的排头兵企业，其业务优势和核心竞争力通过双方的供应链合作迅速扩展到煤炭销售企业，等于煤炭销售企业在

短时间内获得同样的核心竞争力，效率比单纯利用内部资源更高，很多世界知名公司例如美国耐克体育用品公司、苹果手机公司，所有的生产都采取外包方式，本身则主要致力于产品研发和开拓市场。

4. 营销供应链节点企业互补战略合作关系的建立

煤炭营销供应链管理是在煤炭销售企业本身优势核心业务基础上，通过加强各个节点之间的合作来整合、利用有关资源，从而实现效益最大化。煤炭销售企业不能每个环节都做，必须有所为有所不为，在非核心业务上要选择在该业务领域的合适企业形成互补性战略合作关系。在互联网时代，企业界崛起了一批"虚拟公司"或者"网络组织"，例如中国小米手机公司，2010年创立，只做手机设计和营销，手机制造全部外包，仅仅用了五年，就成为中国手机最大销售企业。从外部观察，这些"虚拟公司"或"网络组织"无一例外地将部分甚至大部分非核心业务，通过各种方式委托给其他企业，但真正意义上却是根据最终用户的有效需求，对经济往来业务流程进行合并或者对各项资源进行再组合、再利用，专心经营自身的核心业务，形成特有的、极强的竞争力。煤炭营销供应链上每个节点企业应当尽量做自己熟悉和精通的环节，把自己不熟悉、不精通或做得不好而短期内又无法做好交给其他有能力做好的节点企业去做，这样煤炭营销供应链上每个节点企业均实现扬长避短、优势互补，才能使整个供应链发挥出应有作用，促进相互之间的合作与发展。

5. 营销供应链管理协同一体、信息共享集成机制的建立

建立互补性战略合作关系后，煤炭营销供应链管理能否成功，关键是看供应链企业相互间分工协作的质量和效率。供应链环境下的企业双赢合作模式，由日本企业率先提出并采用，例如日本丰田公司"零库存"管理模式，要求供应链合作企业之间共同分享信息，通过合作和协商促使合作企业的经营行为如同一个企业的各个车间。供应链管理协同一体，可以有效地避免某个节点的单一企业片面追求自身收益最大化而导致供应链整体利益受损，有利于整个供应链实现价值最大化。

煤炭营销供应链中各节点通过协议或联盟或长期稳定合作方式组成供应链。在这一链状结构中，供应链各节点企业自觉性地以煤炭销售企业为中心、以市场需求为导向，动态把握市场变化，及时作出决策反应，在决策实施过程中实时共享供应链信息，为了提高客户满意度持续进行互动、沟通、协调、实现对整个供应链上的信息流、物流、资金流的计划、协调和控制，最终按照预设目标实现订单、获得客户的满意和认可。煤炭营销供应链的物流、资金流、信息流巨大而杂乱，供应链管理需要应用数据库技术、信息技术、网络技术、电子商务技术组织和布置工作流程，监控和统计工作效果，发现和改进工作问题。因此信息集成与信息共享一样重要。通过信息技术的有效使用，如电子订货系统、产品条形码技术、售点销售系统、电子支付系统、ERP等的使用，使供应链各个环节能快速

准确地获得其用户的需求信息，并对信息做出及时响应，这样将大大减少无效信息流和物料流，提高服务水平，满足客户的需求，提高了事务处理的准确性和高效性，降低人工成本，简化作业过程，提高生产效率。在煤炭营销供应链库存管理环节，信息共享集成、管理协同一体的作用非常明显。在煤炭营销供应链从"坑口"到"炉口"的过程中，煤炭反复经历着采购、洗煤、运输、选煤、运输、配煤、运输、销售的环节，加工、仓储、运输的损耗成本、摩擦成本非常高，协同一体化原则可以大幅降低煤炭营销供应链的物流成本，使零库存管理和准时采购管理得以实现。

6. 营销供应链管理激励机制的建立

供应链管理作为战略管理，可以帮助煤炭营销供应链节点企业提高交易效率，节约交易时间，提升产品质量和服务水平，降低供应链总成本，加大客户满意度，对市场变化动态反应，紧跟市场形势做出果断决策和适时调整。如果煤炭营销供应链任何一个节点企业在业绩评价指标和考核手段方面存有薄弱环节，则供应链整体链条将面临一系列的成本上升、效率下降问题，严重的会导致所有节点企业产生猜忌、合作瓦解。因此，要想使供应链管理更加科学有效，更能发挥激励作用，节点企业就要探索和健全基于供应链的业绩评价体系和奖惩体系，促进各个环节顺利合作，激励煤炭营销供应链各个企业为同一目标一起努力。

煤炭营销供应链各个节点企业要积极向各自所在的生产、加工、仓储、运输等行业内优秀的企业学习，对比差距，看到教训，汲取经验，取长补短。在这个前提下，认真对自身的产品、服务和整体供应链业绩进行评估，如果有弊端或缺点，就虚心请教学习，认真改进。在煤炭营销供应链管理实践中，只有所有节点企业都同时进行进化和升级，才能实现供应链价值共赢，进而达到提高用户满意度、增强市场美誉度等目的。

7. 营销供应链管理创新机制的建立

供应链管理本身就是创新思维的产物。作为一种新型的管理模式，煤炭销售企业要坚持创新性原则，在营销供应链管理过程中要敢于突破陈规，要敢于质疑现存的管理方法、规章制度、组织架构、业务体系、盈利模式，要敢于采用更新颖、更先进的手段、技术、理论，要敢于进行突破性和超前性的制度设计和变革，真正体现创新性对整个供应链管理的推动作用。例如在组织架构方面，坚持扁平化原则，以产品、客户为依托进行管理创新；在盈利模式方面，以网络化和标准化为依托推动业务创新等。

8. 供应链管理研究机构的智力引进

供应链管理理论建立于上世纪80年代的西方发达国家，对于国内学术界和企业界较为新颖。参与国际市场竞争的行业和企业在自我发展过程中受到西方发达国家企业的影响，逐步接受、学习和实施了供应链管理；以国内市场为主的许多行业和企业在与西方发达国家企业的合资合作和交往过程中，也同步推行了供应链管理。与钢铁行业不同，我国的煤炭行业以自产自销为主，出口煤炭和进口煤炭的数量占煤炭总产销量的比例很低，同时直到2013年我国取消煤炭经营许可证才正式意味着外资可以在境内从事煤炭零售业务，较低的国际化参与程度决定了我国的煤炭销售企业难以积累足够的供应链管理经验，单纯依靠企业自身推进供应链管理不仅效率低，而且措施可能出现偏颇和失当。在这种情况下引进科研院所、专业咨询机构可以在时间和效率方面帮助煤炭销售企业加速完成供应链管理的自我进化；更为重要的是，外部智力机构理论研究水平先进、立场角度客观中立，解决方案个性果敢，可以帮助煤炭销售企业准确地发现问题、正确地改进问题。

三、金融营销案例

1. 煤炭供应链金融概述

煤炭供应链金融是在煤炭行业中，以供应链中相关交易行为和相关企业对其融资需求而产生的多种融资服务和方案的总称，是供应链金融在煤炭行业中的垂直应用和发展。

（1）煤炭供应链金融的含义

1）供应链金融含义

供应链金融就是相关资金提供方，包括且不限于商业银行、保理公司、小额贷款公司等，依托于交易链中核心企业的上下游供应链，对供应链条上中小企业提供形式多样的金融产品和服务的一种综合性企业融资方案。一般来说，资金提供方会针对企业提供的资产，包括应收账款资产、提单资产、存货资产，进行一定的风险尽调和评估，依托于供应链关系中的长期交易数据和信息，对相关目标资产进行合理的价值评估，并对企业进行相关融资的一种企业融资行为。

2）煤炭供应链金融的含义

煤炭供应链金融是以煤炭交易中贸易商、服务商、供应商在核心企业供应链相关资产作为融资资产池，对其资产池中的多种类型资产提供相应金融产品和服务的一种融资方案。一般来说，煤炭交易中的核心企业包括大型国有煤矿企业、煤炭类相关上市公司、国有电力企业、大型水泥公司、钢铁企业等。这主要是由于煤炭行业具有高资金密集型、高频重复交易性、交易回款稳定性等相关行业属，同时煤炭交易中小贸易商对资金有着较大的需求，但传统的融资渠道并不能很好地支持其发展。因此，煤炭供应链金融在传统煤炭交易中将越来越具有发展潜质。

（2）煤炭供应链金融的主要模式

供应链金融是一种综合性金融服务解决方案，包括票据融资、保理融资、中间业务、理财产品等。从商业本质上来看，融资的模式主要有应收账款融资、存货融资、预付款融资、信用融资、融资租赁等，下面着重介绍煤炭供应链中主要的类型。

1）应收账款融资

应收账款融资主要是通过对企业的应收账款这一企业资产进行价值评估并进行变现的

一种企业融资行为。应收账款作为企业的一种资产并没有较高的流动性和变现能力，从行业来看也没有一个应收账款交易市场。因此对企业应收账款的融资主要集中在申请企业的现金流回收的可能性分析，一般来说，在企业交易数据真实、交易行为稳定、交易对手财务优质的情况下，可以有效地对企业应收账款进行融资。这与一般的企业融资关注点是不同的，一般融资的关注点在于企业自身的现金流和经营情况为主。简言之，应收账款融资是供应链金融的主要融资模式，是申请企业将自己的优质应收账款作为融资的变相担保，从融资提供企业中获得现金流满足自身企业经营需要的融资行为。还款来源主要是优质应收账款回收产生的现金流。煤炭行业中，中小供应企业拥有较稳定的应收账以及稳定的交易现金流，同时每次煤炭的贸易单价都是较高，对企业的资金压力比较大，因此针对煤炭中小企业的应收账款融资具有较大的市场容量和发展前景。

2）存货融资

存货融资的主要方式是通过对企业存货的价值和流动性的估算，以企业优质的存货为企业融资的变相担保，向相关金融企业申请贷款。这里比较突出的一点是融资企业的风险不等同于融资风险，只要其存货资产具有一定的流动性和价值，在相关金融企业的风控下，都可以较快地获得相关融资。因此，这种模式主要是对货物物流的监管要求较高，同时要求相关金融企业在货物相关行业具有一定的货物处置渠道和处置能力。煤炭价格虽然一直处于波动状态，但是从全年来看，价格曲线具有一定的规律。同时，煤炭交易经过数十年的发展，供需双方的力量接近于平衡状态，市场价格稳定，容量巨大。因此存货融资在煤炭行业具有一定的可发展空间。

3）预付款融资

预付款作为企业的资产，在正常交易过程中，往往由于中小企业在交易过程中处于劣势地位，而需要支付一定的预付款作为锁定购买权的交易模式。因此，中小企业对预付款融资是具有一定的需求的。预付款融资主要是融资企业为了购买货权或原材料，需要向供应链核心企业支付一定的预付款，融资企业在资金紧张的情况下，向相关金融企业提出融资需求，来支付相关的预付款，并且在货物交付时对融资企业进行还款。从本质上来说，其实是对企业未来货权的融资，其隐含的担保条件是对相关货物的提货权。在煤炭行业，由于每年煤炭开采量具有一定的限制，同时优质煤炭货品的需求比较旺盛，预付款锁定煤炭供给量在行业中是一种比较普遍的行为。因此在高额的预付款交易的情况下，煤炭供应链中的中小贸易商具有一定的资金压力，对预付款的融资具有相当的需求和市场容量。

（3）煤炭供应链金融的特殊性

煤炭供应链金融作为融垂直于煤炭行业的新兴产业供应链金融，主要是针对煤炭交易链条中所涉及的煤炭贸易商、煤炭服务商、物流商等供应链角色，同时针对的产业包括物流运输业、港口仓储、煤炭交易信息、煤炭服务业等。因此，煤炭供应链金融有着其相对于其他行业的差异性，主要表现在：

1）产品单价较高

煤炭行业作为大宗商品之一，其交易单价一般在 100 万 ~2000 万左右，因此，相对应的煤炭供应链金融产品的单价也在 50 万 ~1500 万左右。因此，相对于其他行业的资产包，煤炭行业的供应链金融资产包单价是比较高的。同时带来的问题是对风险控制的要求、交易真实性的要求都呈现较大的增加，这也是考验企业的重点之一。

2）贸易交易流程不规范

煤炭贸易交易一般在煤炭贸易商与贸易商、贸易商与服务商、贸易商与物流商、物流商与港口仓储之间展开交易，在这个交易链条中的各个企业往往是民营中小企业居多，这就造成了多方交易没有具体的规范，往往交易主要有习惯和商议后的结果取代，这就造成了在供应链金融行业中，验证其交易真实性和交易具体数量具有一定的难度。

3）季节性较强

煤炭行业的供需关系从总体上受到全国基础经济的影响，同时对于煤炭销售的较大出口电力行业，每年的用电高峰在年中和年终。因此，煤炭贸易具有较强的季节属性，一般在每年 7~8 月、12 到 1 月，这四个月中，煤炭需求量旺盛，煤炭价格往往走高。在每年的 2~4 月、10 到 11 月这几个月中，煤炭的需求相对疲软，煤炭价格指数持续走低，这是煤炭贸易标准的淡季。因此煤炭的销售淡旺季的交替，也造成了煤炭供应链金融的淡旺季交替，但是由于金融服务是滞后煤炭贸易和贸易带来的金融需求的，因此，煤炭供应链金融的淡旺季具有一定的滞后效应。这就决定了煤炭供应链金融与其他行业的显著不同。

（4）煤炭供应链金融的现实意义

供应链根植于企业的价值链，对供应链进行的管理本质上就是对企业价值链条的重新梳理和识别。煤炭交易经过数十年的发展，已经趋于饱和稳定，其产生的利润也逐渐趋向于社会平均利润率。因此，煤炭贸易的利润增值空间是有限的，但是依托于煤炭供应链的煤炭供应链金融的价值确实有广阔空间的。煤炭行业对供应链金融的需求主要体现在一下几个方面：

1）煤炭销售账期时间较长且相对固定

煤炭的销售主要领域包括电力行业、水泥生产、电解铝行业、炼钢厂、建筑业等，由于煤炭其大宗商品的属性，煤炭的销售存在一定的赊销期，这就为供应链金融中的商业保理提供了充分的前提条件。从行业数据来看，煤炭的赊销期一般在 20 天 ~50 天之间，具体时间要考虑到不同的产业以及不同产业中不同企业的交易习惯和销售水平。

2）煤炭贸易是资金密集型行业

相对其他行业，作为大宗交易的特质之一的就是，煤炭贸易行业具有一定的资金密集型特征。每批的煤炭供给一般在 3000 吨 ~1 万吨左右，考虑到这几年煤炭价格一直处于高位盘整的状态，每批煤炭基本在 180 万 ~600 万之间，这就意味着煤炭贸易商需要大量的资金来完成煤炭交易中的各种行为。

3）煤炭价格具有可预测性

煤炭行业是一个比较成熟的行业，一直以来，煤炭中超过一半的产量是为电力企业发电所消耗，另一半也具有相当的支撑基础经济的作用。因此，每年煤炭的交易量往往可以在数据上逼近每年我国经济的总体发展水平。因此，煤炭的价格可以得到较理性的预测，因此，这也是煤炭贸易商中普遍会在淡季囤积煤炭，在旺季倾销煤炭的行为，这种较为稳定的价格波动为供应链金融中的货押融资提供了较为稳定的市场保障。

4）传统金融对煤炭贸易行业支持不够

传统金融公司，尤其是银行企业，响应国家爱号召，往往把其存量资金投入到新兴的产业中去。而煤炭行业作为传统经济的代表，尤其是行业中的中小煤炭贸易商，基本上得不到传统金融市场的支持和推动，在资金供给端，煤炭贸易商有着巨大的缺口。

（5）煤炭供应链金融营销面临的问题

煤炭供应链金融作为煤炭供应链管理的金融部分，出现时间较晚，很多体系并没有完善，在实际操作中，煤炭供应链条上的企业对供应链金融这种新生事物也存在一定的质疑。同时，供应链金融本身也存在较多的问题，主要有以下几个方面：

1）贸易交易不规范

煤炭行业的贸易交易本身存在不规范的行为，贸易商往往由于熟客交易或者利润驱动会进行一些不规范的交易行为。因此，供应链金融在开展的过程中，往往要多贸易交易的真实性和实效性展开大量的调查和分析，这就对供应链金融企业的营销提供了挑战。

2）供应链金融手续繁琐、流程冗长

由于煤炭贸易交易的不规范、供应体系的不规范，造成煤炭供应链金融企业风险控制的取证工作难以顺利进行，往往会碰到多样的风险控制不合理的情况，这就造成了供应链金融企业对煤炭贸易企业的前期审批手续繁琐，风险控制流程冗长，一方面破坏了对客户的体验感，另一方面对风险控制提出了较高的要求。

3）交易真实性确认存在风险

由于煤炭贸易的不规范性，在煤炭供应链金融的应用中，往往存在虚构交易的情况，这种情况称之为交易的真实性确认。传统金融对贸易交易环节的要求比较高，并且对交易的真实性确认缺乏比较的手段。而在煤炭供应链金融中，如何确认煤炭贸易交易的真实性，也是其风险控制的重点和难点。一般来说，煤炭贸易交易的真实性往往通过不同维度的数据来相互印证，增加虚构真实交易的难度和门槛。因此对交易数据的把握和控制是对于每一个煤炭供应链金融企业来说至关重要的一点。

2.供应链金融营销策略设计

（1）STP 目标市场战略

STP一直以来都是企业市场营销的主要核心理论。STP隶属于企业营销战略的一部分，根据上文中的分析，我们可以得出 S 公司比较适合差异化的竞争战略。因此，对 S 公司进行 STP 的分析和讨论显得尤为重要了。

1）市场细分

不同的行业以及不同的产品，对企业的目标市场的细分是存在差异的，但同时也是有规可循的，一般来看，市场细分只要从地理位置、行为习惯、交易心理等方面着手。生产资料则按用户地理位置、用户要求以及用户规模等因素进行细分。但是供应链金融的客户往往存在着企业老板一言堂的情况。

①地理位置细分

煤炭行业作为一个资源型行业，其在全国的分布往往受到自然界的影响，并不以人为所左右。经全国煤炭探明的储量来看，山西、陕西、内蒙古占据了全国储量的 63%，东北和新疆各占据了 11% 和 15%。剩下 11% 广泛分布于全国各省。从开采量来看，也是山西、陕西、内蒙古三省占据了全国的大部分规模。但是煤炭的产地和煤炭的消费地并没有一一对应的关系。从全国来看，煤炭的消费大省主要是在东南沿海、华北华东各省市，这就造成了煤炭的西煤东运的趋势。煤炭供应乱金融作为煤炭交易的全产业链金融服务离不开煤炭的西煤东运趋势。煤炭供应链的市场主要有以大秦线铁路为主的北线，以邯郸为集散地的中线，还有以西安为中转地的南线，这三条线路承载着全国超过 50% 的煤炭运输规模。因此，我们根据煤炭供应链的主要线路，对全国市场进行如下的细分。S 公司作为一家初创公司，以现有的规模及发展速度来看，即时获得了互联网技术的支持，得到了快速发展的软硬件条件，但是 S 依旧需要选择一个细分地理区域作为 S 公司的护城河。

②用户类型细分

煤炭供应链金融用户的类型可以细分为：煤炭贸易商、煤炭仓储商、煤炭物流商、综合大型煤企，每个类型又可以进一步细分进行了一定的区分和梳理。一般来说，煤炭贸易商根据在交易链条上的不同形成了不同的贸易商类型，一级贸易商对应的是煤炭企业，往往从煤炭企业大宗的采购并转卖给其他贸易商的市场主体，我们通常称之为一级煤炭贸易商。煤矿里的煤炭经过一级贸易商的销运，进入到煤炭贸易交易链之中。之后会由智能贸易商层层转运，直到终端贸易商环节。职能贸易商主要包括交易贸易商、仓储贸易商、混煤贸易商等，其主要是由于承担了煤炭交易链中某些职能而产生的煤炭交易行为的贸易商。最终终端贸易商以自己的渠道和销售网络，把煤炭供应给终端需求客户，诸如发电厂、炼钢厂、电解铝、水泥厂等，最终完成煤炭贸易链的交易。

③产品结构细分

煤炭供应链金融的交易结构与客户的类型是密不可分的，不同的客户类型在煤炭供应链中扮演的角色、起到的作用也是有着不同的。因此，对煤炭供应链交易产品的结构也是有着不同的诉求。一般说来，每一种类型的客户有着类似的产品需求，但是也不排除像综合大型煤企一样，在全产业链上都有布局。因此，这种客户的需求是相当复杂和全面的，下面我们就对煤炭供应链金融的客户及对应的产品结构进行一定的细分。

2）目标市场选择

选择目标市场前，应该结合 S 公司供应链金融的现状，对数个细分市场进行全面的分析和判断。

①从地理位置上来看，三条主要的运煤通道代表着三个完整的供应链区域，如何选择适合 S 公司的供应链区域是需要讨论的。北线通道从大同出发，经大秦线到达渤海湾区域，再由渤海湾经过海运，到达上海、浙江、福建等省市。北线通道煤炭吞吐量巨大，秦皇岛港口每年煤炭吞吐量达到 9 亿吨，曹妃甸港口每年煤炭吞吐量达到 5 亿吨，北线的运煤体量巨大，但是同时，北线通道的竞争压力也非常大，众多大型煤炭企业已经越过大秦线，直接在秦皇岛、曹妃甸港口开展业务，这些传统的大型煤企在渤海湾有着深度的交易和广泛的产业基础，对于刚刚起步的 S 公司来说，北线通道的竞争压力是巨大的，并不适合 S 公司现在的状况和未来的成长。不同的是，南线通道虽然竞争较少，但是由于南线通道交通不便，随着公路里程的增加，煤炭的运输成本急剧增加，这就造成了南线通道辐射区域不够广泛，同时南线通道的交通复杂多变，往往受到天气环境的影响，这对于 S 公司来说，规模的稳定性较差，未来发展的战略空间较小，同样并不适合现在 S 公司的发展现状。对于中线通道，我们可以发现，中线通道以榆林、吕梁为出发点，河北邯郸市作为重要的中转城市，通过邯郸广阔的高速交通线，发往华北各地的电力企业、钢铁企业、水泥制造企业等，同时下游衔接山东济宁市，在济宁市完成汽运转水运，沿京杭大运河，经徐州、淮安、南京到达苏州、上海，从辐射范围来看，具有一定的广度和深度，从辐射地区的经济水平来看，这一地区对煤炭的需求量又是非常强的。同时，由于汽运物流发展不过数十年，中线物流路程长、环节多，很多大型煤炭企业并没有很好地布局中线通道，因此对于 S 公司来说，中线通道有着得天独厚的优势。

②考虑用户类型，并结合产品细分结构进行选择。通过上述对 S 公司企业客户的分类进行分析：综合大型煤企拥有较全的产业链，较广泛地布局，同时在传统金融市场中具有一定的优势地位，因此从资金面、资金需求和产业布局等方面，S 公司能为之提供的产品和服务是较少的，但是也不排除有一定的市场需求。煤炭物流商在煤炭交易中起到了重要的作用，不同的物流商对煤炭的运输需求竞争是比较激烈的，同时物流行业的行规一般来说甲方与物流商的结算时间超过 90 天，这样就是比较适合供应链金融的切入，通过交易平台提供商业保理的融资，是物流商所需要的，同时物流商可以为交易平台提供煤炭的运输数据。煤炭的仓储商往往并没有其仓储货物的货权，因此供应链金融场景中的货押融资往往是以煤炭仓储商的参与为重要的风控手段，但就其对 S 公司的价值贡献来说，仓储商的直接贡献并不是主要的。煤炭贸易商承载了煤炭贸易的交易链条，从煤炭的采购、煤炭运输、煤炭储存、煤炭的筛选、煤炭混合到煤炭供给，都离不开煤炭贸易商的参与，因此，煤炭贸易商是整个煤炭供应链金融的核心客户，根据不同的煤炭贸易商细分类型，配合不同的供应链金融产品，是 S 公司的现在及未来的主要发展方向。

3）市场定位

科特勒认为："STP战略的核心是'市场定位'"。市场定位决定了产品的优势区域空间和天花板，根据上文中对S公司的分析本文认为：产品的差异化和服务差异化更适合S公司目前的市场地位和外部环境。

①产品差异化定位

S公司所处的市场环境中，我们可以容易的得出：S公司是在传统供应链金融公司和传统行业的夹缝中获得生存空间的，同时S公司顺应了供应链金融的垂直化和互联网化，而供应链金融的垂直化和互联网化带给行业高频次、多维度、大存量的专业交易数据，通过对这些数据的二次加工和深度学习，S公司可以轻易地描绘出行业的真实交易路径和各个企业的交易链条，这种深度数据是原有的传统供应链金融公司和传统行业公司所不具备的，正是这种高度精确、高度完整的数据，可以使得S公司的供应链金融的产品在前期审批、中期追踪、末期追索方面有着稳定可控的手段，从而降低金融项目的审批流程、审批时间、扩大服务对象，简化交易流程。因通过互联网技术的应用，S公司为行业提供快捷、便利、有别于传统的产品定位是有可能。

②服务差异化定位

传统供应链金融公司对每个细分行业了解的深度不够，因此在对每个行业服务的过程中，并不能很好地满足行业深度的痛点和诉求。另外，传统优势企业在提供供应链金融服务的同时，对围绕其产业链的上下游中小企业，很难用服务的态度来完成交易，往往有着行业大佬的做派。结合这两个方面，S公司所带来的垂直化供应链金融服务，一方面可以深耕于行业之中，与行业里的客户共同发现痛点、共同解决痛点，共同成长进步，另一方面，对于产业链上的客户，都按照金融服务业的标准进行业务往来，这是上述两种传统企业所做不到的，同时也是S公司的优势所在。S公司通过专业、高效的服务来满足行业中的需求是可行的，同时打造出S公司扎实的专业素养、热情的服务精神。

（2）产品策略

产品策略是4Ps营销组合的根基，涵盖了对产品的定位、品牌策略、包装盒策略、开发策略等方面。本章将从产品定位、品牌策略和产品快速迭代三个角度对S公司供应链金融产品策略进行规划和设计。

1）产品定位

S公司的供应链金融产品从本质上来说，其实是属于金融产品的范畴。因此我们需要从市场上所有的金融产品和金融产品提供的价格来考虑S公司供应链金融产品的定位。

从市场客户分类来看，不管是上游煤炭企业还是下游用煤企业，其企业性质绝大部分都是国有大型企业或上市公司，因此在企业融资方面，可以轻易地获得银行基准利率甚至下浮的贷款，同时融资的额度都在百亿元以内，另一方面，大型综合产业链公司其企业性质往往都是大型民营企业或者上市公司，其融资途径往往受到银行的青睐，并且还有 ABS、定向增发等金融产品可供使用，而从额度上来看，其融资的水平也可以在数十亿元。而中间贸易商、中间服务商由于其中小民营企业的市场地位往往只能得到小贷公司、信用贷款等融资途径，而其融资额度一般不到一百万，信用融资额度更少，仅仅在几十万元，根本满足不了其在正常经营过程中所面临的资金缺口。

另一方面，在供应链金融产品的这个市场区间内，传统供应链金融对企业的产品往往是按照银行的操作办法和流程来布局。这就造成了传统供应链金融存在程过长、审核材料复杂、审核要求过高等一系列问题。S 公司通过煤炭交易平台的全上线交易 SAAS 模式，可以清晰地追踪到企业在产业链的交易中的大部分资料和大部分交易信息，因此通过大宗交易平台的交易数据，可以快速、高效的对供应链金融产品进行快速审批、快速执行，大大缩短了客户获得产品的交易时间，同时把供应链金融产品和 SAAS 管理产品相结合，沉淀数据的同时，大大提高了企业的业务管理水平。

2）品牌策略

传统供应链金融企业和行业优质企业的内部供应链金融在如今的煤炭供应链金融市场中是占有主导地位的，同时煤炭金融市场也存在较强的痛点，S 公司面对这样的市场，是需要打造自己的品牌，获得市场的品牌认知，才能有效的带动行业的发展和优化。不管是传统供应链金融企业还是行业优质企业内部供应链金融，都没有在煤炭大宗交易市场中体现出自己的品牌优势。对于市场中的这些企业和品牌，煤炭贸易商和月 g 务商并没有树立对其的忠诚度和信赖值，因此，在煤炭大宗交易市场中，缺乏一个专业的垂直供应链金融品牌。这对于 S 公司来说，是具有很大的机会。另一方面，煤炭大宗交易市场对供应链金融产品和服务并不是单一的，需要全面的针对性的金融服务，因此 S 公司需要打造的是煤炭大宗垂直行业的金服第一品牌，通过对产品的研发、服务的改进，深耕于行业内部，与行业一同成长，将获得行业的超额价值。

3）产品快速迭代策略

S 公司具有较强的互联网基因，在面对行业内的竞争时，可以通过互联网与垂直供应链金融结合的机制来提高行业的交易效率，具体说来，就是基于 S 公司的煤炭交易平台 – 益联买煤，把煤炭贸易商之间、煤炭贸易商与上下游、煤炭贸易商与服务商之间的交易路径、交易流程，在交易平台上进行线上交易。一方面，平台用户把企业的交易信息共享给指定的客户，从而达到大大简化交易流程的目的，另一方面，平台收集了每个用户在平台上的基础数据，通过对基础自然数据的沉淀，加上对煤炭交易的独有理解，可以深度的挖掘数据背后的深度价值并且形成具有指向性和标的性的二次数据。S 公司根据平台的基础自然数据和深度二次数据，来进行煤炭行业的供应链金融服务，大大简化服务流程、增加资产包征信度等。煤炭大宗交易的供应链金融市场是一个相对市场化的存在，因此，S 公司在通过交易平台和供应链金融的结合后，必定会有其他的企业对其进行简单地模仿，因此 S 公司一方面需要建立强大的技术支持来支撑平台的发展，另一方面需要对交易平台和产品进行不断的迭代开发，根据市场需求和业务的发展，进行贴合的产品的跟进。同时，由于煤炭行业的供应链金融需求是复杂的，产品需要不断的根据需求作出后续开发，一方面满足市场的需求，另一方面需要甩开与后来者的竞争关系。

（3）价格策略

供应链金融产品的定价模式基本上基于资金渠道的成本、市场中同业的定价及相关金融市场产品的定价，上文中可以得知，S公司的目标价格区间在10％－18％之间，在这个区间内，煤炭供应链金融产品是具有一定的优势的，S公司的产品也是在此价值层面。

1）竞争导向定价策略

煤炭供应链金融市场是一个比较市场化的，同时由于供应链产品的多样性，行业准入门槛也比较低。这就造成，在这个市场中，如果没有掌握核心的资源，很难不考虑同行业竞争而直接报价，这对于客户的维持是相当不利的。因此S公司在价格策略上主张采用竞争导向定价，这种定价策略主要有以下优势：

首先，竞争导向性定价可以有效地减少客户的流失，在煤炭供应链金融的客户中，由于其产品的体量相对于消费金融来说较大，对价格的敏感度还是较高的，较低的价格往往是对客户有着巨大的吸引力的，但是在价格差不多的情况，客户考虑的就是企业的便捷性、快速性、渐变性，因此，通过竞争导向定价策略，可以使S公司紧紧捆绑在竞争对手的竞价空间，最大程度地获取市场份额。

其次，竞争导向定价策略可以最大程度地获取企业利润，因为只有获得了客户，才能获取营业收入，才可以实现企业的价值，竞争导向定价策略可以紧跟市场均衡价格，持续不断的获取客户，这正是企业价值的所在。

2）产品组合定价策略

S公司为行业提供了综合性的供应链金融解决方案，因此对于S公司的客户，有着多种供应链金融的产品需求和产品组合需求。这就为S公司实施产品组合定价策略实现了先决条件。随着行业的发展，供应链金融的需求越来越旺盛，同时对供应链金融的产品需求也日益增加，同一个客户往往在供应链不同的位置需要不同的金融产品，S公司作为行业内全产业链金融服务企业可以提供客户全面的金融解决方案，这样S公司就可以跳出与行业中的其他金融产品进行简单的价格对比的怪圈，可以根据不同的客户类型、不同的交易模式，开发不同的产品组合，在满足客户供应链金融需求的同时，可以实现产品组合的定价，从而规避了单一产品的价格战，实现了平台的价值和发展。

（4）渠道策略

渠道是商品的流通路线，渠道策略是现代企业营销管理体系的重要组成部分。对于供应链金融行业来说，传统主要有时两种成熟的渠道模式：代理模式和直营模式，但是S公司基于大宗互联网交易平台，更适合了另外一种全新的渠道模式：线上直营模式，下面我们就这三种模式对S公司的发展进行讨论。

1）代理渠道

代理模式是传统供应链金融的主要渠道，这种模式的优势是可以低成本大范围的推广供应链金融产品和服务，迅速占领市场。这种模式的缺点也是相当明显的：随着代理范围的扩大，代理商之间的竞争关系可能引起供应链金融公司的成本问题，这种竞争关系同样也会影响到市场中的客户体验。另一方面，母公司对代理商的行为约束能力较差，对代理商的管理往往存在巨大的漏洞，这在终端客户的反馈上就可以明显的营销到客户体验和服务情况。

2）线下直营渠道

直营模式在供应链金融渠道中占据着重的位置，这是因为直营模式可以准确地把握和管控终端用户的体验，同时树立坚实的品牌效应，得到市场的普遍认可，但是直营模式也存在的诸多问题，其中最重要的就是成本问题．直营模式往往带来的是高额的管理成本、销售成本，每一个目标区域，都需要一整套管理人员和销售人员，这样对于供应链金融母公司的资金有着较高的要求，其次直营模式对于供应链金融公司来说具有一定的风险，直营模式的选择和推广往往目标是为了更好的用户服务体验、更精准的客户管理需求，但是在目标区域内的直营模式的推广，往往存在着业务进展缓慢的情况，因此，直营模式带来优质的客户体验和品牌效应的同时，加大了企业的运营成本和运营风险。

3）线上直营渠道

线上直营模式是电子商务发展以来，一种以互联网为技术支持、物流企业为相关支撑的新型企业渠道模式，简称线上模式。线上模式的优势是很明显的。首先，线上模式具有很强的品牌管控能力，对企业树立自己的品牌和维护品牌起到了很大的作用，其次线上模式可以有效地降低成本，通过线上模式，基本可以减少大部分的渠道费用和成本，为企业创造了相当的价值。最后线上直营模式带来了对行业的颠覆，供应链金融行业最近才出现线上直营模式的主要原因是：首先，线上直营建立在交易平台之上，没有大宗交易平台，无法获取大量的真实用户交易数据，无法通过多维数据交叉验证数据的真实性，因此，只有通过建立大宗交易平台，通过 OCR 技术对线下数据进行线上话、通过 LBS 跟踪物流仓储、同时应用大数据学习加工数据，获得深度二次数据，这一些都是线上直营发展的前提条件。

参考文献

[1] 刘厚鹏.浅析小微企业基于互联网金融环境下资金管理中的筹资问题 [J].财讯,2017（2）.

[2] 余颖.战略管理会计在互联网金融支持"一带一路"建设中的运用 [J].中国总会计师,2018（5）.

[3] 张军波,何碧容,温琳,等.互联网企业资金管理研究—基于暴风集团财务分析视角 [J].财经界,2018（11）.

[4] 王成坤.互联网金融与商业银行融合的小型和中型企业资金融通 [J].智库时代,2018（26）.

[5] 刘凤娟,司言武.互联网融资模式及风险管理剖析—第一产业中小微企业创新视角 [J].财会月刊,2017（9）.

[6] 陈世威.互联网金融的商业模式及风险管理探究—基于风险投资和私募股权基金视角 [J].经营管理者,2017（13）.

[7] 秦康美.互联网金融领域"投贷联动"制度构建—以小微企业融资为视角 [J].黑龙江社会科学,2018（5）.

[8] 刘霄.银行经营创新中的风险防控问题研究—基于互联网金融发展背景 [J].全国流通经济,2018（8）.

[9] 毛付根.论营运资金管理的基本原理 [J].会计研究,1995（1）.

[10] 王竹泉,孙建强.国内外营运资金管理研究的回顾与展望 [J].会计研究,2007.

[11] 白旭葳.煤炭企业营运资金管理存在的问题及对策分析 [J].现代营销（信息版）,2019（09）：125.

[12] 闫琛.美菱电器营运资金管理研究 [D].河南科技大学,2019（5）.

[13] 程爱华,程冠华.山西煤炭行业财务状况分析—以大同煤业股份有限公司为例 [J].北方经贸,2014（12）：105-107.

[14] 曹璇仪.大同煤业营运资金管理研究 [D].西安石油大学,2017.

[15] 周荣月.浅析煤炭行业营运资金管理问题 [J].中国集体经济,2017（06）：103-104.

[16] 王靖春.煤炭上市公司营运资金管理效率评价研究 [J].会计之友,2018（05）：49-53.

[17] 闵孟婷 . 基于渠道视角的安泰集团营运资金管理研究 [D]. 南昌大学，2019.

[18] 陶荣荣 .M 公司营运资金管理研究 [D]. 广西师范大学，2019.

[19] 景照铎 . 煤炭市场营销及煤炭商品定价策略 [J]. 经营管理者，2011（02）：55-56.

[20] 陈聚 . 煤炭企业集团销售管理主要问题分析 [J]. 煤炭经济研究，2010（9）：12-13.

[21] 惠卫峰 . 金融危机下煤炭企业面临的问题与对策 [J]. 煤炭经济研究，2010（8）：15-16.

[22] 余洪源 . 煤炭企业开采成本变革与应对策略 [J]. 经济研究导刊，2013（2）：20-23.

[23] 孙艳梅 . 强化煤炭企业市场营销的探讨 [J]. 中国外资，2013（11）：33-34.

[24] 黄盛初 .2013 年世界煤炭发展报告 [M]. 北京：煤炭工业出版社，2014：110-115.

[25] 秦明晓 . 浅谈低碳经济对煤炭营销市场的影响 [J]. 经贸实践，2015，（09）：70.

[26] 杨勇 . 以多元化营销手段分解煤炭销售的市场风险 [J]. 中国市场，2016，（31）：27-29.

[27] 吕波 . 供给侧结构性改革下的煤炭营销策略探究 [J]. 煤炭经济研究，2017，37（01）：15-19.

[28] 刘杰 . 煤业公司营销策略研究 [J]. 中国高新技术企业，2009，（18）：18-21.

[29] 周仁，任一鑫 . 煤炭循环经济发展模式研究 [J]. 煤炭经济研究，2010（1）：65-67.

[30] 王妍，李京文 . 我国煤炭消费现状与未来煤炭需求预测 [J]. 中国人口·资源与环境，2010（2）：23-25.

[31] 姚中华 . 煤炭企业纵向一体化战略选择与实施初探 [J]. 煤炭企业管理，2010（12）：33-35.

[32] 范中启，严霄蕙，卜国 . 煤炭产业市场结构演化及其成因 [J]. 统计与决策，2010（4）：25-27.

[33] 王开虎 . 煤炭企业生产营销中的"整合战略" [J]. 煤炭经济研究，2011（7）：1-12.

[34] 陈威 . 神华集团煤炭营销策略研究 [D]. 河北：燕山大学硕士学位论文，2014：21-30.

[35] 肖德业 . 新常态下煤炭企业营销策略优化研究 [J]. 煤炭经济研究，2016，36（06）：60-63.

[36] 刘星超 . 新形势下煤炭营销问题与对策分析 [J]. 经贸实践，2017，（16）：165.

[37] 李飞 . 品牌和营销 [M]. 北京：机械工业出版社，2011：293-294.

[38] 范家法 . 新形势下煤炭营销风险防控的重点及应对策略 [J]. 煤炭经济研究，2015，35（05）：80-83、86.

[39] 孙俊 . 可持续发展视域下煤炭营销存在问题及战略创新 [J]. 中国市场，2017，（17）：146-147.

[40] 魏晓辉.浅谈煤炭企业的大客户管理 [J].中州煤炭，2007，（9）：12-14.

[41] 战彦领.煤炭企业多种经营产业结构优化策略探析 [J].煤炭经济研究，2010（1）：12-16.

[42] 张喜武.走新型工业化道路培育企业核心竞争力 [J].煤炭企业管理，2010（1）：46-49.

[43] 董政玲.浅谈国际市场煤炭营销策略 [J].中国经贸导刊，2010（3）：12-13.

[44] 曹戈.我国煤炭最优销售价格预测研究 [J].价格理论与实践，2013，33（8），247-250.

[45] 常益飞，李万宝.加快融入"一带一路"建设全力推动庆阳经济社会持续健康发展 [J].发展，2019（02），24-28.

[46] 程剑新.大同煤矿集团煤炭营销策略研究 [D].天津大学硕士学位论文，2010.

[47] 谷鹏来，王东升.科学调整营销策略体现销售综合效益—记山西大同煤矿集团公司煤炭运销公司 [J].煤炭企业管理，2001（09），64.

[48] 郭冕.新形势下如何做好煤炭销售工作 [J].市场研究，2018（07），46-47.

[49] 宏琳.新形势下煤炭营销问题与对策分析 [J].煤炭技术，2014，36（2），21-29.

[50] 贾明献，王兴文，王次峥.兖矿集团物流产业发展模式及实施途径研究 [J].煤炭经济研究，2018，38（07），47-52.

[51] 李晋平.大型煤炭企业以培育新型高端现代煤化工 2.0 版为特色的转型升级 [A].中国企业改革与发展研究会.中国企业改革发展优秀成果 2018（第二届）上卷 [C].中国企业改革与发展研究会，中国企业改革与发展研究会，2018，11.

[52] 李蕾.现代市场营销学 [M].北京，清华大学出版社.2013（4），84-85

[53] 李维.互联网技术对我国煤炭企业市场营销的影响 [J].中外企业家，2018（23），69.

[54] 李雪娇.对大型煤炭企业集团营销战略模式的思考 [J].现代营销，2012，20（10），154-156.

[55] 刘国栋.浅谈煤炭企业绿色营销 [J].煤业科技，2013，33（10），154-156.

[56] 刘磊.新常态下陕煤化集团煤炭营销策略研究 [D].西北大学，2016.

[57] 刘桃利.陕西神木煤业集团战略管控研究 [D].兰州理工大学，2018.

[58] 吕和义.大型建材集团公司并购后财务整合之资金集中管理—以 M 公司为例 [J].江西建材，2017（24），246-247.

[59] 齐艳萍.电子商务时代煤炭企业的营销策略 [J].企业导报，2013，30（14），10-12.

[60] 陶秋明.煤炭企业市场营销问题及对策 [J].现代商业，2011，11（5），98-102.

[61] 王社.国有煤炭企业现阶段经营分析与创新发展策略研究—陕西陕煤韩城矿业有

限公司降本增效策略应用 [J].财经界（学术版），2018（14），29-32.

[62] 王淑杰.对标管理在大型企业煤炭营销管理中的应用 [J].中国煤炭，2013，24（10），154-156

[63] 王艳.新疆产业结构与就业结构协调发展研究 [D].石河子大学，2018.

[64] 王震.改革开放 40 年煤炭市场发展历程与成就 [J].煤炭经济研究，2018，38（11），17-22.

[65] 杨风.浅谈煤炭市场营销定位与定价策略分析 [J].山东煤炭科技，2010，29（3），95-109.

[66] 云丽敏.煤炭物流体系的构建和运用 [J].现代工业经济和信化，2018，8（14），103-104.

[67] 张建中.基于虚拟价值网的煤矿装备电子商务服务体系研究 [J].煤炭经济研究，2018，38（12），59-64.

[38] 张敏慧.新形势下煤炭营销风险防控对策研究 [J].企业技术发，2018，37（11），125-127.